三晋百位历史文化名人传记丛书

追寻先贤足迹　倾听历史回声
守望伟大传统　成就时代梦想

程启南传

程太生／著

山西出版传媒集团
北岳文艺出版社
·太原

图书在版编目(CIP)数据

程启南传 / 程太生著. -- 太原：北岳文艺出版社，
2025.1. -- ISBN 978-7-5378-6983-6
Ⅰ. K827=48
中国国家版本馆CIP数据核字第20243J4P35号

书　　名：程启南传
著　　者：程太生
责任编辑：刘晓京
装帧设计：张永文
篆　　刻：刘　刚
插图设计：阎宏睿
印装监制：郭　勇

出版发行：山西出版传媒集团·北岳文艺出版社
地　　址：山西省太原市并州南路57号
邮　　编：030012
电　　话：0351-5628696（发行部）
　　　　　0351-5628698（编辑室）
传　　真：0351-5628680
经 销 商：新华书店
印刷装订：山西新华印业有限公司

开　　本：710 mm×1000 mm　1/16
字　　数：349千
印　　张：25.25
版　　次：2025年1月　第1版
印　　次：2025年1月　山西第1次印刷
书　　号：ISBN 978-7-5378-6983-6
定　　价：48.00元

本书版权为本社独家所有，未经本社同意不得转载、摘编或复制

《三晋百位历史文化名人传记丛书》组织机构

策划
杜学文　张明旺　梁宝印

专家审读委员会
主　任：杨占平
副主任：郭文礼
成　员：周宗奇　韩石山　降大任　赵　瑜　哲　夫
　　　　李书吉　陈为人　乔忠延　魏荣汉　范兆飞

编辑出版委员会
主　任：杨占平
副主任：郭文礼
成　员：刘卫红　孙　茜　王　姝　吕轶芳

◎程启南画像

◎襄阳推官牌 　　◎武选司主事牌

◎程启南衣服上的玉带

◎程启南使用过的印章

◎接官厅旧房

◎双修寨

◎著名书法家吴磊仿书

◎社稷碑

序：现代化进程中的山西文学

杜学文

从传统社会向现代社会的转化是人类发展进程中的重大课题。每一个国家、每一个民族都将面对，难以回避。个人，作为社会的组成细胞，也同样如此。这并不以我们自己的意志来转移。综观世界各国，在这种转化的进程中，都有了不同的选择，并表现出各异的特色。但总的来说，还是目前我们称之为"发达国家"的率先实现了现代化。其成功的转化有诸多原因，但从文化的角度来看，与其自然环境的特殊性、农耕文明的不发达，以及突出的个人奋斗精神、重利思想、实用主义等有极大的关系。而目前世界上的欠发达国家或发展中国家，则在向现代化转化的历史进程中，又表现出各自不同的特色。就中国而言，在其漫长的历史进程中，农耕文明得到了充分发展，并达到了最为繁荣的境界。现在的发达国家在转型早期的生存压力等表现得并不明显，从而一种自给自足、自得其乐的生活方式逐渐固化。向现代化转型的原生性动力并不强大。从某种意义来看，中国实际上进入了一种人类最美好的发展境界，那就是，依靠劳动来创造财富，与大自然和谐共处，有剩余的时间来体验人生的乐趣等等。中国从传统社会向现代社会的转化主要靠外部的强力推动。就是说，因为先发国家对财富、权力、欲望的强烈追求，在吸纳了东方文化，其中非常重要的是中国文化之后，骤然表现出突飞猛进的发展状态。其商业首先得到了快速的发展。特别是依靠对海外市场的分割，使过去形成的传统的世界市场在大航海时代变得更加活跃。同时，工业技术得到了快速的进步。人类的新发明成几何级数增长。新技术的出现使社会生产力得到了空前的解放，物质生产表现出前所未有的丰富。而与之相应的是社会制度的进一步变革。一种能够服务新的生产力发展的社会管理系统逐渐建立，并在血与火之中不断完善。在这样的变革转型中，东方古老的中国受到了西方先发国家的强烈冲击。传统的农耕文明与新发展的工业文明之间出现了严重了错位，并引发了控制、占有与反控制、反占有的残酷斗争。中国从农耕文明的辉煌顶峰跌落，中国人开始睁开眼睛看世界，并反思自身文明存在的问题。在外力的冲击下，中国不自觉地开始了向现代化转化的历史进程。一代又一代的中国人筚路蓝缕、奉献牺牲，前赴后继、求索奋斗，就是要重新找到国家独立、发展、进步的正确道路，实现民族的复兴。在不同的历史时期，他们承担了不同的历史使命。不同的人们从自己所从事的事业中为这样一个艰难而宏伟的目标做出了自己的贡献。而中国的文学，同样没有疏离民族的历史追求，甚至在许多关键的历史时刻，承担了开启民智、传播思想、激发斗志、重塑文明的历史重任。在这样一个艰难的充满了探索的转型进程中，中国人民表现出了自己最大的智慧与韧性。一直到新中国的建立，才基本形成了主权统一、独立自主的现代国家形态，并以超人的勇气与奋斗精神、惊人的创造力与发展速度迈向现代化。在这样一个伟大的转化进程中，中国虽然经历了失败、屈辱、挫折，但终于创造了他人所没有的成就。而我们的文学，正是这一历史的亲历者、推动者、表现者。就山西文学来说，是中国文学的重要方阵，当然也是这一历史的组成部分。其努力与贡献非常突出。

首先是推动了现代汉语的大众化，为现代汉语从知识阶层走向普通民众，并使二者有机结合做出了积极的贡献。在中国追求现代化的进程中，经历了一个从"器"到"道"的转变。所谓"器"，就是中国人在最初以为是西方发达国家的技术、器物先进，因而倡导"洋务运动"，开办现代工厂，引进西方设施，等等。这些努力从历史发展的必然来看，当然是非常重要的。但是，事实很快证明，仅仅引进西方的先进技术并不能解决问题。之后发生了制度层面的改革，包括推翻清王朝，建立立宪政权，仿效欧美三权分立及选举制度等等。但是，这种形式上的制度变革没有使中国强大起来，反而使中国成了一盘散沙，四分五裂。于是，更多的人开始反思中国的文化。一方面，对中国传统文化中的落后部分进行批判；一方面引进国外的思想如无政府主义、新村主义，包括马克思主义等等。新文化运动成为当时风生水起的社会思潮。从今天来看，其对中国传统文化的批判有许多过激之言。但是如果我们回到具体的历史场景，就会感到这些批判背后所表露的急切心情及历史合理性。在新文化运动中，一个最为突出的问题，也是最为重要的成果就是把中国人使用了数千年的文言文转化为白话文。从文化发展传承的角度来说，以文言文为代表的中国书面语言具有其重要的历史价值、文化价值、文明意义。可以说，文言文的简洁、精炼、典雅，以及其表情达意的丰富性，是世界上任何语言都难以企及的。这也正是其生命力之所在。但是，从历史发展的现实来看，文言文也具有非常严重的局限性，难以适应现代社会的发展要求。首先是缺乏精确性。由于中国传统文化中思维追求整体感、人文感、艺术感，中国的语言缺少对事物的准确表述。这种特点虽然具有非常强烈的人文色彩，以及超越了具体现象的整体感，但是与现代工业技术发展中对事物精确性表达的要求有很大的距离。语言的背后体现的是思维方式。如果语言难以体现精确性要求，人们的思维同样将不能适应时代发展的要求。其次是书面语言与口头语言的分离。虽然任何语言都会表现出书面与口头的差别，也就是说，人们不可能把口头语言照搬为书面语言。但这种差别在汉语中表现得尤为突出。这就是作为书面语言的文言文与口头语言的"白话"之间的区别。这种区别使更多的普通民众与书面书写脱离，对开启民智、提升大众的文化素养产生了障碍。而现代化的实现并不仅仅是少数"文化人"的事，而是全民族的事。因此，语言的变革，使之更能够适应现代化的需要就成为一种时代的必然。20世纪的新文化运动，除了其在价值观方面的追求如"科学""民主"等之外，对语言的解放也是一种非常强烈的期待。一些有识之士率先放弃了对古代汉语的使用，积极采用白话文来构建现代汉语。这其中，出现了许多具有代表性的人物，如鲁迅、胡适等。今天我们仍然能够感受到鲁迅的语言中存留有古代汉语的元素。这是中国语文从古代汉语向现代汉语过渡的典型表现。而胡适等人则努力使自己的书面语言更加通俗化、口语化，也显示出某种过分倾向于白话的特点。另外一些具有欧美留学背景的人则企望借鉴外来语言对中国的语言进行改造，因而出现了许多非常欧化的表达方式。就中国现代汉语的成熟完善来说，这些努力都是非常珍贵的。但是，真正使新生的现代汉语从古代汉语中出走，并吸纳了民间语言的丰富、生动的特质，使之成为一种既有古代汉语的节制、典雅，又有民间口头语言的生动、活泼，从而使现代汉语能够成为一种具有完整的语法体系、鲜活的表现力，以及体现民族语言特色的"现代汉语"形态，则是以赵树理为代表的作家们做出了重要的不可忽略的贡献。

就赵树理个人的创作而言，其早期也是走欧美语法特色浓重的路线。但是当他发现这条路难以被普通民众接受后，其语言表达发生了转化，开始更加注重民族语言与现代性的融合。他的语言生根于中国古代汉语与民间语言的丰厚土壤。在保持语言典雅品格的同时，至少从这样两个方面进行了努力。一是更多地吸收了民间语言的表达方式，使普通民众能够走进这样的语言，使用这样的语言。也正因此，他的语言表现出非常鲜活、生动的状态，使语言的活力大大增强，表现力得到了拓展甚至突破。二是他的语言在规范性方面进行了重大的努力。一方面剔除了民间语言、方言中粗俗的、生僻的元素，使之更加典雅、庄重，另一方面，他保持并强化了以北方方言为主的结构形式，使之在语法形态方面更加完善严谨。所以，今天我们读赵树理的作品，其语言的流畅、生动、鲜活仍然非常突出。可以说，在中国现代汉语出现、发展、完善的进程中，赵树理做出了不可跨越的贡献。当然，这种贡献不可能是他一个人完成的，而是在特定历史条件下，由包括他在内的一大批作家共同努力，并在一代又一代作家的接力中实现的。赵树理丰富了现代汉语的表现力，并使这种获得新生的语言成为广大民众自己的语言。这后一方面的贡献更为重要。因为如果一种新生的语言难以得到民众的认可，其生命力是非常值得怀疑的。可以这样说，如果没有这些作家的努力，中国的现代汉语很可能成为一种"精英"的语言。也就是说，很可能成为一种少数有"文化"的知识分子的语言。这不仅将使语言的普及受到阻碍，也将因为得不到大众的认可而导致中国现代化的迟滞。

山西的作家受赵树理的影响甚深。除了创作理念、题材选择等方面外，在语言的运用上也同样如此。这也就是说，从赵树理以来的几代山西作家不仅坚持了赵树理的创作方向，也共同为中国现代汉语的进一步完善、发展做出了努力。尽管今天我们可以说，这些作家个人的成就不同，在语言表达方面风格各异，但是他们有一个共同的特点，即在坚持语言的民族化方面都进行了非常积极的实践。进入新时期，随着改革开放的不断深化，各种创作观念竞相显现。山西作家虽然与全国的创作相比更多地表现出固守的姿态，但是新的创作手法、元素等也在自觉不自觉地借鉴当中。其中就语言表达的追求而言，大体表现出两种特点。一种是仍然坚持语言表达的民族风格，并随着时代的发展变化使之更加丰富生动起来。他们的语言，不仅缘于题材选择的民间性、地域性，以及人物、故事的原生性，更缘于吸纳了民间语言的鲜活元素，在叙述、描写等诸多方面更多地体现了植根于本土的语言活力。另一种虽然也注重题材的地域性选择，但在语言表达中更多地呈现出一种开放的意识，比较侧重吸纳外来语言中的合理成分。如修辞的繁复，语句的长结构，象征意象的频繁使用等等。虽然这两种追求表现出各自不同的倾向，但他们随着时代的发展而推动现代汉语不断进步的努力是一致的。

  需要我们重视的是，山西作家在自己的创作中表现了中国文化的原生态及其变化。这种原生态不是指文化最初形成的形态，而是指数千年来一直呈现出来的未经现代化浸染、改变的文化。从某种意义来看，它已经成为生活在这样的历史环境中每一个人不自觉的潜在意识，并支配着人们的思想与行为。文学的表达虽然是语言与形象的表达。但是隐藏在语言与形象背后的却是生成这种语言与形象的文化。如果一种文学性的描写没有隐晦地展示出某种文化及其价值观，我以为就是一种表面性的甚或肤浅的描写。山西作家在自己的创作中表现出一个非常突出的特点，即对自己生活的土地、家园有一种执着的关注。而就山西这一地域来说，其文化又具有某种典型性。这就是生根于黄土高原的农耕文化。在中国现代化的进程中，一个非常艰难的任务就是要改变这种文化，使之蜕变为一种新的文化：现代化。这一过程是非常艰难的，也是非常痛苦的。数千年的农耕劳作，已经形成了一种自足的完善的文明体系。但是，就在这种文明体系达到顶峰的时刻，我们突然发现她已经不能适应现代化的要求。于是，开始不自觉地改变自己。这一过程伴随着战争、灾难、屈辱、失去国土与家园等等。在经受这种外在考验的同时，还有我们内在的情感、思想、精神等诸多方面的考验。一方面，救亡与重生成为一种时代的必然使命。另一方面，精神与文化的重建、新生也面临着更大的挑战。就前者而言，山西作家的创作并不是真正的重点。而后者却是其在描写社会变革进步中隐藏的中心。山西是中国最早开始工业化、现代化建设的地区，但是我们很少能够看到山西作家所描写的这方面的作品，而曾经作为抗日战争敌后根据地中心的山西，实际上也没有太多的文学作品来表现。反倒是有许多作品在这样的社会背景下来描写当时的人们如何生活，并参与了这一影响世界文明进程的历史。可以说，这些作家们表面上看起来对社会变革更关心。但是一到拿起笔的时候，就情不自禁地流露出他们对于特定文化及其价值观的不自觉的关注。这实际上成就了他们，也局限了他们。如果就当代文学而言，最早的表达在于农民群体的觉醒。他们感受到了时代的变化，并参与、推动了这样的变化。比如小二黑，虽然具有了杀敌英雄的身份，但作家所要说的却是旧的文化观念，以及由此形成的生活方式对人性的伤害——当然是从爱情的角度切入的。作家的贡献不仅在于表现了时代变化中人性尊严的重新确立，更重要的是，作家生动地再现了这种旧的文化制约在人们劳动、生产、生活、情感，以及社会关系诸多方面的表现。也就是说，作家不是把一个关于追求自由恋爱、自主婚姻的故事作为一种孤立的现象展示出来，而是生动地表现了这种文化观念在旧的生活方式中的普遍性，以及其荒谬性。也就是表达了必须改变这种文化观念的必然要求。这当然是非常符合时代需要的，也是中国在现代化进程中必须跨越的。在山西作家的创作中，相当多地表现了劳动者——当然主要是农民，以及农民出身的、具有农耕文化背景的其他身份的人们对劳动的热爱，对土地的执着，对家庭的重视等等。从历史的层面来看，这些内容都构成了农耕文明的重要组成部分，也是这一文明能够发展、生长的原动力。但是从时代的要求来看，这种文化又成为那些最终必然要离开土地，不再是农民的人们内心世界与精神领域的时代痛苦。比如在改革开放之后，工业化的浪潮漫卷一切。在最具现代化特点的大型露天煤矿当工人的吴福却难以适应这种快节奏的标准化的生活方式。他无限怀恋地回到了自己的家乡。但是家乡已经不再是曾经的家乡，吴福也不再是过去的吴福。他身跨两界，无所归依，内心充满了痛苦。这是一种时代转换、文明更替的痛苦，是一种具有重大典型意义的内心再现。而在现代化程度日益加深的历史时期，农村也已不再是传统意义的农村。农民也不再是仅仅从事农业生产的农民。更大的市场与财富吸引了更多的农民，城市成为新的生活中心。虽然从某种意义来看，城市化可以作为现代化程度的一种标志。但是城市化也同时带来了传统文化的消失、传统生活方式的改变，以及传统人际关系的新建。老甘，这个仍然坚守在内心世界的"过去的农村"中的农民，痛苦地怀恋着昔日活色生香的农村及农村的生活。但是，过去的一切似乎已经义无反顾地过去了。他的农村已然不再。如果说这样的农村随着市场化程度的提高有新生的希望的话，也与过去的农村大不一样。老甘的痛苦同样是一种时代的痛苦，是我们在走向现代化进程中不可回避的痛苦。当然，山西的作家也描写了这种进程中人们的希望、新生，以及由此而来的快乐、自信。宋老大进城送公粮时那种发自内心的自豪感、主人感，那种终于直起了腰板的幸福感将永远感动我们。而在首都打工并学会说普通话的小雪也动人地透露出新一代农民美好的未来。

山西的作家们也企图从比较宏大的层面来揭示中国文化的品格，以及由此而反映出来的中国精神。这些描写不在意于对现实生活具体人事的再现，而是企图通过某种具象化的人事具有隐喻意味地表达作家对民族性的理解。他们营造的人物生活环境不太具体，而是具有某种概括性，超越了具体的、实指的时间、空间。其中人物的行为，以及由这种行为所表现出来的文化内涵、价值选择体现出一种超越了具象的恒久性。由此可以使我们领略一种民族的生存状态与价值操守。其中的一部分作品甚至具有进行人生意义、价值意义探求的哲学性努力。这时，作家关注的不再是现实生活中具体的人事，以及其中透露出的社会文化内涵，而是超越其上的价值追寻。在临危受命的戴夫人身上，作者赋予她民族人格最为优秀的内涵。她不仅具有一般人所可能具有的大局观，以及人性的智慧，而且作为生命个体，她具有了一种古人所言的"浩然之气"。她在漫长艰难的商旅途中，没有感受到生命的渺小，而是站在太行山顶吟诵前人的诗篇。她感受到的是生命的博大、伟岸，以及大自然的神奇、浩渺，是一种天人合一、物我两忘的至高境界。这不仅是她个体生命的壮美华章，也是民族文化中价值体系的完美内化。张马丁的遭遇则从另一种角度表现了不同文化短兵相接所引发的一系列事件，以一种宏阔的视野描写了文化境遇背后各异的价值体系之间的交锋、错位、融合。还有许多作品通过对具体人物生命境遇的描写，表现了具有历史意味的在潜意识中特定价值观支配下的民族精神世界。

　　读山西作家的作品，事实上也可以看到中国从农耕文明的顶峰跌落到重新崛起，实现现代化的历史进程。在当代文学中为数不多的抗日战争题材的作品中，我们可以看到以中国北方农民为主的人们如何从屈辱中觉醒、抗争，并取得了历史性意义的胜利。抗日战争的胜利，不仅仅是军事的胜利，而且是中华民族在经历了无数的失败、屈辱之后终于走向独立、自主，重新以一个文明民族的形象自立于世界民族之林的标志；也是中国在经历了种种探索，尝试了不同发展道路之后，终于表现出走向正确发展道路，迈出实质性转型步伐的标志。

尽管一直以来我们都有这方面的创作，但是具有宏观性、历史深刻性的作品还不多。新中国的建立是中华民族终于在百余年的努力之后有了自己独立政权的大事，也是中国开始以超人预料的成就向现代化迈进的起点。山西的作家以自己敏锐的笔触描写了这一关键时刻中国普通人内心世界的喜悦、自豪，以及对未来的憧憬。还是在1949年10月1日，诗人高沐鸿就创作了诗歌《这是我们人民自己的胎生》，为新中国的建立而欢歌。之后的一系列文学作品生动地表现了站起来的普通民众内心世界的巨大变化，特别是其人格世界的变化。他们实实在在地感受到了新社会的进步，以及当家做主的自豪。他们不仅在经济上得到了解放，在政治上得到了翻身，而且在精神世界上发生了积极的蜕变。一个新的时代带来了新的发展与进步。也正是这些作品成就了这个新文学史上一个最具典型意义、产生重大影响的文学流派——"山药蛋派"。他们有共同的创作追求，有共同的题材选择，有以赵树理为代表的领军人物。这个流派出现的意义，不仅仅是属于文学的，更是属于中国文化的。他们在尊重并表现中国优秀传统文化价值观的前提下，呈现在这种价值体系影响下中国民众，主要是农民如何生活、生产、思考、发展。读这些作家的作品，不仅使我们能够了解到特定历史时期中国发生的事情，而且将使我们了解中国人是怎样的一种生活方式，中国人在新的历史时期发生了怎样的变化。在20世纪70年代末、80年代初，山西的作家们非常敏锐地感受到时代将要发生的巨变。这种感受不是源于理性的分析研究，而是源于他们对现实生活的关注与热爱，是他们从具体的生活中感受、发现了时代变革的动力。其中有他们对极"左"路线的批判，以及对中国变革发自内心世界的呼唤。这首先是已经成名的一批被称为"老作家"的人们走上了历史的舞台。而另一批将在中国文学园地表现出勃勃生机的作家以自己的敏锐发现了生活的变化。至20世纪80年代中期，以《当代》发

表一组山西作家的作品为标志,文学"晋军崛起"成为中国文坛的一个重要事件,引起了广泛关注。这批作家一进入文坛即表现出不俗的活力,显得生龙活虎,风生水起。他们首先成为对极"左"路线的批判者。通过一系列生动的、充满生活意蕴的人物形象来揭示中国曾经走过的弯路,以及即将出现的变革。而后,出现了一系列呼唤改革的优秀作品。一些小说被改编为影视作品,在当时传媒欠发达的条件下产生了极大的轰动效应,甚至有万人空巷之叹。其中的朱克实、李向南、李高成等成为新的历史条件下拨乱反正、推进改革的典型人物。这些作品既是文学的,更是时代的、历史的。它们表达了中国人内心深处希望变革的期待,也呼唤着一个新的历史时期的到来!

中国的改革是中国从传统的农耕文明出走,迈向现代化的重大事件。随着改革开放的不断深化,中国表现出强劲的发展态势。同时,也遇到了许多需要解决的问题。一方面是现代化程度的不断提高,另一方面是这一进程的艰难演进。一个时期,那种充满浪漫主义色彩的乐观情调被现实生活中的艰难前行所生发的复杂性代替。改革并非一帆风顺,充满了困惑、曲折,有许多困难需要智慧与勇气来克服。这一时期,山西的文学创作沿两条主线展开。一方面是直面现实,表现新的发展时期人民的智慧力量,及时代的进步,如农村改革,国企改革,全球化背景下的商业博弈,以及反腐倡廉、环境保护、民主选举、基层生活、重大事件等等。总的来说,山西文学表现出社会的艰难进步,这种进步首先是积极的、正义的、人民的力量战胜了消极的、不义的、损害人民利益的力量。同时也表现出了中国传统社会在时代的发展进步历程中逐渐变化:如传统农村的式微与新盛;农村人口向城镇的转移;土地的工业化、商业化等等;商品经济的蔓延,城镇化的发展;以及身处其间人们内心世界的彷徨、痛苦、选择;人对土地以及建立其上的生产生活方式的依恋;对改革进程中传统国有企业的情感等等。从这些作品中，我们可以观察、感受到中国正在发生的翻天覆地的变化。另一方面，许多作家企图从超越现实的具有形而上意味的层面来探求中国的民族精神。一些作品甚至具有了某种哲学性品味。他们可能借助于某一历史事件，或者设计一个与现实生活隔离的故事来表现自己理解的民族精神。这一类作品可能表面上与现实生活没有直接的关联，但是对我们认识民族文化、民族品格具有积极的意义。事实上这些作品为我们提供了一种思想文化资源，是对现实生活中剧烈变革引发人的价值观的迷茫进行的某种文化性指引。它不涉及现实问题，不为我们思考感受现实生活提供具体的形象。但是，为我们提供观照现实、解决现实问题的精神力量、价值选择和思想资源。这其中也有一个如何认识人生、如何认识民族、如何面对个人价值的问题。

总之，不论是对现实生活的直接表现，还是以隐晦的笔法对现实生活提供精神资源，都可以看到山西作家对社会生活、人生价值的一种积极的态度。他们试图以自己的描写来表达某种具有积极意义的思想内涵，为今天的人们提供精神力量，以推动中国社会的发展、进步，以及在历史蜕变中人的完善。这些努力也可以视为是在现代化进程中对民族精神的一种回顾与追寻。读山西作家的作品，可以使我们从一个侧面感受到中国走向现代化的历史进程。

山西作家在艺术创造上也进行了积极的努力。就山西文学的当代面貌来看，表现出一种从一元向多样的发展态势。当代山西文学受以赵树理为代表的"山药蛋派"影响甚重。一代一代的作家不仅受到这一流派作家关注现实生活、关注社会民生的创作理念的影响，而且在表现手法上也多承续这一流派。因此，直至改革开放前，山西文学基本呈现出一种"山药蛋派"式的一元状态。但是，进入改革开放的新时期后，这种局面开始发生变化。一些人更注重语言描写、心理表达等等。不同于"山药蛋派"风格的作品开始大量出现。首先是题材选择表现得更加多样，其次是表现手法更加多样，再次是创作观念也呈现出多样化的格局。山西文学终于形成了从一元走向多样的创作态势。那些坚持以农村为主要创作题材的作家们也积极地吸纳了其他的表现手法，使农村生活的表现领域大大拓展。另一方面，山西也出现了典型的所谓"现代派"小说。心理结构、借鉴侦探小说手法的"悬念"结构、无情节结构、意象结构、寓言式结构等等次第登场，宏大叙事与个人化叙事并存一体。这些作品有的已经产生了比较大的影响。无论如何，他们都是山西作家对文学自身进步的积极探索。

从某种角度来看，山西文学似乎为我们呈现出了中国走向现代化的百年变迁史。这不仅表现在人们广为关注的小说创作之中，同时也更加丰富地表现在文学的其他领域，如诗歌、散文、戏剧，以及逐渐从散文文体中独立出来的报告文学及传记文学之中。当我们追寻这种变迁的历史时，不能割断由山西而表现出来的中国五千年文明史。山西是华夏文明的主要发祥地，从远古以来，这一文明代代相传，承续不绝，其中涌现出众多的仁人贤士。作为个人，他们有自己所处的具体的历史环境、成长条件，对人类文明的进步做出了自己的贡献。但是，作为一种文化现象，他们似乎勾勒出中国文明发展进程的历史脉络。在他们身上体现了中华文明的历史贡献、价值选择，以及思维模式。对他们进行研究，并用传记的方式表现出来，使今天的人们了解并感受他们所具有的闪光的人文价值，不仅对今天的改革发展具有积极的意义，对我们现代化进程中的文明重建同样具有非常重要的意义。这将首先使我们看到历史发展进程中文化的影响力，进而使我们能够进一步确立文化的自信心与自觉性。在这些如星光一般闪烁的先人身上，我们将体会到中华文化的魅力、价值和绵延不绝的生命力。承续山西文学的精神品格，创作出新的能够表现时代精神的优秀作品，是我们这一代人的使命。而对五千年文明发展进程中那些曾经做出突出贡献的英杰才俊进行文学式的描述，也将是我们传承民族精神的一种努力。因此，组织编辑出版山西文学"双百工程"，有着非常积极的现实意义。

这一"工程"包含两个序列三个方面的内容。一是"百部长篇小说"，其中一部分是已经发表出版并产生了较大影响的现当代小说。通过集中编辑出版，可以使我们比较全面地回顾审视山西文学某一方面的成就与贡献。另一部分是新创作的长篇小说。其目的是推动山西长篇小说的不断繁荣。把它们列入这一工程，即是对文学发展的新推动，也可以延续已有的成果，使人们看到山西文学创作的最新成就及更加生动的面貌。二是"百部山西历史文化名人传记"。山西的报告文学近些年来表现出非常活跃的态势。不仅参与创作的作家比较多，出现的作品比较多，而且产生的影响也比较大。其中一些作家应该说是中国报告文学领域的领军人物。同时山西也是华夏文明的重要发祥地，在五千年的文明发展历程中涌现出许许多多的对中华文化发展进步做出重大贡献的英杰先贤。以传记的方式把这些先人在中华文化发展进程中的贡献表现出来，有助于我们重新认识中华文明对人类的重大贡献，有助于我们进一步追寻中华文化的精神、操守、品格，并使我们从先人的风采中找到自己前行的楷模和动力，激励我们推动中国的改革发展进步。所以，这也就成为我们的一种责任。相信通过这一努力，既将促进山西文学的进一步繁荣，也将进一步增强我们的文化责任，重塑我们的文化形象，展示中华民族在漫长发展历程中表现出来的精神力量与智慧，为实现民族复兴的中国梦做出积极的贡献。

导 言

为了使读者对本书的总体构思和框架有一个较为清晰的把握,有个提纲挈领式的了解,特撰写本《导言》。

本书记述了明代政治人物、务实能吏——工部左侍郎加尚书服俸、"天下廉吏第一"、易理学家和中医学家程启南的生平事迹,记述了他的历经四朝的不凡的政绩,彰显了他勤政爱民、清正廉洁、疾恶如仇的高贵品格,以及他对家族和社会的重要影响。

程启南是宋代名儒"二程"之程颐的后裔,其先祖程颐第十五世孙程思敏(后改名程敏)为避元乱,偕同胞兄弟四人,以及亲家等从河南逃难至山西平遥暂时落脚,其中程思敏则改名程敏,与亲家魏家(魏成甫)、赵家人继续逃难至山西武乡县,他的四个弟弟在平遥暂居数年后又分别迁居他处。自从程思敏改名程敏落居武乡信义村后,便成为程氏武乡一世祖先,也开启了程氏武乡籍的家族史。

程启南是武乡（程敏）第十一世孙，河南程颐第二十五世孙。他是武乡程氏第一个举人、第一个进士，第一个朝廷命官，以及第一个二品高官，尽管仕途坎坷，但他总能审时度势、适时进退、逢凶化吉，最终官至明代工部左侍郎加工部尚书服俸（享受工部尚书待遇）。从政期间，曾被当朝熹宗皇帝御书授予"天下廉吏第一"的牌匾，明代山东道监察御史杨希旦题写"社稷功高"的牌匾。这不仅在武乡程氏家族，而且在武乡籍名人乃至山西籍名人中，均具有显赫而深远的影响。

本书以程启南的传记为核心，也顺便记述了其同乡、同年同榜联捷进士、官至明廷兵部尚书魏云中的事迹，介绍了他们之间从发小、同窗学子到晚年退休后共建共保家乡的友谊；同时还捎带介绍了程启南子孙后代的一些情况，如长子程嘉绩，明代刑部郎中的廉政故事；次子程伟绩，以增生入国子监学生，后在李自成兵扰山西武乡，向父亲勒索军饷之际，积极为父筹集饷银，后又代父充当人质，历经磨难最终脱险的传奇孝道故事；以及五子程皋绩与子程必达进京同考，结果迟暮之年的皋绩考中进士，授为山东蓬莱知县；儿子落第，回家伺候生病的母亲，将母送终不久，成为文水县教谕，后在三秦同考职位上以身殉职的经历。展示了武乡名门望族——程氏家族良好的家风家教和优良传统。

需要提及的是，程启南九世孙程砚祖，字遗斋，从小喜好读书，还是一个当地出了名的大孝子。他16岁丧父，母亲是个有文化的人，成为他的家庭私塾老师，并延续了对他的教读和培养，他也继续了学业，"刻苦自励，倍于寻常"。砚祖每日除了读书学习，就是依偎在母亲身旁，谈论家务琐事，母亲不发话，他就不会退出屋外。程砚祖不是本书要撰写的人物，但其母亲临终前，拉着他的手有一段谆谆训导，令他终生难忘，也很有代表性。大意是，我们家自程尚书从天而降，历代登科举人进士、显达官宦者层出不穷。老天之所以造福我们家，那是因我们家祥云深厚。我已家务缠身，儒学大业未能功成名就，虽照猫画虎教子有方，却也深感惭愧。但愿你能够孝敬尊长，处好朋友，对人恭谨宽厚，即所谓继承程家先辈遗志而慰藉亲人之心。"四书"也不外乎说，唯独孝敬父母、处友如兄弟一样，可将这种理念，施加于当官后的政策，这是正确的为政之策，不必取得科举功名，才算发迹走运。说完即去世了。

程砚祖母亲的那段临终嘱托，言语质朴，但却含义深刻。道出了武乡程氏家族的历史面貌——自本家出了个二品尚书服俸的程启南后，历代登科举人进士、显达官宦者层出不穷，这是一个书香门第之家族，官宦之家族。程母对儿子砚祖今后如何做人的嘱咐，如孝敬父母、尊长、处好朋友、兄弟等，并要将这种好的传统、好家风在当官后能施加于政策上，并说这是正确的为政之道。这也揭示了以程启南为代表的武乡程氏家族历代兴旺的根本原因。那就是与人为善，与亲为孝，以德为本，这才能有比金银更可贵的市场啊！真是孔孟之道，孝行天下。

司空精神，是武乡程氏家族兴旺发达的核心、融入血液的魂魄。而这种精神和魂魄，与其家风文化、家训文化不无关系。程启南在多次家训中，要子孙背诵："熟读诗书，考取功名；为国赴命，出生入死。为民请命，不避谤怨。为亲孝命，体贴入微。为邻使命，周到圆满。为义舍命，大义凛然。为恶送命，为民除害。"并将这种家训写成书法条幅，悬挂于墙上。尽管这一家训是后人概括出来的，但也大体接近当时的实际情况，这对我们当今如何做人做事，不无启迪意义。

山西武乡，本是弹丸之地，穷乡僻壤，交通不便，文化相对落后，新中国成立后，很长时间是国家级贫困县（只是近几年才脱贫摘帽），但为何在明代能出了像程启南、魏云中这样显赫一时的达官贵人？这不仅是当代学者发出的拷问，也曾经是困扰古代文人学者一个早已探究的话题。

任何名人学士的诞生，都离不开其家境条件，更离不开他所处的社会背景。

程启南的一生，经历了中明、晚明的六个朝代（嘉靖、隆庆、万历、泰昌、天启、崇祯）、清初的一个朝代（顺治），其中官历四朝，累计三十年整。本书在记述程启南的事迹之时，也展现了明末清初波澜壮阔的历史画卷。

家庭是社会的细胞，家族历史是社会历史的缩影。家族的发展，离不开社会历史的发展和影响，只有将家族的发展脉络，放到社会历史发展的大脉络、大背景之中，才能显示出其深刻的历史意义。

明末清初的历史，尤其是晚明期间的历史，是内忧外患的历史，也是明代逐渐衰亡，清代迅速兴起的历史。

内忧外患，不同的历史时期有不同的含义。（本书所指的内忧外患，与清代以后的内忧外患有所不同。内忧，主要是指朝廷内部各派势力之间争权夺利的斗争；明朝廷之外西南藩族叛乱、农民起义等。外患，主要指关外后金势力对大明王朝领土的蚕食，以及东南沿海地区外国殖民主义侵占我国海岛等。

明朝，是中国历史上的一个伟大朝代，也是最后一个由汉族人建立的封建王朝。在开国皇帝朱元璋之后，经历了十二代、十六帝、十七朝，历时二百七十六年。明朝疆域广大、实力雄厚，创造了灿烂的封建文化。然而，从万历皇帝起的最后四个朝代（万历、泰昌、天启、崇祯），史称晚明时期，则进入了明代逐渐衰亡，清代迅速兴起的转型期。其实，明代从嘉靖年间，就出现了"中衰"的问题，已被明代统治阶级所认识，并采取一切方法挽救这种局面。隆庆皇帝即位后，任用了徐阶、高拱、张居正等一批改革家，施行"隆庆新政"。到了万历初年，张居正成为权倾一时的首辅，趁皇帝年幼，继续推行改革方针，明朝一度中兴。但是好景不长，张居正过早去世了，他的政治势力受到严厉打压和清算，改革成果没有保持下去。万历中期以后，皇帝消极怠政，重用太监到各地刮搜民脂民膏，朝臣朋党派系斗争激烈，百姓生活困苦，反抗斗争和藩属反叛此起彼伏。到了万历末年，关外建州的女真首领努尔哈赤起兵反明，不断攻城略地，明朝正式进入了衰亡期，朝运已经难以挽救。

到了明熹宗皇帝的天启年间，曾目睹过万历初年张居正"万历新政"和万历末年纲纪废弛局面的东林党领袖邹元标被启用后，决心效仿张居正，继续张氏改革之路，挽救大明王朝。天启初年，他上奏疏为张居正呼吁平反（天启二年成功），从吏治着手，加上天启皇帝尚有"新帝登基三把火"的雄心，将受到打压在野的赵南星、孙居相、李邦华、杨涟、左光斗等一批东林党老臣、报国无门的清官廉吏重新启用，还提拔了一批新生力量。天启二年，由都察院和吏部共同组织了举荐评选廷外优秀官吏的"举卓异、评第一"的活动，开办京师书院，讲学育人。终于迎来了天启初期"众正盈朝"的良好开局。此期间，本书传主程启南受到推崇，不仅被举荐为"卓异"官吏，还被天启皇帝亲笔御书，敕封"天下廉吏第一"牌匾，当月即升为山东右布政使。可见，封建王朝，即便是衰落的王朝，也不是没有好官，只是需要有好的平台，给他们以施展抱负的机会。可惜，这种好局只维持了不到两年时间，便随着魏忠贤和客氏勾结乱政夺权，将先天"失血"、年轻的天启皇帝引诱到玩木丧志（俗称"木匠皇帝"）、骄奢淫逸、不谋政事的邪路，当成他们打压陷害忠良的保护伞，致使朝内宦官专权、东林党正直朝臣遭到清洗和杀戮，晚明进入最黑暗的时期，并牵连治理齐鲁有方、政绩显著的程启南也被迫辞职归田。

崇祯皇帝登基之时，正是明代内忧外患非常严重的时期，这个明史上少有的勤奋的皇帝审时度势，拨乱反正，不动声色诛杀了罪恶滔天的客魏集团，清除了阉党势力；他励精图治，推行"圣朝新政"，依然从吏治入手，启用了一批受魏阉势力迫害打压的在野老臣，也提拔了一批德才兼备的新生力量，程启南就是其中一个受益者。崇祯二年，他二次被启用，授命为通政使，不久又被推举为"贤良大臣"群体中的成员，擢升为工部左侍郎。崇祯三年，经朝廷群臣推举，程启南代理工部尚书职责。期间，他先后督办完成打造兵器装备，完成了久拖数年的德陵工程，被崇祯帝褒奖，在其原官职基础上加大司空服俸（或曰加尚书服俸，正二品），即以工部左侍郎的职位，可享受工部尚书服俸的特殊待遇。然而，勤勉勤政的崇祯帝，性急和多疑的弱点，也使他用谁也不完全放心，属官稍犯小错便罢官弃用，不仅把自己变成孤家寡人，而且使下属工作上如履薄冰、患得患失，很难出现敢负责、敢担当，有作为的能吏。尤其是在内忧外患情势下失去清醒头脑，中后金人反间计而错杀边关名将袁崇焕，导致守关无将，后金势力日益坐大，难以遏制。对内，刚愎自用的他开始重蹈万历和天启皇帝的覆辙，重用宦官，派他们到各地督导财政和边关防务，甚至提拔宦官张彝宪建立总理府，统领户、工二部，权限超过尚书。程启南不愿受其挟制，在接连上疏十次辞官无果后，于崇祯五年第十一次疏奏终被准予辞官归田，崇祯帝的"圣朝新政"也逐渐在孤家寡人的窘境中流产。随着高迎祥、李自成、张献忠等陕西农民军的揭竿起义，取道山西，北攻大同和宣府，直至甲申之变攻占北京，崇祯帝在煤山自缢身亡。崇祯帝曾声称自己不是亡国之君，然而最后却成为不折不扣的亡国之君。

1644年的甲申之年，是一个特殊的年份，大明王朝受到来自各方势力的打击，北面山海关外有进退维谷的明将吴三桂和关外虎视眈眈的清军，西部有李自成农民起义军建立的大顺政权，并已取道山西，攻取大同兵临北京，三方势力围绕着保争大明王朝的目标，展开了血火厮杀。守土争战的结果，却是当时谁也不曾料到。三月，大明王朝被李自成大顺政权夺取，40余天后，又被山海关吴三桂勾结清军打败，李氏农民军起义的胜利成果被清军夺取。五月，随着清军进入北京，清王朝定鼎，开启了大一统清朝268年的历史。历史就是这样的捉弄人，鹬蚌相争，渔翁得利，螳螂捕蝉，黄雀在后。正如《红楼梦》所言"你方唱罢我登场"。

历史人物，只有将其放在相应的历史背景之中，才能显示其存在的价值和重要意义。本书将程启南置于明末清初错综复杂的历史背景之中，以程启南生平传记为核心，以程氏家族历史为主线，还将期间持续三年以上的历史事件作为副线，并行发展，时有交叉。如此一来，明末清初的历史大体包含了三条副线，一条是西南奢安叛乱，一条是明末陕西高迎祥、李自成率领的农民起义，另一条也是最重要的后金（满清）王朝崛起，逐步对明王朝的侵扰和蚕食，直至最后改朝换代。期间，还有荷兰殖民主义者对我国东南沿海、澎湖列岛的入侵等。并将这些副线的各个历史的发展阶段，概略地穿插于传主所在的明、清相关的王朝历史之中，副线与主线也有交叉的时候，交叉时详写，非交叉时略写。

总之，笔者希望读者通过对程启南的生平历史，也能看到相应的明清发展的历史脉络，进一步看清程氏家族发展史的典型意义。

因书中撰写的程启南等代表人物在各个历史时期的升落沉浮，均与所在的皇帝和历史背景有关，为了便于记忆，因此，本书对于时间坐标一律以历朝皇帝的年号纪年。本书既要还原历史，又要便于当今读者阅读。为了达到这个目的，对于人物奏疏、书信、书法、评论等，尽量以原文（文言文）展示，对于文中的个别典故、个别难懂的词句，则将译文标注于该句后面的括号内，或注释于本章末页的下方，而对于人物之间的对话，则尽可能使用适应当时语境和语言特点的白话文。有时，所引用的原文中出现一些于当今行文中不规范的独体字或异体字，也在后面括号中添注了当今规范的通用字。由于很多古籍资料，是由清代史官所撰写，他们受"胜者王侯败者贼寇"的传统观念影响，或专门收集负面史料，抹黑李自成的农民起义军，往往使用"贼""寇""伪"等带有贬义的字眼，对此，一律加以删除，而采取中性语言进行表述。

但愿本传纪文学，能对您有所启迪。

2020年12月

目 录

第一章　书香世家 …………………………… 001
　　河南迁晋武世祖 …………………………… 001
　　改名迁晋留谜团 …………………………… 005
　　家族兴旺事有因 …………………………… 011
　　碧云寺塾读国学 …………………………… 014
　　孩童时期传说多 …………………………… 020

第二章　卧薪尝胆 …………………………… 024
　　古铜城变信义村 …………………………… 024
　　漳水保星宿回澜 …………………………… 032
　　娶妻生子育后代 …………………………… 039

第三章　鹊声得志 …………………………… 045
　　庚子科考中亚魁 …………………………… 045
　　京城"两试"成进士 ………………………… 050
　　同年天涯有知音 …………………………… 056

第四章　襄阳口碑 …………………………… 063
　　推官上任楚襄阳 …………………………… 063

	审理积案民拥戴	070
	考校楚才为国家	074
	武当山上风雨稠	078
第五章	**兵部奇官**	086
	滇选武才楚襄红	086
	安葬原妻与续弦	089
	平楚旧案过襄阳	093
	拜会伯乐孙丕扬	097
	"三可虑"到三建言	102
	清黄郎中秉公心	104
第六章	**济南佳话**	108
	上疏赈灾平匪盗	108
	会见辽帅熊廷弼	114
	"天下廉吏第一"人	118
	平白莲祸救众生	125
	心系桑梓保平安	131
第七章	**京都风云**	135
	驱走邹公魏阉狂	135
	拜见赵公点迷津	144
	拒魏拉拢志不移	149
	贬谪南京观风雨	154
	大义上疏愤辞官	157
第八章	**处野忧国**	163
	身处江湖念国运	163
	拜会魏氏小姥爷	168
	居家忧国熹宗崩	170

	圣朝新政见天日 ……………………	177
第 九 章	**二度赴命** ……………………………	185
	二度出山恪职守 ……………………	185
	工部任怨筑德陵 ……………………	197
	再次辞官归乡田 ……………………	204
第 十 章	**退隐桑梓** ……………………………	210
	故里省亲办实事 ……………………	210
	为民请命"尚书"旗 …………………	213
	应邀撰写墓志铭 ……………………	216
	武备筑城保桑梓 ……………………	220
	赋闲笔墨修家谱 ……………………	224
	济世救民行医道 ……………………	232
第十一章	**改朝换代** ……………………………	237
	结交邑贤论大势 ……………………	237
	拒当闯官迁大寨 ……………………	244
	闯军败亡清定鼎 ……………………	249
第十二章	**顺时皆进** ……………………………	252
	续修县志献余热 ……………………	252
	痛定思痛开心扉 ……………………	260
	鼓励子孙事新朝 ……………………	264
第十三章	**泽润子孙** ……………………………	271
	刑部郎中程嘉绩 ……………………	272
	代父人质孝名传 ……………………	275
	皋绩父子美名扬 ……………………	278
	后世林宗六子谱 ……………………	284

第十四章 社稷功高 ·············· 290
　　二程理学润家训 ·············· 290
　　遗嘱感动家族人 ·············· 294
　　司空精神传万代 ·············· 298
主要征引参考文献 ·············· 305
附录一：程启南生平简要年谱 ·············· 307
附录二：《先王父资善大夫加工部尚书服俸管左侍郎事程公行
　　　　述》（节录） ·············· 315
附录三：田喜霏《少司空程启南传》 ·············· 341
附录四：关于程启南"天下廉吏第一"授誉考 ·············· 344
附录五：有关程启南史料差错辨析 ·············· 348
后　记 ·············· 357

第一章 书香世家

河南迁晋武世祖
改名迁晋留谜团
家族兴旺事有因
碧云寺塾读国学
孩童时期传说多

藏龙卧虎信义村，司空降世代有人。

——无名诗

河南迁晋武世祖

笔者手中有本厚重的大典类书——《武乡程氏家谱》（2007年修撰新编本）。该家谱是由山西省武乡县信义村程氏第十一世祖、明代工部左侍郎加尚书服俸程启南创修，又经其后裔两次续修，最终由当代武乡程氏第二十三世孙程春虎老人，根据清道光甲午年信义村程氏老家谱残本，发动族亲征集资料，历时十年时间组织第四次续修编撰完成的。

武乡信义程氏，发端于武乡县故城镇信义村，是武乡传统的名门望族，尤其是第十一世孙程启南，是武乡程氏家族有史以来的第一个举人，第一个进士，第一个担任朝廷高官的人。他从任大明朝廷命官——湖广（今湖北省）襄阳府推官起，直至大明工部左侍郎加尚书服俸止，官历三十年，侍奉四朝皇帝（俗称四朝元老）。因在位时恪尽职守，勤政爱民，曾被熹宗皇帝赐封为"天下廉吏第一"，崇祯皇帝赐赠资政大夫①、工部左侍郎加尚书服俸（又名"大司空服俸"），高氏、张氏俱赠"夫人"。启南长子程嘉绩也被按照惯例荫为太学监生（即国子监儒生）。这就是古人所说的夫贵妻荣、封妻荫子的典型例证。

正因为武乡程氏到了他这一世奇峰突起，显达起来，程启南开始创修家谱，以耀祖光宗、彪炳后世。

程启南有个九世孙叫程砚祖，清光绪时代人。他的母亲临终前，曾握着他的手说："咱们家自司空降世，科举取士后的达官贵人者，差不多历代都有，天佑本家，福气深厚呀！""司空"或"大司空"，均为程启南服俸官名——工部尚书的代称，也有文献称他为"少司空"，即尚书的副手——工部左侍郎的代称。

在清康熙三十一年《武乡县志》中，一篇关于程启南的人物传记中，在提到程启南家族后世子孙时云："诸孙绳绳四十余人，以科贡显者踵相接也。"经查程启南的家谱资料，这里所说的四十余人，是指当时从程启南到四世时的程氏家族的总人数（四十二人）。如果延续至今，程启南后裔几何数的增长，其总人数又何止千万！其优秀人才更是层出不穷。

从程启南这一世起，是武乡程氏家族中兴发展的时期，贡士、举人、进士、官宦历代不乏，是武乡县名副其实的名门望族。

正因为程启南的显赫身份和对国家的杰出贡献，清代的《武乡县志》《沁州志》，在记述到程启南及其家族人物时，均把其作为一个新的祖先式的人物、坐标式的人物，文中时常出现"×××，启南×世孙"的字样，而通常只有某家族新迁居一个新址时，才能将其家长称之为一世祖先。

有专家学者研究三晋历史时发现了一个奇特的现象，凡是在历史上享有盛名的一些名门望族，他们的祖先均不是土生土长的山西人，而是迁居本地的外来户。正是这些外来户，为本地的人口增添了新的血脉和活力，历经几世后不断繁衍壮大，终于发展成为名门望族。这也几乎成为一个定律。

作为明代晚期山西武乡的一个名门望族——程启南家族，也未摆脱这个定律。

武乡县，地处太行山区腹地一个小县城，是土地贫瘠、交通不便的弹丸之地、穷乡僻壤之地，远离省城经济文化中心太原，也与晋南、晋中等经济较为发达、晋商云集的地区有很大差距。然而，偏远贫瘠之地、不毛之地，却能出程启南这样一个明朝的工部左侍郎，并享有工部尚书服俸待遇，犹如土窝里飞出一个金凤凰，令不少专家学者大跌眼镜，百思不得其解。而且不只如此，通过研究自程启南之后三世家谱时发现，其三代人中共计十八人，竟然全是儒学生员，没有一个是务农的，直至到了第四代（共计四十二人），才出现了寥寥七个务农后裔。且四世成员中，不算程启南，除七人是农民外，进士、拔贡、岁贡、恩贡、例贡者有九人，担任知州、知县、县丞、教谕及以上公务员级别官吏者七人，其余为国学生员、增生、廪生、武生、举人等者，共计二十三人，其中还有著名诗人、文豪。

为何如此穷乡僻壤之地却能出这样一个文化传统浓厚的人家，人才辈出的名门望族？其实在明清时期，就有人提出过这样的问题，今天，要回答这样一个问题，追根溯源，就因为程氏家族的祖先，并非本地土生土长的农户人家，而是一个外来户，并且是有深厚文化背景和传统的外来户。

那么，程启南的祖先到底是从何处而来，其身世背景又如何？程氏家族显达兴旺的奥秘是什么？

笔者先后查阅了由程启南创建第四次修谱完成的《武乡程氏家谱》和

程启南七世孙程林宗编修的《程司空六子谱》(以下简称《六子谱》),从中找到一些线索,发现一些蛛丝马迹,受到一些启迪。

据《六子谱》记载:

> 武乡有程氏,自敏祖始也。程氏之有家谱,自司空公始也。敏祖丁元末之乱,由河南迁居武乡,隶籍信义里。其初,一人旅耳。其后子孙繁衍,当有明中叶,已为此邦望族,而溯其源,则皆敏祖一人之裔也。

译文:
武乡县有程氏家族,是自祖先程敏开始的。程氏之有家谱,是自司空公程启南开始创修的。敏祖这个男子,从元末之乱,由河南迁居到武乡,落户在信义里(村)。当初,他是一个人来的。从他之后,子孙不断繁衍,到了明代中叶时,已成当地县乡一个望族,而追溯其脉络源头,则都是敏祖一个人的后裔啊。

> 司空公当明末,造以进士起家,荐秩卿二,归田之后,合苗族之裔而汇为一谱焉。条分缕析一展卷,而孝弟(悌)之心油然而起。敏祖之泽历三百年而犹新;而司空之谱,实于今为烈也。谱序与崇正(祯)间入。
> 本朝(笔者注:指清朝)来,又近二百年矣。

译文:
司空公当时的明代末期,以考取进士起家,根据其功过两度被举荐为朝廷命官。后来他辞官归田之后,将武乡信义程氏列祖列宗汇编成一册家谱,其支脉明晰,当后人一展此谱卷,对祖先的崇敬孝悌之心油然而生。

一世敏祖，其血脉恩泽历时三百年，令人阅读犹感新鲜；而其后世孙司空程启南家谱，在当今尤为显赫。本谱之序，是于明崇正（祯）年间写入本谱。本朝（指清朝）至今，又过了二百年了。

敏祖迁自河南，相传为河南归德府虞城县人，与同里魏、赵同时来武乡，今魏、赵二姓同书（属）虞城，原籍似属无疑。但旧谱序凡文例祇浑言河南，而司空以下墓志状序亦未尝及，仍以旧谱为定，而附录此说。

译文：
敏祖是从河南迁来的，相传为河南归德府虞城县人，与当时同乡的魏、赵两姓人家同时来武乡，今魏、赵二姓原籍同属虞城，似乎没有疑问。但一些旧谱笼统含糊地说敏祖来自河南，司空以下子孙墓志铭也未涉及此情况，仍以旧谱的说法论定，故将此说附录在后。

改名迁晋留谜团

据传说，程启南十三岁那年的一天，他放学回到家中，发现从外地来了远房一个叔叔，寒暄了几句话，竟然与父亲吵起嘴来，而且越吵火气越大。尽管父亲将他支应到隔壁的房间读书写作业，但他还是断断续续听到一些内容。

父亲："……要改名字也得有依据，你拿河南老家谱来，我看一下。"

叔叔："老家谱已经弄丢了，这是我根据老辈人传说，还有祖先牌位，搞了一个新家谱册子，你看看……咱家祖先从河南落脚山西，已二百多年了，要赶紧抢救，续修个新家谱，不然，时间长了，有忘本之患呀！"

父亲："修家谱我不反对，这是件好事，只是反对改我家一世祖宗的名字。你说，在河南老家谱上，我家祖先叫程思敏，可我家留下来的资料、牌位上，写的却都是程敏。在祖辈人留下的传说中，也从没听到过思敏这个名字，你叫我咋整，老祖宗的名字可不能乱改呀，那可是对先辈人大不敬，是大不孝呀！……"

两天后，叔叔走了，老父亲才告诉启南，来的那个叔叔叫名旺，是从太谷为续修家谱事情而来的。因为对咱武乡信义一世老祖先改名没有取得一致意见，两家人共续修家谱的事情没有谈成。

后来，小启南听老父亲讲的一些家世情况，又从老父亲那里要来了一些记载家世历史的资料——那些均是沿袭祖辈人口述整理的资料，才大体了解了本家祖先一些历史。

元代末年，天下大乱，农民起义军向元代"统治"政权发起攻击，一时间战火连天，百姓饱受刀兵侵扰之苦。在河南某地老家，有程氏三兄弟商议，为了避免兵乱，此地不能再住下去了，必须赶紧逃难，向北过黄河，找一处靠山偏僻点儿的地方落脚，过安生日子。

三兄弟中的长子，叫程敏，为武乡本家祖先。另有两个叔伯兄弟，叫思让和思贤。他们都是老夫子——宋代理学大师"二程"之程颐的后裔。就这样，他们三兄弟，收拾了一下简易行李，在一个黄昏的时光，匆匆结伴向北逃难，过了黄河，来到山西。为防止同遭劫难断后，三人分别找了三处地方落居。老大程敏落居武乡县信义村，成为武乡程氏家族的一世祖；思让祖落居祁县东观镇，思贤祖落居太谷县西贾村。

以上记载的，就是非常简要的早年程氏家世信息。然而，程敏和两个叔伯祖兄弟，他们的河南祖籍到底在哪里？何府何县？身份是什么？背井离乡逃难到山西，其深层次的原因又是什么？上述资料没有提供出任何答案和线索。直到几十年后，程启南在外地履职和归田后几次创建、续修了武乡信义程氏家谱，在所作的序中，对当初武乡一世祖从河南老家逃难经历的描述，也未跳脱出上述信息的框架。尤其是这里并未牵扯到老祖先程敏的什么改名信息。以至老祖先的姓名之谜，成为困扰程氏家族的一个千古之谜，悬疑问题。

关于老祖先改名问题，不仅古代有争议，就是当今程氏家族的后人，也是有质疑和争议的。最初，还是河南程氏本家宗亲提出来的。河南有个研究《河南程氏正宗家谱》的学者提出，武乡的一世祖程敏存疑，按河南老家谱查询，程敏是程颐第十一世孙，该人后来迁到山东嘉祥县。武乡从河南迁过来的一世祖如果也叫程敏，就不正常了，同一时期，不可能有两个同名同姓的祖先，肯定搞错了！以至山东嘉祥县的宗亲也对此不满，认为武乡修家谱，不应该冒用老祖先的讳名。

为此，在家谱相关资料奇缺的情况下，笔者不得不发动宗亲提供相关家谱信息资料，对武乡一世祖姓名之谜，进行了数年综合考察和研究。尽管未有第一手确凿的资料，但也发现了一些有价值的旁证资料。终于发现，所谓程敏祖在河南的原籍，并非只是一个模糊的地址，而是有府县等明确地点的。他们三兄弟从河南逃难至山西，落居三处，也并非上文记述得那样简单，程敏祖和"别祖"不是三兄弟，而是同胞五兄弟；而且也发现了疑似改名的信息，程敏祖的原名很可能是程思敏，他的身份特殊，也构成了他们结伴逃难的直接原因。而且这个原因，对程氏家族后来的发展方向有很大影响，也影响到本家族的中兴显达。

关于考证的起因、过程，因与本书主旨关系不大，故将省略，只将考证推论（或猜想）的结果陈述如下：

武乡一世祖程思敏，原是河南归德府虞城县人，其父是河南宋代名儒"二程"之程颐第十四世孙程振远，元末儒学生员。振远祖生有五子（几女不详，因古代族谱规定女不上谱，故查不到），程思敏为长子，下有次子思贤、三子思让、四子思谦、五子思礼。振远祖为书香门第世家，他注重对后世子弟孔孟之道的儒学文化教育，从小将其一一送至村镇和府县国学书院读书，以至他们日后各有成就，其成就最为显赫的，当数长子思敏。他当了元代从五品礼部郎中。

程思敏为何会任元朝的礼部郎中？是通过科举考试上去的？通常，古代考取了进士，才能做官，如果在省级乡试中考取了举人，虽然也有做官的可能，但要等待机会候补某一官员职位的空缺，好比当今的大学毕业，不包分配。从相关的武乡、祁县东观、太谷西贾的程氏家谱资料来看，程思敏并未考取过进士或举人，否则家谱中不会不对这一显赫的功名做记载。如思敏的同胞兄弟思贤，祁县东观和官厂的家谱序中，就有他曾考取进士，拟任礼部侯铨（注：候选）知县的记载，只是因元末战乱未仕而已。其次，与当朝官府有裙带关系者，有时也可做官，就像当今走后门一样。然而元朝是蒙古人的政权，思敏一个汉人显然不可能有这层关系；那么，只剩一种可能了，即对元蒙政权做出了特殊贡献者，才有可能被破格提拔做官。也许正是这个原因，思敏祖最终做了元朝的礼部郎中，掌管祭祀礼仪方面的事务。礼部郎中是多大的官呢？经查元史，是从五品，比六品高，但比正五品低半级。

笔者不知道思敏祖到底为元朝当局做了什么特殊贡献，也未查找到这方面的资料。微网上有宗亲提出程思敏很可能是因他为宋代"二程"的后人（程颐十五世孙），是个传承"二程理学"的学者，而被破格从一个生员提拔为礼部郎中的。这话不无道理。历史上，蒙古人战胜了大宋王朝，然而，要统治地域广袤、传统文化深厚的汉族江山，困难很大。因为这个游牧民族传统文化基础非常薄弱，不得不借助于汉族王朝的传统文化，对蒙汉民族分而治之。当他们定鼎元朝后，为发展农业，推崇炎帝农耕文化，广建炎帝寺庙；为教化汉民安分守己，不再与蒙古王朝作对，他们推崇孔孟之道和程朱理学，而"二程"理学，就是宋代宣传孔孟之道之显学，经宋代学者朱熹总结后，形成程朱理学，也备受宋、元二朝统治阶层的推崇。历代统治者都难以逃脱盛衰周期律，随着元末蒙古统治者贪污奢惰弊端日渐严重，民族矛盾日益尖锐，将程老夫子的后代程思敏吸收朝中做礼仪文官，对汉民进行思想教化和统治，不失为一项重要举措。这也许是思敏祖做元朝的五品郎中官吏的一个重要原因。

古代做官，不论之前出身是进士，还是举人，或仅仅是生员、监生（国学儒生）等，也不论你有无皇亲国戚的背景，做官通常要从最低台阶——九品芝麻官做起（府衙典书、县丞等），通常三年一升职，其间不能犯错误，否则升职不成还会招来杀身之祸。程思敏能从元代九品官升到从五品（礼部郎中），官龄应在十五年以上。

可能思敏也没有料到，他费尽心机做了元朝的五品文官，本想光宗耀祖，为家族带来富贵和好运，岂料他做官不久，恰逢元末时局大乱，以朱元璋为代表的多支农民起义军对没落的蒙古政权发起攻击，欲将其驱逐出中原大地。如此一来，思敏祖的元朝礼部郎中的身份，非但不能给家族带来好运，反而成了元末农民义军顺势打击的对象，至少也是摊派勒索的重要目标。面对战乱和风雨飘摇的元代王朝，继续待下去凶多吉少，甚至性命难保，还会连累家族被抄家灭族的厄运。于是乎，他选择了脱离元朝官场，逃亡家中，并偕同同胞四兄弟逃难（同行的也许还有老父亲程振远、妻子、女儿、亲家等）外地。据相关老家谱记载，河南程氏五兄弟逃难至山西，其中三人暂居平遥县各村。思贤祖暂居西堡村，后迁至太谷西贾村；思让祖暂居东南乡程家村，后代迁至祁县东观镇；思谦祖暂居梁赵村，后迁至陕西汉中的武乡镇，其后代又回迁至平遥。一人落居武乡信义（思敏祖），一人落居太原阳曲县（思礼祖）。这种分散落居的格局，恐怕当初也是出于避免未来可能的祸端株连、保留后世根苗之所在。

因思敏祖身份特殊，未来的麻烦可能也最大，为了不给家族带来祸端和牵连，他改名程敏，和另外四兄弟（也许还有妻子、儿女。注：此处缺少资料，是合理想象推断）逃难，沿途社情复杂，并不安全，于是，临行前就相约了愿意搭伴逃难的另外两姓人家（也许还是亲家）魏氏、赵氏，在平遥稍落脚歇息后，继续向东迁徙，其中思敏迁至山西武乡县铜城（后改为信义村），魏氏一家迁至当时离武乡县城不远的魏家窑村（此处因魏氏迁居而得名）。

上面提到，为防仇家（农民义军和明朝官府）追杀，程思敏不得不改名为程敏。这一改名，也是为了迁居新地平安所为。战乱年代，任何地方对外来人逃难也会有所顾忌的。如身份特殊，为避免给当地带来灾祸，通常是不收的，即便勉强收留，也会对其另眼看待。可以想象，程的改名也是动了一番脑筋的。首先姓是历代祖宗所赐，世代沿袭，不能改；名字为父亲所赐，他也不想将名字改得面目皆非，给后世留个不孝的骂名，思敏也仅仅是去掉了一个"思"字。在生死存亡的危难关头，他力图通过改名，能够使家族与后世永远忘掉昔日的耻辱，忘掉那个河南的程思敏，使自己和兄弟，乃至后世子孙避免祸害。由此，他所落居的武乡信义村至今未有任何有关程思敏的信息和传说，也就得到合理的解释，因为这正是他隐名换名、刻意保密的结果。

程思敏祖既然已改名为"敏"，那么对与他同时逃亡的思贤、思让等，就不能再称之为同胞兄弟了，因为他们已不是一家人，故武乡老家谱留下"别祖"的模糊称谓。然而，此称谓不仅蒙蔽了武乡信义村的村民，也蒙蔽了信义村程家的后世子孙，甚至也蒙蔽了创建武乡信义程氏家谱的第十一世程启南，他正是根据程思敏祖遗留的改名后的零星资料来重新编写程氏家谱的，以至留下武乡一世祖姓名之谜的千古疑团。

据悉，思敏五兄弟逃难到山西，只有程思贤带一卷老家谱[②]，即是他们的父亲程振远留下的那本从老家祖上世传的家谱。按民俗惯例，传世家谱通常应该保管在长子手中，即应当由程思敏保管，为何却由次子思贤祖保管？我想，原因可能有以下两点：

1.可能是因长子思敏身份特殊，被追杀的危险性最大，为了这本家谱的安全，故由次子程思贤保管。

2.这本老家谱上恐怕写明了他的真名程思敏，若被仇家（起义军或明代官府）查获，就有杀身之祸。加上他已改名，原名和身份即便不被仇家查获，凭这本家谱，白纸黑字也难免不慎被家族后人暴露给街坊邻里乃至官府，因而他也不想保管这本可能会给他带来不测的家谱文献资料。

可惜，思贤祖所保存的这本老家谱未能遗留下来，武乡一世祖姓名到底是程敏还是程思敏，今天已经无法再依据这份老家谱确证了。但从落居别处的其同胞兄弟所留存至今的资料信息中，程思敏这一名字的高度一致性，也足以说明了问题，程思敏的原名大体不会错的。

可能思敏祖也未曾料到，他当初的这一改名，竟让他与河南程颐第十一世本家祖先重名，迁到山东嘉祥县的程敏后裔不满意了，认为武乡信义本家祖先不该冒用了他们祖先的讳名。这也由此成为笔者下决心考证武乡程氏一世祖先姓名之谜的导火索。

家族兴旺事有因

程启南是武乡第十一世祖，他之所以能出人头地，离不开其祖先的蒙荫恩德和奋斗积淀。不妨追溯一下在他之前的十世祖先（如下）：

一世祖程思敏（老谱记载为程敏，新近考证为该名），是河南伊川县宋代著名理学家"二程"之程颐第十五世孙。其父程振远，为儒学生员，其家庭为世代书香门第之家。本人又是元代礼部的从五品郎中。后因元末战乱，改名程敏，迁徙至山西武乡信义村（当时该村名为铜城里）务农，成为武乡一世祖先。

二世祖程建庸，思敏祖次子，农民。

三世祖程得举，建庸祖独子，农民。

四世祖程鹤，得举祖次子，农民。

五世祖程原，程鹤祖次子，农民。

六世祖程彬，程原第三子，农民。

七世祖程茂，程彬长子，义官（编外官）

八世祖程节，程茂长子，义官（编外官）。

九世祖、启南祖父程继孔，荆山驿宰，后以孙启南贵，赠资政大夫、工部左侍郎加二品服。

十世祖、启南父程视箴，医官，后以子启南贵，赠资政大夫、工部左侍郎加二品服。

从以上世系家族长辈可以看出，自从武乡一世祖程敏因战乱被迫迁徙武乡信义村当农民以来，繁衍一连五世子孙，均为传统农民身份，而到了七世程茂开始转型，即脱产（也许是半脱产）当义官，八世节，子承父业，继续当义官。所谓"义官"，顾名思义，即尽义务之官，编外官。也许是个里长、甲长，或村行政、财政之类的职官，或是料理家族事务的长者，也许还辅佐县令负责做一些集资建设、公益方面的事务。

可以说，从武乡七世程茂开始，武乡程氏家族从业就开始转型，由传统的农民向读书做官的方向发展。其实，从一世祖程思敏开始，就有了这个想法。他父亲振远是个生员，即秀才，是上过私塾、识文断字，可随时准备参加科举考试的儒生，自己又是原元朝礼部郎中，自然知道文化对于改变个人命运的重要性。尽管他改名迁居异地当农民是战乱形势所迫，可他从来没有磨灭读书做官、为国效力的夙愿，既然自己身份敏感、不便出面，于是，他就寄希望于后世子孙。

程敏在信义村务农期间，时常不忘向两个儿子灌输"读书做官"，或"文化报国"的理念，注重抓他们的读书学习，还对他们的前程做了安排：送长子程建中从军，次子建庸则留家务农。然而，从军报国毕竟是个有风险的职业，尤其是明初时，社会还不很安定，局部战乱时有发生。果然，后来建中在部队当了将军，为国选将才，将自己的三个儿子（其中两个还是已经做了学正、典书的低级官吏）征入队伍，最终，父子四人战死沙场，未能留下后代。

程建中一家满门忠烈、报国绝户的惨烈经历，对其弟程建庸震撼极大。看来读书做官之路风险大、不好走，还是当个安分守己的农民稳当。这也影响了程氏后世子孙对先前读书做官传统之路的延续和坚持，以至一连五世，信义村程氏家族均为自给自足、安分守己的农家身份。

程氏五世原祖支系在七世之后之所以做出改变，一是因为社会已经趋于安定，二是各级郡县府衙兴建学宫书院，倡导教育，三是程家历经几代人的艰苦奋斗，经济状况大为改善（五世祖程碧捐助赈灾粮三千石更是突出实例），这些内外因素，促成了程氏家族某些支脉从业道路的改变，以及家族的中兴和崛起。

程启南的祖父、武乡九世祖程继孔，曾为荆山驿宰，虽然只是个九品小吏，但这个职位已属朝廷命官，已经有了质的变化。荆山，位于今湖北省西部——襄阳市南漳县。驿宰，古代驿站的官吏，驿丞、驿宰均属这一类。驿站，即古代供传递公文的人中途休息、换马的地方，后来引申为泛指长途中转站、补给站等。巧合的是，其孙程启南后来考中进士，当了推官，履职地点也是在襄阳府。冥冥之中像是一种上天的安排。

启南父亲程视箴，为武乡十世祖，是个医官，虽然缺少相关资料，不清楚这个医官是哪一级的，在何地履职，但既然有个"官"字，可能也是一个官府命官（皇帝王朝通常只任命县令或相当于县令以上的官吏，乡镇一级还没有官方机构），至少是县令聘用的医生，很可能是个在县衙行医治病的郎中。

程启南是信义第十一世。他的爷爷和父亲，均有官职，为国家做事；此外，他还有三个叔叔，也均有国字号官职，这无疑对他的读书学习起到重要的启蒙和激励作用。他后来考中进士，被当朝皇帝授命在湖广襄阳府和山东济南府两地做官多年，最终官至明代朝廷工部左侍郎，并赐资政大夫和工部尚书服俸待遇的名贵身份。皇朝按惯例，"以孙启南贵"，对其祖父程继孔，赠资政大夫、工部左侍郎加二品服。配李氏、魏氏，俱赠夫人。同时，"以子启南贵"，对其父程视箴赠资政大夫、工部左侍郎加二品服，配魏氏，赠夫人。请注意，启南的两位长辈均赠官职称号和官服，不发相应的俸禄，因为去世的人是不发薪水的。此外，还对程启南去世之妻高氏、张氏均赠夫人之号。

程氏这些家族封赠资料，县志和老家谱中均一一记载。

明末皇帝对启南祖父程继孔、父亲程视箴，均以启南在位时的最高官职"资政大夫、工部左侍郎"封赠名号，另加二品服一套。还对其妻封赠"夫人"（二品官员之妻专用名号，俗称"诰命夫人"），无疑是对其培育出程启南这样的好孙子、好儿子的一种褒奖，对一个家族来说，则彰显其家族的荣耀（相关成员可入县志和家谱），也必然会通过对相关家族成员的表彰，扩展到对整个社会尊师重教、培育子孙学习文化，以及为国效力等强烈的示范作用。

通常，新迁居某地的一世祖，才能被称谓某地（籍贯）家族之祖先。然而，家世到了程启南这一辈，无论是直隶沁州、武乡等地方史志，还是民俗传统却似乎破了例。由于程启南考取进士，赴外地做官，官位显赫，政绩突出，成为程氏家族乃至全县青史的荣耀，因而在武乡地方史志记载中，均不约而同地将程启南视为程氏家族新的一世祖，或开启"启南家系"，在其后裔相关人物文字介绍中，常以"启南×世孙"相称谓。

碧云寺塾读国学

明朝嘉靖四十一年，山西武乡县信义里医官程视箴夫人高氏，生了一个儿子。因在凌晨东南启明星之时降生，遂为其取名"启南"。

视箴夫妇将这个宝贝儿子视为掌上明珠,平日精心伺候,关怀备至,都希望这个孩子日后能吉星高照,给程家带来福气。当然,日后程启南从考取进士、任襄阳推官起家,直至明代工部左侍郎加尚书衔辞职归田,也确实不负众望,成了武乡程家的骄傲,也成为信义村有史以来最有名望的一个人物。

程启南是武乡信义第十一世孙,是其父程视箴的独生子。望子成龙,是中国历代士族阶层家族的普遍愿望。自程启南在信义村出生以来,其父程视箴就对这个独生子未来的发展寄予了很大的希望。不仅希望他能延续程氏家族的香火,更希望他能学习国学、通过科举考试出人头地,中进士做官,为国家做事,为程氏家族光宗耀祖。为了达到这个目的,程启南七岁时,就被父亲送进了一所乡村学校——信义里北边的慈云寺读私塾。

"天子重英豪,文章教尔曹,万般皆下品,唯有读书高。"这首诗说明了通过读书学习和科举考试,考取功名中进士,而后为国家做官做事,这是当时普通百姓子弟成龙成才、走向官场的主要途径,甚至是唯一的途径。

慈云寺位于今信义村北边的河北村,历史上一直隶属信义管辖,与信义隔河相望,仅有三里路。

慈云寺何时建造,有关史籍没有明确记载,慈云寺今日早已损毁,仅剩遗迹。据信义村有关知情的老人说,他们年轻时,慈云寺曾经香火旺盛,逢集庙会,人流摩肩接踵。

慈云寺至少在明代嘉靖年间,寺内就有了私塾馆,为附近村庄子弟读书国学提供了方便。

慈云寺私塾馆的老先生姓董,名松山。早年科考屡试不第,怀才不遇,后干脆云游名山大川,吟诗作赋,晚年又隐居乡间,还在慈云寺开办私塾,教育民间子弟入学读书,完成他们的初级启蒙教育。

董先生在教学中,常常能深入浅出、循循善诱,当然,对学生的课堂纪律要求也很严厉,如有学子违纪,必会戒尺责罚。正所谓严师出高徒。

启南在此学堂读书数年，受益匪浅。

明朝读书人，都以中举做官为荣，都要谨遵朝廷法令读书学习，自然也要遵循当时的常规和习惯。而明朝的学校教育，也是很有特色的。它并不是要培养思想家、艺术家或学者，而是为国家各级政府培养"后备官吏"，也就是培养儒家文化型的行政管理人才。后世经常批评明清时代的"八股取士"政策，认为是禁锢思想，其实要从"培养干部"的角度来考虑，也就无可厚非了。

我们先来了解一下学生们的课程设置。

在"社学"（童生）时期，全国的童生所学课程大同小异。即要学习《三字经》《百家姓》《千字文》等启蒙读物，主要目的是识字；再就是朱熹的《小学》，程端礼、程若庸的《性理字训》，这部分内容与程朱理学有关，也属于基础的启蒙读物。文化程度稍高一点后，要学习《论语》《孟子》《大学》《中庸》等儒家经典，背诵抄写，识字练字，顺便灌输儒家的理念。还有一部分，属于明朝的特别教材，如《大明律令》《御制大诰》《孝顺事实》及陈选所著的《小学集注》等书。另外，也要学习作诗。从对对联开始，一点一点地积累。这个时期，就是读私塾、家馆等。学好了，要应童子试，考取生员（秀才）身份，考上生员（秀才）之后，要进入"儒学"，就是府、州、县设立的官方学宫（校）学习，学习的内容更加丰富。

儒家五经：《诗经》《尚书》《礼记》《易经》《春秋》，要选择其中一部学习，将来科举时要考的。但只学一部经也就够了，不用全学。历史，要诵读《二十一史》和朱熹的《资治通鉴纲目》。法律，主要是学习《大明律》，诰，要学习明朝皇帝颁发的《大诰》《大诰续编》与《大诰三编》，内容主要是朱元璋的办案记录，警诫官民奉公守法。

唐代学者韩愈，做了一篇著名的《师说》文章，该文云："古之学者必有师。师者，所以传道受业解惑也。"碧云寺私塾的董先生不仅对入堂学生传授知识，也时常穿插讲一些古文和当地现实中的典故和故事，教诲学生做人的道理。

一日，在课余活动时间，启南总爱结伴同学，到寺庙中玩儿，观看神像，玩捉迷藏游戏。正好这天，董先生也进庙来了，他忙招呼玩捉迷藏的孩子："弟子们，快出来，你们这是对神像大不敬，是要遭报应的！"

启南从神像背后钻出来，问先生："董老师，这些神像都是什么人呀？为什么经常有人来供他们？"

董先生说："来，孩子们，我现在就给你们讲讲这神像的故事。"他略有所思地捋一捋花白的胡子，郑重地讲起来："这个像龙的神像，是古晋国太傅狐突。为啥要供奉他呢，因为他是古代有名的忠臣，侍奉晋国国君晋文公忠贞不渝，不畏邪恶淫威，最终献出了宝贵的生命……"他一五一十地讲着：

"大约在两千多年前，那时咱们这儿有个古晋国，版图很大，咱们武乡县就在古晋国的地盘上。晋国有个大臣，叫狐突，是个忠臣。当时他侍奉晋国的国君晋献公。晋献公先是跟夫人生了一儿一女，儿子就是太子申生，女儿嫁给秦国国君秦穆公。夫人去世后，好色的晋献公又娶了狐突的两个女儿。（狐突的两个女儿，分别为晋献公生了两个儿子，一个叫重耳，一个叫夷吾。后来晋献公又娶了骊姬、少姬姊妹俩作妃子，也生了两个儿子，一个叫奚齐，一个叫卓子。这样，晋献公前前后后娶了五个女人，生了五个儿子。）

"重耳少年时即谦虚好学，善于交结有才能的人，是晋国未来的希望。按照周礼的宗法制度，君主继承人要立嫡长子，于是申生被立为太子，也就是晋国国君的法定接班人。然而，坏就坏在晋献公后娶的妃子骊姬，善狐媚、诡心计。她一门心思想让晋献公把自己的儿子奚齐立为太子。如此一来，太子申生和重耳、夷吾等，就都成为她阴谋的绊脚石。于是她天天在晋献公跟前设计陷害太子申生和重耳、夷吾，先是让三人都离开晋献公身边，到自己的封地；后又设计谋派太子申生征讨东山皋落氏，把他推向危险的战场，谁料申生不仅没有战死，反而大获全胜。一计不成，骊姬又使出更毒辣的计谋，她在申生进奉晋献公的食物里投毒，然后让下人试吃。晋献公不知是计，误以为申生要谋害自己，逼死了太子申生。申生死后，重耳、夷吾就成了晋献公眼里最危险的人物。

"重耳和夷吾的姥爷狐突，看透了骊姬的阴谋，便安排自己的两个外甥重耳和夷吾赶快出逃，躲过了奸臣勃鞮的追杀，同时又叫自己的两个儿子狐偃、狐毛离开自己去保护重耳。不久又让狐偃的儿子狐射姑也到了重耳身边。在狐突精心的运作下，晋国有才能的赵衰（赵国祖先）、魏犨（chou，魏国祖先）、颠颉、介子推、先轸这些人都离开晋国，来到流浪的重耳身边，组成了以重耳为中心的晋国流亡政府。

"不久，晋献公病逝。骊姬的儿子奚齐和少姬的儿子卓子先后做了晋国国君，但不到一年就被大臣里克（原太子申生的坚定追随者）杀掉。逃亡在外的夷吾，获悉晋国国内无主，是个机会，便以重金贿赂秦国的秦穆公（也是他姐夫），并许诺如果帮他当上晋国君主，还要割地给秦国。于是在秦穆公的帮助下他回到晋国，成为晋国的新君主晋惠公。但是这个夷吾比重耳人品差远了，当上晋国国君后，就背信弃义，不仅不信守诺言割地给秦，还乘人之危，以怨报德。晋国遭灾，秦国借粮相助；秦国遭灾，晋国不仅不借粮给秦国，还发兵攻打秦国，结果夷吾兵败被俘。后来，在秦穆公夫人、自己的同父异母姐姐的帮助下，夷吾才回到国内。对内，他诛杀有功大臣里克。国人很不顺服他，都希望品德好的重耳回国任国君，夷吾也怕哥哥重耳回来夺王位，就派出勃鞮再次出去行刺重耳。

"狐突获悉后，急忙写信给自己的儿子狐偃、狐毛，让他俩保护重耳远走他国，直到后来返回晋国当上君主时，狐偃、狐毛已经跟随重耳十九年，辗转了八个诸侯国。

"晋惠公夷吾病逝后，他唯一的儿子圉在绛州（今新绛县）即位，成为晋怀公。怀公即位后，和他父亲夷吾一样，非常惧怕重耳回国夺位。为巩固君位，削弱其伯父重耳的影响，便发布诏令，命随重耳出逃在外者先期归国，否则诛其全家。当年冬，狐突因拒不召二子回国，被晋怀公拘捕。晋怀公对狐突说：'子回则免罪。'狐突答：'我的儿子之所以能侍奉先主，这是我对其忠诚教育的结果。如果我再叫他们改换门庭，背弃先主回来侍奉另一个主人，如此不忠诚的人如何能侍奉好当今的君主呢？'他拒绝了晋怀公的要求，坚持侍奉重耳而被杀害。晋怀公的倒行逆施，晋国公卿看在眼里，更加倒向在外的重耳，期盼他早日回国执政。

"后来，重耳在三千秦兵的护送下回到晋国，他杀死怀公，当上晋国国君，成为晋文公。他流亡十九年，饱尝艰辛。在位八年，励精图治，带领晋国走上了图强称霸的强国之路。"

董老先生讲完这个故事，最后深有感触地说："狐突有双聪明的慧眼，他看透了骊姬的阴谋，帮助重耳躲过劫难，也看透了夷吾的低劣；他看到了重耳的坚忍不拔和雄才伟略。狐突有颗正直的忠心，尽管夷吾和重耳一样是自己的外甥，晋怀公也是自己的重外甥，但狐突为了国家社稷着想，能够做到国事重于家事、唯贤不唯亲。重耳在外流亡十九年，不管晋惠公、晋怀公父子二人怎样威逼利诱，狐突都毫不动摇坚定支持重耳，他还写信给两个儿子狐偃、狐毛，教他俩不要动摇，坚定地辅助重耳，直至他以身殉国。晋文公走上称霸之路所依仗的三军，狐偃、狐毛就占了两军。无论是流亡，还是称霸，狐突父子都为明主起到了决定性的作用。狐突应该是晋国当之无愧的第一功臣！这真是赤胆忠心、不事二主啊！"

老先生的此番话，深深铭刻在启南的脑海中，对他的文化学习，乃至日后的人生道路，都起到重要的启蒙作用。

几十年后，程启南之孙程康庄出仕后曾重返碧云寺，写下《九日游慈云寺》（以下简称《慈云寺》）一诗如下：

> 慈云古刹枕山隈，九日登临逸兴来。
> 鸿雁远遂烟树没，黄花新傍梵宫开。
> 司空碑版垂遗迹①，太傅精灵想晋才②。
> 独倚西风无限意，半林落叶下苍苔。

此诗描绘了碧云寺学堂遗址的地理风土面貌，以及印证了程启南幼年时在慈云寺读书学习的经历。原诗还对诗中一些字词附有注释，例如，注释①云：内有程司空凤庵读书处，碑版尚存。注释②云：庙塑龙神像，系晋太傅狐突。

据悉，晋文公为表狐突的忠诚，特将狐突厚葬在境内的少阳山（今交城县内的马鞍山，亦称狐爷山）。后代帝王为了褒扬狐突的忠心，给狐突加封号为"灵弼忠惠护国利应侯"。后人建庙祭祀，狐突也逐渐被神化为狐仙。慈云寺中的龙神像即为古晋国的忠臣狐突。应当说，早年程启南在寺中读书时，几乎天天能看到狐突神像，不止一次地听过私塾先生讲过狐突的生平事迹，对狐突的忠君之心留下了深刻的印象。这种启蒙教育，对他后来的忠君爱民思想和果敢行为起到重要作用。

程康庄作为祖父程启南的爱孙，他几十年后重游慈云寺，观览祖父曾经的读书处，不觉倍感苍凉。该诗也从另一角度，证实了程启南童年时期在此寺私塾馆读书学习的一段历史。

孩童时期传说多

武乡县信义村，是程启南的祖籍家乡，流传着程启南孩童时期的很多传说故事。"五道爷给程家巡田"便是其中的一则。

相传，程启南小的时候就天资聪明，他在学堂读书，每次考试总是第一，可就是不好好学习，老师认为平时不用功，考试能考好这是"神童"，所以对他很器重。

信义村北面有座五道庙，他家在五道庙旁边有一块地，有一年种的谷子。到了秋天，雀儿扇（吃）得顶不住。家里人天天去地里驱赶雀儿，结果越赶越多，实在没办法。程启南获悉后说，这事你们不用管了，由我看管吧。

家里人以为他在学堂里放了学出来可以捎带照料谷地（因为一出学堂大门就能看见五道庙和他家的谷地），也就暂时把这事放下了。然而程启南这小子并没有放了学出来捎带照料他家谷地，而是拿了根长棍子，放在五道庙里的神像旁边，说："五道爷，你每天给我捎带照看一下谷地，不要叫雀儿吃了。"说完，就走了。从此以后，原先地里的雀儿也不来了。

原来，土地爷早已通知五道爷，程启南是天上文曲星下凡，将来是当朝二品官享受工部尚书服俸的侍郎，是国家的忠臣，你就听他的照做吧。五道爷一刻也不敢怠慢，每天从早到晚，照看谷子，照看了整整一秋天，谷子早就割了，五道爷拿着棍子还在天天照料谷地。一天晚上，五道爷托梦给程启南的父亲，在梦里，五道爷把事情的前因后果全都说出来，还说："现在谷子已经收割了，棍子你儿子也不来拿，拜托你告诉你的儿子，把棍子拿走，不要叫我天天看守空地啦！"

程启南的父亲一觉醒来，天已大亮，梦里的情境还记得一清二楚，于是赶紧跑到五道庙里一看，果然五道爷塑像身旁放着根长棍子，他连忙给五道爷磕了头，祈祷说："感谢神灵显圣，犬子程启南不懂事，还请五道爷不要见怪！"说完，回到家，正好碰见儿子，就把这事从头至尾说给他听。程启南听了，连忙说道："爹，确有此事，不过，我倒把这事给忘了，现在，我马上就去五道庙把棍子拿回来，不用再劳驾五道爷了。"

"甭去了，棍子早给你拿回来啦。往后长点记性！"

土地佬与尚书公，便是当地流传的另外两则颇为离奇的传说故事，即土地爷为程启南修"照壁"、赶蚊蝇的故事。

古时的信义叫"铜城",是个小城镇。古铜城的四周围着丈余高的城墙,只有大北门、大南门、小南门三道门可以进出。出大北门后向西走,有一段六十多米长的下坡路,在路的中段与北城墙之间,有一块半亩大的平地,平地上有座土地庙,坐西向东。院内西面有一间房,里面塑有土地爷和土地婆的泥塑像,面朝大北门;院南面三间房是十八罗汉堂;北面是六尺多高的围墙,墙外丈余深便是下坡路。庙院的东面是大门,门外立着一块两米见方的大"照壁"。土地庙距村的大北门三十多米,地势低于大北门。

信义村北一里多有个小村子叫河北村,该村的北崖上有座慈云寺,寺院开设私塾馆。四百多年前的信义村里还出了个大人物,他就是享受工部尚书服俸的左侍郎程启南,后世人称"程尚书"。

孩童时代的尚书公要到河北村的慈云寺读私塾,中午寄宿慈云寺。从信义到河北村要从大北门出村,然后向西下了坡,再往北走一里多路,过个潇河就到了。所以尚书公一出信义村的大北门,就能看见土地佬。"尚书"是二品大员,"土地爷"是无品无位的"村官",无论"职位"还是"级别"都相差甚远,故土地佬看见尚书公就必须马上站起来,低头弯腰毕恭毕敬行大礼,等到尚书公下了坡看不见了,才能重新入座。长年累月,天天如此。时间久了,不免产生怨气,发点牢骚,总得想个办法呀。

有一天,土地佬灵机一动,计上心来,于是当天晚上就托梦给村里管事的"崔头"说:"我的院门正对大路,来往行人居高临下,不进庙院便能窥探神灵,实为不敬,扰得吾神不得安宁,你要在吾院门口前建造一个照壁,遮挡行人视线,否则吾神将不再保佑全村百姓的安全。"说罢怒目转身拂袖而去。"崔头"梦醒后吓出一身冷汗,再不敢入睡,挨到次日天明,立即召集村民议事,把梦里之事复述了一遍,大家听后都十分害怕,谁敢得罪"土地爷"呢?异口同声一致同意马上动工建"照壁"。从此信义村的土地庙门前就多了一块大"照壁",挡住了尚书公的视线,土地佬也就免去了天天行礼的苦差事。

土地庙门前立"照壁"实在罕见,但是七十多年前的信义村的土地庙门前确实有一座高大的"照壁"。

下面再说土地佬为尚书公驱赶蚊蝇之事。

尚书公读私塾,中午寄宿慈云寺内要午休。当时的农村卫生条件很差,蚊蝇到处乱飞乱叮,影响尚书公休息,于是每天午休时土地佬不得不坐在床头,不停地摇动扇子驱赶蚊蝇,让尚书公安安稳稳地睡个好觉。

与尚书公同窗读书的同学中有个叫刘三杰的,午休时因蚊蝇叮扰,辗转难眠,不能入睡。再看身旁的尚书公,鼾声正浓,睡得十分香甜,身体周围也没有蚊蝇乱飞。刘三杰觉得十分奇怪。有一天,午饭后他趁尚书公没有午休之前,就偷偷地占了他的床位,果然没有蚊蝇干扰,十分清静,不禁失声一笑,自言自语地说:"好舒服!"语音刚落,大群的蚊蝇便飞过来了,刘三杰一怔,不得其解:原来土地爷正眯缝着眼睛摇扇子,一听声音不对,睁开眼一看不是尚书公,气得他一跺脚起身就走了,苍蝇蚊子自然就飞回来了。肉眼凡胎的刘三杰怎能看见为尚书公摇扇子驱蚊蝇的土地爷呢?在他的心中,这永远是个谜团。

以上传说故事,颇有神话色彩,用传统的唯物主义观点很难解释,权当乡间民俗、假语村言,无须去考证真伪,但说明了程启南在故乡是很有影响力,这点是毫无疑义的。

注释:

①清康熙《武乡县志》;《程司空六子谱》则记载为"资善大夫",此错。

②《程司空六子谱》(道光乙酉刊,麟趾堂藏版)载:"思贤祖携来谱内……"

第二章 卧薪尝胆

古铜城变信义村
漳水保星宿回澜
娶妻生子育后代

幼世功名毕世忙，悠然沤里弄珠光。

——程启南《珍珠泉》

古铜城变信义村

程启南的故里——武乡县故城镇信义村，是全县最大的自然村之一，当今有四百余户、两千多人口。

信义村，原名铜城，位于今武乡县西部（西乡），是个具有两千五百年以上悠久历史的古老村落。包括信义村（古名铜城）在内的故城镇，面积只有三四十平方公里，在春秋时期为晋国的蔡州皋狼之地，战国时，由于发生了韩、赵、魏"三家分晋"的历史事件，统一的晋国被三家世卿瓜分了,成为战国七雄中的三雄(国)。蔡皋狼先归韩国,后归赵国,为武乡县早期的发祥地。秦代史料无考(史籍无记载),汉代更名为涅氏县,属上党郡。晋朝更名为武乡县(此县名始置),属乐平郡。"五胡乱中华"时期,少数民族羯族石勒崛起当了皇帝,建立后赵王朝,升武乡县为郡,地域含上党涅(今榆社县)、沾(今和顺县)两县城。武乡县县治所在地,汉代之前一直是在故城镇,晋代为榆县社城镇,直到北魏太和十五年,迁徙至南亭川(今武乡县故县乡),直至清末。

信义村西白马山上的西齐王庙(又名狐爷庙)、太子庙、利应侯庙(又名狐突庙)、白马庙等古建筑群,都与春秋时期的中原霸主——晋国的晋文公有关。

古铜城是块风水宝地,北临漳河之水。位于太行山腹地,属于黄土高原,土地肥沃,地广人稀。物产足够村里人食用,以及用余粮来与外来猎户、商人等价交换物品。

古铜城是有城池的,至今还可在村边上找到残破的城墙遗迹。

商周时期是我国典型的奴隶社会,国家没有税收,无力养活王室成员及文武官僚,只能封赏赐一块领地和一些奴隶供他们享用。被封的成员称之为诸侯,领地称为"食邑"或"食地",可以世袭,还可以给自己的子孙及贵族再行封分。诸侯在领地内有至高无上的权力,实际上形成了国中之国。据资料记载,武王灭纣之后,又先后征服了九十九个诸侯国,臣服者有六百五十二个,周天子又封了七十多个诸侯,全国号称八百诸侯。进入春秋时期,王室日渐衰落,诸侯为大,为了称霸和争夺食邑连年发动战争,形成了"大鱼吃小鱼,小鱼吃小虾"的混乱局面,史书说"春秋无义战",就是这个道理。春秋时期,当时武乡西部故城一带属于晋国蔡州皋狼,《武乡县志》是这样记载的:"自交口(沁县漳源镇)北至团白谷子洪镇(祁县子洪镇)大约皆为蔡皋狼地"。在这样一个战乱的动荡年代里,平民百姓生活在水深火热之中,是社会的弱势群体,没有一点安全感,只好集体定居，高筑城墙，躲避战乱。古铜城就是在这样的背景下应运而生的，并延续了两千余年。

一天，程视箴问十岁的儿子："启南啊，你知道咱们这个村子，为什么古时候叫铜城，后来却改名叫信义里吗？"

"不知道。"启南茫然地回答。

"这事跟咱们程家两个祖先有关。好，南儿，你上学已经三年了，好赖也能认几个字了。走，我领你去看一通有关咱们村历史的石碑。好好给你叨歇叨歇。"

视箴是个医官，村里不少人找他看过病，一路上，很多人与他打招呼，他也话长话短地回应着。

在村口，庄严竖立着一通石碑，在阳光下显得格外雄彪、气派。

视箴指着碑上的文字，一字一句读着：

信义古为铜城，洎余始祖，自河南而来也，以信与义见推里党间，众以二字颜其门，后遂以名里。自元末迄今，里人守此勿替，以故生齿益系……日盛，征特程氏之繁衍几遍武乡，村里人之聚族而居者，亦绵绵之奕耕并称望族焉。……

"南儿，其实，咱们程家的祖训，也就是咱程家的传家之宝吧。其实，说到底，就是两个字……"

看启南睁大了眼睛，有了兴趣，视箴坦荡地说：那就是信义。这就是说，对人要讲信义，做事要讲信义。就拿咱武乡信义村的一世祖敏祖公来说吧。元末战乱，他当初和另外两个程家祖先，思让公和思贤公从河南一同逃难来到山西。后来他们分手各奔东西，敏祖公带着妻子来到咱信义，当时信义是个大村，不叫信义，叫铜城里。敏祖看到这里依山傍水，地平如镜，林茂草肥，是个良好的栖息之处，于是便产生了在这里安家落户，繁衍后代的想法。初来乍到，寄人篱下，是很不容易的。当时铜城里被四周城墙围着，对外人是很警惕，很防范的。成群结伙的外来人不收，怕给村里带来灾祸。即使是单枪匹马的外来人也还要严加考察，你若好吃懒做，又没有什么特殊技能，给村里人带不来什么好处，村子人也不会轻易收留你。敏祖公可真行，他说服了一户农家，上门给人家打忙工。声明头一年不管收成好坏，不要工钱银两，只要管吃住就行。

东家对他还是不完全信任，但看他面相还算老实厚道，想试用他一年。用得顺手，便继续留用，否则便辞退。于是，便指着堆满柴草、杂物的一间西厢房，对他说：'你们两口子把这个房子收拾一下，先住下来吧。'"

启南问："不要工钱，那不吃亏了吗？"

"刚才不是说了，只是头年不要工钱吗。你初到一地，人生地不熟，你不吃点亏咋成？当然，你有本事，用自己的劳动成果获得了别人的信任，最终是不会吃亏的。这也是天意呀！"视箴语重心长地说。

"敏祖公真是好样的。由于他干好事儿肯吃苦，讲究技术，种出的农作物籽粒饱满，头一年秋天，东家就丰收了。东家要给他银子作报酬，可他不收。他说，不是已经说好了，头一年不要报酬嘛。话说出了，就要照办。这一来，他的东家说："干脆，你们住的这间房，就归你们了。"还在村里邻居到处说敏祖公的好话，说他是个讲诚信的人。

后来，村里其他人家也来请敏祖公打短工干农活儿，结果是给谁家干活儿，谁家的庄稼就长得特别好。他还开了十几亩荒地，几年下来，他不仅在铜城里站稳了脚跟，妻子还生了两个男孩，一个女孩。

后来，敏祖公总结了经验，觉得自己之所以能在桐城村安身立命，顺风顺水，吉祥如意，靠的就是"信义"二字，信义应该作为吉祥物、传家宝。于是，在第三年的春节时，在自家大门门堵上，刻上了"信义"二字，表示程家讲诚信、讲义气，以图吉星高照、人财两旺。从此，其子孙后代分门别户后也都效仿此法，继承古训。年深日久，其他别姓人家看到程家发旺，也在大门上镌刻"信义"二字，表示吉祥。"信义"二字逐渐成了全村家家户户的吉祥物，从元末一直沿用到明朝。

"村子就这样改名信义了？"启南问。

"还没有，改村名那是另外一个老祖先的事，他叫程碧，是咱们程家的五世祖之一。说起来他的事就更神了。"程视箴又继续讲起来。

明代正统六年，全国灾荒，寸草不收，饿殍遍野。皇上亲下御旨，在全国张贴告示，征粮赈灾。当时，程家自一世祖敏祖公定居铜城以来，已经上百年过去了。五世祖程碧，在兄弟四人中，排行老三，人称他三老汉。三公看了告示榜后，出于慈悲，慷慨揭榜，说是要捐粮三千石救灾。当他用马车拉着粮食，交齐三千石救灾粮时，收粮官看到他交粮时的神情不像凡人，立即向朝廷禀报，皇帝预感天机，下圣旨，在皇宫召见了程碧。

"朕赏你黄金千两。"

程碧回禀："我家钱粮不缺，不要了。"

"朕封你在朝做官。"

程碧回禀："我家事还管不了，还能管了国事，不受。"

皇帝思量了一会儿，说："朕赏你半朝銮驾一套，有龙凤扇、皇罗伞、金瓜、钺釜、朝天镫、大刀、铜棍、开道旗等，相当于朕的一半。敕封你为义民，给你建'义民坊'"。

程碧双膝下跪回禀："我程氏凡人，历代以'信义'为荣，对荣誉看得比官大、比金贵，谢主隆恩，吾皇万岁！万岁！万万岁！"

程碧满载荣誉凯旋而归。他双手捧着皇帝御书钦赐的"义民"匾，两边差役护驾，沿途民众夹道欢迎，好不威风。当他回到故里的时候，迎接他的族众一街两行，兴高采烈，张灯结彩，胜似过年。

程碧将皇帝召见他的盛况和奖赏一并向族众讲述后，宗亲无不拍手称赞，异口同声地说，程三公为咱程家争了光，立了功，光宗耀祖，劳苦功高，为我程氏之福星。后经族众商议，为感谢皇恩，纪念程碧丰功伟绩，决定在来年新春，将村口门匾上的"信义"二字命名为里名，即信义里，取代铜城。就这样，改里名一事传到京城，得到朝廷的批准。各级官府也都知道武乡程氏将铜城改为信义里了，行政制属，差役田税，通信往来，都以信义里名行事（晚清时，信义里更名为信义约；民国五年始，重编行政区划，编为第三区信义编村。新中国成立后，更名为故城镇信义村至今）。不久，根据朝廷下诏，武乡知县遣人在信义里建起"义民坊"，村里还在坊间按碧祖公的模样，竖起一尊半身神像，俗称"五谷神"。每年清明节，里人都来祭拜，祈求风调雨顺，五谷丰登。也神了，从此，每当人们祭拜之后，当地五谷年年丰收有余。

"太了不起了！"程启南伸出大拇指，赞叹不已。他为五世祖老祖先程碧公深深感到骄傲，也为他的博大胸怀、无私的品格所敬佩。同时，也在心底里立下决心：将来长大了，要做程碧公那样的人，忠君爱民，义字当先！

关于"五谷神"程碧，人们越传越神奇。相传，他还制作了一枚木制粮仓神印，巴掌见方，人们只要用这枚神印在谷囤里拖上几下，该囤粮食就有变化，老鼠不吃，小偷不偷，不霉不烂，任用不减。神印前几年被程氏后裔程春虎找到并收藏，距今已有五百七十余年的历史。

说来也真神奇，就在这"信义"二字的照耀下，明清两代，信义村程氏文官武将、名人志士辈出。据《武乡县志》《武乡程氏家谱》记载，朝廷命官有将军、尚书（待遇）、翰林院典书、府官、州官、县官以及其他地方官和进士、举人、贡生、秀才、诗人、名贤等人物达四百一十一名，其中官职最高、最有名望的，还是这个尚在年幼的儒生程启南，谁也不曾料到，几十年后，他竟然成为享受工部尚书服俸待遇的左侍郎，还曾被当朝皇帝敕封牌匾为"天下廉吏第一"。信义程氏家族，由他之后更加兴旺发达，名扬天下，不仅是在武乡，在沁州府乃至山西，也都成为名门望族。后人赋诗云：

人杰地灵古铜城，藏龙卧虎信义村。
司空故居今犹在，廉吏第一传美名。

慈云寺的忠君教育，信义村的碧祖公义捐赈灾粮的典故和改里名佳话，都在程启南幼小的心灵中镌刻下深深的烙印。他下决心好好学习，将来做一个像狐突爷、碧祖公那样的人。

如何才能选贤任能？
建立何种平台，才能公平地发现和荐选人才？
千古以来，一直是历代统治者的一道难题。
在原始社会的尧舜禹时期，黄帝族后裔尧是个有威望的邦国部族统领。当他七十岁那年，为接班人的问题，征求邦国部族集团上层重要成员——炎帝族四岳的意见。四岳中有人提名他的儿子丹朱。尧帝不同意，说丹朱的人品不好，遇事为个人打算多，用他只会对他一人好，而对天下人不好。后来有人提名舜，尧帝经考察，认为舜是可以信赖的，于是将自己的职位禅让给舜，留下了千古美谈和佳话。周文王为求贤，访遍各地，终于找到了钓空鱼钩的姜太公，姜太公终于扶助后来的周武王灭掉商纣王和商朝，建立了周王朝。然而，在"家天下"的封建世袭制社会里，"打虎亲兄弟，上阵父子兵"的观念根深蒂固，为争权夺利，亲情反目、手足相残的事情屡见不鲜，使得选贤任能成为事关国家兴旺、社会安定的一个重要问题。在这方面，封建社会的考察和选择人才的管理制度，经历了一个从"门第用士"到"科举选士"的历史转变过程，因而，科举制度的出现，在中国历史上是有进步意义的。

在魏晋南北朝时期，选择任用官吏首先要看姓氏和门第出身，看是否有世卿世禄的家庭背景，因而出现了一大批训诂学家，遇到求官求职之人，则翻出尊贵的姓氏名册，来甄别对方的家庭背景。先世在册者则进，否则，你品德再好、能力再强，也进不了当官的门槛。这种"唯门是举"的门阀制度，让那些世卿世禄、毫无文化修养和从政经验的纨绔子弟入仕，把持国家朝政，把大批出身寒门子弟挡在仕途大门之外，成为一段国家分裂（分裂为十六个国家）、外族入侵、政治腐败、民不聊生的社会最黑暗的时期。到隋朝隋炀帝时，开明的统治者意识到往昔传统选官制度的弊病，创立并开始推行一种相对公平的科举选士的制度，为城乡寒门子弟提供了改变命运的机会；唐宋时期，是科举制度的发展时期，到了明清时期，科举制度日臻成熟，不少下层寒门子弟通过官办儒学，依靠个人勤奋学习和努力，不断考中举人和进士，当上了国家各级官吏，为国为民贡献了才干，成为社会稳定和发展的推动力。

明清时期的科举制度，是四级考试制，即院试、乡试、会试和殿试。院试，为科举考试的最低一级的考试。院试前还须经过两次预备性考试——县试和府试。这三次考试总称小考或童试。应考者称"童生"，又称"儒童""文童"。即尚未"入学"的童年人。

童试三年两考，丑、辰、未、戌年为岁考，寅、巳、申、亥年为科考。凡参加县试的童生，在本县礼房报名，须填写内容包括籍贯、姓名、年龄、三代履历、身貌等项表格。并以同考五人互结，再由本县廪生出结作保，保其确系本县之籍贯且出身清白，并非倡优之家，并无居父母之丧者，方准报名应考。府试考期一般在四月。

在慈云寺，程启南经过多年努力，终于通过了县试和府试，考中秀才，成为一名正式生员，转学县城（今武乡县故县乡）的鞞山学宫，进行深造学习，为日后通往更高一级的科举考试——大比乡试，打下基础。

漳水保星宿回澜

这是一则带有神话色彩的故事，在武乡传播得很广。

话说一位神通广大的高僧，姓帛，法名佛图澄，原西域龟兹国人。西晋末年他不远万里来到武乡，在今故县石勒寨隔河相望的漳河南岸南山结茅修持，弘法传教，普度众生。其中教化少数民族羯族石勒成后赵开国皇帝。即中国第一个少数民族羯族皇帝石勒故里和发迹之地。赵王登基后将高僧尊为"大和尚"。山不在高，有仙则灵，故南山也就演变成了"南神山"，成为武乡一块宝地，后人还在这里建起了一所学宫，初名鞞山学宫，后名"南麓书院"。

鞞山，古树参天、风光绮丽。是武乡一处传统的风景优美的山水宝地。

石勒在此地建造的石勒寨，屯兵地道的遗迹一直留存至今。本县人，明代太卜寺正卿、都察院右副都御史、湖广巡抚魏光绪曾作诗云：

> 高岫峻嶒体势尊，太行为干此为根。
> 群峰绝似儿孙列，二水全同衣带翻。
> 民舍渐臻新气象，春阴不改旧晨昏。
> 遥瞻直北宫墙近，邹鲁渊源教泽存。

武乡学宫，原在县治西南，明正德年间，武乡知县赵卿将学宫迁至鞞山石勒寨上。明万历年间，知县黄会元、张五美先后增修学宫房舍。崇祯年间，知县杨家凤继续增修房舍。到了清代康熙年间，时任县令又多次征用民地，扩建学宫。乾隆年间，学宫改名为"南麓书院"，武乡程氏家族杰出才子、拔贡程林宗，即担任了该书院的首任院长（古时叫山长）兼主讲教授。当然，这已经是后话了。

对于鞞山建立学宫，另有云间宋苍霖所作《鞞山眺望》诗：

　　石赵龙兴地，改成夫子宫。
　　雍容今俎豆，离乱昔兵戎。
　　叠嶂开斜日，孤城浴晚风。
　　上东门不远，想象辨豪雄。

从诗人描写的意境来看，从古代血火兵戎之地，到如今的平静如水的学宫，这个落差确实不小。加上鞞山石勒寨风景秀美，作者身临其境，有感而发。

说来也真灵验，该学宫自明清以来，为武乡培养教化了大批优秀人才，走向全国各地的官场和文坛。

明代万历十七年，武乡有两位学子，一位是信义里的程启南，一位是魏家窑的魏云中，同年考上秀才后均到鞞山学宫读书。

程启南是在信义村碧云寺私塾学堂读书十年，两次童试落榜。在他二十三岁那年，老父亲又去世，按民间风俗，守庐"丁忧"三年，不得应考嫁娶。而后经私塾董松山先生举荐，经过县学宫第三次童试，总算考上了秀才，来到鞞山学宫读书，成为一名"生员"。魏云中原在魏家窑读私塾，因天资聪慧，头一次县试就中了秀才，遂转学鞞山学宫就读。

鞞山学宫，从明代万历年间诞生以来，一直是武乡县政府所办的一所官府正规学堂，意在培养明王朝所需的儒学人才，包括文官和武将。对于魏、程两家来说，能送子弟到这所官家学堂读书，无疑是幸运的，为他们铺好了一条通往仕途的光明大道。

进入鞞山学宫读书时，程启南二十七岁，他结识了小他十九岁的生员、号称小神童的魏家窑子弟魏云中,时年魏云中仅八岁。主讲老师叫王复兴,为本县一个未仕的老举人。

鞍山学宫的学制为寄宿制,学子为住校生,由武乡县衙提供食宿经费。县衙重视教育,培育本地弟子成才不惜工本,由此可见一斑。

在鞍山学宫就读期间,程启南很快就发现了魏云中这位小神童的与众不同之处。他衣冠楚楚、洒脱倜傥,不仅聪慧,且通今博古,有时课余时间,弟子结伙在学宫附近游玩,遇到那些束起衣袖,弯腰曲跪的乡间老农,人们总会让这个小神童写点什么,小魏拿起毛笔信手一字,就能让人们揣摩思考好几天。曾有位姓陈的官员,来武乡督学。当他见到魏云中的文章后,感到这个孩童的文采超常,非一般同龄学子可比,就是拿到当时很有名望的太原府晋阳书院,也会名列前茅。于是这位督学官员通过考试,取了云中的卷子作为"压卷"(最好的答卷),充作范本。这时,有人议论说:这个孩童的文章算不上奇文,只不过是追求怪异罢了。将来若想通过科考成才,怕不被看好。谁知小小魏云中听了不以为然地反驳道:"我的文章算不得奇文,那谁的能算呢?"此言一出,其自信神态,令所有在场的人惊奇不已。

年轻人往往心高气盛,喜欢暗中较劲。程启南自以为在信义村慈云寺读书时,自己诗书礼仪,谁不称道?赋诗作文,更是数一数二,屡获先生赏识;然而走出乡里大山,来到县城学宫,这里藏龙卧虎,竟成平常水平,若与小神童云中一比,更是小巫见大巫,不值一提。他不禁感慨:"真是天外有天哪!"他素来不愿与比他年龄过小的之人交朋友,然而,他却与魏神童结下忘年之交,形影不离。因为他觉得从小魏身上,他可以学到很多东西,增长不少见识,受益匪浅。

一天,启南问云中:"你为何起名叫云中呢?难道你爹期望你成为天上云中之雄鹰吗?"

云中故作神秘地说:"听俺爹说,爹给俺起名还有一段典故呢?"

"什么典故？快说说。"启南急切地问道。

"娘生我那年，俺爹做了一个梦，梦见西汉的大将魏尚来到家里，于是给俺起名云中。因为史书上记载，魏尚是汉文帝时云中太守。前不久，我看了司马迁的《史记》，这个魏尚可不简单，在云中太守任上，'匈奴远避，不近云中之塞。虏曾一入，尚率车骑击之，所杀甚众。'父亲给俺起名云中，就是希望俺长大后像云中戍边的魏尚一样，杀敌报国。"

听了云中的解释，启南不禁肃然起敬。"那云中这个地名在哪里？未听说过呀。"

"俺也不太清楚，问父亲，他也没弄明白。只是劝俺不要死抠那个云中地名，重要的是学习魏尚将军忠君报国的精神，树立习武报国的远大志向。"

如果说，魏云中的起名，源自一个神秘的汉代将军魏尚托梦其父的灵异事件，那么，在县学宫就读期间，程启南也遇到过一起带有灵异色彩的真实事情。有一年，当地忽然瘟疫大作，传说有一家人看见丧门神了，结果他家五口人全病死绝户了。一时间，这事闹得人心惶惶，都怕遇上丧门神。为防止瘟疫蔓延，学宫暂时放假休学。一天傍晚，启南在外会朋友醉酒回家，朦胧之中，看见一身穿白衣人，瞬间长高数丈。他顿时酒醒大惊，心想：此必是那丧门神了，今日怕是在劫难逃，吾命休矣。但他不甘心这样死去，要抗争一下。于是大声呵斥道："贼丧门神又来害人，快快走开！"只见那丧神听他这一呵斥，当即倒在地上。启南一边呵斥，一边紧踩住那丧门神的一只脚，但见那丧门神身体一丈一丈地缩小，最后竟一阵风不见了。启南却安然无恙。没多久，当地疫情也止住了。这一事件，在当地越传越广，后来被记入县志。当地寺庙和尚听到传闻后解释说，开之（程启南字）为玉皇大帝文曲星下凡，日后为朝廷高官、国之栋梁，命硬，是他吓跑了丧门神，自己安然无恙，还拯救了当地百姓。

程启南、魏云中很快就成了鞞山学宫位居前列的两名优秀学子，进入廪生行列，被王先生视为最有希望考中举人的弟子，前途不可限量。

作为仕族子弟，因较优越的家庭经济条件，入县学当初不免有些大手大脚的习惯。史载，程启南进入廪生行列后，县府每月供奉小米和津贴，因他常爱会友喝酒，不醉不归，一月俸银仅几日，甚至有时一天就花光了，其父不得不从医诊收入中予以补贴。视箴恨铁不成钢，一次训诫儿子："常言道，吃不穷，穿不穷，计划不周就受穷。补贴最后一次，下不为例！如不改过，今后你自己去乞讨挣学费吧。"从此，启南开始节制饮酒，节约用钱。

两位优秀学子的情况，引起了知县黄会元的关注。他抽空亲自会见了他们，进行了一番鼓励。发现两人均穿粗布衣裳，生活上非常节俭，不由萌生怜悯之心。一次，他从本县税收收入中，拿出一笔银两，购买了毛笔、纸张等物品，赠给两人。看两人推辞，一再强调说，是微薄小品，不成敬意，就算本县对你们的奖励吧。两人只好从命。不久，启南将县令赠送的礼品，又转送给比他生活更为贫苦的叔伯弟弟、生员哲南。哲南后来应征入伍京师御林军，当了把总。

武乡还流传着这样一则神奇的传说。

有一年，正值盛夏的一天，程、魏两个学子趁先生午休睡眠之际，悄悄溜到漳河游泳玩耍，光顾玩水，忘记按时返回。

盛夏三伏，天上一有云，地面就流水，上游下了一场雷暴雨，顷刻，洪水就像猛兽一般，波浪翻滚，直冲下游。而这两位书生却若无其事，仍在信步畅游。当洪水冲到南神山的圪湾时，波涛翻滚，洪峰迭起，再也不往下流，反而返向南亭城垣（武乡县城）。洪水逼城，城隍神慌了，急忙到河神庙问河神爷："龙行旧道，水流旧渠，你为何不走大道，却要回水入我城池?!"河神回禀："南神山脚下有两位星宿占我去路，小神不敢冒犯，不能通过，故往回返，要我走大道，还得城隍爷帮忙。"城隍神听罢，急忙赶到南神山，细看究竟。发现果然有两个学子在漳河戏水，城隍本想叫一声学子赶快出水，但还得借助于凡人的口才行，只好到鞞山学宫给先生托梦。

学宫的王先生午睡未醒，梦见一位城隍老爷对他讲："你醒醒吧，快到漳河旁请你院两位星宿给河神让路，不然全城百姓就要遭水灾哩！"先生一梦醒来，被惊出一身大汗，他好生奇怪，顾不得什么，一头起来急忙跑出书院向山脚下四望，只见漳河水势恶劣，洪峰迭起，高达数丈，波翻浪涌，回旋不前，再向河中望去，看见自己两个书生在河心戏水，先生感悟梦中之事，连忙向河中呼唤，那两个书生听到先生的喊叫声，赶快游到岸边出水，刚离开河床，只听一声雷鸣，洪水腾泻而下，围城的洪水退潮了。

据武乡当地人传说，程启南、魏云中两位学子是天上文武曲星下凡，玉皇大帝敕封下凡的，因山右（山西的古称谓）武乡南亭川（今故县乡）为一块风水宝地，藏龙卧虎，曾出过石勒天子（后赵皇帝），故有天人感应之事。

从那时起，漳河水流到南神山脚下时，总要回头一转。据传说这是河神爷到此，先要看望一下前面是否有星宿占道，方可通过。由此年长日久，经文人妙笔生花，组成"漳水回澜"一词，成为武乡历史上的"十景"之一。这个典故真伪，至今无法考究。然而，人们宁可信其真，而不怀疑假。武乡这弹丸鄙陋之地，毕竟出过两位明朝大臣，这却是县志上有记载的，或许这就是上天早已安排好的。

关于漳水回澜，清代本家学者程步堂有诗为证：

《漳水回澜》（浪淘沙）
出郭叹汪洋
云是清漳
波澜壮涌乱流狂
顿使涟漪成激湍

一片寒光
　　望处总苍茫
　　浩浩荡荡
　　如斯逝者为谁忙
　　若得渔人夸自在
　　曲奏沧浪

　　鞞山学宫每逢春秋两季，都要给学子放假二十天，让其学子回家过春节和帮助家人秋收。入学头年秋假，程启南回到信义里老家，当他向母亲讲述了神童魏云中的奇异表现以及与之结为好友的情况后，母亲魏氏也感到新鲜，说道："想不到俺们娘家竟出了一个如此神童，你要好好向他学习。"她还说，漳水回澜的传说俺也听说了，人们说是天意，也许是个巧合。其实，咱家有些事情，以前没有给你细说过，如今你既然结识了魏家人，也该让你知道了。我是从魏家窑嫁过来的，魏家和咱们程家是世交，祖籍都是河南归德府虞城县人，都是当地有名的书香门第之家，还是亲家关系，关系非同一般。程家娶亲嫁闺女，总是优先考虑魏家，魏家也一样，优先考虑程家。谁知天有不测风云，元朝末年，遇上个灾荒年，蒙古人苛捐杂税，逼得当地农民没有活路，农民组织起义军造反，打击蒙古人，为避战乱，咱家老祖先程敏，为躲避战乱，保全家庭平安，和魏家结伴逃难，来到山西武乡，敏祖一家定居铜城，就是今天的信义里，我们魏家老祖迁居今天的武乡县城一处，创建魏家窑村。两姓人家相隔六十多里，来往变得很不方便，通婚情况也中断了好几代人，是什么原因不太清楚。反正从此两姓人家在两地辛勤耕作，勤俭持家，大概八至十代后，两姓人家几乎并驾齐驱，发展得人财两旺，亲家关系也恢复了，你的奶奶和我，都是被你们程家娶过来的。这才有了你爹和你。下一步，就看你的了，魏家神童将来八成能中举，你也别落后呀！

母亲还对启南说,这个魏家窑神童云中,别看年龄比你小,可论辈分比娘还大一辈,俺该叫人家叔叔,你也应叫人家姥爷。我们两家是亲戚关系,你们好好相处吧,他比你年龄小,你应该处处让着他点儿,照顾他点儿。

听了母亲的话,程启南怔了一下,不由喜出望外:"真想不到还有这层关系!"

学宫开学后,程启南将母亲的话告诉魏云中,魏云中说,这些情况,家里人也给我说了。现在咱们不仅仅是同学,也是亲戚,但为了避嫌,还是不要张扬为好。不然,别的弟子可能会对咱们另眼看待,还会引起不必要的麻烦。于是,两人就这样达成了默契的约定。

史载,明、清两朝,武乡程、魏两家成了名门望族、大户人家,历代科贡显达层出不穷,闻名山西、享誉大江南北。明万历二十九年,程启南、魏云中果然联捷同榜进士,从此官运亨通,步步高升,其间虽有曲折和波折,但二人几十年侍奉了四朝皇帝,最终程启南官居工部左侍郎加尚书服俸,敕赐"天下廉吏第一"。魏云中官居兵部尚书,保卫边疆战功累累。是鞞山学宫,为明代国家培养输送了两名栋梁人才,一名文官、一名武将。魏、程两家人子孙后代也是名人志士辈出。

娶妻生子育后代

置房买地、传宗接代,这是自古以来农村庄户人家的基本愿望,也由此成为他们基本的生活轨迹。

明清的儒生学习制度、科举考试,是四级升级制,即童试、乡试、会试和殿试(后两试下一节详解)。其间,没有严格的学制年限,只要考过了就行。这四级学制,为很多平民子弟、乡村子弟提供了考学做官、改变命运的机遇。由县、府、院三级考试,又称为"童试",通过院试的童生,称之为"生员",又称"秀才"。从生员开始,算是进入了士大夫阶层,有了功名。可以脱产学习,可免除差役,见知县不跪,对生员不能随便用刑。生员又分为三等,成绩最好的是廪生,按月供粮;其次是增生,不供粮。廪生和增生有定额,再其次是附生,即才入学的生员。

生员,大多是家境殷实的人家子弟,他们可以到县学宫就读,廪生,有参加省一级乡试、考取举人的机会。据史载,程启南、魏云中就是这样的优秀生员。从生员再打拼到乡试中举,那又是一个艰苦漫长的过程。不少学子仅一个童试、乡试,就拼搏奋斗了大半生,四五十岁过去了,结果常常还是落榜落第,少数侥幸通过中式举人,能否有机会考取进士,熬上朝廷命官,这里暂且不论,但日子还总是要过的。谈婚论嫁、娶妻生子,才能传宗接代。

程启南,自七岁起,先是在碧云寺读书近二十年,在县城鞞山学宫读书又是十多年,期间,前者童子试就考过三次,总算当上了秀才生员;在学宫学习,每逢三年要参加山右首府太原府组织的省级大考——"乡试",那三年一次的考试,官言"大比"。考中者即可成为举人,就有进京参加会试和殿试的机会。他知道,自己不是什么神童,天资也不算最聪明的,但也绝非愚笨之人,他在学习上一是有不耻下问的精神,二是有持之以恒的毅力,他相信只要刻苦下工夫、以勤补拙,总有一天会出头的。

程启南二十八岁,母亲托媒人几次为他提亲,他都以学业未成,还要迎接两年后的"大比"回绝了。最后,老母亲,还有一个伯父也急了,都说:"常言道,不孝有三,无后为大。你不为自己着想,也要为咱程家传宗接代考虑一下。"最后还撂下一句狠话:"你要是再不成亲,就等着打光棍吧,我也再不管你的事了!"

一时间,程启南进退维谷了。老母亲已经四十多岁,年迈体弱,时常生病,还要为自己操心。于心不忍呀!听吧,那成家会不会成为拖累自己考取功名的羁绊?不听吧,自己也确实到了谈婚论嫁的年龄晚期,要再拖延，怕也难以娶到适龄而又称心如意的姑娘了。无奈，他去请教学宫老师王先生，希望能从他那里得到有益的启示，给自己拿个主意。

王先生不仅教学勤勉，而且是个开通之人。对于弟子上门求教，他热情接待，耐心倾听。因为启南这个学生，是他最看好的学生之一，前途不可限量。正所谓孔子门下弟子三千，七十二贤人。

获悉启南的困惑，他耐心开导说："其实，成家立业与读取功名并不矛盾……成家，就是为了更好地读书和将来立业。"就这样，启南被先生的说教打动了，他开始考虑老母亲和那个伯父的意见，先成家，后立业。

万历十八年春节，在信义村程家老宅，张灯结彩，宾客满堂。经媒人牵线，信义老母亲和伯父宗亲一大家人为独生儿子置办了婚事，程启南迎娶了贾家庄二十二岁的女子高氏。学宫恩师王先生、小姥爷魏云中也应邀参加，并送上了对启南新婚夫妇最美好的祝愿。

第二年，高氏就为程家生了一个大胖小子，程家尊长也为启南有后而欢欣鼓舞。当高夫人问丈夫启南，该为刚出生的儿子起个什么名字好时，启南略一思索，随口答道："我程某人不才，屡负程家人厚望，如今我只期盼早日考取嘉绩，弄个举人、进士什么的，报效国家，我看就叫嘉绩吧。"

"这个名字好呀，我看这个孙子，就叫程嘉绩吧。"母亲答道，就这样，长子名字一锤定音。

因是首个宝贝儿子，夫人高氏十分怜爱，放在床上怕冻着、热着，含在嘴里怕化了，总是精心哺育，周到伺候。

根据中国民间的传统，古代寻常百姓家的女人，自出生以来就只有姓氏，没有名字的；嫁出去后，原姓也就变成了氏。只有少许到社会上做事的名人、学者可能除外，如历史上的女诗人李清照，传说中女扮男装的花木兰，就是两个特例；中国第一个女皇帝武则天，就更是这样了。自高氏为程家生出第一个儿子起，因生子续后有功，为了提高程家媳妇的地位，启南即为高氏取名程高氏。

信义里距县城（今武乡县故县乡）有六十多里路。程启南为方便读书考学，仍常年居住在故县鞞山学宫的学子寝舍。为读取功名，早日出人头地，他少则十天半月，多则一月回信义老宅一次，每次居住个两三天又要走，常常闹得高氏夫人泪水涟涟、难舍难分。有时，启南获悉夫人又带孩子，又要照顾老母亲，洗衣做饭、无活儿不干，确实太辛苦！而自己常年在外读书考试，帮不上手，不觉有些愧疚，甚至干脆说："我看我还是等孩子长大了，我再读考功名吧。"

高氏打断他的话："这是哪儿的话！这么多年了，你这考取功名，好比百里长路已经走了九十里，就差这最后的十里了，再咬咬牙，前面就是一片光明，若放弃，只会前功尽弃！若荒废几年后再捡起书本重新读书，等于再从头开始走路，划不来……只要夫君你能考取功名，出人头地，我这辛苦点也算没有白费，值！"

看妻子如此开通、豁达和识大体，启南心中十分感动，他流下了眼泪，同时也暗下了决心：一定要学出个样儿来！

然而不凑巧，三年首次"大比"，程启南落第了。他觉得自己愧对"江东父老"，连回家都感到抬不起头来。但是妻子仍在鼓励他："常言道，胜败乃兵家常事，没关系。你那神童姥爷魏云中不也考砸了吗？"

"人家才十一岁，考学日子比我长。"

"只要用心学，你也早晚会考中的。"妻子高氏鼓励他。

鞞山学宫的王先生得知程启南、魏云中两个得意门生双双在"大比"中落第的消息，为了鼓励他们继续坚持不懈学习，日后再考，在一天傍晚放学后，将两人请进家中，共进晚餐。还讲了一个古人"卧薪尝胆"的故事。说的是在春秋时期，吴王阖闾派兵攻打越国，但被越国击败，阖闾也伤重身亡。两年后，阖闾的儿子夫差率兵击败越国，越王勾践被押送到吴国做奴隶，勾践忍辱负重伺候吴王三年后，夫差才对他消除戒心，并把他送回越国。其实勾践并未放弃报仇之心，他表面上对吴王服从，暗地里却训练精兵，强政励治并等待时机反击吴国。他平时生活，美酒佳肴不断，还有宫女歌舞取乐。为了防止贪图眼前的安逸生活，而消磨报仇雪耻的意志，他为自己安排了一个艰苦的生活环境。每天晚上睡觉不用褥，只铺些柴草（古时叫薪），又在屋里挂了一颗猪苦胆，不时会尝尝苦胆的味道，为的就是不忘过去的耻辱。为鼓励民众树立自立自强的精神，勾践偕王后和人民一起劳动，发展生产，奖励妇女生育，最终找到时机，灭了吴国。

卧薪尝胆的典故，给程启南、魏云中两位学子留下了很深的印象，他们在学习上更加刻苦了。

程家真是有福，启南婚后第三年，高夫人又为程家生了一个儿子。依然是胖乎乎、大眼睛，令人怜爱。

当她问到该给孩子起个什么名字时，启南说，古人给人取名是很讲究的，讲究个辈分字，可惜，由于元末战乱年月，我们程家祖上背井离乡，从河南逃难来到山西，落居武乡信义，把按辈分取名的传统破了。如今，早已天下大定，国泰民安，辈字传统可以恢复，我看，咱程家儿子这辈人，就取"绩"字辈吧。长子叫嘉绩，次子就叫伟绩吧。将来要有个三子，就再叫个什么绩。……就这样，启南的儿子辈，"绩"字辈尘埃落定。

自从启南有了两个儿子，老婆高氏身上的担子就更重了。想到夫妻长期分居两地，自己家务帮不上手，若长此以往，不仅老婆有可能要被累垮，还会牵连到老母亲（老人平日还要帮助照料启南的两个孩子）晚年不得安生。后来，征得老母亲的意见，家中筹措出一笔银两，在县城买了一座某人家移居外地空置的独门宅院，总算在县城有了家，启南把夫人高氏和两个孩子接过来居住。逢年过节，他们一家人就回信义老家团聚，谈天说地、其乐融融。就在启南通过乡试、考上举人前几年，怕老母亲魏氏在老家孤单，不时也将老母接过县城来居住十天半月。本想在此赡养老人，为老人养老送终，然而，老母总是说在城里住不惯，在家动弹惯了（干点缝缝补补、筛选豆子、高粱、谷子之类杂活儿）。于是，启南就与老家的叔伯兄弟商量，轮流将老人接去伺候十天半月，直至后来为老人送终。

笔者发现，程启南在全省乡试中考中举人亚魁时，已三十八岁，如果从七岁起开始读书学习，那么，学习期即有三十一年，为何那么长的学习期？这中间不排除三年一次的功名难考，需要多次考试的因素，还有一个因素，就是丁忧。古代父母一方去世，其子弟往往要在墓前结庐（盖草棚）守孝三年，名曰"丁忧"。丁忧期间，是不准参加大比考试的。现存古籍资料记载程启南父母、祖父先后去世，他曾累计丁忧九年无法应考。但没有记载其双亲去世的时间（本书记载其父去世的时间，是根据古代平均寿命的情况推算的）、丁忧的时间，根据明代古人平均寿命四十岁上下，这个可能性是存在的。这导致启南的科举考学时间被拖长，使得他大器晚成，即虽然起步稍晚，但最终取得了显著的成功，这成为一种不可避免的发展趋势。

第三章　鹊声得志

庚子科考中亚魁
京城"两试"成进士
同年天涯有知音

庚子亚魁，辛丑进士。

——程启南印章

庚子科考中亚魁

中国的科举制度，发端于隋炀帝大业二年，兴盛于唐宋，成熟于明清。直至光绪三十一年，清末慈禧废除科举制度为止，共存在并延续一千二百九十九年，是古代国家通过逐级考试选拔人才的制度，是仕途必经之路。

科举时代，应考者一般要经过四级考试。首先要经过县州级考试，这级考试叫"院试"，考中者称为"秀才"（又称生员）；秀才，顾名思义，即具有文笔内秀之才。秀才还要经省级统一考试，这级考试也叫"乡试"，考中者称为"举人"；所谓举人，顾名思义，即为国家举荐之人，有突出才干之人。举人还须赴京城参加国家级考试，这级考试叫"会试"，考中者称"贡士"；所谓贡士，即为国朝上贡之士；贡士最后经皇上在某宫殿亲自担任监考，对考生一一进行问答式面试，这级考试叫"殿试"。面相不佳者，答题不理想者要被淘汰，考过关者则成为"进士"；所谓进士，顾名思义，即具有晋级官吏资格之士，各地府县七品官吏职位的候选人。

进士也有等级之分，分为"三甲"。其中第一甲进士取前三名，又称为鼎甲或三元；考中第一名者称"状元"，第二名称"榜眼"，第三名称"探花"，均赐进士及第。能考中一甲三元者，通常会安排在皇帝身边工作，安排皇朝翰林院大学士、编修典籍等文秘职位。二甲进士录取几十名不等，均称"赐进士出身"，第一名叫传胪；三甲进士录取二百余名，称"同进士出身"。所谓同进士出身，顾名思义，即"等同于进士出身"。二甲进士与三甲同进士，在皇朝看来，等级略有差别，在安排官职上，前者具有优先考虑录用安排的资格。而在寻常百姓看来，只要能考取三甲之内，就算是进士了，大功告成，至于"同"还是"赐"无关紧要，都值得庆贺。

综上科举考试和人才等级，用一句百姓的俗话来说，即童试出秀才，乡试出举人，会试出贡士，殿试上进士。

秀才是一种文化人的身份，举人有当官的资格，但不一定能当官，进士是全国统一待分配的官员，状元、榜眼、探花，就留在皇上身边当官了。

上述严酷的科举考试的四级制，也是延续近一千三百年的由皇朝规定的学历制度，人才考核选拔制度！在这漫漫的四级科举制度道路上，不知有多少俊杰才子跋涉在科考路上，奋斗不息，最终还是倒在了某道门槛之外而功亏一篑！而侥幸能通过这四级考试的少数强人，也不知要经过多少次在某关口落榜、落第的考验，擦干眼泪继续考学，也不知道要经过多长时间（十年、二十年，甚至三四十年）才能过五关斩六将，跳跃最后的龙门，踏进仕途的门槛！

难怪古诗云："解名尽处是孙山，贤郎更在孙山外。""太宗皇帝真长策，赚得英雄尽白头。"

宋真宗赵恒有一首通俗的《劝学诗》很有名：

富家不用买良田，书中自有千钟粟；
安居不用架高堂，书中自有黄金屋。
出门莫恨无人随，书中车马多如簇；
娶妻莫恨无良媒，书中自有颜如玉。
男儿若遂平生志，六经勤向窗前读。

诠释：诗中的"恨"字，用在这里是"遗憾"的意思；"遂"，在这里是"成就"之意；"六经"，是自春秋战国时代流传下来的国学经典——《诗经》、《尚书》、《礼记》、《周易》、《春秋》、《乐经》。后来，《乐经》佚失，《六经》变为《五经》。

该诗用来激励学子的学习，也反映了古代一种价值取向，更反映了古代科举考试的意义和真谛。只要能学成功名，那就能改变命运；那安居、生活、出行、娶妻等一切均不用发愁，自会有人给你安排。

明万历庚子年春节，皇上发布诏书，要各省、府、州广泛征集民间收藏的古籍文献书籍。诏书规定，凡是捐献出一定数量或有独特价值书籍的生员之士，均可安排到各省首府书院就读学习，相关学杂费用由所在县衙负责供给。

一时间，山西众多英俊士族文儒人士纷纷云集太原府献书，在这些献书的文儒人士中，其中就有程启南。他当然不愿放过这一难得的机会，他知道，进了省城太原府的书院，就等于半条腿迈进乡试举人的门槛，以后就会事倍功半、顺风顺水。

那年阳春三月，太原府学使陈讲将程启南等众多献书者，安置到省城著名的三立祠就读学习，相关费用由其所在的县衙负责供给。所谓三立祠，原名三立书院，以立德、立功、立言"三立"而得名，后先后改名河汾书院、三立祠等。

三立祠，坐落在太原府的美丽的文瀛湖畔，岸边林荫道上，杨柳依依，真可谓一处幽静的好景观、好环境。正因如此，人们把在这里入学的弟子，说成是"入泮"。

可谁又能知道，这座三立书院到三立祠，在历史上却沐浴了宫廷争斗的风雨，几经易名拆建，历经风雨飘摇、几起几落之厄运。

据万历《太原府志》记载，山西原有晋阳书院，位于太原府东，后因地方狭隘，容纳生员有限，巡抚一度下令将书院迁走，改为府院，将署衙迁至此地，将原署虚置。后经学使陈讲奏报皇上批准，仍还原此地为书院，改名河汾书院。

陈讲，字子学，四川遂宁人，明正德十五年进士。初授翰林院庶吉士，后任监察御史，陕西巡抚，明嘉靖年间，升山西提督学道。他在管理上宽而有制，可对儒学人士评判品定级别高低，听到的人都佩服他的贤明。太原府河汾书院建成后，很多出类拔萃的儒生学士，功课学业均有不同程度提高，毕业的人士多有所成就。

然而好景不长。万历初年，张居正担任内阁首辅时，由于推行"万历新政"，触动了一部分官僚、缙绅等的既得利益，遭到他们强烈抵制。其中一些人以书院为讲坛，大肆抨击改革。万历七年春，张居正借机禁毁天下书院，河汾书院被停办。到了万历二十一年，情况有了转机，由于张居正去世已十多年，时任山西巡抚魏允贞以侍奉乡贤为名，在太原府治西南所右街（今旧城街一带）始建三立祠。遇到大比之年，便选拔优秀人士在其中讲学，这实际上是避开书院之名，而恢复了书院之实，故民间也称其为"三立书院"。

经学使陈讲多方斡旋，以建设"三立祠"为名，建筑了一些"花棚"，实际上就是变相的讲学课堂和临时乡试考棚。可见，学使陈讲和巡抚魏允贞，均是千方百计保留和恢复三立书院的功臣。

陈讲后来历任河南布政使、都察院右副都御史、山西巡抚等职，皇帝对其赠兵部右侍郎职位。著有《中川文集》《茶马志》。《茶马志》为中国茶文化研究中茶政研究之重要资料。

万历二十八年初，自从完成应诏赠书，程启南被安排到三立祠读书，和众多献书的学子们一样，大都被学使陈公安置在这里的学棚，由教授讲课，学子温习旧课，准备数月后的八月乡试大考。

启南发现，魏云中也和他一样，因应诏献书来到三立祠读书。该祠仍然是寄宿制，学子集中住宿，学杂费用开支由各县府衙提供。是年，程启南三十八岁，魏云中十九岁。

每到朝日清晨，程、魏两人结伴到文瀛湖畔打拳游玩，早饭后一同到祠堂听课读书，黄昏傍晚，两人饭后又是一同到戏苑看戏，畅叙古今中外，乡里杂闻。因是武邑同乡，关系要远胜于一般学子。

根据往年惯例，凡考取举人者，由太原知府推荐进京参加会试和殿试；落第者，则要"打道回府"，即回到原先所在的县城书院或村镇私塾，继续学业。县府的相关供给也随之取消，变为自费。面临严峻的形势和前途，程启南心里十分清楚。他已三十八岁，科举打拼已历经三十一年，也许这是自己最重要的机会了，成功了，自己就有继续往前走的希望，那么，多年的努力就没有白费；而要是落第了，虽然不至于功亏一篑，但更加崎岖的、荆棘丛生的路还可能要再重新走一遍，妻子那儿如何交代？

各省首府的乡试，统一要在本年农历的八月举行，俗称秋闱。距离乡试还有六七个月的时间。启南在书院的学习中，十分认真听先生讲课，凡遇到问题不懂就问，不耻下问，同时，经常背诵古籍经典名篇和段落。有时，学习到很晚了，他还在挑灯夜战——没有油灯，他就将萤火虫装入一个布袋里，为自己读书照明；这是他的一项发明，放在今天甚至也许可以申请专利保护。有时在月光下，他还在发奋读书、读书、读书……

庄严的八月乡试大考终于来到了。

乡试共考三场，每隔三天一场，每场考一天。考试时间在八月初九、十二、十五日。考前二日，编好座位号，出榜通知。考试日，黎明入场，对号入座，给三支蜡烛。第一场，试《四书》文一，五言八韵诗一；第二场试《五经》文各一；第三场试以策问五道。乡试考中者称"举人"。

经过三场九日的考试，最后张榜公布，程启南名列第六名，被授予"亚魁"①称号！史载，他的这名头，与当时金台的赵维寰、武林的葛寅亮（二人后来均考取进士做官）齐名，声震天下。启南在给老家的家信中报告了这一喜讯。

同时，在大比之年考中举人的，还有启南的同乡，人称神童的魏云中。

两人拍掌击节，共同祝贺这喜庆的时刻。岳飞词云："三十功名尘与土"，后面等待两人的，也许就是"八千里路云和月"了。

京城"两试"成进士

乡试结束后，程启南回到家乡——武乡信义，准备好好庆贺一下，再重归县学宫，温习相关国学功课，准备明年进京参加三月开始的两试——会试和殿试，这均是国家级别的考试。

清代小说家吴敬梓在小说《儒林外史》中，写了一个范进中举的故事。说的是该儒生终生应考，终于在迟暮之年，头发花白之时，在一次乡试中考中举人，喜极而疯癫的故事。同时，对其家庭和社会关系那种趋炎附势的心态，也给予无情的讽刺。

对于武乡信义程氏家族史上第一位举人，程启南这年中举时已三十八周岁，按乡间阴历，算三十九岁了。他没有发疯，因为他还没到迟暮之年，他还要在来年三月继续冲刺考进士，还有很多事情要做，路还很长。

启南从省城太原回到武乡县城（故县）的家中，与妻子高氏和他的儿女——长子嘉绩、次子伟绩和女儿花妞团聚了。喜庆一番后，次日，到鞞山学宫住宅拜见了他的恩师王复兴先生。

王先生向启南表示祝贺，同时也提醒他，不能骄傲，明年春闱京城两试的路任重道远，马虎不得，常言道，"在乡是条龙，进京变条虫"，那里云集全国各地藏龙卧虎之人，能否考出优异成绩，还要不懈地努力，还要有点运气成分。启南把这条师训牢记心间。

几日后，启南带老婆孩子回到信义老家，家乡人对他的休假归来，很是热闹一番，认为他给程氏家族长了脸，好吃好喝犒劳一番，乡邻的东家西家还要请他吃饭，但都被他婉言谢绝了。理由呢？他认为时机不到。

乡间艺人、文化人有一句俗话，曲不离口，拳不离手，笔不离纸。就是说，吃饭的行当、安身立命的职业，必须时常温习，否则几日不练，就会生疏。程启南也想到，他不能沉浸于老家热烈的庆贺和奢靡的酒食中，而生疏了之乎者也之类的国学文化知识。于是，他在家乡信义只住了几天，就带领全家人回到县城住宅。

笔者手头上有两份名单，一份是从康熙《山西通志》抄录的山西万历二十八年庚子科乡试举人名单；另一份是网上邮购的《万历辛丑会试录》（即参加京城会试的举人名单），经二者核对，发现山西庚子科乡试中举的六十八人中，只有二十人参加了来年的辛丑京城会试。竟然有四十八人没有参加京城会试。是何事由比京城考试更重要，只有少数人去参加呢？只有一种解释，那就是京城会试有名额限制，朝廷只给了山西二十个参加考试的名额，也就是山西方面只能推举二十名优秀的举人参加，由此，乡试考试的前二十名才能被山西官方举荐参加京城的会试。当然，二十名以后的四十八个举人，要么等待日后有机会（官位空缺）可能被朝廷任用（所有举人名单均要上报朝廷备案，但不包分配），要么保留京城参加考试资格，参加下一次的京城会试。例如，万历二十八年庚子科中举的泽州的张光缙和张光前兄弟俩，就是参加万历三十二年京城考试，联捷成为进士的。

山西武乡县信义里的程启南、魏家窑的魏云中，有幸成为前二十名参加京城考试者，实属好中选优，十分不易！

进京参加会考的考生，按县衙规定，一律在指定的时间和地点，由太原府派公车（马拉轿车）送考生进京赶考。程启南与众考生一道，经过十多天的鞍马劳顿，总算进入北京。

北京，是明朝的国都，京畿胜地。在此之前，启南从未踏出过山西地界，对于陌生的北京，他看什么都格外新鲜。

在即将会试的考场——顺天府京城贡院里，"贡院"墨字匾于大门上正中，大门东西两侧，悬挂着"明经取士""为国求贤"的牌坊。大门外为东、西辕门，大门分中、左、右三门。大门前有"天开文运"牌坊。气派非凡！令人心生敬意，肃穆有加。

考试那天，程启南走进至公堂，只见堂中悬御书"旁求俊乂"匾。两楹联为"号列东西，两道文光齐射斗""帘分内外，一毫关节不通风"。公堂为考官办公处，堂前有一回廊，设木栏环绕。至公堂后有飞虹桥，渡桥为内帘门，居于龙门、至公堂中间。

院内有明远楼，楼下悬挂对联："矩令若霜严，看多士俯伏低徊，群嚣尽息；襟期同月朗，喜此地江山人物，一览无余。"四角各有楼专供监考瞭望用。

据《万历二十九年辛丑科进士履历便览》记载，本科主考官为当朝翰林院侍读学士、通议大夫冯琦，副考官为曾朝节。冯琦，字用韫，山东临朐人，翰林院侍读学士、通议大夫资治。曾朝节，湖广临武人，礼部右侍郎兼翰林院侍读学士。此外，还有易、书、诗等房的同考试官十八人。

强大的监考官阵容，几乎汇集了当时明廷文化方面的文人学士，充分反映了朝廷对这次考试的重视程度。从全国各地推荐来的三百名举人参加考试，他们都是久经各省院试、乡试考场的国学精英、文坛翘楚。

根据惯例，会试与乡试的程序大体相同。会试共考三场，每场三日。先一日领卷入场，后一日交卷出场。学子们的考试科目分为三场，第一场考经义，也就是四书五经，第二场考试实用文体写作，第三场考时务策论，也就是给你个事情让你分析，颇有点应用文的意思。其中最重要的就是经义，这是取士的关键。那时候的考生们不像现在的学生，考试前要复习很多内容，对他们而言，只要背好四书五经就行了，题目只能在这里出，不可能有别的题目。范围相当小，背起来容易，而且写文章时有规定的字数，一般不超过五百字，不像现在的某些命题作文动不动就要千字以上，这么看来，当年的考试似乎要容易些，然而事实并非如此。

明清的科举，均为程式苛刻的八股文。八股文分为破题、承题、起讲、入手、起股、中股、后股、束股几个部分，其中精华部分是起股、中股、后股、束股，这四个部分你不能随便写的，必须用排比对偶句。由于这四个部分各有两股（即两个对偶的句子或段落），加起来共有八股，所以叫八股文。所有的文章不能有自己的想法，必须仿照古人立言，要按照圣人的思想去写文章，总之，可自由发挥的部分不多。

京城的贡院考场，在故宫外临时搭建的单间考棚。这种单间叫作号房，长五尺，宽四尺，高八尺。这几乎就是一个笼子。考生凭事先印好届时发放的一本考卷入场，只能带笔墨文具进去，每人发给三支蜡烛，进去后，号门马上关闭上锁，考生就在里面答题，晚上也在里面休息，但由于房间太小，考生只能蜷缩着睡觉，真是要多难受有多难受。然而就在这样的艰苦环境下，在那盏孤灯下，在难以忍受的孤寂中，我们的先人满怀着报国的理想，用坚强的毅力写出了妙笔生花的文章，实在值得我们尊敬。

每一个经历过这场考试的人都应该获得我们的掌声,不仅是那些成功者,也包括那些失败者。

当第三场考策问时,程启南胸有成竹,写下如下答卷。

问:自古有国家者,往往有偏重之势而后之善败随之。如周分于列国,汉危于外戚,东汉激于党锢,唐衰于藩镇,宋弱于夷狄,治乱之迹,俱在果始制之失欤。当下,君欲治国,该如何施策?

答:为君者,寻求天下贤士为己任,俗话说,用贤士治国,国必兴旺。用庸人治国,国必衰亡。周文王、武王任用了民间贤士姜太公,灭掉商朝纣王,成就周朝的八百年伟业;战国时秦王变法图强,广纳贤才,灭六国、统中华;魏晋时曹孟德虚怀若谷、广纳天下贤才,不计门第看本事,结果文臣似海、猛将如云,以弱胜强,打败袁绍,一统中国北方,最终在三国鼎立中获胜;唐太宗广纳贤才之策,成就贞观之治。宋太宗任用杨业公成守边关,数败契丹入侵。……治大国,如烹小鲜,一是需要近君子、远小人。二是物尽其用、人尽其才,如手持足行,耳听目视,各司其职,不再感到无助。君主不可以滥揽职权,常言道,下权由君主出也。握而不出,则其握必不固,而代操之寡生。

对于君王如何用人,启南也提出自己的看法。天下之患,莫过于上下相疑。上下相疑,始于不信之,行之。正所谓用人不疑,疑人不用。

对于"守道不如守官"的说法,启南也提出自己看法:宇宙大道,天下为公也。道为本,官为末。守道,规矩行事,政通人和,官也能守固;为守官而失道本,势必无所作为,导致国衰兵弱,君臣不和,官也必失。正如司马氏之言曰:王者以天下为家。官吏以百姓为本,百姓也必感恩做事,天下太平吉祥,此为富国强兵之根本。

程启南的考卷,尤其是策问的见解,别具一格,给监考官冯琦等留下深刻的印象。在数日后的殿试中,面对万历皇帝和考官的提问,程启南重申了答卷中的观点,侃侃而谈。从对方礼贤下士和频频点头的神情来看,他觉得自己可以放下那颗曾经忐忑不安之心了。

数日后，在京城东长安门外在宫墙壁悬挂黄纸撰写的进士名录，俗称"金榜"，凡考中进士者称"金榜题名"。早已翘首期盼结果的考生，纷纷聚拢在榜前，寻找着自己的名字。

在金榜中，中榜进士分为三甲等级，一甲取三名，第一名状元、第二名榜眼、第三名探花，赐进士及第；第二甲取五十七名，赐进士出身；三甲取二百四十一名，赐同进士出身；其中的二、三甲第一名俗称传胪。

程启南发现，自己位列三甲第一百五十一名，同时，魏云中位列三甲第一百六十九名，均被赐予"同进士出身"。

一个弹丸大小、名不见经传的小县城，一次京师考试，竟然考中两名进士，这在武乡县有史以来甚为罕见，是一件值得记载的大事。乾隆《武乡县志》将二人此次科举考试，称之为"辛丑科联捷"，"万历二十九年张以诚榜"。

看到中榜的考生中，有的兴高采烈，忘乎所以；有的欣喜若狂，逢人即作揖；还有的泪流满面，不能自已……总之，大家都有一个共同的感觉：终于到熬出头了，改变命运的时刻已经开始了。从此可以昂首挺胸面对自己的父母、昔日的老师和尊长了！

张榜又名"传胪"，是皇上对臣属的一种庄严的传告仪式。按明代传统的惯例，传胪后，要举行庄严的游街仪式，将当年考取进士的荣耀广而告之京城和天下。一甲三人插花披红，状元用金质银簪花，诸进士用彩花，由鼓乐仪仗簇拥出正阳门，跨马游街，备伞盖仪送回会馆住所。其余二甲、三甲则由东华、西华门出宫。

"金榜题名"在当时被视为读书人功成名就之时，称之为"登科"。"洞房花烛夜"为"小登科"，就是说这是比终身大事还大的一生中的大喜事，张榜传胪后第二天，天子将在礼部为进士赐"恩荣宴"。此宴又名"琼林宴"，因宋代曾设宴于汴京以西的琼林苑，故得名。此宴为天子恩赐，钦命内大臣一人为主席（皇帝代表），状元一席，榜眼、探花一席，其余进士四人一席，诸读卷官也赴宴。进士每人颁发给牌坊银三十两。

二十八日于午门前赐状元六品朝冠、朝衣、补服、带、靴等物，赐进士每人银五两，表里衣料各一端。

二十九日，状元率诸进士上表谢恩。五月初一日，状元率诸进士到孔庙行释谒礼，易顶服，礼部提请工部给建碑银一百两，交国子监立石题名。

现北京孔庙内大成门外，共有元明清进士碑一百八十九座，是我国最大的科举进士题名碑群。辛丑科进士题名碑，即是其中的一座。

同年天涯有知音

古往今来都是学而优则仕，凡考中进士者，即有了相应的官品和等级待遇。

授官也要按"金榜"甲第而论，一甲状元授官翰林院修撰，级别从六品（明、清官分九品，各品又分正从）；榜眼、探花授官翰林院编修，级别正七品；二甲进士授从七品，三甲进士授正八品。进士再经朝考，按成绩，结合殿试名次，分别授翰林院庶吉士、主事、中书、各地知县等职。知县为正七品，是明清朝廷命官中级别最低的。如果三甲进士有被授官某地知县，那他的官品就可以由正八品，提升为正七品。当然，授官也要看该官是否有缺位，即离职退休、在职病故等情况。如有缺位，很快即可为某进士授职某某知县；这些优先授职的进士中，有考试成绩优异的，有考官了解熟悉的，以及皇亲国戚子弟需要特殊照顾的等因素，就在考量中起很大作用了。否则，其余进士还须回家等候通知，即等待皇上另外发布诏书授官的机会。

万历辛丑科的这三百名进士，从此互相之间有了一种共同的关系，就是"同年"。"同榜之士，谓之同年。"（顾炎武《生员论》）同年，略等于现在的同学，经过了皇帝的亲试，他们都成为"天子门生"，自然就是同学了。

据史载（《山西通志》），万历辛丑科山西参加"两试"的二十名考生，最终一人因故落第（吉人），另有一名前科贡士以候补名额考中进士（姚镛），因而，张榜公布的山西籍进士仍为二十人。

在这三百名同年进士中，考选庶吉士的二十二名，其中入朝廷内阁者四人。根据可查到的资料，上述进士中，后来官至一品者有一人（从一品），二品者十六人，三品者十八名。其中明史上有传的就有七位。他们当中，有的在位敢于直言进谏，发表个人见解，弹劾不称职的庸官贪官；有的善于著书立说，对国事发表睿智的看法，成为"明代政治人物"；有的善于领兵打仗，为平息匪患、捍卫祖国领土完整做出了重大贡献；与程启南工作中有各种交往的有十几位，不少人在职被列为"名宦"，在家乡被列为"乡贤"，或以政绩留名，或以诗文传世。例如，万历二十九年辛丑科进士第二名（榜眼），王衡，字辰玉，号缑山、别署蘅芜室主人，江苏太仓人。万历时期首辅王锡爵之子，明末清初画家王时敏之父。其人授任翰林院编修，还是明代杂剧名家。著有《缑山集》等，编写有《郁轮袍》《真傀儡》《没奈何》等杂剧名篇。辛丑科进士中还有一个王三善，官至兵部尚书，是明朝政治人物，在镇压西南贵州等地吐蕃叛乱中，建立功勋，后来不幸以身殉职，《明史》有传，详情以后章节还要披露。据考证，传奇故事《苏三起解》中苏三的夫婿王景隆原型即是王三善。

魏云中，字定远，号震彝，是程启南山西武乡县的同乡。万历二十九年，他获进士时年仅20岁，授任项城知县，到任不久，即设计捕获了大盗贼蔡项，削除了匪患，一时声望大振。紧接着筑堤根治水患，深受百姓拥戴。后升为御史，奉调回京；因履职期间，相继弹劾了八九名贪官，受到忌恨，万历三十七年，被"例转甘肃佥宪"戍边。对这种非正常调动，云中心中异常愤怒。于是"挂冠神武门",辞官归田。居乡期间,他继承父亲遗志,埋头续编《皇极经世书》,一住就是十多年。天启二年,登基不久的天启皇帝要求朝臣"廷推"戍边将才,魏云中被推荐复出,任通州兵备道,又召为尚宝卿;后屡迁至右佥都御史,巡抚宁夏。驻军灵州期间,云中率领将士剿抚贼寇、加修军事设施,训练士卒。天启四年十二月,因得罪阉党骨干崔呈秀,加上被魏忠贤视为东林党,寻隙罢归;崇祯元年,云中被重新启用,官拜兵部右侍郎,同年又奉旨兼右佥都御史,总督宣大山西军务;期间,蒙古察哈尔部进犯宣大,崇祯皇帝召集大臣商议对策,下属大臣对剿、抚两策意见分歧,云中奉命到宣大考察,四个月后归来,向皇上提出八条建议,得到崇祯帝的褒奖。九月,奉命任宣大总督,兵部尚书兼右都御史,达到仕途顶峰。

是年十月,后金皇太极率十万大军绕过山海关防线,直逼京师,云中和其弟权中持戈守卫德胜门,重挫并打退敌军,被崇祯帝赐飞鱼服以示嘉奖。后在山西河曲县运用剿抚双策,打败陕西农民起义军一部,收复失地。崇祯四年九月,李自成、张献忠、王嘉胤、罗汝才数股义军涌入山西,魏云中虽极力剿捕,但大势已衰,捉襟见肘,收效甚微,又遭廷臣弹劾中伤,再次被罢官家居。崇祯十七年与世长辞,享年六十四岁。

在辛丑科登榜的进士中,仅武乡县,即为国家贡献了一文一武两名栋梁人才。

辛丑科进士中,尽管他们籍贯不同、履历、政绩和贡献有别,……但他们的精神风貌,却共同书写了晚明士君子可歌可泣的人文历史。

在三百名同年进士同学中,有不少是勤政爱民,为国为民有功绩的清官廉吏。构成了晚明一个治国理政的清官廉吏的群体集团,对程启南的影响很大。以下再举几例:

商周祚,字明兼,号等轩,明绍兴会稽人。

商周祚是燕阳公(即商为正)之长孙,景亳公之冢子(即嫡长子)。

万历二十九年辛丑科进士，曾授邵武县令五载，廉洁如冰。后入京，升为太仆寺少卿。万历四十八年擢升都察院右佥都御史，巡抚福建。其间，不征民间一钱，擒斩巨盗、抗击倭寇侵扰，故离任之日，闽人为之立祠。天启五年再起兵部右侍郎，总督两广。翌年升兵部尚书，因以母年老，请告归田养老，里居十载。崇祯十年，被崇祯皇帝重新启用为都察院右佥都御史，掌院事。由于刚正不阿，屡违圣意而丢职归里，后撰写志传自娱。

南居益，字思受，陕西渭南县人，是尚书南宪仲儿子。居益的曾祖父南逢吉与曾伯祖南大吉都是进士，可以说是官宦世家。天启二年，居益入朝当了太仆寺卿。第二年升右副都御史，巡抚福建。

荷兰人，俗称红毛夷，是海外来的有色人种，绀紫色的眼睛，红色头发和胡须，他们自称荷兰国，自古以来跟中国没有往来，后来经过大泥（今文莱国）、交留巴（今印尼群岛一个岛）两国跟福建商人交往上了。万历年间，奸民潘秀领他们占领了我国的澎湖列岛，要求通商。巡抚徐学聚当时正秉承着大明王朝自给自足、闭关自守的传统国策，让他们把货物转卖到大泥、交留巴两地去。这两个国家水路险远，结果商人把他们的货物运到吕宋（今菲律宾）去了。荷兰人怀疑吕宋截了他们的商船，就过去攻打吕宋，又侵犯广东的香山澳，均被打败。他们不敢回国，就又到澎湖来请求通商，并且在岛上修筑城墙。启南的同年进士同学、巡抚商周祚拒击他们，但荷兰人船坚炮利，平定不下。南居益接替了商周祚后，敌人正在进犯漳州、泉州，还招了些日本倭寇、大泥、交留巴人及海寇李旦等做援兵。居益派人去招抚了李旦，并劝说他带大泥、交留巴人来归顺。敌军被瓦解，敌将高文律害怕了，派使者过来求和，居益斩了来使。然后在镇海港建起城堡，把敌人逼到风柜。敌人穷途末路，想乘船逃走，官军在围歼战斗中活捉了高文律，海上的战患至此才算平息下来。为表彰南居益捍卫国家领土完整的杰出功绩，熹宗皇帝将南居益升任工部右侍郎，总督河道工程。太监魏忠贤忌恨居益在叙功时未提到自己，压下了给他的奖赏。给事中黄承昊又说他拉帮结派，卖身投靠，靠钻营爬上了重要位置，于是居益被阉党诬劾，剥夺官籍，退休回乡。福建人闻讯后到京师替他诉冤，熹宗皇帝不听。后来，他们就在当地为居益立了一座祠堂纪念他，还在澎湖和平远台为他立了碑。南居益直至崇祯皇帝登基，诛灭魏、客阉党集团后，于崇祯元年被重新启用为户部右侍郎，总督仓场不久改任工部尚书（其间，程启南授任工部左侍郎，成为同事）。详情将在后面介绍。

据程启南的孙子、清代程康庄为其祖父撰写的祭文中称"本房吴公宗达、张公至发，先后登鼎铉。王父与文公在兹，其文又冠绝时人。"经考证查阅史料，吴宗达虽然在参加辛丑会试名单中有名字，但公布的进士金榜中却没有名字，经查网络，原来他辛丑科京城考试那年因故退出京城的"两试"，后在万历三十二年考中进士。后来官至吏部尚书、中极殿大学士等，其间，与程启南结为挚友，还为他创撰的《武乡程氏家谱》（四修谱冠名，创谱残本缺失封面，名称不详）作过序。

又如张至发，字圣鹄，山东淄博人，曾任明朝廷吏部主事、御史、尚书、文渊阁大学士等职，与程启南有过交集，后奉旨回乡调病，卒，赠少保。而那个曾与程启南齐名的杰出文豪，文章"冠绝时人"的才子文在兹，经查网络综合其履历如下：

> 文在兹，字德任，号少玄（一说少元）。陕西三水县（今旬邑县）人，万历甲午科举人，辛丑科进士。聪颖过人，目数行下，（擅）长古文辞，（专）工八分楷字。初授翰林院庶吉士，不二载，以终养归卒。

一代天骄才子，在朝廷翰林院以庶吉士履职，不到两年即被弃用、归田养老，究其原因，未查到详细史料记载，笔者猜想，恐怕与其自视清高、桀骜不驯的性格有关，这种不合群的性格很容易被孤立，遭受排挤，有可能是聪明反被聪明误的结果。

程康庄还云：王父启南与"与金台赵维寰、武林葛寅亮声称振天下，语具《（皇明）从信录》中"。

关于金台的赵维寰，网查资料如下：

赵维寰（1563—1644），字无声，号雪庐，嘉兴府平湖县人。宋太祖后裔。著有《尚书蠡》《读史快编》《宁志备考》《谕宁迁略》《雪庐焚余稿》《雪庐焚续稿》等。

按说，作为宋太祖的后裔，在科举考试和仕途上应该顺风顺水的；然而，他运气不好，在浙江六次乡试中未能中举，后通过浙江的岁贡选拔考试，被推荐为国子监生员。

万历二十六年，赵维寰来到北京，借住一太史家，兼教授太史两个儿子（注：赵维寰：《焚余稿续》卷二《题黎尔瞻宦稿》，第627页）。由此可知，明朝的秀才是不住校的，只是注册而已，平时生活完全自理。

万历二十八年春，赵维寰参加乡试，由于黄汝良到南京负责应天府乡试，赵维寰顺利得获顺天府乡试第一名解元。此时，他已经做了十八年秀才。

分析赵维寰科考失利之因，一是性格因素，为人负气，所至不肯依阿权贵，中国官员角色是双重性的，先得在长官面前做小，然后才有机会做官，在下属面前做大。二是文风过于奇高，难以得到考官认同。政治考试讲究稳重，而不是新奇。这让江南才子赵维寰难以理解。幸福总是相似的，不幸则各有各的不幸，赵维寰的科举人生正应了这句俗话。

因他原则有余，而情商不足，在处理人情世故上欠当，导致在科举考试上屡屡受挫落榜。

葛寅亮（1570—1646），字冰鉴，号屺瞻。浙江钱塘县（今属杭州市）

人。明朝末年政治人物。

万历二十八年庚子科浙江乡试第一位举人。万历二十九年辛丑科二甲进士。授南京礼部主事，升郎中。万历三十六年引疾归里。三年后起复，先后任江西右参议、按察使司副使、布政使司参政等。万历四十四年任湖广提学副使。因得罪权贵遭到弹劾，以丁忧去官。

所谓丁忧，是中国封建社会传统的道德礼仪制度，往往指用于拥有官吏身份之人。即根据儒家传统的孝道观念，朝廷官员在位期间，如若父母去世，则无论此人任何官何职，从得知丧事的那一天起，必须辞官回到祖籍，为父母守制二十七个月，这叫"丁忧"。寅亮以丁忧辞官，一方面表现了他的传统孝道，同时也成为权贵官员排挤他的一个借口。

天启二年，登基不久的熹宗皇帝再起用葛为福建按察使司佥事，升湖广参议，转福建参议。天启六年升南京尚宝司卿，不久又因不附阉党魏忠贤集团而被罢职。崇祯四年，登基不久的崇祯皇帝再次启用他为尚宝司卿。崇祯七年升任左通政。崇祯十二年罢官。南明政权弘光朝时，葛先后任太常寺卿、大理寺卿、户部侍郎。隆武朝，任工部侍郎、工部尚书。隆武二年（清顺治三年）十月，隆武政权为清军所灭，葛寅亮绝食殉国。

葛寅亮仕途起伏波折，几起几落，恐怕与其刚直不屈的性格不无关系。尤其是在明朝末年，他宁死不屈，不向清军王朝屈服，展现了明代士大夫忠君不二、忠贞不渝的民族气节。

程启南既非皇亲国戚，也非一甲名士，虽在三甲进士中，也还算有点名气的，然而，各地官吏缺额毕竟有限，进士上榜当年，他还是被告知回家等候授官通知了。

注释：

① 亚魁，古代科举考试中乡试第六名，明清两代中式称谓举人，第一名称解元，第二名称亚元，第三至第五名为经魁，第六名称谓亚魁。

第四章 襄阳口碑

推官上任楚襄阳
审理积案民拥戴
考校楚才为国家
武当山上风雨稠

山南人德之，与羊叔子同祠。

——田喜霁《少司空程启南传》

推官上任楚襄阳

当程启南回到故里武乡信义里，等候朝廷任命期间，家乡的乡亲就像迎接归来的英雄一般，东家请、西家宴，每日迎来送往，络绎不绝，搞得他挺疲惫。

请他的乡亲中，有里中、家族中德高望重的长老，有从小跟他光屁股玩耍的发小，还有来村里串亲戚的嫁到外乡的亲家和媳妇。大家最感兴趣的话题，就是认为启南是见过大世面的人，都请他讲讲省城太原和京城的见闻。启南也根据自己的现身说法，山南海北大侃了一番。讲到动人心魄处，大家均感意犹未尽。

程启南酒肉下肚，满脸红光，神采奕奕。

数年寒窗苦读，如今一气冲天，尽管朝廷任命书还未到，但他就像卸了一个沉重的大包袱，总觉得轻松了许多。不久，妻子高氏给他又生了一个胖小子，他更是感到双喜临门。

这里需要介绍一下程启南的家庭。

数年前，妻子高氏给他生了一个儿子，取名叫嘉绩。三年后，又生了一个儿子，取名伟绩。后来，又生一个闺女，取名花妞。这次启南回乡不到一个月，又一个儿子降生了，在讨论给这个儿子取什么名字时，启南稍加思索，答道："咱程家自迁居武乡二百年以来，没有出过举人和进士，尽管本人不才，但此次考试运气好，亚魁举人、京城三甲进士都占全了，这可是前所未有的奇迹啊，我看就叫奇绩吧。"这个名字，得到了家人的一致喝彩。

一月之后，程启南和妻子高氏返回了县城。再次拜会了本县县令和鞞山学宫的先生王复兴，便开始在家中阅读古籍，阅读四书五经，历史类、天文地理类等书籍。他知道，未来仕途上需要学习的地方还很多，尽管不知道要到何处去任职，但提前从书面上学点东西，从理论上、概念上了解些大概，还是十分必要的。

万历三十年三月的一天，朝廷通政使带着圣旨来到程启南的家门口，启南慌忙下跪听旨。

来人拿出黄缎圣旨，宣读道："奉天承运，皇帝诏曰，授命万历辛丑科同进士出身程启南为湖广襄阳府正七品推官，责令一月内前往此地报到上任，不得有误。钦此。"

程启南接旨后，答应道："谢皇隆恩，吾皇万岁！万岁！万万岁！"

一连两天，程府门庭若市。全里程氏宗亲，以及里长邻居，都络绎不绝来家道喜，祝贺程家出了有史以来第一个朝廷七品命官。

启南也做了此趟出行的准备，长子嘉绩要为老父亲送行，家里的老长工、毛驴车驭手赵山林，四十多岁，是个无家的孤寡壮年人，此次要为主人赶车，一同出行。

就在那样一个春和景明的日子，程启南一行三人，在妻子、里人亲友的送行下，踏上了千里征途。

山西武乡距离湖广（今湖北省）襄阳，两地相距大约七百五十多公里，明代交通十分不便，又没有什么火车、汽车之类的交通工具，只有马车、牛车，再就是运河航运船只等。是年，程启南整四十岁。他只带长子和一个家仆，乘坐一辆毛驴车出行远门，期间肯定经历千辛万苦，克服了意想不到的种种困难，在皇朝指定的时间内，启南一行如期赶到了湖广襄阳府。

在知府冯大人的照应下，程启南安顿好家室。两日后，按原计划，嘉绩是要和老赵头一同返回家乡的。启南突然产生了一个想法，于是对两人说："嘉绩、老赵，你们看这样好不好，嘉绩你回去，你还有功名要考，还要娶妻生子，传宗接代。我这儿不好留你。老赵头呢，你就留下好了，当我的仆人吧，毛驴车也留下，做我出门代足的工具。你看如何？"

赵山林说："没说的，我听掌柜的。"

嘉绩"扑哧"一声笑了："爹，你这还没上任就招兵买马了，叫我回去没意见，山林叔留下，也好照顾你。这样安排挺好。只是这毛驴车留下，太寒酸了吧？你上班办公，自有八抬大轿抬你……"

"我还坐不惯轿子呢。当然，必要的排场也不能不讲，那下了班出门买粮买菜呢，毛驴车就派上用场了。不啰嗦了，就这样定了。"

连赵山林也未曾料到，他这个新任仆人兼驭手，竟从此侍奉了主人三十年。

襄阳位于今湖北省西北部，汉江中游平原腹地。襄阳因地处襄水（今南渠）之阳而得名，汉水穿城而过，分出南北两岸的襄阳、樊城，隔江相望。两城历史上都是军事与商业重镇。

襄阳，为楚文化、汉文化、三国文化的发源地，到晚明时期已有二千四百多年历史，历代为产粮区和经济、军事要地。素有"华夏第一城池、铁打的襄阳、兵家必争之地"之称。

明洪武初年，属湖广行中书省襄阳府。洪武九年，属湖广承宣布政使司襄阳府。

府，是明代地方行政最高一级机构的设置，知府为最高行政长官，正四品。此外，还有辅佐官同知（正五品）、通判（正六品）和推官（正七品）等职。

推官，唐代始置，位次判官，掌管狱讼之事。明洪武三年，为各府设推官，掌"理刑名、赞计典。"这就是说，推官的职责为审判案件和审计本府及辖属各县的税务账目。

古代皇朝对进士的分配工作都有相关的惯例，为防止受当地人脉和亲友等不良影响，即所谓"一人得道，鸡犬升天"，保障官员廉洁奉公，规定官员任职，都要被安排至距离原籍五百里外的地方。按进士通常被安排任职各地知县的惯例，程启南此次被安排任府衙推官，是属于被重用的。因为推官是知府的下属，通判的辅佐副手，只要辛勤工作，不犯错误，日后提拔同知和知府的概率，要远远高于通常的知县。这也许与他在京城两试中，那份出色的策论答卷有关，正是那份答卷，给当朝皇帝留下较深的印象，这种好印象，也必然影响到对进士官职去向的分配上，当然，其中也离不开相关考官的举荐。

到襄阳上任第一天，程启南就拜见了襄阳知府冯若愚，这是一个以清廉刚直著称的官员，在当地很有威望和名气。冯说："你的情况，我听说了，前不久本官进京送公文时，还向首辅叶向高和总考官冯琦打听过去年进士的分配情况，两人都不约而同地推荐了你，说你志向高远，是当今不可多得的贤才。恰好本府这里推官缺额，且当地民风彪悍、乱事如麻，去年激变风暴刚平息，积案如山，急需一个包公式的人物坐镇审理。经我一再请求，希望他们能将你分配来任职。他们表示按惯例，进士通常要制签择地，先安排知县三年后才可提升府衙任职，只有卓异贤才方能破例。还说，他们了解你的情况，即便首破先例也是事出有因，可尽力向皇帝举荐，看能否特事特办，破例安排将你到襄阳任职缺额推官。好在经叶首辅、冯学士的大力举荐，一切顺风顺水，如愿以偿。如今你的到来，我真如久旱得雨、如虎添翼啊！"

"冯知府过奖过奖了，兄弟才疏学浅，任官做事，更是赶鸭子上架，勉为其难，届时还请知府大人多多提携和指教。"

"好说好说，你有什么要求尽管提，只要本官能办到的，一定尽力而为。"冯若愚答道："你初来乍到，鞍马劳顿，还需要歇息几日，熟悉一下推官的业务和周边情况。我本应全程陪同，可惜这段时间，本府政务繁忙，日理万机，搞得本官焦头烂额，就先让祝同知代我陪同你几日，到本府各处走走，熟悉一下当地的民风社情和推官的工作流程。而后我抽空陪你，不周之处，还请多担待。"

"承蒙冯知府的妥善安排，我很满意了，给你添麻烦了！"程启南答道。

冯若愚，浙江宁波府慈溪县人。万历二十三年乙未科进士，初授工部主事，审决江南；后任工部员外郎、郎中等职。万历二十九年，调任襄阳府知府。他为官正直，公道清廉。平素对同僚和百姓如父，且处事老道。下属遇到工作难题，他往往言语两语即授得要领，得以化解。他还爱好文化古迹，经常四处寻访游览，有时竟流连忘返，以至下属拿来案牍文档，他竟在崖石间办公批阅。

七八天后，冯知府将程启南叫到堂前，嘘寒问暖了一番，对他说："明日就是清明节了，扫墓祭奠，祭拜高堂，是国人之风俗，除此之外，在我们襄阳当地还有一大风俗，就是到岘山羊公祠公祭羊祜公。正好，你远道而来襄阳,人地两生、举目无亲,明日清明节就先在家中祭拜高堂,后天,就跟我们一同去岘山羊祜庙祭拜一下羊祜公吧?"

"恭敬不如从命,我听从知府大人的安排。"程启南高兴地答道。

农历三月二十四日,是个阴天,江汉一带气候阴凉,湿润的空气中,不时夹带着霏霏细雨。

冯若愚和程启南同乘一辆带轿的马车,那是明代官员外出公干常见的一种交通工具,犹如当今人们所乘的各种牌号的小轿车。

冯若愚不时地给程启南讲述着晋朝羊祜将军在本地的事迹,尽管对这位古代仁义将军的事迹,这几天他借来了相关地方县志、典籍书籍查阅,已有所了解,但听了当地最高行政长官——冯知府亲口所讲,他还是有不一样的感受。

"羊祜,是山东泰山南城人。祖辈世代做地方太守级别的官,按说官阶很高,但都以清廉有德操而闻名。当时(西晋)晋武帝有灭吴的打算,任命羊祜为荆州都督,掌管军事。羊祜率军镇守荆州后,在与东吴对峙期间,开办学堂,安抚教化远近的百姓,深得江汉一带百姓的爱戴。即便与吴人也都开诚布公,互相信任,以致吴军投降的人想离开部队回家的,都听任各自的心愿。东吴石城的守军距襄阳地界七百余里,常骚扰边地,羊祜认为是一大边患,最终用巧妙的计策使吴国撤去守军。于是晋国戍边巡逻的士兵减少了一半,所减士兵军饷用来垦荒八百余顷,大获其利。羊祜刚到荆州时,军中没有百日的存粮,到了他镇守荆州的后期,却有了可供十年粮草的积蓄。"

"羊祜将军了不起啊!"启南由衷地赞叹道。

"羊祜鉴于春秋时鲁国的孟献子在武牢筑城而郑国惧怕,齐国的晏弱在东阳筑城而莱子畏服的先例,于是,效仿他们占据险要地势,筑五座城池,控制了大片肥沃的土地,夺取了吴国人大量的资源。后来,吴国石城以西,都成了晋朝的地方。从此,吴国先后来归降的人络绎不绝,羊祜于是就修德讲信，来安抚初降的吴人。羊祜有吞并东吴的宏图大志，但他总是心胸坦荡，堂堂交手。每次和吴军交战，总是先约定日期，不搞突然袭击。有人俘虏了吴国的两个小孩，羊祜便差人把他们遣送回家。但他也不是仁慈无边，例如，吴国将军陈尚、潘景来侵犯边境，羊祜派兵追击并杀了他们。羊祜很赞赏他们为国而死的气节，就用隆重的礼节安排他们的丧事。潘景、陈尚的家人迎丧时，羊祜以礼发送。羊祜军纪严明，行军每到吴国境内，在田里割谷作军粮，都要算出所割谷子的价值，送一些绢来补偿人家。每次在江汉一带会众打猎，总是限在晋国范围（不进吴国境内）。打猎时如有被吴人射伤的禽兽却又被晋兵得到了的，都原样送还吴人。于是，吴国人都心悦诚服，称羊祜为羊公，不呼其名。

三国时曾有诗云："出师未捷身先死，长使英雄泪满襟。"冯若愚长叹一声，继续讲道："不幸后来羊祜病重卧床，为了在有生之年，伐灭东吴，完成江汉统一大计，他请求进京奏疏。等到皇上召见，他当面陈奏伐吴的计谋。后来发现自己病情渐渐加重，就举荐杜预来代替自己。羊祜死后二年，吴国被平定，群臣向武帝称贺，武帝端着酒杯流泪说："这都是羊太傅的功劳啊！"

冯知府讲到此时，感慨万分，不能自已。

据悉，羊祜病逝，享年五十八岁。时为咸宁四年十一月。羊祜死后，普天皆哀。晋武帝亲着丧服痛哭，时值大寒，武帝的泪水流到鬓须上，都结了冰。荆州百姓在集市之日，闻知羊祜死讯，罢市痛哭。街巷悲声相属，连绵不断；吴国守边将士也为之落泪。

羊祜的仁德流芳后世，襄阳百姓为纪念他，特地在羊祜生前喜欢游息之地岘山建庙立碑，原碑为"晋征南大将军羊公祜之碑"，简称"羊公碑"。此后每逢清明和忌日等时节，周围的百姓都会来祭拜他，睹碑生情，莫不流泪。羊祜的继任者、西晋名臣杜预因此把它称作"堕泪碑"。唐代诗人孟浩然作诗云："羊公碑尚在，读罢泪沾襟。"

在岘山，有一座傲世屹立、离城最近的山，叫羊祜山。李白先后三次光顾堕泪碑，留有"空思羊叔子，堕泪岘山头。"的诗句。

此外，唐代文学家、诗人陈子昂，诗人张九龄也都曾以岘山为题，作词作诗，以凭吊羊祜。

这天，在潇潇的细雨中，前来羊公祠祭拜羊公将军的民众人山人海、络绎不绝。程启南也感受到当地民间一种虔诚、肃穆的民气。他深受教育、感动和启迪。他发誓，做官员，就要做羊祜那样的仁义之官，时刻把百姓的冷暖安危放在心上。当年吴国能够被晋国晋军平定，无不证明了一个浅显的道理：得民心者得天下啊！

审理积案民拥戴

程启南的科举之路，发端于山西一个弹丸小县城（武乡），而担任襄阳府所司理的，却是江南知名的一个大郡府。他性情淳朴，虚怀若谷，上朝时常常正襟危坐，小心翼翼，唯恐不胜任本职工作，造成工作失误。

襄阳，古又别称"山南"。山南人素来体格彪悍，喜欢争斗，民间常因小矛盾不收敛而演变为大内讧。程启南面对当地庶民的这一痼疾，对各种矛盾常以调解为主，不忍心轻易动用刑罚惩处，所审判的案件百姓大都心悦诚服，没有感到不尽如人意的。

本府有个老积案，郡里有一户人家银两被盗，恰巧家里的使女也不见了，于是怀疑是使女盗银两逃走。后来，有人发现这个使女被人杀死在路上，由此，主家在各处路口要道上，谋求民间人士帮助寻找凶手。后来发现了路上好像是手帕燃烧过的灰烬，但无结果。当时州县官府均认为这事属于民间惩处盗窃女子的行为，且女子罪也够得上死罪。本府数任推官也都认为，民间杀死盗窃使女，无可非议。程启南拍案斥责说："荒唐！哪有单凭灰烬就辨为是手帕烧的？即便是手帕烧的灰烬，也不能就判定为当事的使女所为。后来，他派人到各路口要道上微服私访，终于缉拿到一个嫌疑人，通过审问，当场指着他说："这就是杀人犯！给我拿下，打入死牢！"后将其抢劫的银两悉数追回。主家等众人得知真相后大吃一惊，不知道推官程大人用何办法一举破获此案，原认为民间为使女定死罪合理合法的人也幡然醒悟。

程启南履职时，常常对下属念叨，对遭受灾祸的人要有怜悯之心，不可幸灾乐祸。宁可将重罪轻判，也不可将轻罪重判。当他每次面对身穿赭色囚服的犯人，总是面色凝峻，当对犯人施用重典时又总是势必躬亲，亲自处理，唯恐判罪不当造成冤案。

程启南在任期间，常以钦差大臣名义巡行本府所辖各县，盘点纠正数十起处理不公的案件，很多案件是当场验问，就地处理，解决了不少陈年积案中的错案。

一天，府衙出门准备抓人的捕快如期汇集一处，程启南也从都察院出来到达此处。其副手想到程启南到任时间不长，人脉、情况都不熟悉，想当面给他难堪。便问他："这些捕快的履历您了解吗？"哪知，启南对部属数十个官员的姓名都能一一说出来，还对主要官吏的性格特点，所办过的案件，经历过什么曲折等情节，有详有略，如数家珍。众人大吃一惊，对他更加敬佩。

一天，程启南一行来到某县城的西门。忽见一个中年老夫蓬头乱发，拦轿喊冤，原来他的老婆被骗，五岁儿子被拐。启南安慰说："别急，本官给你做主就是。快上轿来同吾坐在一起。若见得那骗子，就告诉我，吾自有办法制裁。"

他根据老夫提供的线索，在城内寻找。刚走到一家饭铺门口，老夫惊叫："骗子！"启南抬头一看，只见一个彪形大汉拉着一辆敞篷车，车内坐着一位中年女人抱着男孩，正向饭铺走来。启南当即命两个轿夫到饭铺搬桌摆凳，就地升堂。又命另外两个轿夫去把那个车夫及女人、小孩唤来，与喊冤老夫一同跪在地上，等候审理。这时看热闹的人蜂拥而来，只见程启南把惊堂木在桌上一捶，开始问案："你们谁是奸夫骗子，如实招来！"

老夫战战兢兢地指着车夫说："他是奸夫骗子！"

车夫此时怒目圆睁，对天发誓说："老爷清明如镜，我要是骗子，叫我粉身碎骨！"那妇人也哭啼啼地说："老爷呀冤枉，车夫实是奴家丈夫，是那老驴不操好心，骗我不成，血口喷人！"

老夫说："你放屁！"

车夫说："你胡说！"

老夫说："骗人叫你雷轰尸不全！"

车夫说："骗人叫狼吃你不留血！"

程启南听其争吵叫骂，细细察言观色，只见那车夫和女人犟嘴硬舌，传神递色，老夫则一副悲痛欲绝的样子，心中已判断十之八九。但此时众人起哄，有的说老夫是癞蛤蟆想吃天鹅肉，该打！有的说车夫、女人是串通奸情、合伙骗人，该打！程沉思片刻，猛抬头看见一个伙计端一笼油糕卖给上堂的宾客，顿时计上心来，他走过去招呼伙计说："老爷饥肠辘辘；不喜油食，快去拿几个烧饼送来。"伙计连喊遵命，挤出人群，不一会儿端来烧饼献上说："热的，请老爷充饥。"程启南拿些碎银买了三个，叫过那个五岁小孩问："饿吗？"小孩眼盯烧饼，口水直流。他又说："好娃娃，这三个烧饼，你吃一个，给你妈一个，再给你爸一个，快去。"小孩拿住烧饼，跑过去先给那女人一个，瞪了车夫一眼，走过去塞给蓬头老夫一个，自己拿着一个吃起来。

案情已真相大白；车夫只得招认与那女子通奸，骗妻拐儿。程启南责其车夫诡诈，令手下重打四十大板。那女人见事已败露，也招认与奸夫合谋，抛弃前夫，另图新欢。程启南怒斥女人喜新厌旧，嫌贫爱富，重打二十板。最后安慰老夫，让其领妻儿回家，希望能不计前嫌，破镜重圆，好生度日。另赠白银十两，为他们路上食宿。

一顿饭工夫，巧断悬案，为蒙冤者申冤，观者无不钦佩。大伙儿都称赞说："程大人如此足智多谋，真是天下办案奇才！"

因为断案如神，百姓呼程启南为"程青天"。

一天，一商贩装了一车铁锅，晚上投宿一家客店，早晨起来发现少了八口锅，怀疑是店主所为。二人吵吵嚷嚷打起来，最后闹到公堂评理。

程启南先看看两人：锅贩外貌憨厚老实，像是个地地道道的生意人；再看看店主，单臂独腿，拄着一根拐棍，闪动着一双老鼠眼。

程问明情况后，对店主说："他告你偷锅可是事实？"

店主答道："小人要是好手好脚倒还说得过去。可我一条腿，一条胳膊，如何能偷得他的锅？请大老爷明察。"

程启南听了，略一思索。心生一计，将惊堂木一拍，厉声喝问锅贩："他单臂独腿，如何偷得你的锅？分明是你冤枉好人！"

锅贩听了，叫苦连天，忍不住指着程叫喊起来："你真假不分，是非颠倒，枉称'青天'。"程不理他，转对店主道："他诬告你，本官自有发落，念你蒙受冤屈，现将他拿的这口锅赔你。你拿回去吧。"店主一听，心里非常高兴。只见他一跛一跛地走到锅边，用手提起锅沿，头往下一低，便将一口锅罩在头上，正往回走时，忽然，惊堂木"啪"的一声响，店主回头一看，启南怒目而视，吓得他一屁股坐在地上。

启南厉声喝道："看你那熟练的举动，还想赖账不成！堂差，给我拿下！"两班衙役一声吆喝，店主吓得面如土色，这才知道自己中了启南的圈套，只得一一招供，说了实话。

锅贩顿时明白过来，原来程启南用的是一计，内心无不佩服。只见他恭恭敬敬走到程启南面前，双膝跪地，口称："谢过青天大老爷！"给启南叩了一个头。

吕堰驿界，是本地地势比较险要的地方，来往过客熙熙攘攘，不少车马拿不出官方的公函和路条，其中也夹杂一些不法之徒常携带一些违禁货品混充过关，祸害百姓。有的还将马鬃毛私自染红，冒充是官方传递公文或消息的马匹，要官方文书更是不给。启南派遣一官吏，专门负责指挥查验过卡官方文书，无官票混充的情况杜绝了，害群之马也绝迹了。

考校楚才为国家

万历三十一年，程启南接到朝廷钦差诏书通知，他被从襄阳府推官岗位上抽调出来，将要去武昌府担任湖广承宣布政使司乡试同考官。

据网摘（方明远：《明朝的乡试、会试与殿试》）："万历十一年，礼部最后定制，浙江、江西、福建、湖广四个读书人较多的省份，由翰林院编修、检讨主考，其它省份派六科给事中及礼部主事主考；同考官也要求由进士出身的府推官、知县担任。

按上述考制，程启南作为三甲进士出身学历，被抽调至湖广首府武昌府担任乡试同考官，则是顺理成章之事，甚至可以说被破格重用（指"同进士出身"学历）了。这与他一年来在襄阳履职的政绩是密不可分的。

当然，对程启南来说，不管干什么工作，都要尽心尽力去干好，对得起皇恩，对得起自己的良心。

当接受了调令，冯知府对程启南说："启南老弟，你来襄阳才干了一年多，积案得到清理，政风清扬，工作井井有条、百姓有口皆碑，犹如冉冉升起的一颗明星。有百姓说，咱襄阳多年没有出过你这样的人了。如今圣谕一纸调令，把我的左膀右臂抽去省城任同考官，我们可是舍不得你走啊！我看这样吧，明日，我代表本府为你摆个筵席，邀请各方知县、知名乡绅、长老，欢送一下！"

"万万不可！"程启南连忙阻止说。

"这有啥，人之常情嘛。往年，我们也都是这样的。"

"我还是咱们襄阳的官嘛。乡考完毕就回来，又不是调走不回来了，犯不着如此大动干戈，况且，府衙财政吃紧，能省就省着点用吧。"

冯知府感慨地说："程老弟这样的胸襟、如此的大局观，少见啊！"

是年八月，在武昌府负责全省秀才的乡试中，程启南认真负责，工作一丝不苟，乡试结束后，得周子训、傅子伊、李世高、刘子寰、刑懋勋、张尧熙、彭健侯等杰出举人，推荐为来年备赴京城"两试"的人才。

省城乡试监考结束，程启南回到襄阳。知府冯若愚为他设宴接风洗尘，也有为他的工作成绩庆贺之意。

在宴席上，程启南对省城武昌的所见所闻大发了一番感慨。他说，我耳闻前两年朝廷派遣宦官出宫下到各地开矿收税，这本身就是祸国殃民之举。就说前两年来我们湖广的太监陈奉来说吧，横征暴敛，欺压民众，逮捕抗税官员，已经激起激变，几经周折，皇上才被迫将其诏回。如今虽然事情已经过去，但余波未平，武昌城街头巷尾的百姓还不时议论这件事情。

冯知府深有同感，说道："陈奉就是一个大坏蛋，我们湖广司的官员谁要反对他收取矿税，他就向朝廷诬告谁，轻者罢官归田，重者逮捕下狱。已有十多名官员受害了。前些年，陈奉来我们襄阳开矿收税时，本府也被迫卷入其中，带来祸害。我的前任知府李商畔，就是因支持百姓抗税被抓捕入狱的。记得三年前，我来本府上任当日，京城派来的锦衣卫又抓走了本府通判邱宅和推官何栋如，他们两人都是因反对陈奉在本府枣阳县开挖煤矿而被抓捕的，至今仍被关在京城的冤狱之中。据说陈奉在湖广两年，虐害百姓无所不至。到离去时，刮搜来的金银财宝就装了几十辆马车，巡抚支可大害怕被百姓抢去，派了很多士兵护卫，护送他们出疆界，楚地的百姓没有一个不痛恨的。……这些情况去年你来襄阳任职时，未给你多提，怕影响你的工作情绪。其实，我们都是受命于危难之时啊！好在你来后,陈奉已经离去,本府冤狱成堆的情况,也被你一一料理得差不多了。这是本府之幸啊!不过,要想站住脚,干长远,请记住我告诫你的话,记住邸、何二君的前车之鉴,对朝廷下派的太监税官,咱们尽量不要招惹,不要引火烧身,这不是怕他们,不敢弹劾他们的罪过,而是要为了襄阳受苦的百姓,保住官位才能做更多的事情啊!"

"那邸宅、何栋如的冤情,我们就不上诉申辩了,那百姓该如何看待我们?"启南说道。

"要诉讼的,诉状迟早要递上去的。只是眼下还不是时候。你就不要管了,这事我择机办就是了,一切由我来扛。"

"好!"程启南点了点头。他非常感动,虽然自己来襄阳时间不长,但冯知府的为人、做派、官风,他还是非常敬佩的。

冯若愚没有食言。在他的多方周旋下,邸宅和何栋如在被关押三年后出狱了。

史载:邸宅,明代官吏。万历间以贡生任襄阳通判。以税监陈奉恣横,抗命不屈,二十九年被逮下狱,三十二年获释。

何栋如,明常州府无锡人,字子极。万历二十六年进士。为襄阳推官,居官守正。二十九年与湖广佥事冯应京同被税监陈奉诬陷,下狱。襄阳人赴阙诉冤,不听。及出狱,削籍归,家居十七年。天启初,起南京兵部主事。辽阳陷落后,自请募兵往援,进太仆少卿,充军前赞画。以疏论熊廷弼、王化贞功罪,被劾下诏狱,谪戍滁阳。崇祯初复官,致仕卒。

邸宅、何栋如等两个襄阳府不畏权势、为民请命的清官,给程启南留下深刻的印象,也深深影响了他在襄阳和日后他地履职的官风。

还是冯若愚打破了厅堂的沉闷气氛:"咱们还是换个话题吧。启南,在武昌府,你吃过什么名吃佳肴,去过什么名胜地方没有?"

"那当然要的啦!"启南学着当地的方言说:"黄鹤楼,我登上去了,那可是流光飞云,堪称天下第一楼啊!"

"是吗？那你捷足先登啦，有福呀。抽空我还想去看看呢！"

"在城楼上，我看到唐代崔颢那首有名的古诗，心潮真是激情澎湃啊！"他不觉吟咏起来：

昔人已乘黄鹤去，此地空余黄鹤楼。
黄鹤一去不复返，白云千载空悠悠。
晴川历历汉阳树，芳草萋萋鹦鹉洲。
日暮乡关何处是？烟波江上使人愁。

冯知府说："这首诗是吊古怀乡之佳作。诗人登临古迹黄鹤楼，泛览眼前景物，即景而生情，诗兴大作，脱口而出，一泻千里。既自然宏丽，又饶有风骨。诗虽不协律，但音节清亮而不拗口。真是信手而就，一气呵成，成为历代所推崇的珍品。此时把一个异乡游子的心境传神地刻画出来了。"

程启南说："在当地，我考证过，传说李白登此楼，目睹此诗，大为折服。说'眼前有景道不得，崔颢题诗在上头'。那几天，登黄鹤楼的心境几天都不得平静。我常想，我等背井离乡，来到数百里、上千里外的地方为官做事，为的是什么？为的是将来若告老还乡，还能挺直腰杆说，我可以无愧地告慰当地百姓，也可以回家乡耀祖光宗，我没有给家乡的列祖列宗丢脸。这，我就知足了。"

冯若愚感慨地说："程老弟的境界令人钦佩，本府若多有几个你这样的清官，我可就省心了。"

武当山上风雨稠

春去秋来,程启南不觉在襄阳履职已经四年了。

这年年底的一天,襄阳知府冯若愚来访程启南的家宅。落座几句客套寒暄之后,说:"时间过得真快呀,一眨眼四年过去了。眼瞅着明天就是除夕,后天将是万历三十四年正月初一。你打算怎样过年呀?"

启南说:"备点酒菜,迎来送往……照旧。"

"我打算这个春节咱们换个方式过,咱们去一趟郧阳府,你看怎样?"

启南没有心理准备,不由有些吃惊。"郧阳府?离本府几百里外呢,再说那里又不属咱们的管辖地界,去哪里干吗?"

"启南弟,你可能有所不知,郧阳府,原本是个不出名的小县城,叫郧县,在元代和明初均属咱们襄阳均州管辖。可自从成化十二年后,郧县就从本府分出去了,变成当朝一个特府治所。郧阳府,放眼几千年历史,也算第一个特府了。朝廷在郧县城设立了郧阳府,设立了抚台,由皇帝派遣巡抚进驻,那抚台巡抚权力老大了,可跨省管制四省八府六十五县,还可统辖巡抚统本行省的三司——承宣布政使司、提刑按察司和都指挥使司……"

"一个小县城突然变成超级大郡府,成为当代明朝的特区,这可不同寻常啊,这有什么说道?"启南吃惊地问道。

"看来你也是个打破砂锅问到底的人,你既然有兴趣,那我就给你说道说道。"冯若愚喝了口茶水,说:"其实这一切变化,都和一个人有关。这个人叫原杰,对了,他还是你们山西人呢。"

"是我的行省老乡?!那你快说说,他的身世、来历情况……"

"要说这个原杰,我一向敬重他,视他为能吏当政的楷模,他的事迹可多了,要详细说恐怕三天三夜也说不完。但我今天只能简要给你说几件事,让你对他有个大略的了解。"冯若愚略有所思,侃侃而谈起来。

原杰,山西阳城县人,是明正统十年进士,时年仅二十八岁,深得英宗皇帝的信任,先后任过南京御史、北京御史,曾代皇帝巡按江西、顺天府等地。当他巡按顺天府那年,正逢顺天府发大水,放牧管家马匹的人因缺乏草料,许多马匹饿死淹死,官吏责令他们赔偿,原杰上疏皇上说明情况,请求免于赔偿。他还上疏了输米赈济当地灾民的奏章,尽管当朝户部阻止,但皇帝最终还是采纳了原杰的建议,破格升他为江西按察使。……成化二年,原杰在山东就任右副都御史,巡抚该地。遇到荒年,他设法赈济救灾,使百姓没有流离迁徙,后被诏回任户部左侍郎,职位仅次于部尚书,掌管全国的土地、户籍、财政税收等重要事务。后第二次到江西做官时,因平息治理匪患有功,被皇帝诏回,改任左副都御史,佐理都察院事务。

荆(州)襄(阳)地区,是川、陕、豫、鄂四省交界之处,有大片待开发的土地,耕种者可不纳粮不服役,每逢灾荒年,逃荒流民向这里聚集,因暴乱频发,朝廷两度派兵镇压,押送流民回原籍,但为生存的流民常常散而复聚,成为"老大难"问题,朝廷一直苦无良策。后来,皇帝听取了大臣的举荐,命原杰以都察院左副都御史之职前往荆、襄抚治流民。他制定怀柔之策,对当地流民定户籍、分土地、收薄税,结果不用一兵一卒,先后安置外地聚集流民四十余万。为了有效管理当地流民,原杰上奏请朝廷,请求在郧县设立郧阳府、郧阳抚台等机构,得到皇帝恩准。这是专为疏散安置流民而特设的衙门,从此开创了湖广的安定时代。为加强流民的军事管制,原杰还移湖广行都司进驻郧阳,为流民遣送、平定叛乱,稳定局面发挥了重要作用。

皇帝为表彰原杰的功绩,成化十二年,特命他为郧阳抚台首任巡抚,次年又提升他为右都御史,因而他在郧县的抚台又名都察院。原杰在荆襄地区安定后，回北京与家人团聚，本想安享晚年。然而他却受到显要排挤，被安排到南京任兵部尚书。原杰接到圣旨，提交辞疏，未得批准。后再迁离之际，在南阳驿舍病逝，终年六十一岁。皇帝追赠他为太子太保。郧阳、襄阳两地都立祠纪念他。

"太可惜了！"听到这里，程启南不由感叹地说："真想不到他乡处处有吾师，我这个老乡原杰真是个治世能人，也是我崇敬学习的楷模啊！"

"启南老弟，"冯若愚深有感触地说："其实你已经做的很不错了。来本府任职四年来，广施仁政，清理积案，平反众多冤狱，挽救不少濒于破败的家庭，山南人有口皆碑。在抽调担任行省乡试同考期间，为朝廷公正推荐人才，湖广承宣布政使对你的工作也是赞不绝口，我这个知府脸上也有光啊！假以时日，你的前途势必不可限量！……"

"知府大人过奖了！"启南谦逊地说。

"不不，名副其实！同仁们都说，你是本府有史以来少有的清官廉吏、能吏。不过，话又说回来，你来本府担任推官也四年了，按三年一任的惯例，也该有所发展了。当今，要想得到职位提升，光有好的政绩还不行，还要有上峰伯乐的赏识，正所谓'朝中有人好做官嘛'。这，也是我今日来的目的，大年初一，我们走动走动，去一趟郧阳抚台，拜会一下抚台巡抚大人，给他们春节拜年，联络一下感情。这对你日后发展大有好处啊。"

启南有些顾虑："这样做，人家会不会说我们在攀结高官，搞不正官风？"

"大可不必担心。我们一不送礼行贿，这我历来反对，深恶痛绝；二来我们借用春节拜年的民间风俗，拜会一下上司官吏，听取工作训导，也是人之常情嘛，是可以拿得上台面说事的。"

"也好。我听从冯知府的安排。"启南不由对冯知府的智慧和关照由衷地钦佩。

万历三十四年正月初一。襄阳知府冯若愚，偕同推官程启南，一行官员乘坐马车，驶往郧县（今湖北省十堰市郧阳区）。在途径该县太和山（又名南武当山）时，冯若愚提议，这里是著名的道教风景圣地，不妨在此地作短暂停留，进静乐宫祭拜一下老子、庄子等古代道教鼻祖先贤，放松一下心情，为新一年的政务营造一个良好的吉祥氛围。程启南等随行一致赞同。就这样，他们按照当地山规，下车步行。在通往静乐宫的林荫道上，冯若愚边走，边向程启南介绍着太和山道观的建筑历史……

太和山又名武当山，最早的寺观为唐代所建，宣扬道教。以后道教逐渐增多，太和山便成了道教名山。武当的道教，敬奉"玄天真武上帝"，据说，武当山就是由"非真武不足以当之"而得名。元朝末年，南武当山上的古建筑大部分毁于兵乱。明永乐年间，明成祖在京建完故宫后，由工部侍郎郭瑾率原班人马，浩浩荡荡开进武当山，役使三十多万军民工匠，在武当山大兴土木，历时十年时间，共建造七宫、二观、三十六庵和七十二崖庙等建筑群。

武当山，自古以来就是天下名山。它北通秦岭，南接巴山，连绵起伏，纵横四百多公里。宋代书法家米芾曾为武当山写下了刚劲有力的"第一山"三个大字。据说，在建筑的规模上，超过了五岳。

武当山又被称之为明朝廷的家庙，明朝开创了武当山提督内臣与地方官吏共治武当的双重管理体制。内臣治山事，地方官理民事，而提督内臣多由熟悉宫室营造的内官太监担任，他们一般是皇上的亲信宦官，遇事可差舍人赴京，通过司礼监直接上奏皇帝，加强了皇帝对武当山的直接管理。同时，提督内臣一般没有任职期限，对整个武当山非常熟悉。他们负责宫观道路维修，宫观建设，为武当山道观建设与维护做出了巨大努力。例如，提督武当山长达十八年之久的宦官王佐，一直热心于宫观建设。据明《武当山志》记载，由王佐重建的武当建筑就有观音阁、玉皇阁、王庙、卧云亭、三义庙等多处。然而到了晚明的万历年间，由于明神宗皇帝派遣大批太监下全国各地采矿和征收矿税，期间官员横征暴敛，与当地官吏利益及民众矛盾和冲突日益激化，这种风气也影响和带坏了时任武当山提督太监黄勋，"太和山事件"，就是在这种背景下发生了。

正当冯若愚等一行官员遵循该山道教的相关规定，下轿步行前往净乐宫途中，发现道路污秽，垃圾遍地。当遇到道官赵本深、袁进显等，冯当即严厉斥责。此时对方正在醉酒状态，口出狂言谩骂冯知府，还无礼阻挠一行官员前进。想不到道观圣地竟有如此无礼取闹的官吏，冯若愚当即命令手下对二人用杖责打几十棍。赵、袁等道官之所以气焰嚣张，就是因为他们依仗近年来朝廷派遣的提督太监黄勋的庇护。

史载（《明史·神宗实录》），这个太监黄勋，贪婪蛮横、目无法纪，曾贿收无赖道士数以万计。他手持"尚方宝剑"，滥用权力，对山庙建设事务疏于管理、敷衍塞责，相反，却打着征收"香税"为幌子，把武当山变成聚敛钱财的摇钱树，对进山香客横征暴敛，对当地官吏更是轻蔑敌视，肆意打压、胡作非为。当他听到属下道官赵、袁二人的诬陷告状，便鼓噪教唆赵本深等人鸣钟报警。一时间，钟鸣鼓噪聚集来数十名道士，投掷砖瓦石块击打襄阳知府官员一行。冯若愚深知太和山复杂的社会背景，见势不妙，急忙招呼手下尽快撤离此是非之地。但在仓促撤离之际，还是有随从被碎砖块击中头部，血流如注。

以上便是晚明时代被多部史书上记载的"太和山事件"的经过。

从太和山撤出不久，冯若愚面对气愤不已的属官，对程启南说："看来咱们原定去郧县抚台府衙拜见上司的计划得变一下了。为防止黄太监恶人先告状，咱们得赶紧打道回府，赶写奏本上呈。出了这等事，计划全打乱了，对不住了！"

程启南知道冯知府的意思，说："我的事小，这口恶气一定得出！冯大人，咱们赶紧回！"

太和山事件，是属于朝廷内官与朝外地方官的矛盾激化的一场冲突，是原有蓄积矛盾的大爆发。山场打扫卫生事务，本应是提督太监黄勋的职责范围，然而黄为征香税敛财而不作为；冯若愚素来为政清廉，也素与黄勋之流存有隔阂、很不对付。此次借故鞭笞赵本深、袁进显等道官，也有越权惩罚、夺权代办的味道；而太监黄勋借机扩大事态，鼓噪无赖道士驱打襄阳府地方命官，意在袒护属下走卒，报复前来祭拜官员，维护其利益。事件发生后，黄勋采取恶人先告状的手法，先向朝廷谎报奏折，诡称知府冯若愚违反山规道律，强行乘轿进入净乐宫，还欺蔑所供奉的龙牌。赵本深等人见此情很是愤怒，上前极力劝阻，结果遭到冯的无理杖打，几乎毙命（在其笔下竟如此歪曲事实真相，混淆是非）。神宗皇帝收到太监黄勋的奏疏不久，也收到了冯若愚等揭露事实真相的奏疏，他不想惩办内官，怕影响该山及各地收税敛财，但也不便袒护包庇，于是抱着息事宁人的态度，御批道："惩责违纪道士本是守土命官维护纪律的职责所在，并告诫黄勋要管束好太和山的道众，安静山场，不得纷争多事。"

在神宗皇帝的圣谕下，太和山事件暂时得以平息。神宗皇帝是提督太监黄勋的大后台，又是派遣太监到各地开矿、征收抗税的政策的推行者，按理，他应当站在袒护内官一边，然而，他却对黄勋警告，要其约束山场道众（而未给其实质处分，实际上暗袒护），表面上看，是支持了前来祭拜的地方官，实际上还是采取息事宁人的态度。神宗皇帝之所以采取公允态度，息事宁人，一来是因各地官员缺额太多，太和山上内官与外官的冲突，若追究起来，会处分罢免更多的官员，他不愿将事情闹大。二来，朝廷大臣对宦官外派，横征暴敛的扰民做法也多有微词，孙居相就是其中的一个。

据《明史》载：孙居相，字伯辅，山西沁水人。万历二十年中进士，先后被授予恩县知县、南京御史等职。他是一个恪尽职守、忧国忧民的官吏，凭借刚直秉性，敢于发表言论。曾经上疏发表对时政的看法，说："当今朝廷，在内从宰相开始，外地到郡守县令，没有一个人能尽心职守。政事日渐废弃，天怒人怨，即使送给我堆满天地的金银珠宝，对于拯救国家的危难又有什么用呢?"皇帝不省察。孙居相在位常上疏揭发贪腐官员的罪行,以及反映南京功勋子弟们暴虐蛮横的情况,"税使杨荣激变云南,守太和山中官黄勋嗾道士殴辱知府,居相皆极论其罪"。

可见,"守太和山中官黄勋嗾道士殴辱知府"的事件,在当时是很有影响的事件,正是孙居相的据理力争,影响到皇帝对此事的公允态度和御批,也才使太监黄勋的劣性不得不有所收敛,事件的天平开始向正义的方向倾斜。

不久,冯、程等获悉了神宗皇帝对太和山事件的御批诏书,虽略感欣慰,但对肇事者未受到惩处仍耿耿于怀,不久便旧事重提,风波再起。

同年四月孟夏,为举行太庙(中国古代皇帝祭祀的宗庙)祭祀大典,皇帝派遣英国公张惟贤①、永康侯徐文炜、宁阳侯陈应诏等代献祭祀祭品大礼。郧阳抚台巡抚胡心得盛情挽留前来参拜的襄阳知府冯若愚、推官程启南一行小住数日。

这个胡心得,其实是个风派人物,哪边风大就往哪边倒。就在三个月前,当太和山事件发生后,他表面上敷衍冯若愚等,暗中却站在太监黄勋等人一边,压下此事件,不往上报,实际上纵容了太监黄勋的诬告。后来收到皇上支持守土官冯若愚"所得行之法"要其约束众道士"安静山场,不得忿争多事"的御旨,觉得自己先前赌错了牌、站错了队,自讨没趣了。为了不得罪襄阳府各级官员,他特意利用太庙祭祀事宜,留冯知府、程推官一行小住数日,尽疏关系,以求挽回尴尬局面。胡先是煞有介事地说,他前几日已将弹劾太监黄勋的奏疏递交上峰,还要求提请逮捕违纪治道官赵本深等。这本是子虚乌有、无法核查的虚夸表功之辞,冯、程二人一度受到迷惑,信以为真。然而一连数日过去,久久未有回音。心急如焚的冯若愚不由得愤怒了,于是,他急草了一份退隐归田辞呈,准备向巡抚胡大人提交。还嘱咐程启南不要卷入此事,以免影响前程。程启南当即表示,在当前朝廷怠政、官场腐败、敷衍不作为的情势下,我愿追随大人共同进退，如此才能震慑当局。就这样，他们同时向巡抚胡心得递交辞呈，竭力请求罢职归田，以泄胸中愤懑。此消息很快就传到襄阳当地，襄阳大批人民群众闻讯赶到郧阳府，纷纷群簇跪在抚台大门前，泣号呼吁，请求巡抚挽留冯若愚和程启南，以安民心。

胡心得看事情闹大了，遂极力对冯、程两官员进行了抚慰，竭力挽留，最终，两官员人总算留住了，但对手眼通天的太监黄勋仍然不敢动分毫，对有背景的赵本深也还是不敢上奏、更不敢处置，致使其逍遥法外两年之久。

万历三十五年，郧阳抚台换了新任巡抚黄纪贤。这是个疾恶如仇的好官，当他根据皇帝的敕命，详细调查了太和山事件的始末，坚持认为，太和山事件，"赵本深特为祸始，而袁进显等实鼓众为之"，主张"剿捕赵本深、袁进显等罔法倡乱"之徒，以"申明纪纲"[2]。他的奏疏意见，得到湖广巡抚易登瀛的支持。万历三十六年，黄勋在一次外出时猝死[3]。黄纪贤下令擒拿赵本深、袁进显等，囚在郧阳府监狱，治其贪腐渎职之罪[4]。期间，向皇上送交了调查和处理经过的奏疏。至此，太和山事件总算有了一个还算圆满的结局。

注释：

[1]明成祖时，将大将张玉之子，袭封为英国公。张惟贤为第七代英国公。

[2]《明实录·神宗本纪·万历三十五年》

[3]《万历三十五年》载。而乾隆《慈溪县志·人物·冯若愚》则记载："黄勋一夕发病，死然。"

[4]《国榷·万历三十四年》。

第五章　兵部奇官

滇选武才楚襄红
安葬原妻与续弦
平楚旧案过襄阳
拜会伯乐孙丕扬
"三可虑"到三建言
清黄郎中秉公心

即具疏陈三可虑言，宜清冒滥、屏私人、简将帅，多所采纳。

——田喜霄《少司空程启南传》

滇选武才楚襄红

万历三十四年四月底，程启南再次被兵部抽调聘任至云南昆明府，担任武将才比武场监考官。比武期间，作为同考官大人，他根据朝廷官吏守则，又自订律条，始终奉行不吃请、不受贿、不徇私舞弊，秉公执规，公正取士的原则，深受当地官员和百姓的好评。

程启南的故里——山西县武乡信义村的后裔，至今流传着他为官从政期间的廉政故事。程启南曾历任湖广、云南等武场同考试官。按以往惯例，每当考试完毕，要召开隆重大会，举行夸官表彰仪式。一些主考官往往要大张旗鼓，八（人）抬大轿招摇过市，前呼后拥，鸣锣开道，好不热闹。正所谓"巡抚出朝，地动山摇"。

一次，在云南一次夸官表彰仪式上，主考官已经八抬大轿进了露天主席台（戏台）落座了，而同考官程启南却迟迟不见影子。正当人们焦急等待、交头接耳议论时，却见程启南骑着一头小毛驴进了会场，向大家拍手致意。人们这才知道，这便是赫赫有名的同考官程大人，都无比惊奇而敬佩，由衷地赞叹说："这样的清官，天下少有！"

会后，有官员问他："程大人，你为啥不和主考官大人同乘八抬大轿来呢？"程回答："我坐不惯'八抬'，又怕搅了主考大人的雅兴，只好骑毛驴晚到了。还望见谅。"

云南校场比武考试完毕，得庄自正、雷恒、张法孔、周良材、陈爱谞、曹宗载、吴天明等杰出武举人才。三天武举人考核，程启南均秉公办事，公正无私，不徇私情。尤其是将才张法孔，更是程启南云南之行的最大发现，他以纯真朴素著称于世。程启南曾七次将其推荐给西御使台，当朝治世能臣黄公、辅臣张公，也都根据他的意见，向皇上举荐，主张将该举人录取进士做官，说该人是当朝最廉洁的官吏，后来，张法孔被云南方面推荐赴京城参加"两试"，考中进士，被皇上授予官职，了却了启南和云南方面、朝廷内支持者的夙愿。

被程启南惺惺相惜，看重看好的张法孔到底是怎样的一个人呢？以下是笔者从当今互联网上搜集到的一段资料：

张法孔（生卒年不详），字南鲁，今云南省玉溪市华宁县宁州街道人。明万历三十八年庚戌科殿试金榜第二甲第三十六名进士，授户部郎中，转粮储兵备道。奉敕督饷往辽阳（今辽宁省辽阳市），发放无亏空短缺，后改提督建昌（今辽宁省葫芦岛市建昌县）学道。法孔清操绝伦，刚方正直。

明天启七年升湖广廉宪，用刑平恕，案无冤狱。

明崇祯三年，张法孔升山东右布政使。明崇祯九年调任四川左布政使，向民间如数征收各项银两，分厘不加；向边关发放银两，也分厘不少。当时正值多事之秋，张法孔常说："我不能深入前敌捐躯报国，怎么还能搜刮民财以愚子孙？"他还把任上紧缩开支节省下来的公粮款三十万两报批后充作军饷。

张献忠（明末农民军领袖）率军攻打成都之时，张法孔协同蜀王和四川巡抚等固守城池。张法孔募死士夜袭义军粮寨，迫使张献忠退兵。明崇祯十年解饷银至夔州（今重庆市奉节县）被劫，以私银二十万两赔偿，并被巡抚王维章参劾降级留任。这本是一次意外过失，却拿出自家私银赔偿，其清廉品格难能可贵！

蜀王上疏说张法孔异常清廉贤能，恳请朝廷表彰并重用。而张法孔自己却看破红尘，决意引退，遂辞官归乡，七十二岁终。

张法孔克己奉公、清廉一生，曾被崇祯皇帝旌表为"天下清官之最"，俗称"天下第一清官"，充分证明了程启南的眼光没错，几近明察秋毫。他通过自己独到的眼光和预测能力，为国家发掘和推荐了一名"梦里寻他千百度"的难得的将才贤士。

由于程启南为官清廉，忠于职守，每到一地，均受到官民的一致好评。以至走一路，红一线；居一地，红一片。一次，下属问他，程大人，你为什么到一处红一处，办一事成一事，有什么法度妙策？能否给属下略微透露一二？启南说："孔子说过，凡民之事，已先劳之，民则会不令而行，虽苦不怨。关乎百姓的事情，只要你身体力行，事必躬亲，必能办好，百姓也就满意了。"

安葬原妻与续弦

一天,儿子程嘉绩来云南昆明府探亲,他这才知道,他的妻子高氏因病去世了。

高氏曾是沁州生员高公文斗之女,她生性不喜欢穿艳丽衣着,不重缎锦粉脂打扮,吃饭常是素蔬之类,不食荤;而常年在家伺候公婆和小姑等做饭却是每日粗粮细做,饭不重样。脱簪珥以送戚客,从不讲价钱,任劳任怨。她生于嘉靖四十三年甲子八月十六日戌时,卒于万历三十四年丙午六月二十八日亥时①,享年四十二岁。

高氏去世后,留下三男一女四个孩子无人照料,尤其是一个女儿、一个小儿子还需监护,虽有长子嘉绩临时照料,但终非长久之计,这一切急需他回乡料理。其实,妻子高氏已生病卧床数月的消息,他先前从一个老乡那里已经获悉,并且已经捎去了购买的药品和银两。谁知,才过半月,竟是阴阳两隔,他不禁悲从心来,泪水涟涟。一想到他自从将高氏娶亲到家,二十多年过去了,因自己上县学考取功名,陪同她相聚时间甚少,家中四个孩子全凭她一把屎一把尿拉扯大,连公爹婆婆日常吃饭,生病,也是她精心照顾,如今……他觉得自己精神瞬间就要垮了。一夜失眠未合眼,次日,将写好的告假回乡的奏疏面呈云南巡抚刘大人,要他通过通政使,送交京城吏部尚书孙丕扬。八日后,接到回复,神宗皇帝批准他一年的弹性假期。具体如下:

奉天承运,皇帝诏曰:云南校场同考官程启南听命,鉴于尔在云南为国选拔人才中表现卓越,且该项工作尚告一段落。特允准一年弹性回乡假期,以便处置好安葬夫人,续弦娶亲房等相关事宜，望节哀顺变。钦此。

所谓弹性假期，即平日可在家休假，上峰有事随时听从召唤。处理完事还可回家续假。云南巡抚还专门给程启南派了驿车，将他父子俩送出昆明城。

古时交通不便，程启南和长子嘉绩骑马一段，乘马轿车一段，步行一段，一路鞍马劳顿，驱驰上万里，总算回到武乡县城（旧称武邑，今武乡县故县乡）南亭川住宅。家中已设了灵堂，找人绘了遗像，黑布白花，儿女们披麻戴孝，好不悲切。在治丧期间，街坊乡邻，以至县令、鞞山学宫的王先生等也前来致哀和安抚，一时间，人流如水，络绎不绝。

根据武乡人，乃至山西人的传统风俗，人死了，要魂归故土，男人要回老家安葬，女人出嫁后要回婆家故里安葬。于是，程启南一面在县城住宅设灵堂治丧，一面打发嘉绩回信义里，找到程氏族长，共同聘请一阴阳先生，在距信义里老宅附近的南岭坡底村，找了一块风水宝地，嘉绩加上邻里乡亲帮忙，挖坑砌了砖墓，经过半月时间，总算将高氏迁葬入土。出殡那天，信义里鼓乐齐鸣，全家人披麻戴孝，哭声不断。全里族人、邻里乡亲紧跟其后，好不热闹。这已是太行山人的老传统了，大张旗鼓送行，表示对故人的尊重。对故人的厚葬，必将蒙荫其后世子孙吉祥平安。

又歇息了几个月，启南的心情总算平静下来。因前段时间老是思念原配夫人，藕断丝连、茶饭不香。为此，儿子嘉绩、伟绩也常劝他要想开点，就当老娘出远门探亲了。现在总算好一些了。

程姓一个族长，是信义里程氏家族推选出来的为族亲办事的长老，主要是置办一些清明节祭祖方面的事情。期间，要接待散居在全县各乡村，乃至外地前来公祭祖先的程氏宗亲，安排他们的食宿和祭祖活动的礼仪、开支等事项。自程启南安葬了老伴后，他心里也像一块石头落了地。当然，他也在同时考虑另一个问题，即程启南的续弦问题。别的宗亲续不续弦，他可以不管，但程启南这样首位在外地做官的宗亲要人续弦问题，就成了一件大事，甚至已经不是他个人的私事，而是关系到全族人脸面的公事了。办好了，自己与他走近了，那自己想求他帮忙办点事，那还不是小菜一碟……恰好有一天，沁州知州杨公前来信义慰问看望启南，他私下将这件事给杨公说了，没想到一拍即合，杨公拍拍胸脯说，这事包在本官身上了，你们静候佳音吧。

几个月后，村里那位程姓族长找到程启南的门下，与程启南商议续弦之事。启南本不想续弦，更不想马上续弦，但架不住族长劝说，连知县、沁州知州也来看望他，都很关注他的续弦问题。为了四个孩子，他开始认真考虑这个问题，他常年在外做官履职，回家团聚时间少，续弦也确实很必要。当问及续弦人选的条件时，启南说，他并不特别看中对方的相貌，但一个重要条件，必须对他的儿女要好，尤其是愿意把他的两个未成年的儿女抚育成人。终于，在沁州知州杨公的穿针引线下，联系了沁州儒官张公信之女。该女子好读书、识大义，面容姣好，尚未出嫁。听说这个女子心气挺高，有媒婆曾给她介绍了很多达官显贵人家子弟，她听了情况后，不是嫌人家这就是嫌人家那，从未动心。眼瞅着姑娘家一天天年龄渐长，已经十七岁了，按沁州风俗，女人出嫁普遍早，在外村，这已是在婆家抱孩子的年龄了。再要嫁不出去，可要成老姑娘了。为此，张家人可犯愁死了。可当听说了程启南的情况后，女子表态说，最好能见一面。看情况有门，知州杨公说，要按传统规矩，姑娘家未出嫁之前，是不允许随便见婆家人的，也不能随意见续弦男人的。但程启南是个官人，与张姑娘相比，年龄悬殊，家中孩子又多，负担不轻，这事要两相情愿才能办好。必须打破常规，我看，就悄悄安排两人见一面吧。为了公平起见，就安排在本官家中见面吧。就这样，在某黄道吉日，杨知州派马车来接程启南去了沁州府。程是微服出行，未穿官衣，只穿了一身长袍，戴了一顶儒生帽。对这次见面，张姑娘红装素裹，举止优雅。程启南非常满意。对张家来说，一件棘手之事，就这样迎刃而解。

史载，二夫人张氏生于万历十七年己丑七月初九日午时②，此时程启南四十四岁，张姑娘十七岁，比启南小二十七岁。

十月，信义里张灯结彩，鞭炮齐鸣，在程氏族人张落下，全里人为程启南庆贺大喜，连沁州知州杨公、本县知府大人也前来庆贺。有人戏称，程大人福星高照，怀抱仙妻遂心愿。

在故里信义小住一月后，程启南领着少夫人来县城居住。这次，张氏见房舍有些破旧，劝丈夫说，在本县，您是有名的大官人，可住宅破旧，很不相称，应该把家舍好好整修一下。程启南说"我在外地政务繁忙，家里孩子多，又要上县学考取功名，用钱地方太多，等过几年，孩子们考状元出头了，我再……"

一次，信义里来了一个堂叔程希灏，探望启南。希灏为生员，是武乡程氏十世，与启南父亲视箴生前关系尚好。言谈中，他总感叹地说："启南，看到你考取进士、出门做官，是咱武乡信义人的骄傲，故里乡亲们没有不夸你的。唉，我这一辈子屡试不第、怀才不遇，怕是定型，没啥指望了。全寄希望于你了。"同时，又提出，这里的住宅也该修整一下了，不为自己着想，还不为家里孩子们想想。

看得到支持，少夫人张氏乘机说，叔这话说得在理。其实，修宅的事，我早就对官人说过几次，可他就是不听。启南辩解说，不是我不想修，是实在要养七八口人，花钱的地方也多，俸禄实在有限……

程希灏说："这样吧，我估算了一下，要大修房宅，约需一千二百两银子，我替你们出一半，你们出一半，把房宅尽快修了。怎么样？"

"叔，我怎好用你的钱呢？"程启南说："我还是自家的事情自家办吧。"

"别推，就这样定了。再说我今年六十七了，半入土的人了，身外之财又带不走,还不如用在该用的地方呢。"

"既然叔说说到这个份上,那我也恭敬不如从命了。不过我话说清楚,这钱算是我借你的,待日后经济宽裕了,还要还的。哪怕是还你家孩子,也还是要还的!"

就这样,修房宅的事情定了。半月后,希灏叔将钱托儿子拿来,启南又向街坊邻居支借了一些,加上自己微薄的俸银,总算备好砖木料,于次年春节后开工了。又过两月后,修整后的房宅面貌一新。不过,还钱的事情,由于他家中又有了孩子,经济更加拮据,直至两年后希灏去世也未能偿还。既然还不了叔叔,那就将来还叔叔的儿子、自己的叔伯兄弟吧。后来,他回信义时看希灏儿辈家境逐渐落败,孩子又多,于是在他的提议下,将希灏叔的一个儿子带过县城住宅来抚养,天启五年间归里后,成为自家私塾的"童生"之一。有个年龄稍小的儿子还曾埋怨他,咱们自家孩子多,生活还吃紧,你咋又带过来一个?启南说,常言道,吃水不忘掘井人,当年,希灏叔为咱家修房宅出过钱,后来我经济吃紧还不了,帮人家培养个孩子还不应该吗?

平楚旧案过襄阳

春去秋来,不觉六七年过去了。程启南在襄阳当地口碑甚好。他敬重郡府长官如老师,结交本府、邻县官员如兄弟,执掌本府七州县的司法工作,尽职尽责,无一差错,上级来人考核任期政绩,无人对他差评的。地方官员资历,就数他长。

万历三十七年,当朝吏部推选人才缺少人手,经朝廷辅臣推荐,程启南被抽调到吏部临时帮助工作。

其间,湖广陈奉虽然被当地民众赶走了,但新来一个姓李的太监,却对武昌曾经发生的"楚宗案"大做后续文章，肆意抄没案犯家眷资产，引发各种社会矛盾。因"楚宗案"案情复杂，牵连人多，加上朝廷内阁要员意见不一致，致使长久难以定性，结不了案。而结不了案，很多受牵连的当地官员的仕途升迁就要被搁置，或蒙冤得不到重用，筛选人才工作，就要受到很大影响。这些受楚宗案影响的官员，急需程启南重新一一审核做结论，以决定是否释放和升迁。

程启南审阅了下面递交上来的诉冤状，亲自下到襄阳深入调查，终于发现是一起楚宗案引发的扩大案，是冤案。

楚宗案，又称楚太子案，伪楚王案。事情的起因是这样的：隆庆五年，藩王楚恭王朱英㸂死于湖广武昌，留下宫人胡氏遗腹孪生子朱华奎、朱华壁。

万历八年，明神宗封朱华奎楚王，朱华壁宣化王。然而到了万历三十一年三月，楚宗人辅国中尉朱华越递上奏疏，谓朱华奎、朱华壁皆非楚恭王子，实为王太妃之兄王如言的侍妾尤金梅所生。朱华越有其妻王氏（王如言之女）的证言。

奏疏首先到当朝通政司，通政使沈子木见事情复杂，就按照内阁首辅沈一贯的指示，暂且把奏疏压下。不久楚王奏疏也到，沈子木迅速上呈，万历神宗皇帝命令此案交吏部查办。六月，朱华越闻讯，请楚王宗室29人联名奏疏，亲自携带进京。沈子木慌忙找到朱华越，求他把原奏时间改为近日，上呈万历皇帝。得旨：两件均发交吏部处理。吏部尚书郭正域是东林党人，力主查勘虚实，并得到次辅沈鲤的支持；而沈一贯则以"宫闱暧昧""年月久远""事体重大"为由，从中作梗，阻止彻查。郭氏认为，事关宗室真伪，不通过直接讯问，怎么能秉公做出决断？依旧坚持己见。

案件发到湖广，由巡抚和巡按御史会同勘问，对王府有关吏役七十多名加以刑讯，都未获得能够证明华奎不是恭王所生的证据。只有朱华越的妻子王氏依旧一口咬定朱华奎是"伪王"。地方官府把勘问结果申报入朝，万历皇帝命各部院大臣，会同有关官员三十七人，进行复查。他们在西阙门集会合议，各抒己见，书面送交吏部。沈一贯则借此机会打击东林党人，授意给事中钱梦皋劾奏郭氏"陷害宗藩"，授意另一给事中杨应文指控郭氏之父曾被楚恭王笞责，所以挟嫌报复。而郭正域则以沈一贯指使沈子木匿疏不上、阻止查勘和接受楚王行贿等事上疏争辩。朱华奎接着上疏，指控郭氏乃湖广人，与朱华越勾结，华越进京就住在其兄国子监丞郭正位家中。郭正域上疏辩解，万历皇帝没有理会，因而愤然提出辞官。万历帝最后认为，朱华越夫妇"夫讦妻谮，不足凭据"，因故把他降为庶人，禁锢于凤阳；附和他的宗人朱蕴钫等多人，或罚减俸禄，或革爵幽禁；王府两名仪宾则永远戍边充军。郭正域罢官闲居，被沈一贯嫉恨。但"楚宗之争"并未就此了结，楚宗室聚众冲毁楚王府，抢掠财物，直到万历帝下旨干预，事件才得以平息。不久之后第二次妖书案发，沈一贯借机陷害郭正域，郭正域被捕，几乎被拷打致死。朱华奎后来被农民起义军领袖张献忠扔进长江溺死。

楚太子案又引发了楚宗劫杠案，由于万历帝一直觊觎楚藩的财产，万历三十二年九月，楚王朱华奎贡献白银二万两到朝廷。以"皇杠"运送途中，被不满楚太子案处理结果的楚宗室朱蕴钤等人劫走。湖广巡抚赵可怀提讯该等人，却遭朱蕴钤和朱蕴訇打死。

湖广右参政薛三才、按察使李焘、巡按吴楷即向朝廷报告楚藩宗室大乱。沈一贯立刻调集郧阳巡抚胡襟寰兵马，打算攻打楚藩，楚藩宗室人心惶惶；李焘与薛三才上奏，此为刑案，并非谋叛，朝廷方才止兵。后来，朱蕴钤与朱蕴訇被解送湖广承天府斩首，朱华堆等四人赐死，朱华焦、朱蕴钫等四十五人被幽禁。此间又爆发大地震，楚藩宗室与民众皆大为惊惶，说是招致天怒。

太监李某自接替前任太监陈奉来楚后，一口咬定楚案是"谋反"，不断要求被囚案犯交出家中资财，甚至抄家虐属，还将一些与此无关的家中仆人之类也定为"逆党"，肆意抓捕，非缴纳数额不等的银两方可保释。以钦差大臣身份入楚的程启南对此案被拔高定性深为不满，对无辜受害者十分同情。他据理力争其曲直，逐一剖析平反，并不顾李太监的阻挠，宽释了一大批无辜受害者，以维持当地的稳定局面。一时间，他被当地人誉为"程青天""包公再世"，前来致谢者门庭若市、络绎不绝。

当地那个姓李的矿监联合收税太监贪得无厌，看程启南平反冤案挡了他们的财路，因不明他的来路底细，也不敢硬扛；于是改变了手法，携带二百两白银，还有一些珠宝找到程启南官邸送上，还鼓动他也参与收矿税，得点收益。启南严词拒绝了对方的行贿，还峻言指出，你们这些阉官税收搞得民不聊生，应当立即停止；你们应当尽快撤走，否则必将垮台。由于他正气凛然，加上两袖清风，一尘不染，那些税收阉官欲望得不到满足，收税得不到支持，连摆饭局也不敢来请他。当时矿税流毒绵延南方数省，民不聊生。后来发生了全国性的"跟我来，杀税官"的激变风潮，正应了程启南的预言。神宗皇帝最终被迫撤回了派往各地收税的太监。这也证实了当初程启南撤太监的峻言是正确的。

当程启南途径江南第二故乡——襄阳府时，小住数日，又协助当地兼职判官解决了十几宗冤假错案，受到当地人民群众的高度赞誉。

《红楼梦》云，千里搭长棚，没有不散的宴席。当程启南离开襄阳时，山南人民群众对他依依惜别，恋恋不舍。人民敬重他体恤民情，家国情怀，更敬重他不畏邪恶势力威逼利诱的高风亮节，为纪念程启南，他尚未离任就在当地岘山上为他建造庙宇，与西晋时代著名的仁慈将军羊祜同时祭祀供奉。可惜二人庙宇及塑像今已不复存在。

拜会伯乐孙丕扬

万历三十八年，鉴于程启南在吏部（古代中央组织干部部门）和兵部借调期间，勤奋工作、敢于担当，甚至力排众议，为国家筛选了大批文官和武职人才，其工作能力深得吏部尚书孙丕扬的赏识。于是，孙向神宗皇帝举荐勤政贤良、有发展前途的官吏二十余人，程启南是其中一个，为此他得到提拔重用，被擢升为兵部武选司主事，正六品。

孙丕扬，在程启南仕途成长的道路上，可称之为又一个伯乐和恩师，也是一个为官清正的榜样级人物。

孙丕扬，字叔孝，陕西富平人。嘉靖三十五年的进士，授职为行人，后升任御史、京郊、淮阳地区巡按等职。他疾恶如仇，做事雷厉风行。隆庆年间，升任大理丞。曾因弹劾贪官高拱，高拱的门生、给事中程文诬陷并弹劾孙丕扬，他被罢官等候审查。后来高拱被罢免，查清真相，他又官复原职。

万历元年，他升任右佥都御史，巡抚保定各府。因为严格治政，属官都惴惴不安。巡视关隘，增设了三百多所敌楼，修筑了一万多丈的边防墙，被论功绩升任右副都御史。宦官冯保的家在京城，张居正吩咐替冯修建住宅，孙丕扬拒不理睬。知道冯、张两人会发怒，万历五年春天，他称病回乡了。

当年冬天考核京官，言官们为迎合张居正而弹劾孙丕扬。诏令起用官职时，他却被调至南京待命。巡按陕西的御史，知道宦官冯保等人对孙有过节，暗中示意西安知府罗织他的罪名。后知府派小吏答复御史，不料小吏途中被老虎吃了，等到再做答复时，张居正已经死亡，事情才作罢。人们都说，孙公是好人有好报，反对他的恶人离奇遭到报应，这是老天在护佑他呀!

不久,孙初任应天府尹,继任为大理寺卿、户部右侍郎等职。

万历十五年,河北发生大饥荒。孙丕扬的家乡和邻县蒲城,当地官吏和百姓树皮草根采光,甚至采石磨粉为食。孙丕扬很伤感,送了几升石头给皇上看,趁势劝谏说:"现在,穷困的并非只有吃石粉的百姓,也包括各级官吏。应该放宽赋税节俭开支,罢黜额外的征派和诸类不急的事务,如此虽然有损于官方但却有益于下民,培育百姓苍生的性命。"神宗被他的话感动,做了些减裁废除。

不久,他由户部左侍郎升任南京右都御史,称病回乡,后被召回任命为刑部尚书。孙丕扬发现监狱中滞留囚徒过多,审理迟缓,冤狱没有地方申诉。于是,向皇帝提出提高审案效率的建议,被采纳;以后,他逐条陈述了减少刑罚的三十二件事。皇帝称好,下优诏褒奖,从此刑狱大为减少。

为了加强吏治,他又称:"乡里百姓的疾苦只有郡邑官员才能解决,郡邑的吏治只有抚按监司才能清正。抚安监司的风化,只有部院能够整治。请求订立条约颁布全国,奖励清廉抑制贪赃,共同遵循官箴。"此倡廉反腐的建议,神宗都下优诏答复可行。

万历二十二年,孙丕扬担任吏部尚书。吏部,掌管各级官吏(主要是文官)的任免事项,是明王朝(也是历代封建王朝)的一个要害部门。吏部尚书,是该部门的首席长官。历代皇帝对吏部都很重视(其重视程度仅次于兵部),通常都要选派信得过的得力心腹大臣担任尚书要职,孙丕扬就是其一。

孙丕扬在工作中,选贤任能,刚直不屈,众官不敢徇私,只忧虑显贵太监的拜访,在任官上暗中行贿打招呼。于是他创立"抽签法",将缺额官位制签,进士、官吏任何职全部听凭他们自己抽签决定,请托属意之事从此无法施行。一时间,被选拔的人盛赞他无私,选官之风从此大变。

当初，神宗虽然很想任用孙丕扬，选贤任能。后来，神宗因为军政事务，贬责了两京（北京、南京）三十多名言官。正在休假中的孙丕扬与九卿从中斡旋，极力劝谏，神宗未采纳。不久，神宗厌恶大学士陈于陛进行救助，又将各位言官贬到边关，孙丕扬等人再次上奏劝谏，神宗为此更加恼怒，干脆将他们全部除名。一来二去，神宗认为孙渐成异己、不堪信任。凡是孙有所举荐之人，神宗都录用了列在第二位的候选者。孙多次请求启用被罢官的人，都宣告作罢。孙丕扬因为久不得志，已经有了离去的打算，因此闭门不出达半年，十三次上奏乞休，都没有答复。不久，神宗下温诏勉励、挽留，他才又开始办事。

朝廷表面上冠冕堂皇，实际上水深无量，是个是非之地，君子小人并存，朋党林立、倾轧成风。后来，孙丕扬再度受到同僚的责备，被委任为南京吏部尚书。他推辞不就，等到朝廷吏部尚书李戴被免职，神宗正为接替人发愁，让侍郎杨时乔暂行代理。杨时乔多次请求选拔尚书。神宗最终思念孙丕扬廉洁、正直，万历三十六年九月，召回他担任原职。他屡屡推辞，神宗不同意。直到第二年四月才进京，他已经七十八岁。万历三十八年，吏部考核京城之外的官吏，在孙的辛劳下，罢免与提拔都很恰当，皇帝很满意。他又上奏举荐廉吏布政使汪可受、王佐、张思、程启南等二十多人，诏令全部录用。

数年前，程启南被礼部抽调，担任湖广乡试主考官，就干得不错，为国家推举了十多名优秀进士。四年前，他又被兵部抽调，担任云南校武场监考官，同样为国家推举了十多名武官人才，在举荐文官武将上，他很有独到眼光。不久前，他又被吏部借调，处理了令朝廷头痛的楚宗王案后遗症，平反解放了大批蒙冤的楚域官吏，是个办事认真、可信赖的能吏。然而总对他临时抽调，当"救火队长"，毕竟不是长久之计，是需要给他安排个正式官职，要其名正言顺工作的时候了。按说，留在吏本部任个司理，是个最合适不过的岗位。然而，孙丕扬担心同僚说自己徇私情、安插亲信，让一颗冉冉升起的新星跟上自己受连累。于是，他征求了兵部尚书的意见，将程启南安排到兵部，担任武选司主事（正六品）。那里，他熟悉业务，也是一个可以发挥他才干的理想部门。

程启南到兵部上任前，曾专程到官邸拜见了恩师孙丕扬。他们两人以前并不熟识，但见面就像自来熟，交谈起来毫无隔阂，犹如一见如故。

程启南作揖后说："感谢尚书孙大人的提携！"

孙丕扬答："哪里哪里，这些年，你不仅在襄阳府干得很红，成为不可或缺的栋梁官吏，又被礼部、兵部的人看重，频繁借调打杂，说明你有才干，人家看重你，如今给你压重担，担任更高职，我替你高兴那！那是你的辛劳和努力的结果。当然，为国家遴选人才，是本官的职责所在，不值一提。"

"孙大人，以往我只是被礼部、兵部和吏部借调，帮助国家筛选人才，如今正式调进兵部，好像担子一下加重了不少，不觉诚惶诚恐，总怕不胜任，辜负了孙大人的一片苦心。我想向你老讨教一下，怎么样才能干好武选司主事这档官差？"

"其实，这里没有什么玄机，你在云南不是干得很好吗？你还照以往那样干，只要对得起国家，对得起良心，你就心里坦然了，心底无私天地宽嘛。"

"谢谢尚书大人指点迷津。"

"你的长处就是做事认真，一丝不苟。这些都是应当在工作中继续发扬的。兵部，与地方州府县衙不同，在那里只要做好地方本分工作即可。兵部就不一样了。古人云，国之大事，惟祀与戎。军旅打仗，也是历朝历代的大事，关系国家安危和生死存亡。兵部是朝廷屯兵打仗的指挥中心，是第一要害部门。工作好坏，事关重大。在兵部，最重要的是你要有大局观念和谋略眼光，要多看一些古今练兵打仗方面的书，多了解一些国家周边藩属国方面的动态。眼观六路、耳听八方，再加上知己知彼，方能百战百胜。在兵部，你就是皇上的耳目，皇上的幕僚。凡有利于国家和民族的战略建议，可以不避嫌疑，直接上疏皇上。当然，还要多听从尚书长官的指导，与同僚处好关系也很重要。朝廷衙门的水很深，什么人都有，近君子、远小人是必要的，但首先应该以国事为重，虚怀若谷，记住，要多看他人之长，少记个人恩怨，有时甚至要忍辱负重，糊涂处人，清醒做事。"

"太谢谢了。……"启南刚想再问一个问题，正巧有两名官员来家造访，只得打住话题，作揖告辞。

孙尚书在送程启南时，又走到他的身边，小声叮嘱了几句："往后，工作中有什么不明白的地方，遇到麻烦的时候，可随时来找我。我虽老了，但经历的事情多，经验教训兼备，也可尽我之所力，给你出点主意，供你参考。"

这些话，就像尊长在给晚辈掏心掏肺，又像父母对出行远方的儿子叮咛，满怀深情，启南不觉感动万分，铭记在心，也影响了他日后的处人做事风格。

送走程启南，孙丕扬捋了捋自己的胡须，坦然地点了点头。他以白首之躯回首自己的一生，他认定不举荐贤明无以报效国家的信条，曾先后推举了众多在野的能人贤士。然而神宗一向不录用旧臣，全部没有批复。孙丕扬又请求启用前任御史十三人，前任给事中十五人，也答复作罢。有学者称，晚明的衰落，是从神宗皇帝开始的。不用旧臣、不用犯有过错之臣，不用言语冒犯自己之臣，用人条条框框如此之多，致使国家很多德才兼备的贤才得不到重用，是一个重要原因。

孙丕扬虽然年迈，所举荐之人多次被否，但神宗帝看重他老练清廉，还离不开他，对他眷念很深。因此，孙丕扬不断请求辞官离去，上奏二十多次，始终得不到批准。就在他第二年二月上奏之后，径直回乡了。首辅大臣叶向高听说后，急忙秉报神宗。神宗下诏令他乘驿车回乡，并派有司问候。不久孙丕扬上奏答谢，还借机陈述了四件时政要事，神宗又下优诏答复他。他在家居住两年后去世，享年八十三岁，赠封为太保。天启初年，追赠谥号恭介。

"三可虑"到三建言

关于兵部武选司，为兵部四清吏司之首，掌卫所士官选授、升调、袭替、功赏之事。武选司主事，据《明史·职官一》载，洪武宣德年间，增设主事至三人，嘉靖十二年，改为主事二人。

按惯例，衙门正式主官要制作执事牌，上朝、出巡都要由衙役执举，以示相关衙役的肃穆和庄重。数年前，启南在襄阳任推官时，就制作过这样一块牌子，其标准尺寸为宽二尺、高四尺见方的木牌，下有五寸宽三尺长的手柄木条。执事牌红底黑字，其字为："湖广襄阳府推官"。如今，启南改任兵部武选司主事，按惯例，需要重新制作一块这样的执事牌。兵部有关衙役正要去朝廷木工房办理，启南叫住了他，说："要做新牌子，从备料到制作，涂红描字等，少不了要花费府衙的银两，如今库银拮据，且用钱之处甚多，捉襟见肘，我看，我那块牌子就不要再制作了，就把我襄阳推官的那块牌子背面涂红描字就行了。明日上朝我给你把旧牌子带来。"

"这，也太寒酸了吧？"衙役迟疑地说："且牌子两面都有字，会让人发生误会，不知你到底是什么官？"

程启南郑重地说："这好办，把襄阳府推官那一面用宣纸糊住就行了。场面上不必太讲究，大体过得去就行了。重要的是你能否真正给朝廷办成事、办实事、为百姓办好事。"

就这样，程启南在执事牌上，修旧利废。无论是上朝还是出巡选将才，都让衙役举者那一块背面贴纸的"兵部武选司主事"执事牌。一些官员得悉了底细，都异口同声地说："程大人真是一个节俭奉公的好官啊！"

还有的说:"这种办法,只有程大人能想得出来!"

上任不久,程启南发现兵部武选司这里是另一番世界。这里没有地方州府各种烦琐的事务性工作,也无须与当地上访告状民众直接打交道,至于到各地去视察、遴选将才一年才有一两次,且是临时性的,十天半月就结束了。平日工作没有多少指令性的任务和压力,若稍微懈怠一下,迁就一下自己,很容易荒于安逸,乃至陷入争权夺利的朋党圈子。程启南很珍惜来之不易的为国效力的机会,他平日注重看书学习,熟读古代兵书、了解行军打仗方面的典故和人物,还不时下到京城驻军部队调研,了解明军部队建设情况和存在的问题。很快,他就有了新的发现,引发新的思考。

数月之后,为维护明王朝的利益和战略发展,程启南上奏了著名"三可虑"疏文,大意是:臣听说春秋时,越王勾践战败后,为思谋复国之策,避开了发怒的青蛙,卧薪尝胆,励志强国,最终战败了吴王夫差,实现了复国的梦想。秦穆公讨伐晋国,来到河边,准备为部下劳师壮行。然而却只有一盅酒,于是将酒倒入河中,同将士共饮。此举激励了部将士同仇敌忾、奋勇作战。可见,将有必死之心,士卒无求生之念,兵不雄霸天下都难。今京城养兵众多,但精兵和杂役均混在其中,练兵若按籍贯召唤,都拉不下脸面;要说征调打仗,恐怕几个军营帐篷都跑空了。这是一可虑。古往今来,军队中的骁骑龙骧、能征善战的将军,大都非官僚子弟,而占据御史台和各省府衙的官吏,大都与京城高官有私人关系的背景,几乎成了爪牙和纨绔子孙聚集场所,而威名和感召力却很差,这是二可虑也。整个国家轻视为国捐躯为民请命之人,缺少骁勇的战将,而时常将一些庸将和犯有过错之吏捆绑,任命上岗,以补官缺并免于对其罪过的处罚,还对其各种无理要求言听计从,尽力予以满足。此做法任用将帅,将使天下能人智士寒心。目前,东南方有荷兰、倭寇不时侵扰沿海边土,东北方向,后金人虎视眈眈,可谓内忧外患!而国家在非常时期必有难免之祸,这是三可虑也。综上所述,为了国家军队操练能打仗的精兵强将,为了大明江山社稷，恳切祈求皇上整饬军队，清冒滥，屏私人，简将帅，若能做到，则是臣的最大幸运，天下万民的最大幸运！

所谓"清冒滥"，即清除冒名顶替占据重要职位的官兵；"屏私人"，即摒弃那些靠私人关系提拔安置的军人；"简将帅"，即精简那些老弱病残、无法上战场指挥作战的将领。这三条建议，将使大明军队编制消除虚弱臃肿，保留精兵强将，有效地提高了战斗力，同时也可大大节省军费开支。

奏上疏文后，皇上大喜，觉得程启南虽然上任时间不长，但问题看得尖锐，药方也开得在理，遂将奏疏批转到兵部酌情落实处理。"三可虑"和三建言奏疏，也引起朝野文臣武将的极大震动和反响，其建言、建议也多被采纳。

当然，因这个疏文触及了一些害怕打仗、贪图安逸、吃空饷、有贪腐行为的军官的忌恨，恨他挡了他们的财路，砸了一些人的饭碗。于是，一些官僚发动其爪牙处心积虑地搜寻程启南的罪状和问题，甚至有人到吏部找尚书孙丕扬那里告黑状，企图夸大其词，将其送进牢狱，至少也要将其驱逐到京城之外。然而，由于启南素来清正廉洁，两袖清风，加上孙丕扬的挺护，那些小人阴谋家的如意算盘落空了。

清黄郎中秉公心

万历四十一年，程启南被当朝辅臣叶向高、李廷机及枢臣王象乾等所看重，晋升兵部郎中（正五品），管理清黄（武职户册）工作。

贴黄和清黄工作，是明代对军队武职人员档案工作的重要组成部分。《明实录·太祖实录》载，洪武四年正月，"命吏部月理贴黄。初，吏部以文武百职姓名、邑里及起身、历官、迁次月日，自省、府、部、寺暨行省、府、州、县等衙门，皆分类细书于黄纸，贴置籍中，而用宝玺识之，谓之贴黄"。这一记载说明了明初文武官员立黄的基本过程。明初文武百官的贴黄都由吏部掌管，但很快便开始由吏部和兵部分开管理。

武职贴黄分为"正黄"与"内、外黄"并存放在不同的地方。洪武五年，申定"武选之法"："将选过官员看毕，抄榜给符，立限到任，附写内、外贴黄与正黄，流号合同，请宝钤记。正黄送铜柜收贮，内外黄亦于内府收掌，遇有升调袭替续附如前。"成书于洪武二十六年的《诸司职掌》亦称："写黄仍写内外贴黄与正黄，关防走号合同，请宝钤记。正黄送铜柜收贮，内、外黄各置文簿附贴，亦于内府收掌。"此时为了提高武职贴黄的安全性，不但在立黄时比洪武四年所定政策多出"流号合同"或"关防走号合同"内容，而且将武职贴黄制成正黄和内、外黄，储藏在内府，正黄更加隐秘，被收藏于内府铜柜中。

清黄则是指有关机构定期对武职贴黄进行清理。起初，因为武官升罢、迁调、阵亡等情况频繁变化，不免会出现"有未及改注更贴者"，于是武职人员便由兵部一月更贴一次，这就是清黄的雏形。因贴黄对武职袭替晋升有重要的依凭作用，难免有人会打主意，以致冒滥之弊。如宣宗所言"清军贴黄……盖，武臣百死一生，致军功得荫及子孙，不清理或有冒滥，则有功者屏弃，无功者反受利矣"。因此，严格清黄是非常必要的。

清黄，就意味着要对贴黄武职人员的贴黄进行核对、增补，对获罪受处罚人员进行标注乃至揭黄。揭黄是最大的档案显示，凡被揭黄者，其子孙将取消袭替的资格。

程启南被俗称为"清黄郎中"，他上任后即做出规定，凡是有世卿爵位武将的举人，具备封官条件的即日授官，不够授官条件的，最终也难以此受益。做此工作的相关人员，不得借故以此收受贿赂，谋取利益。因而在清黄工作期间，他与助手和其他稽查官员密切配合，认真负责、一丝不苟。有时常常废寝忘食，挑灯夜战，加班加点，以致出门修边幅更衣时，发现因身体瘦弱，连官服都承载不起；但履职工作，却像战阵冲锋一样，却能一往无前、大智大勇。

一次，程启南发现下面报上来的黄册中，有一名姓张的骁骑将军某次战斗立军功贴黄，后收到一封举报信，说该将军未参加那次战斗，是冒功的。滥冒军功，按大明律，是要被揭黄充军的。为查清这一情况，程启南亲自带一名随从下到那支部队调研，向参战当事人摸情况，相关人员均反映，该将军因在后方养伤，未参加此次战斗。又向张将军当面核实，起初，张将军还狡辩说他参加了战斗，但当程问起战斗中的一些细节，对方却支支吾吾回答不上来。最后，不得不承认是谎报了战功，又给相关人员行贿造假。问题查清了，受贿造假还涉及本部一名清黄工作的主事。他立即将那名主事撤职，还将情况撰写奏疏上报，并附上了相关证人的证言。那位张将军最终因事败被发配边关充军。

两年的清黄工作不知不觉，一晃就过去了。当他在那个傍晚，到京城官邸，拜会吏部尚书孙丕扬时，孙向他交底说："按往常惯例，只要圆满完成清黄工作，即可连升数阶（至少可连升两阶），做个高官。连升数阶怕招来非议，说我徇私，连升两阶，谁也说不出什么，这可是个机会，你本来就是个德才兼具的人才嘛，关于你的情况，我已给叶向高、李廷机这些朝廷重臣打过招呼，他们也都看好你。你要没有意见，我就给你办。"

"万万不可！孙大人。"启南表示："清黄工作，是本分工作，于己，是为国存库将才，与人，是为天下人打开幸运之门，我不应借此之便，越级谋求高官厚禄。还是一个台阶一个台阶做事为好，如无合适的高位，只要适合我的平位也行，我也可以好好学习熟悉一下各种工作情况，积累经验。"

孙丕扬感慨地说："在当下唯利是图、互相倾轧的官场上，你能有如此境界，难得啊！不容易啊！好，那我就按部就班，给你升一个适合的官位。"

送走了启南，孙丕扬望着他渐渐模糊，最后消失的背影，深有感触地说："心底无私、清操绝伦，我没看错人，他真是国家的栋梁之材啊！"

注释：
①《先王父资善大夫加工部尚书服俸管左侍郎事程公行述》。
②同上。

第六章 济南佳话

上疏赈灾平匪盗
会见辽帅熊廷弼
"天下廉吏第一"人
平白莲祸救众生
心系桑梓保平安

> 民思恋不能已。为庙,春秋奉祀,如在山南时。
>
> ——田喜霁《少司空程启南传》

上疏赈灾平匪盗

万历四十三年五月,程启南授命迁任济南道副使(正四品)①。

济南道副使,全称为"提刑按察司济南兵巡道副使"。提刑按察司为明代在全国各省的法制监察机构,"掌一省刑名按劾之事。纠官邪,戢奸暴,平狱讼,雪冤抑。以振扬风纪,而澄清其吏治。"(《明史·第七十五卷·志五十一职官四》)该司设按察使一名(正三品),为长官;另设副使(正四品)、佥事(正五品,无定员)。下属还有若干业务机构和官吏编制。

明代各省设"提刑按察司",置按察使为其长官。一省又分为数道,道设"按察分司",以按察副使、按察佥事等员任其职,掌管府、州、县,称为分巡道。其兼兵备职者,又称兵巡道、兵备道,仍兼副使、佥事等衔。济南道,即为山东所属三道之首(另二道为海右道和辽海东宁道),其战略地位毋庸置疑。

据传说,程启南是信神信佛的,在京城接受授命后,他就曾到先农坛、白塔寺等寺庙烧香,祭拜了先农神炎帝和白塔寺的佛像,祈祷神佛的保佑,保佑他风调雨顺、万事如意。民间道人说,也许是寺庙神佛喜欢他的清廉和耿直,并对当朝重臣施加了影响。山东济南道副使(正四品),就是这种影响对他的安排和回报。

然而,等待程启南的,并非是什么风调雨顺,而是麻烦不断,道路崎岖、荆棘丛生,那也是上天对他的安排和考验,以磨炼他的胆识和能力。

他正要走马赴任时,家里却来事了。长子程嘉绩从家乡匆匆赶来京城见他,他这才知道,少夫人张氏生了一个孩子(兰绩)不久,一次搬玉米垛不慎扭伤了腰部。俗话说,伤筋动骨一百天。现在她整日卧床,什么也活儿不能干。程启南只得写奏疏,再去找吏部尚书孙丕扬请假,要求回家照料。孙尚书对程很理解,他的前夫人已经过世了,年仅四十二岁,二夫人可不能再在这个当口出事了。经他亲自向皇上递交辞呈,加上口头说明情况,皇帝终于恩准程启南半年假期,好生照料家中内人和孩子。

半年后,当程启南再次回到京城吏部销假报到,孙丕扬一见面就问:"你可回来了!我正要派人去催你呢。"

启南说:"我也知道朝廷急等用人,心急如焚,假期还未完,就赶回来了。"

"那咱们是心有灵犀啊。怎么样,夫人的病好点了吧?"

"我家本是祖传中医,但我走上官道,医务不免生疏,于是请了一个全县有名的祖传中医大夫,开了良方,经过我精心调理,现在已能下地了。有大儿子照顾，不碍事。这边如何？济南那边催我了吧？"程启南问道。

"可不是，山东那面遭灾了，急需你这样能干的官员，连巡抚钱士完也急眼了，给皇上写了奏疏催人。你看看吧。这是皇上刚批转下来的。"说着，孙丕扬将皇上的诏书递给他。

> 万历四十三年十月丁未，山东巡抚钱士完奏，东民灾乱，地方缺员，乞天语叮咛，将已点用道臣未赴任者，如济南兵巡道副使程启南、东昌兵巡道佥事孙振基、济宁兵巡道副使邓渼分、守莱州道参政张五典等，严催速赴其为二东所藉。不浅上曰，该省民饥盗起，专赖道臣，拊循安辑，着各官便严限催赴任，不许迟延。

"这么严重？"程启南看过后吃惊了。少顷，又表示说："救灾如救火，孙大人，你放心吧。我明日即可启程赴山东济南。"

孙丕扬忙劝道："哎，那也用不着那样急嘛。你这趟来京鞍马劳顿，先歇息几天再走也不迟。"

"不用了，山东方面灾情严重，急等用人。我恨不得早一日到呢。"

关于山东的灾情，古籍早有记载。据明代学者谈迁所著的明代编年史《国榷》中记载：

> 万历四十三年七月，山东大旱，蝗。青、登、莱（州）为甚，多饥盗。
> 闰八月甲寅，发山东税金六万六千有奇，及临清税金四万赈饥。
> 十二月乙卯，巡抚山东右佥都御史钱士完奏：饥民九十余

万，多盗劫。亟乞部臣一驻辽东，运米十万石，救辽东。又部臣一驻淮扬，运米二十万救东省，从之。

可见，山东旱灾引发的蝗灾，灾情确实严重。

程启南赴山东济南履职时，正逢当地闹大旱灾，蝗虫和知了大量集聚，农作物颗粒无收，饥民吃糠咽草煮皮革度日的达数十万家，逃荒闯关东的饥民络绎不绝。他认为，救灾如救火，当务之急是没有粮食吃，解决吃粮问题，才能从根本上杜绝刑事犯罪。为此，他亲赴实地绘出灾情范围图，差遣使者火速抱图到京城朝廷向皇帝上疏，恳请皇帝免收山泽赋税，批准用官仓储蓄的粮食来赈灾济民。不久，皇帝谕旨下达，准许开仓三十万石粟米用于赈灾。

三十万石粮食，对于一个大省九十余万饥民来说，也只能维持两个月，不过是杯水车薪，暂时救急而已。但如何运用好这三十万石救命粮，防止以权谋私、侵吞截留、中饱私囊等弊端，更为重要，防患于未然，才能做好救灾工作。程启南在与直隶最高长官——巡抚山东右佥都御史钱士完等官员在商议救灾部署情况时，提出了五条建议：一是成立山东救灾临时总署指挥部，根据灾情情况和需求，统一调配救灾粮食的分配。二是救灾官员，不论官阶大小，一律按人头平均配给每日饮食，与灾民同甘共苦，共渡难关；三是在济南府设立若干处赈灾厅所，每日用大锅煮米粥，免费供应途径逃难的灾民，尤其是对老弱病残者安排专人抚慰。四是再次上疏皇上，请求从长江沿岸调运三十万石大米，其中二十万石救山东，十万石救辽东，并有驻军在当地粮仓护粮。五是如谁发现有官员营私舞弊、侵吞救灾粮食现象，不论职位大小，都有权检举揭发乃至弹劾。他的建议，得到了各级官员的一致赞同。

于是，就有了上述的巡抚山东右佥都御史钱士完的奏疏。

山东救灾临时总署指挥部成立了，巡抚钱士完为总指挥，负责掌控全局；程启南为第一副总指挥，负责赈灾粮的分配、发放和粥场的选址和建设工作。另一副总指挥、山东参政李桧，负责联络协调各方，做好灾民的抚慰疏导工作。

济南府的粥场在校阅广场上搭建起来了，一时间，很多逃难乞讨者鱼贯而至喝粥吃饭，稍住一两日即返乡。山东人都认为是程公救活了自己，称他为"活菩萨"，奔走相告，有口皆碑，所救活之群众达数十万人。

大灾往往容易催生匪盗之害。

一天，历城知县匆匆来找到了程启南，见面就说了声："程大人！我是历城知县马万山。有要事禀告。"当场给他跪下了。

"你这是干什么？你这是折我寿啊，我可担当不起！"程启南连忙将他扶起，搀其坐到一把太师椅上："有话慢慢说。"

"是这样。"马万山说道："久闻你程大人济世救民于水火，齐鲁百姓无不开口夸赞。只是最近有件事，想请大人帮忙解决，看大人近来救灾救民日理万机，实在繁忙，不知当讲不当讲？"

"有啥事你直说好了，何必吞吞吐吐？"启南有些急了。

"常言道，大灾之地，必闹匪盗。我们历城县青龙山一带有座佛教寺庙，为神通寺，最近那里也出现了几股匪盗，他们平日潜藏在路旁灌木草丛之中，专门打劫过路行人的财物，路人稍有不满和反抗，轻者被暴打一顿，重者竟然丧命，妇人惨遭蹂躏案也发生了好几起，能脱虎口者寥寥无几。"

"岂有此理！"程启南愤愤不平地说。

"有神通寺一带的地图吗？你能不能给我介绍一下这个神通寺的地理环境，历史概况？"

"地图我带着呢。"马知县从随身带的一个马搭，拿出来本县地图，随即介绍起神通寺的历史概况和地理情况……

神通寺位于山东省济南历城县柳埠青龙山麓，为古代名刹。该寺原名郎公寺,约建于东晋初,前秦苻健皇始元年,开山祖师为僧朗公禅师。此前,齐州泰山是山东最早的佛教中心。而自从高僧朗公在青龙山创建神通寺后,神通寺就成为山东地区的佛教中心,也是中国佛教史上的名刹,影响很大,鼎盛期僧众达一千多人。

神通寺饱经战火摧残,历尽沧桑。原寺至北魏、北周时尽毁,隋唐重加修建,隋文帝因为得神通感应,而在开皇三年改名为神通寺。该寺在金末也已荒废不堪,元代由道兴禅师主持重建,后遭兵火被毁,一直到明弘治年间再次重修,但香火远不及以前旺盛。

程启南边看地图,边听马知县介绍了神通寺的历史和地理情况,心不禁产生了一个想法。

"好,情况我了解了。俗话说,人贫志短,马瘦毛长。那些匪盗,多数也是穷苦百姓,在大灾之年,加上官府赋税被逼良为盗,走上打家劫舍之路的。我给你提两条解决方案:一是大灾之年,你应减免当地百姓的一切赋税和杂役。二就是用兵剿匪。眼下到处都有匪情,一时调兵困难,加上赈灾要务吃紧,即便是能抽出兵力去神通寺剿匪,那里山高林密,地势复杂,恐怕也要旷日持久,短时间难以剿尽,因为灾年就是匪盗滋生之年。你走了,那些逃匿的匪盗又重聚寺庙山林,继续作恶。不是解决问题的根本办法。"

"那如何是好?"马知县有些心凉了。

"匪盗还是要剿的,只是怎么个剿法。依我看,派兵进剿不如驻兵守剿。神通寺,平日驻兵三五十就足够了,可灾荒之年,至少需要驻兵一百五。你那里能抽多少兵?"

"不瞒大人,最多只能抽五十来人。"

"不够呀。"略思一会儿,程启南说:"这样吧,你再招募一百名兵丁,组成乡勇,训练一下就上岗。至于武器装备和经费嘛,我批给你一百两白银,一百件盾甲,一百石粟米。你府再凑点钱,打造一百五十条长矛枪,在神通寺旁边建个屯兵堡站，你看如何？"

"太好了，这样就解决本县大问题了！"马知县惊奇地说。想不到一个棘手的问题，竟被副使程大人的妙招一下解决了，他充满了敬佩和感激之情。

自从神通寺驻守了一百五十名长矛枪手后，几次剿灭了几十名来犯的匪盗。残余匪盗异口同声交流说，此处的枪手真是厉害，不好惹。附近的匪盗望风逃跑，藏匿于山峦深处，神通寺周边匪患从此得以平息。

会见辽帅熊廷弼

万历四十六年八月，程启南升任布政使司右参政（从三品）。

据史料记载，当时"升山东参政李桧为按察使，以程启南补参政，从山东巡抚之请也。"[②]这就是说，此次程启南的升职，是根据山东巡抚的奏疏，这也是当地最高行政长官对他来山东三年来政绩的充分肯定。这次升职与往日不同的是，不是按传统的轻车熟路地将他由按察司副使升为按察使，而是把他调整为另一个行政机构——布政使司的参政。这也是巡抚的独具匠心的安排，他认为，程启南当官有格局、有眼光、有谋略，也许更适合从政，不如在政坛上历练他一下，而这样的人选山东更是稀少。

布政使司全称为承宣布政使司，是各省的一级行政机构，也是军政合一的权力机关。按明代官制规定，布政使司设左右布政使各一名（从二品），左右参政（从三品），以及下属的左右参议（从四品）不等，无定员，视当地情况而设。

布政使司参政、参议分司各道。如督粮道、督册道、山东临清道等。

山东半岛，也是通往辽东重要的海路通道，明王朝运往山海关外要塞的物资往往要通过山东，程启南也要经常督导相关的通关运输事务。

自万历年间御倭战争之后，明朝对东北的控驭力减弱，努尔哈赤乘机崛起，逐渐统一了关外女真族各部落。

万历四十六年，努尔哈赤以"七大恨"告天，起兵讨明。首先派遣间谍做内应，攻其不备，一举攻占了明朝的抚顺城。抚顺之战是努尔哈赤起兵以来，首次与明朝决裂，至此，明与后金（清）长达二三十年之久的战争拉开了序幕。

抚顺失守，明廷朝野大震。翌年，明朝调集十一万人，号称二十万大军（一说是四十七万），由经略杨镐率领，兵分四路直奔赫图阿拉。努尔哈赤采取"凭尔几路来，我只一路去"的方针，集中优势兵力，各个击破，明军大败，这场大战前后历时五天，在三个战场进行了三次大战，因主战场在萨尔浒，故史称萨尔浒之战。萨尔浒之战以明朝失败、后金胜利而告终。

萨尔浒决战失利后，明朝廷将杨镐逮捕法办后，迅速启用熊廷弼。

熊廷弼（1569—1625），字飞百，号芝冈，湖广江夏县（今武汉市江夏区）人。从小聪颖好学，万历二十五年，二十九岁的熊廷弼中乡试头名，次年中进士，被授予保定府推官，后任工部屯田司主事、浙江道御史、辽东巡按等职。

辽东是明朝的九边之一，负山阻海，是明首都的屏障，地理位置十分重要。万历年间，明在辽东设有总兵、巡抚、参将、兵备等官吏，并部署重兵，以防建州为中心的女真族异动。万历三十四年，辽东镇守总兵李成梁和巡抚赵楫放弃宽甸等八百里地域，并强迫世代居住在那里的六万四千户居民前往内地，事后竟以召回逃人有功之由向朝廷邀功。万历三十六年六月，兵科都给事中宋一韩认为弃地不是什么功劳，上疏弹劾李成梁，要求对弃地一事进行勘察，熊廷弼御史被授予巡按御史。熊到任后，展开了实地调查并上疏朝廷，揭露了赵楫、李成梁的罪行，指出他们的罪行"不可胜诛"。此后，他又走遍了辽东各地，实地考察了辽东各地地形状况和敌我形势，从而提出了保卫辽东的一系列正确的战略方针。他认为，西北的蒙古族虽然强盛，但所贪欲的不过是抢掠财物，"无远志"；而东面的建州女真所志在夺我土地，防御重点应当放在建州努尔哈赤所部上。熊还专门制定了"实内固外""以夷制夷"的完整的包围辽东的战略方针。实内固外，可以使自己立于不败之地，以夷制夷，可以使努尔哈赤无法扩张自己的势力。

熊廷弼在任巡按期间，一直致力于将这一方略付诸实施，修建了自海州卫、盖州卫经辽阳、沈阳，一直到开原、北关处长达七百余里的边墙，增修了七座城池和墩台一百多座。他还与蒙古各族、北关叶赫部搞好关系，这使努尔哈赤深感不利，不得不采取退缩方针，退还故地，以求和好。应当说，熊廷弼的战略是富有远见的，这一战略真能实现，将使努尔哈赤"终身老死于穴中而不敢动"。

然而，明廷尚未意识到这一点，认为努尔哈赤还不如普通的一个江南富户，其与朝廷一系列对抗行为，只不过是某些武臣的诬陷，甚至还有人主张疏远北关，亲近努尔哈赤的方略。随着熊廷弼的离任，这一卫辽方略就再也无人继续实行了。

万历三十九年六月，熊廷弼改任南治理笃学御史。两年后，因杖死生员芮永缙而被弹劾，回到故乡，听候处理。这一归就是七年。万历四十七年六月，努尔哈赤攻占开原，明廷才任命熊廷弼为兵部右侍郎，兼右佥都御史，统领辽东军政事务。

熊廷弼到达辽阳后，辽阳已半是空城，人心惶惶，一些官绅已离去，还有一些道官和将领也准备出逃。熊廷弼以送走家眷、动摇军心罪名将知州李尚皓逮捕下狱，斩逃将刘遇节、王文鼎、王捷等，震慑欲逃者。设坛祭奠死难的将帅军士，从而使军队和民心初步安定下来。随后，冒雪兼程，遍阅形势，"招流移、缮守具、简士马、肃军令"，以固守为主，整顿兵马，布于清河、抚顺等战略要地，并建议联合朝鲜以守鸭绿江。

熊廷弼的"防守渐逼"政策，得到万历皇帝的首肯，取得了良好的效果。努尔哈赤见其有备,"未敢深入",甚至"按兵不攻者岁余"。

万历四十七年,程启南升任山东布政使司右参政(从三品)。按惯例,第二年,需要进京城入皇宫朝拜皇上,进行述职。首先要与本地代理官员办理交接工作手续。程启南衣着简朴,在本地救灾工作紧张繁重的情况下,希望能与接任者(按察分司副使)简化交接手续。虽然他对辖区知晓程度可覆盖本州最偏远的州县,但济南府的厅堂上,也绝不允许拿着汇总情况的文书资料照本宣科。一些混日子的官员为述职过关,往往便假借盘餐呈上贿赂上司的银两。程启南鄙视这些做法,他在厅堂上,当着巡抚之面,在向新任副使交代情况和履职工作时,侃侃而谈,有详有略,将所掌握的情况和副使所应承担的工作和责任交代得一清二楚,连巡抚也对他这个才来山东两年时间,即对本地情况掌握得如此详尽的官员感到惊奇。

当程启南从返回家中时,家人打开他随身携带的箱子,发现并没有一尺绫罗绸缎,以及皇上赏赐的任何金银宝器。有济南当地口碑说,当地的民力,都已经用尽了,辽宁海岸的物资储备,却能够供给很长时间。程启南的钱都花费到山东半岛了,功不可没。

万历四十八年初,程启南升任山东按察使司按察使(正三品)。这也是万历皇帝生前赋予他的最后一个职位,希望这颗冉冉升起的新星能够在山东不负众望,有所作为。

履职期间,程启南会见了从辽东半岛来济南督导运输的兵部右侍郎、辽东总经略、东林党人熊廷弼。通过交流,他了解了辽东日益严峻的外患形势,并对这位比自己小七岁的统帅力挽狂澜之举和布局十分钦佩,认为照此部署,经营数年,定可一举扭转辽东被动的局面。不料,后来的情况却发生了剧变。

万历四十八年七月二十一日酉时,万历皇帝朱翊钧在弘德殿驾崩,享年五十八岁。七月二十二日,尚未登基的皇太子朱常洛到奉先殿,开始行使准皇帝的权力,处理先父丧礼祭奠,传达先帝遗诏,是为光宗皇帝,并颁布新政措施。先帝遗诏有六条，首先是改年号为"泰昌"，从明年开始施行，大赦天下，与民更始。还有发库银，犒劳边关将士，停止矿税，撤回各地矿监，考选官吏，补齐各地五十余名缺额官位，召回旧辅臣叶向高入内阁，启用因建言废弃或因讦误的诸臣四十八名。

八月一日，泰昌皇帝正式即位。然而，这位新皇帝身体欠佳，才登基不到十日便病倒，二十多天后病情加重，后因误服内侍送来的两粒红丸药，次日便一命归天。泰昌宏图还未来得及正式展示便昙花一现，胎死腹中。实际当政仅一个月，成为明代最短命的皇帝。由于围绕着新皇帝、太子等人选问题上，宫廷内部斗争错综复杂，"红丸案"也被当时列为明代三大疑案之一。

根据泰昌皇帝九月初一日去世前留下的遗诏，由皇长子朱由校继承帝位。九月初六日，朱由校在皇极殿登基皇帝，是为明熹宗，改年号为"天启"，明年为天启元年。

关于年号，朝廷一度议论纷纷。其复杂性在于，神宗死于万历四十八年七月二十一日；光宗八月一日即位，宣布改明年为泰昌元年。然而还没有改元，他就在九月一日死去；九月六日熹宗即位，宣布改为天启元年。于是乎，存在一个月的泰昌朝的年号无形中就消失了。这显然不合礼制，必须想个两全之计。为此事大臣们开会讨论。经过激烈争论，最终达成共识，决定以万历四十八年八月至十二月，为泰昌元年，明年为天启元年③。

"天下廉吏第一"人

天启元年正月初一，十六岁的朱由校正式登基，是为熹宗皇帝，接受朝廷百官朝拜，开启了晚明七年的天启时代。

常言道，一朝天子一朝臣。这就是说，新皇帝登基往往会给朝廷用人乃至未来的政局带来很多不确定的因素。这个熹宗皇帝（亦称天启皇帝），是个怎样的人呢？他会遵照其父亲朱常洛的遗诏，推行既定的新政措施吗？

天启皇帝登基初期，他还是踌躇满志，依靠其父泰昌皇帝为他搭建的辅臣班底和廷内老臣，做了一些有益的工作，开创了一个短暂的"众正盈朝"的天启新局面。

当代历史学家、复旦大学教授樊树志认为，"从泰昌到天启的过渡，不仅使泰昌由一个月延长到四个月，也使得天启初期的政治，保持了与泰昌政治的连贯性，已故的泰昌皇帝朱常洛力图拨乱反正，主张大量启用万历朝由于各种原因遭到废弃的官员，御史黄彦士把这一政策概括为'起废弃诸臣'。"可惜他在这种"起废弃诸臣"的新政刚刚开始施行，便撒手人寰，成为遗诏。天启皇帝朱由校登基初期，继承了其新政衣钵，采纳了一些朝臣"开放党禁"的建议，使得一批先前被扣上各种"朋党"帽子，被万历皇帝弃用的有才干的在野老臣得到重新启用乃至重用。邹元标，就是其中最突出的一个。

邹元标（1551—1624），字尔瞻，号南皋。江西吉水县人，明代东林党首领之一，与赵南星、顾宪成并称为"三君"。

所谓东林党，可追溯到中、晚明嘉靖、万历年间，他们在全国各地府、州、县兴办书院，为生员读书讲学，有力推动了国内尊师重教、崇尚儒学治国的良好风气。最有名的当数无锡的东林书院，全国科举考试中有一半三甲进士出自那里。到了泰昌和天启年间，东林进士在朝中任五品以上的官吏很多，结为朋党或系党，人称"东林党"。

所谓东林党是朋党、系党而非当今所指的政党，具有明显的派系色彩。但东林党的派系区别于其他朋党的一个显著特点，即包含有某些高大上的因素，堪称准政党或政党雏形。例如，无锡书院挂有这样一副对联：

风声雨声读书声，声声入耳。

家事国事天下事，事事关心。

有专家指出，最后四个字不是事事关心，而是事事上心。这才是其本意。其实笔者看来，关心和上心，境界都不低。这副对联可视为东林党人结党的基本理念和做事纲领。他们中大多是为国家兴旺，挽救大明王朝的衰亡而侍奉皇帝，做官做事的。该党自万历初年崛起，到天启末年终止，尤其是在天启初年，推动了张居正去世后新一轮的吏治改革浪潮，因而又被称之为"清流"，备受当时和后世有识之士的推崇。

邹元标幼年时有神童之称，九岁通《五经》，万历三年在都匀卫所讲学，万历五年中进士，入刑部观察政务。因反对张居正"夺情"④，被发配贵州；万历十一年重回朝廷任吏部给事中。其人为人敢言，勇于抨击时弊。他曾多次上疏，要求改革吏治，触犯了万历皇帝，再次遭到贬谪，降为南京吏部员外郎。后以疾归里，居家讲学三十年。光宗即位，征召授官大理寺卿。未到任，后提升至刑部右侍郎。后在左都御史赵南星的举荐下，天启元年十二月，改任吏部左侍郎，未到任。都察院左都御史张问达升任吏部尚书，邹元标随之升任都察院左都御史。两人配合默契，为启用废弃诸臣，做出了不可磨灭的贡献。

都察院，为明代监督官吏法纪的机构。该机构源于汉代，成熟于明代初期。洪武十五年，朱元璋废御史台，置都察院。都察院以左右都御史为最高长官（正二品，以左史为首）；都察院与六部同级，左右都御史与六部尚书合称七卿。明朝的都御史权力很大，凡官吏之考察、罢黜等事项，则会同吏部进行，重大刑狱则会同刑部与大理寺审理，合称三司法会审。其他各官署则分属十三道监察御史稽查。

邹元标是在神宗皇帝驾崩后，被各朝臣疏奏推荐贤能官吏的重要人选，常常排行首位，是光宗皇帝即位后首批任用的贤能官吏之一。他出任都察院左都御史后，决定改革吏治，提拔重用卓异官吏。他曾在天启二年正月的一篇奏疏中也指出："……卓异中，可须边才者，另既为提出，既得改良者以安内，又得奇才以攘外。"

所谓卓异，即政绩卓越，品行优异者。"卓异"，从此成为天启年间朝廷东林党人官方文书使用频率很高的字眼。

都察院左都御史的重要职位，给了邹元标大力推行吏治改革的舞台。

邹元标认为，吏治改革最重要的是用人问题，即将贤能官吏提拔到最适合最能发挥才干的岗位上。他改革原神宗皇帝弃用旧臣的政策，上任伊始，推荐涂宗浚、李邦华等十八名在野旧臣，皇帝优先下诏，嘉奖并接受了。过了两天，又陈奏发掘选拔人才，理财振军等数事以及保证安宁的四项规条。并请求征召录用叶茂才、赵南星、高攀龙、刘宗周、丁元荐，而抚恤、登录罗大纮、雒于仁等十五人。皇上也赞同接纳。

为了更广泛地发现人才，表彰人才，创造一个唯才是举的良好局面，邹元标与吏部尚书张问达共同磋商，主张在天启二年新春之后，恢复已经被万历皇帝废弃多年的三年一考的地方官吏考核制度，并在此基础上，举荐评选若干"卓异"官吏，名额不超过三十名，并在此基础上再评选出一个名额，由皇帝亲授"天下廉吏第一"的称号。由此，始创了晚明举卓异、评第一的官吏评优活动。邹元标的主张，得到张问达的完全赞同。

其实，张问达早在天启元年五月，就和一些官员疏请申饬吏治，内云："……其清廉良吏，亦定按季揭报部院以凭铨叙用，示优加俸，圣旨奖廉惩贪，要官评核实，……这所奏有神综覆，俱依议司州府县等官廉能卓异的，即与记录。"文中首次提出"卓异"这个名词，该奏疏也为以吏治切入点的百官维新活动奠定了纲领。

天启二年二月，在天启皇帝的支持下，由吏部和都察院共同承办了新朝首次考核全国清操卓异官吏的活动，从全国各府推举的官吏中，精选二十四名卓异官吏，在京城举行大会隆重表彰，并载入吏部人事档案，作为日后职官升迁的重要依据。这是熹宗皇帝在身边邹元标、赵南星等东林老臣的辅佐下，整饬吏治的一项重要成果。

《明实录》《皇明十六朝广汇纪》《国榷》等明代重要的编年体历史文献典籍均如实记载了这一重要内容。其中《明实录》记载得最为详细。

> 吏部都察院会举卓异，山西左布政洪翼圣、右布政佘自强、陕西右布政洪世俊、浙江按察使陆完学、山东按察使程启南、山西按察使王豫立、郭尚友、陕西按察使张尔基、福建右参政詹士龙、湖广右参政李成名、广西右参政刘洪谟、陕西右参政沈自彰、山西右参政魏说、江西右参政王化行、湖广副使卢瑛田、四川副使徐如珂、山东副使真宪时、陕西右参议宋盘、直隶苏州府知府沈萃祯、浙江杭州府知府孙昌裔、山东济南府知府徐从治、河南开封府知府王珹、浙江宁波府知府方应明、江西南昌府知府黄元会，共二十四员，上命纪录擢用，见（健）在者赐宴于礼部。
>
> 会上命吏部都察院吏科都给事中河南道引奏，赐宴赏帛，仍纪（记）录，即与不次擢用。

在二十四名卓异官吏中，山东按察使程启南不仅名列其中，还被熹宗皇帝御书敕封为"天下廉吏第一"的牌匾⑤。当月，即被迁升为山东承宣布政使司右布政使。

吏部和都察院联合承办，为入选评定的各地卓异官吏举行了隆重的庆功大会。

会上，皇上命吏部、都察院吏科都给事中河南道引奏，赐给顶级丝织品。根据明代官吏制度，为了"黜贪存良"，明初即制定了完善的对官吏的考核制度。

考核有考满与考察两种。考满，即对任期已满的官吏进行考核，以决定升降去留；通常三年一次。考察，没有具体的时间，不定期进行，针对某一个官员，主要就是纠察贪墨法度的官员，及时查处，起到的是一种及时止损、警示的作用。

明朝通过考察，还要对卓异官吏进行精神奖励和物质奖励。奖励的方法主要有以下三种：赐宴、赐物、赐敕。

由于万历皇帝中后期怠政三十年，对官吏的考核制度也随即荒废。邹元标、张问达等重臣此次在天启二年二月举行的"举卓异"（即举荐卓越优异官吏）工作，不仅恢复了明代传统的对外地官吏的考核制度，而且也是一次升级版的吏治创新。

赐宴、赐物、赐敕全囊括了，且记录在册，作为日后该受奖官员升级的依据，更是新的创举。

举卓异、评第一的工作，对于扭转万历中后期朝廷内外官吏中怠政不作为，卖官求爵、贪腐之风的滋长，也是一个有力的遏制。官风清流、"众正盈朝"的局面开始形成。

举评工作结束后，受奖官员还参加了三日的德政讲座，由都察院和吏部在故宫勤政殿举办都察院左都御史邹元标担任了该讲座的主讲。

据程启南《日新堂稿》的相关描述，左都御史邹元标，鬓发斑白、精神颉硕，拖一条拐腿，为两起两落东林贤士。言语中，时常妙语连珠，开怀大笑。常令听讲之官员耳濡目染、肃然起敬。堪称江陵（张居正）之后有元标也。

邹元标是程启南首次在讲堂近距离见识这位东林翘楚，也是他仕途上又一个重要的领路恩师，对他日后的人生道路的启迪影响深远。尤其是首堂讲课，更令他终生难忘。

"诸位堂官，先自我表白一下，鄙人姓邹，名元标，字尔瞻，号南皋。江西吉水县人。鄙人不才，虽然少年得志，然道运不济、仕途坎坷，曾经两起两落，备受磨难。辍官家乡讲学三十年，为改变世风世情竭尽绵薄之力。幸运天启，欣逢泰运，承蒙皇恩浩荡，再次出山，担当举贤要职，立志为国家民族举贤任能，先后为皇上举荐二十余名昔日受压在野的德才兼备朝臣，均为皇上恩准，一一接纳安置要职。为改变当今朝廷礼崩乐坏之局面，吾还与张公问达，共抓京外官吏举卓异一事，历时月余，终于在各省巡抚和堂官协力配合之下，通力完成此举。各位清操品格、德才兼备，卓异政绩，脱颖而出，实属不易！能与诸位相聚一堂，真可谓不胜荣幸！

"人都说鄙人是什么东林党魁，辅佐皇上，吏治有方，其实过誉矣。吾最反对什么门户朋党之说，也反对选官评官以是否东林书院出身的陋见。试问诸位。你们当中，有多少是东林书院出来的？恐怕仅有寥寥数人。五湖四海选官任能，就不应以一把尺子衡量，一孔之见论定。记得张江陵万历五年当政时，正当改革宏图开始施行时，他老父亲去世，按常理本该回乡服丧守孝二十七个月，然而张江陵未走，万历皇上也需要他主政朝廷大事，吾当时还写奏疏骂他此次'夺情'禽兽不如，结果被他杖打八十棍，把一条腿给打瘸了。如今鄙臣重新出山，看到当今朝廷乱象，官员钩心斗角、相互倾轧，不觉怀念江陵的万历新政之初，政通人和，国库充盈，十年辉煌啊！反思往事，觉得还是江陵公做对了，自己当年太幼稚、太狭隘、太渺小了。古往今来，忠孝难以两全，江陵一心为公，为改革殚精竭虑，岗位殉职，千古流芳。真可谓大手笔、大境界啊！可惜张江陵死后，被万历皇上听信谗言打入逆类，剥夺生前官职诰敕。如今，我已七十有一，愿为张居正先生平反昭雪竭尽迟暮之力。已多次给当今皇帝上疏，陈述平反的缘由。近日，皇帝已经松口，估计不日即可颁令实施（数月后，皇帝诏令，正式为张居正平反昭雪）。

"有人说，张江陵曾虐待过你，至今瘸腿一条，怎么还不计前嫌，为他说话，评功摆好，还要平反？吾说，若是为了自己，犯不着蹚那浑水，回家养老，颐养天年不好吗？可为了国家和民族兴旺，吾等都应该置个人荣辱生死于度外。

"还有人说，你继承江陵改革衣钵，风险很大，弄不好要重蹈覆辙。我不否认此话有道理。改革风险是很大，但不改革大明王朝风险更大，甚至会腐败衰亡，无可救药！为了国家兴旺，吾即便随身碎骨也在所不惜！"

听到这话，在座的全体官员起立，眼噙热泪，抱拳向其致敬。

"吾也真心希望诸位客官，能够在履职岗位上以国家和民族利益为重，真正做到文官不爱财、武官不怕死。清正廉洁、堂堂做人，良心做事。上对得起皇天列祖，下对得起大地百姓。……"

回山东赴任，程启南已经精神焕发，踌躇满志。他决心像邹元标先生那样，为江山社稷和百姓利益赴汤蹈火，在所不惜。

平白莲祸救众生

山东布政使司是该省一级行政机构，程启南所担任的右布政使（从二品），又是该机构的最高长官之一（另一最高长官为左布政使）。

自程启南被戴了顶"天下廉吏第一"的桂冠，又被调整官职，位居地方扛鼎之位，他受宠若惊之余，又感受到沉甸甸的压力。心想，只有全力干好本分工作，造福天下百姓，才能上不负浩荡皇恩，下对得起家乡父老乡亲。

天启二年五月，正当程启南在济南勤奋工作，日夜操劳救灾工作之际，却传来了邹、滕两县徐鸿儒率领白莲教徒起义作乱的消息。

徐鸿儒，山东巨野人，后迁居郓城。他是白莲教发起人王森的弟子，在巨野传教二十多年。万历末年，由于连年灾荒，山东巨野一带出现了"民相食，骨肉不相保聚"的悲惨景象，滕县（今滕州市）、郓城等地也是饿殍遍野，死者盈道。由于后金贵族大肆在关外扩张领地，明王朝先后三次增加田赋，天启元年，又加派关税及各种苛捐杂税，更将山东饥民推上了绝路。徐鸿儒便以白莲教为号召，鼓吹只要皈依白莲教，可安保终身不贫，还能见到金银山、米面山，泉酒井等。一时间，巨野、郓城等地农民"携持妇子，牵牛架车，裹粮橐饭，争趋赴之"，趋之若鹜。他的师傅王森，曾以闻香教组织群众，王森死后，遗下资产巨万，其子王好贤用以作为反明起义的经费。景州还有于弘志，以棒槌会为号召，组织群众。三方力量，原约定于天启二年八月十五同时起义。后徐鸿儒提前于五月首先行动。他们在郓城附近的下家店杀牲祭天，宣誓起义。随后，徐鸿儒把起义群众的家属安置在梁山泊，然后起兵，包围魏家庄。另一支队伍两千余人围攻梁家楼，夺取这两处作为据点。梁家楼离县城约有二十里，官兵惧怕他们，不敢前去镇压。接着，起义军攻抄巨野县，白莲义军稍有失利，杨子雨、李泰及号称四大金刚之一的张世佩等人不幸被官军抓获。不久，徐鸿儒又率众攻打郓城，其势所向披靡，郓城县知县余子翼被打得狼狈而逃，起义军占据了郓城。曹州、濮州等地受到震动。明朝廷接到兖西道阎调羹的报告后，派巡抚都御史赵彦、总河侍郎陈道亨、巡抚都御史王一中联合出兵镇压，但起义军声势仍锐不可当。

六月，起义军在山东官军的镇压下受挫，放弃巨野、郓城营地，向邹、腾二县运动转移。徐鸿儒等攻陷邹县，迫使县署印通判郑一杰携家出逃。后又攻陷滕县，知县姚之胤吓得逃跑，邹、滕二县控制在起义军手中。由于徐部与另两股义军会师，总兵力达十万之众。徐鸿儒为加强声势，扩大影响，自称"中兴福烈帝"，改天启二年为"大乘兴胜元年"，表明起义军的力量和对明朝廷的蔑视。

史载[6]：官府曾重加齐鲁人的赋税，用以给外来客兵的军饷。时过境迁后，客兵撤走了，每年多出这税银三十六万两，前两届藩王以为此银可供奔走各地旅差所用，于是便中饱私囊。在邹、腾两县之间，白莲教主徐鸿儒组织农民教徒起义，先是小群集聚，到处劫掠未得惩罚，很快扩张至数十万人，持戟矛相继攻陷十余座城池，其势如燎原烈火。而当地兵官兵素来骄横，常借口当地粮库亏空，发兵征伐需求粮饷，按兵不动，致使义军在当地掠夺一净后，又风卷而去。

这天，乌云密布，不时炸雷鸣响，震得家中百姓不寒而栗。

在山东济南府抚台，岗哨林立，戒备森严，一派肃杀气氛。

在抚台大厅，山东方面各路大员齐聚一堂，共商围剿徐逆"白莲教"大计。

与会的有山东承宣布政使司右布政使程启南、山东巡抚都御史赵彦、山东按察使陈九畴、山东布政使司右参政喻守初、驿传道吏曹尔桢等官员，均为当今朝廷派往山东的高层官吏。

程启南对当地藩王说："因对辽东以后进入连年作战，加上赈灾，朝廷库银空虚，我看，省内本年征伐贼寇的粮饷不必向上索要了，往年所征的客税银不是还有三十六万两吗？我看足够用了。就把它拿出来做军饷吧。"当地藩王面面相觑，将目光投向两抚台。两抚台不忍心将囊中的银两悉数拿出，可因久闻程启南素来清正廉洁，不好抗命，进退维谷。只好喃喃絮语说：

"本省各项开支也很大，各地用钱地方很多，很紧张……"

程有些不满了："在决定山东生死命运的关头，到现在还如此一毛不拔，若是白莲军拿下济南，在山东起了山，再坐大西伐京城，你们自己给皇上交代去吧！"说完，拂袖而去。

由于当地抚臣掣肘，程启南且刚上任不久，也不便向那些位高权重的同僚发号施令，围剿会议没有形成任何有价值的实施方案。

程启南虽然离开了剿战会场，可他脑海中却是时刻盘旋着剿白莲方案。突然，他从两年前历城马县令解决神通寺防守兵力一事上受到启发，何不如此炮制，只需扩大点规模呢？

程启南问巡抚都御史赵彦："现历城县令是谁？"

"是吴阿衡。他刚来才几个月。"

"说一下他的情况。"

"他是河南省方城府裕州人,万历四十七年进士。此前,他还任过山东淄川县令,是个有头脑的官员。"

"好,通知他来见我!"

次日,在抚台议事厅,程启南见到了吴阿衡。这是个身材魁梧的人,黑黝黝的脸,一看就像个领兵打仗的好手。他心里有底了。他问了一下神通寺的守备和匪患情况。吴答:"我来后就听说,几年前,曾在寺旁设置神通堡,安排当时知县组织一百五十名兵丁守备,随时剿匪,如今,那里早已没有匪盗出没了。县衙和当地民众都说,这些都是你程大人的功劳啊。"言语中,透露着钦佩之情。

"这不足挂齿。全是职责所在,职责所在。"启南摆了摆手说:"如今,白莲教妖言惑众,起兵作乱,而朝廷抽不出更多兵马前来平乱,山东财政也吃紧,募兵困难。依你看,可否再次招募组织民团丁十万,打造木棍十万根?我再给你拨救灾粮十万石。"

"十万?"吴阿衡有些吃惊。

"白莲兵多,募兵少了不解决问题啊。还是咬咬牙,咱们自己解决困难吧。"

吴阿衡略微思考了一会儿,说:"本县有个老庄道教主魏名州,手下有几千道教教徒,我回去与他商量一下,可以把军粮给他,让他以平白妖为名招兵,平日可能有困难,大荒之年,吃粮人好找,没准能成。"

五天后,吴阿衡如期招募了十万手持棍棒的平白妖乡勇,听候调遣。

常言道,兵马未动,粮草先行。眼下就剩解决粮草问题了。在又一次会剿会议上,程启南说明了情况,明确指出,如果谁要在财粮问题上继续推诿拖延,他要将相关失职官员上奏朝廷,届时引发后果自负。与会的大僚们获悉兵员问题已经大体解决,又看到程大人此次决心如此强硬,再也不好在出钱问题上玩猫腻、设障碍了,只得答应拿出部分银两购置粮草,但需要到外地走水路运输。右参政喻守初表示说，自己是掌管整个山东督粮的事务官，保证按时将粮草运输到指定地点。下属的左、右参议也可共同分司诸道，负责督粮、督册、分守等工作。

"好。就这么定了。望大家同心协力，共度时艰！"程启南向大家抱拳作揖。

晚间，月弯星稀。

程启南回到济南府住宅，没想到后院"起火"了。妻子张氏抱着官印，站在一处井边说："程官人，这白莲妖我看是压不住了。你这等身疙瘩要不赶紧扔了，早晚家里要跟着你受害！"

"慢着，万万不可！"他急切地摆摆手说："快罢手！快罢手！……"

他急往井边奔跑，没料到一个趔趄，一块石头将他绊倒在地。额头也碰破了。

张氏本想吓唬一下丈夫，没想到是这个场景，感到自己闯了大祸，要是大官人有个三长两短，自己一介女流之辈，如何承担得起？！一时怔住了，不知所措。

程启南额头流着血："你听我说，……最近我已经调兵遣将，吴县令已备好了十万兵马，不日即可平叛。你这是干啥，若要传出去，把我的脸都丢尽了！"

"你这话当真？"

"千真万确。快放下大印，我还有公务离不了呢！"

经过一番苦口婆心的劝说，张氏总算放下了大印，搀扶着丈夫回家。

一场有惊无险的居家后院"起火"被扑灭了。张氏，是去年让赵仆人从老家接来的。她还是识大体、懂大理的。就是有些胆小。对此，程启南没少费口舌劝慰她。

不久，在程启南精心组织下，吴阿衡的十万乡勇得到了运来的充足粮草，又得到了昼夜打造的刀枪剑戟，经过"刀枪不入"的震天动地的道士宣誓，声势十分浩大。他们配合赵彦指挥的官军偷袭义军峄山外围据点，随后又围困滕县，并将滕、邹两县之间义军的联系切断。程启南采取剿抚两策并用，攻山期间，每日组织兵丁乡勇阵前招降喊话，宣传凡是放下武器下山投降者，均可吃顿饱饭，愿意回家者，发给盖着印章的关防路条。如此一来，每日下山投降者络绎不绝，不到十余天，便瓦解了数万白莲兵。

九月二十日，断粮加瘟疫困扰的义军出城打粮，官军在乡勇的配合下，乘机攻占了滕县县城。而出城打粮的一万余义军向南进击，淮军闻风而散，由于黄河天险难渡，又折向西北，当行进至巨野康家集时，误中官军埋伏，最终全军覆灭。

十月，官军收复了锡山。徐鸿儒、张东白等孤军被围困在邹县城中，不久城中断粮，又爆发了瘟疫，官军乡勇发动火攻，徐、张等三百余名残兵仍苦苦支撑，拒不投降。最后发起总攻，吴阿衡组织两千名老庄道教徒，椎牛酿酒，舍弃甲胄，脱光上衣，赤膊上阵，一举攻克白莲老巢邹县县城，活捉白莲教主徐鸿儒等头目，绑缚京师处斩。徐鸿儒起义宣告失败。

对于一般白莲教徒，程启南采取"首恶必办，胁从宽待、立功录用"的方针，先后释放遣散了五万余名俘虏，愿意当兵吃粮的，发给军装，充实到官军队伍；愿意回乡种地的，每人发给两升小米作为回乡费用。至于吴记老庄道教乡勇，每人奖赏五升小米遣散回乡。

白莲教起义被平息后，吴阿衡因大败白莲教，得熹宗皇帝"以征白莲军功擢监察御史"奖赏，并赐给铠甲一副，手书"忠"字赏赐。后任蓟辽总督时，清兵入关，不幸殉难。喻守初受到明熹宗的嘉奖，诰封三品。鉴于身体健康状况欠佳的原因，他上书请求致仕回归故里，诏书尚未批复下达，便病逝于山东布政使司官署之中。程启南为这位恪尽职守的部属置办了丧事，亲自提携挽联："鞠躬尽瘁 万古流芳"。

平息白莲教之乱，熹宗皇帝为程启南记上首功，下达圣旨，慰劳他，并赐以节钺（斧杖，相当于尚方权杖），可以任意调遣整个山东地区的官兵。

心系桑梓保平安

天启三年三月，程启南被朝廷批转为山东布政使司左布政使（首席官员），巡按山东。

天启四年二月，熹宗皇帝下诏，要旌表擢升山东方面的官吏和将士，本月十四日，升任山东巡按御史不久的陈九畴奉旨疏荐举山东方面官员三十五人，程启南排行首位。

在山东奉旨举荐的官员中，程启南排行首位，表明了程启南在山东官员和民众之中的崇高威望。山东巡按御史陈九畴，山东曹州人，也是一个惜才爱才之人，他知道自己年事已高，身患多种疾病，退位归田只是时间问题，因而，在举荐官员名单外，还特疏奏一折，希望朝廷批准自己告老还乡，颐养天年，并举荐程启南作为自己的接班人选，接替自己的职位，建设山东，重振山东的经济和税收。

三月的一天，程启南正在抚台与众官议事，忽然，来了钦差大臣，对他说："山东布政使司左布政使程启南听旨。"他连忙跪下。

"奉天承运，皇帝诏曰，山东布政使司左布政使程启南，平白莲教之乱，功勋卓著，特诏令调任太常寺卿。二十日内即行赴任，不得有误。接旨。"

"谢主隆恩，吾皇万岁！万岁！万万岁！"

程启南从差臣手中接过圣旨，起身，还未缓过神来，耳边便有声音响起：

"程大人不能走啊，我们舍不得你啊！"

"是啊，大人不能走！山东百姓还盼着你济世救民呢！"

"谢谢！谢谢！我也舍不得大家啊！"面对簇拥上来的济南大小官员和

百姓，他噙满热泪。

程大人要走的消息，像长上了翅膀，瞬间便传遍了山东各地府县和百姓。一连三天，程启南在交接工作之际，当地民众对他思恋不已，常常不远千里纷沓而来，到他的官厅合符之地，祈祷夙愿，劝言挽留他。

面对祈祷下跪挽留他的山东民众，程启南热泪盈眶，十分感动。光阴荏苒，不觉来山东履数职已有九个年头了。他恋恋不舍耿直坦荡的山东民众，也恋恋不舍才刚刚开了个头的建设山东的宏伟蓝图。然而，皇命难违，超过规定的时间要被牵引，新官迟迟不上任，恐怕要被视为贪财缘故了。他只得一再向前来问候送行的山东父老乡亲做劝解工作。此时，任何劝解在这里，仿佛都成了多余的语言，最后他只好撂下一句暖心的话语："日后，我还会常来看望大家的，今后你们这里有什么需要我帮忙办的，尽管上京城太常寺去找我，只要我能办到的，一定全力去办！"

程启南离去后，济南当地民众为程启南修建了祭祀庙宇，每年春秋时节，各上供祭祀一次，犹如他在山南（襄阳）的时候。

然而，程启南由权倾一时的山东布政使，调任京城太常寺卿一个闲职，实为降职。前者官衔为从二品，后者为正三品。之所以对他明升暗降，这是因为当初程启南与朝廷掌权的东林党人走得近，自万历年以来，先后有朝中辅臣叶向高、李廷机、孙居相、孙丕扬，直到天启年间的邹元标、张问达、赵南星等等，均先后提携过他。其实他，还有不少人，根本不是无锡书院出身的东林党人，而魏忠贤阉党却将不赞同、不归顺他们那一套，或被东林党提携任用过的官员，走得近的官吏，统统划归"东林党"的圈子，予以打击和排挤。南宋时期的秦桧不就给民族英雄岳飞扣上各种"莫须有"的罪名吗？何为"莫须有"，即"也许有"。此话便成为欲加之罪，何患无辞的典型例证。魏忠贤一伙担心程启南在山东威望崇高，日益做大，威胁到他们在朝中专权揽政、作威作福，将其安置到京师太常寺一个闲职，就是其阴谋的产物：削去兵权，给个闲职，让他掌管祭祀事务，监控起来。

尽管程启南受到阉党排挤，在常人看来，有苦难言，但他还是竭力利用自己手中的职权，除做好本职工作外，还大打擦边球，办些超范围力所能及的事情，造福百姓。

他没有食言，在任太常寺卿期间，不仅山东人找他办事，他能办就办，全力以赴，就连家乡的事情，也办过一宗大事。那是他的大儿子程嘉绩再次来找他，带来了山西武乡知县的一封书信，大意是说，近年来，山西武乡县权店一带，有个大匪盗头目孙宪，常常拦路抢劫过往旅客的财物，马路上时常可见肉还未烂尽的骨骸。看可否上疏，派兵剿匪，帮助解决一下。程启南阅后，感到事关重大，决定晚间斟酌一下，再写疏奏。

嘉绩还给父亲报喜，说自己已经娶亲，再就是后娘张氏又生了个儿子，对这个小弟弟，看看叫什么名字好。

"这是我程家双喜临门的好事啊！"程启南略微思考了一下，说："这些天，我每日晚间看古书，很有些心得。远古时候有个叫皋陶的人，舜时任士，是舜的助手。料理政务，掌管刑狱。舜在皋陶的辅佐下，野蛮得到教化，忧患得以消除，天下一度出现了太平盛世的大好局面。在大禹治水遇到困难时，作为舜的助手皋陶又多次赶赴治水现场，为禹排忧解难。终使禹治水获得成功。皋陶年轻强悍，聪明过人，办事灵巧果断，且公正廉明。他掌管刑狱办理案件定性准确，量刑适当，天下人无不心服。按照当时的制度，皋陶就是舜的当然继承人。再加上他的聪明才智及无私公正的品格，接舜的班是当之无愧的。舜也有这个想法，想早日传位给皋陶。后来因禹治水成功，名扬天下，舜又产生了将位传给禹的想法。在一次舜、皋陶、禹三人议政时，舜流露出这一想法。聪明的皋陶理解了舜的心思，向舜推荐道：'禹治水有功，且又宽厚仁德天下人信服，将来可继承您的事业。'舜听了皋陶的话后十分感慨地说：'皋陶无私大度，顾全大局，实在令人钦佩。只要你俩能合作共事，则是天下黎民的福分，我百年之后九泉之下也能安心啦.'事后不久,舜将位禅让给禹。后人称禹为夏禹、大禹王。我希望我的儿子都能成为像皋陶那样的人。我看,五子就取皋陶一字'皋',叫皋绩吧。"

当晚程启南经过思考,觉得家乡权店一带属太行山腹地,山势险峻,林木茂密,交通不便,剿匪不如守关,建个守备驿站,派遣守兵三百人,是上策。顷刻,他写好了奏疏,如何呈送呢?若按正常程序,肯定会转到魏忠贤手中,他对自己不感冒,也肯定会扣压,那就误事了。一夜未想出好办法。次日,接到朝廷通知,全体官员无要事,均要参加后天祭拜太庙的活动,程启南喜出望外:机会来了。就这样,在那天祭祀太庙结束后,程启南通过一个司礼太监,将奏疏呈送到熹宗皇帝的手中。

不久,皇上根据程启南的疏奏,批准在权店设置守备驿站,派遣守兵三百人,盗贼案件从此平息,直至清末,权店这一守备驿站依然存留。

注释:

①《明实录·神宗实录》卷之五百三十二:"万历四十三年(1615)五月,……升兵部武选司清黄郎中程启南为山东济南道副使。"

②见《明实录·神宗实录》卷之五百七十三。

③樊树志著《重写晚明史·朝廷与党争》371—373页。中华书局2018年8月版。

④根据古代惯例,父母亲死后,其子要回家服丧守孝二十七个月,未实行谓之"夺情"。

⑤清·康熙三十一年《武乡县志·人物》。

⑥《程康庄集·先王父资善大夫加工部尚书服俸管左侍郎事程公行述》。

第七章 京都风云

驱走邹公魏阉狂
拜见赵公点迷津
拒魏拉拢志不移
贬谪南京观风雨
大义上疏愤辞官

臣实不欲同罢驴为群，与泊俱没。……
然臣出万死不顾，一生之计，愿尽拳拳。

——程启南乞休疏

驱走邹公魏阉狂

天启四年三月，程启南回到了顺天府（今北京），赴任太常寺卿。

太常寺卿，按《明史·职官三》记载："太常寺掌管祭祀礼乐之事，总管其下属，籍其政令，听命于礼部。"其编制是"太常寺，卿一名，正三品。"

太常寺卿实际上是个闲职，按惯例，每年春秋两季朝廷举行祭祀活动时，才忙碌一阵儿。平日是没有多少事可做的。

从叱咤风云、权倾一方的山东左布政使到京都的闲职太常寺卿，程启南由从二品到三品官，实际上是降职了，或者说是明升暗降。明的看，从地方官员升调至中央府衙，像是被重用了，实际上官品下降了，实权被剥夺了。难怪有人说，宁做小国之君不做大国之臣，宁做一省之王不做一国之吏。

为何会有如此变化？这是因为熹宗帝听信了一些奸臣的谗言，说程启南被举得太高了，太红了，有功高盖主之嫌，时间长了，难免会出现拥兵自重，与朝廷分庭抗礼之患。如今山东已无战事、平乱之事，不如撤回京都，给个闲职，把他养尊处优养起来，也便于监控。

为何会有如此变化，这还要从当时朝廷的背景逆向转折说起。

前面提到，由于天启皇帝在登基初遵照先帝遗诏，奉行启用旧臣，开放党禁，大抓吏治的国策，在邹元标、张问达、赵南星等东林党老臣的辅佐下，加上泰昌皇帝给儿子熹宗皇帝留下一个正直官员充盈的政权班底，晚明在天启初期出现了短暂的"众正盈朝"的新局面。然而，天启皇帝朱由校是个先天缺少文化修养的人，登基时才十六岁，是个未成年人，加上自身存在的弱点，如贪玩，爱好钻研木匠设计之术等，辅佐他的东林党大臣很多好的政议并未被他采纳，相反，他的弱点却逐渐被处心积虑蓄谋夺权的太监魏忠贤和朱由校乳娘客氏所利用，以至正邪均衡局面已经开始逆转。

魏忠贤（1568—1627），河间府（今河北河间市）肃宁人，初名进忠，天启二年，熹宗皇帝给其赐名"忠贤"。魏忠贤从小为人奸诈无赖，没读过书，是个文盲。其妻姓冯，曾为其生一女。他在一次赌博中赌输，被别的赌徒羞辱，一气之下自宫，于万历十七年投身司礼秉笔太监孙某名下，负责管理甲字库，后又巴结太监魏朝，在魏朝引荐下得到太监王安的赏识，不久就做了熹宗圣母王才人的典膳。明熹宗自幼失慈，当时年仅十八岁的客氏就成了他的乳母。客氏本是定兴人侯二的妻子，入宫后对朱由校照顾得可谓无微不至，连朱由校的饮食均由其亲自负责。两年后侯二去世，深处禁宫的客氏耐不住寂寞，便暗中与魏朝结为对食。所谓对食，即宫娥与太监结为相好，犹如民间夫妻，并不容第三者插足。明万历以后，宫中对食现象非常普遍。由于魏朝经常要外出办事，难以陪客氏度夜，客氏便与魏忠贤勾搭在一起了。

一天夜里，为争客氏，魏朝与魏忠贤在乾清宫暖阁内打了起来。吵闹声传到了熹宗那里，熹宗便下令将两人传到榻前，在弄清楚事情的原委之后，熹宗便下令要客氏自己在两魏之间做出选择。客氏喜欢魏忠贤的强悍个性，熹宗于是下令将魏朝斥退，从此客氏就与魏忠贤成了固定的"夫妻"。而魏朝则被魏忠贤假传圣旨，发配到明成祖朱元璋的故里安徽凤阳谪守祖陵。魏朝不服气，半路逃跑，魏忠贤便以"抗旨"为名将其杀死。从此，客氏与魏忠贤用尽心机，一味地奉献宫女，提供玩具，以博取熹宗的欢心。不久，客氏被封为"奉圣夫人"，文盲魏忠贤也被升职为司礼监秉笔太监。

进入司礼监后，魏忠贤野心日益膨胀，开始谋取更大的权力。当时司礼监的掌印太监王安为人刚直不屈，是光宗朱常洛做太子时的内侍。熹宗刚刚继位不久，他和诸大臣同受顾命。王安很不满意魏忠贤挤走魏朝的行为，并多次责备他，魏忠贤与客氏于是对王安大为痛恨，就唆使给事中霍维华弹劾王安专权，客氏又从中附和，令在移宫时因盗宝罪而被惩入监的太监刘朝等上疏自辩，诬陷王安。熹宗不辨真假，便于天启元年七月十二日，发配王安去了南海子，看守墙铺。为借刀杀人，魏忠贤又任命太监刘朝为南海子提督，并伺机杀死王安。就这样，魏忠贤面前的两个障碍都被清除了。天启三年十二月，特务机构、杀人魔窟东厂也归魏忠贤掌管，加上客氏做内援，魏忠贤权势日益显赫。当时京城就流传着一首民谣："委鬼当朝立，茄花遍地红。"委鬼，魏也，是指魏忠贤；茄花，即指客氏。

天启初年，明廷朝政由东林党人掌握。东林党多是些正统的国学士大夫，他们对客氏和魏忠贤的阴谋早就有所觉察。早在天启元年九月，熹宗大婚完毕后，阁臣刘一燝就请熹宗遵循先帝遗诏，将客氏从宫中遣出去，不得已之下，熹宗只得照办。但不几日，熹宗竟因思念客氏过度而泪流满面，不思茶饭，无奈之下只得又将客氏宣入宫中，以陪伴熹宗。

自从客氏被重新招进后宫，传统的祖制被打破了，尽管有官员上疏纠正，而熹宗皇帝不听，魏忠贤和客氏更是蹬鼻子上脸，蓄谋对阻碍他们擅权的朝廷要臣和东林党头面人物展开驱逐打杀，邹元标就是他们的眼中钉。但他们眼下羽翼未丰，还不便对邹正面交锋，于是，魏忠贤指使党羽先对东林党的重要人物、辽东统帅熊廷弼开刀，指责他在辽东经营不力，畏敌怯战，兵败回关。

关于辽东局势，比较复杂，并非魏氏阉党所指责的"罪状"那样简单。

自从懵懂孩童熹宗皇帝登基后，他听信魏珰谗言，以熊廷弼只守不战为由将其罢斥，改由袁应泰接任。袁不懂军事，至辽东后改弦更张，开始盲目冒进。

努尔哈赤见有机可乘，调集重兵，于天启元年三月接连攻陷辽东重镇沈阳、辽阳。辽阳是辽东都司治所，地位重要。辽阳陷落后，袁应泰自缢，辽东以东七十余城相继归降。明廷只得再度启用熊廷弼，同时任命王化贞任辽东巡抚。

熊廷弼上任后，针对已经变化的辽东形势，提出"三方布置"，以图恢复的方略，即在广宁用骑兵，步兵对垒于河上，对抗女真主力。同时又从天津，山东登州、莱州"海河上督舟师乘虚入南卫"，并联合朝鲜，以为犄角之势，是较为稳妥的作战方略。

在调兵问题上，尚在山东的程启南积极配合，以权杖调动兵马，从而保证了辽东方面的需求。遗憾的是，王化贞并不赞同熊的方略，擅自派遣毛文龙率少量军队沿辽南恢复海疆，虽取得镇江大捷，却过早地将三方并进的战略意图暴露出来，招致后金仇恨辽人，"屠戮四卫沦民殆尽"，彻底打乱了熊廷弼的三方布置方略，给女真造成可乘之机。

努尔哈赤通过收买王化贞心腹孙德功，以计谋轻取广宁，王化贞仓皇出逃，熊廷弼看孤身难以挽回败局，只得与王化贞同退关内。这样，山海关外整个辽东便落到了后金的手中。辽东失守的主要责任在王化贞，支持王的朝廷首辅叶向高和张鹤鸣也难逃罪责，但身为经略的熊廷弼在辽西危难之际，意气用事，匆忙撤退，对辽东的失陷也是负有责任的。

天启二年二月，明廷罢免熊廷弼的职务，要其听候处理，四月，熊廷弼被处以死刑。

程启南在山东任参政时，就听说了熊廷弼的遭遇，在京城召开旌表卓异授奖大会后，听到熊被处决的噩耗，更是对这位有勇有谋的务实辽东的经略深感唏嘘。认为熊廷弼，是整个明代难得的一个有勇有谋的战略家，他两度出任辽东经略，但权力有限，经抚之间又时常掣肘，又得不到朝中重臣的支持，最后是在力挽狂澜失败的情况下，才被迫撤回关内的，是魏氏阉党借机将其谋杀。

明代没有报纸和电台这些只有近代百年之间才出现的新闻媒体，相关信息主要靠人际之间的言语传播。

刚来京城时，对程启南来说，上述情况，已经有所耳闻。平日事务性工作虽多，但只要对下属职官安排得当，也足以应付有余。尤其是本想探望一下恩师邹元标先生，谁知竟听到一个不好的消息，他已经于两年前辞官回乡了。他意识到，恩师也一定遇到不公之事了，他从另一恩师、吏部尚书赵南星那里，才了解了事情的来龙去脉。

邹元标在天启元年利用身兼的人事大权，狠抓吏治建设，积极为熹宗皇帝举荐能人贤士，安排到重要职位上，还积极为明代著名改革家张居正的平反奔走呼号，在次年终成正果。在天启二年，和吏部尚书张问达共同完成了地方官吏考核和举卓异、评第一的活动,为"众正盈朝"局面准备了干部队伍,组建了有一定执行力的六部班子及各省府(县)衙。是盈朝的首创者、先驱者与开拓者。然而,他的此等举措,招致了魏忠贤等阉党集团的嫉恨,被视为夺权擅政的最大障碍。于是,魏忠贤阉党之流就开始了对东林党人的驱逐和夺权步伐。邹元标、冯从吾与首善书院事件,便成了这场双方较量的导火索。

晚明时代,东林党人继承宋元以来书院讲学的传统,教民醒世、蔚然成风。万历初年,张居正柄政,认为书院讥讽自尊,阻碍推行新政,遂在全国"泼水弃童"、取缔书院。他死后,书院陆续恢复或变相恢复,一度在夹缝中求生。太原、徽州、江右、关中、无锡遥相呼应。以无锡东林书院最为著名。北京为顺天府,是首善之地,却没有讲学的书院。嘉靖年间,罗洪先、徐阶与在京名儒,大多借用寺庙举行讲会,引为一大憾事。天启二年,都察院左都御史邹元标、左副都御史冯从吾有感于此,得到同僚的支持,在年初举卓异工作结束后,即开始在宣武门内东城墙下构建书院一所,历时两月,于五月竣工开讲。邹、冯两先生在退朝工余时间,不通宾客、不赴宴会,专心致志在书院讲学。有志于学术的缙绅先生,环而静听,间或提问讨论,无不畅所欲言。首善书院声誉鹊起,影响非常之大:"一时转相传说,咸知顾名义、重廉耻,士风为之稍变。"①

内阁首辅叶向高应邀撰写《首善书院记》,肯定了在京师建立书院的创举。他说:自从白鹿洞书院以来,蔚然成风,通都大邑所在皆有书院,而京师独缺。这种状况持续二百年之久,现在得以改变,首善之地非其它通都大邑可得而比也。他还对邹、冯二位学者型官僚的学问推崇备至。

令人意想不到的是,书院名声大噪之后,便带来了麻烦,被卷进政治风波,东林书院是如此,首善书院也不例外。或者可以说,对首善书院的攻讦,是诽谤东林书院的延伸。鼓噪最厉害的是兵科都给事中朱童蒙,此人日后成为阉党骨干分子。他对于邹元标再度出山,担任吏部左侍郎、左都御史，举荐东林人士等做法极为不满，在对攻击书院的疏文中，"东林"二字的使用频率最高。

太仆寺少卿满朝荐的奏疏，对此给予反击，力挺东林诸臣的功绩，矛头直指魏忠贤邪恶势力。正与邪的较量日趋短兵相接。

钳制舆论，是魏忠贤的一贯伎俩。发展到登峰造极，就是摧毁全国所有书院。攻击邹元标、冯从吾的首善书院，不过是小试牛刀而已。

邹元标还是先前那种宁折不弯的秉性，想当年他敢于冒着廷杖致死的风险，上疏弹劾张居正，如今区区朱童蒙的恫吓根本不在话下。当即写了长篇疏奏，阐明开办首善书院的初衷，驳斥了对方的谬论。还讥讽了不学无术的朱童蒙之流"自训诂帖括外，别无功课，自青紫容名外别无意趣。恶闻讲学者，实繁有徒。……朽骨青山，黄鸟数声，不知天与昭昭者漂泊何所？"[②]

邹元标分析得入情入理，无可挑剔，皇帝只得打圆场：要其"方自表率，不必介意。"

冯从吾也上疏回击朱童蒙，讲得有理有据，滴水不漏。皇帝也不得不回应："朕留心学问，岂禁臣下讲学，且仕学相资，何可偏废？"

表面上看，皇帝没有偏袒朱童蒙，但邹元标、冯从吾感受到的压力是无形的。给事中郭允厚力挺朱童蒙，诋毁都察院的一二把手，唯恐在明年的京察中遭到报复，非得把他们二人赶下台不可。这一点，连内阁首辅叶向高也看出来了："无奈人情多端，过盛猜疑，必逐去邹元标而后快也。"为了政局安定，他在十月初八日的奏疏中指出，如果邹元标、冯从吾等人辞官而去，谁来主持即将到来的京察大典？……察典几何时？而在事诸臣势将一空，谁为皇上了此事者？"在他看来，邹元标是当今不可多得的人才，"在皇祖朝，直声震于朝野，三尺童子吾不知其为忠臣。"因此，他反对朱童蒙、郭允厚逐去邹元标的图谋。他还反对朱、郭之流的"讲学结党说"，指出，讲学即为结党，那世上结党者岂止讲学之人，苟欲结党，何须讲学？

三朝元老叶向高讲出如此高论，也令幕后的魏忠贤哑口无言。皇帝也发出温和的圣旨："大臣真品实学，自能维扶世风。言官意见参差，不妨互相质证，但不得参以歧念，迹涉猜防。……邹元标、冯从吾已有旨谕留，这所朕知道了。"

是年七月，在魏忠贤之流奸佞朱童蒙的不断攻击下，京城首善书院的首倡者、建设者邹元标、冯从吾还是走了。尤其是前者，在数十次上疏乞休，皇帝不准的情况下，他一走了之。熹宗闻讯后，也不追究他的罪责了，下诏加赠太子太保，派驿车送他回家。归里后的邹元标闭门谢客，撰写进呈《老臣请去国情深疏》，一一陈述军国大计，而规劝皇帝节制欲望，人们争相传诵。天启四年死在家里，享年七十三岁。第二年，御史张讷请求拆毁天下的书院讲坛，极力诋毁邹元标，魏忠贤于是假传圣旨剥夺邹的官籍。崇祯初年，赠邹太子太保、吏部尚书，谥号"忠介"。

邹元标、冯从吾的罢官，引发正直人士的公愤，对皇帝和朝廷流露出极大的不满情绪。人们希望年轻的皇帝亲操政柄，重振朝纲。两名新科进士文震孟、郑鄤，初登官场，没有包袱，直言无忌地上疏，表达了压抑在许多人心底的呼声。

文震孟，字文起，号湛持。苏州吴县人，是著名学者文徵明之曾孙，国子监博士文彭之孙，卫辉府同知文元发之子。颇有家学渊源，尤以《春秋》经学颇有造诣。主盟东南文坛的顾宪成、高攀龙曾对他敬仰备至，远近清流不远千里前往请教。但是他从万历二十二年参加进士考试，接连九次失利，直至三十年后的天启二年才进士及第，又以殿试第一名（状元），授予翰林院编修，真可谓不鸣则已一鸣惊人。"胪传之日，儿童妇女皆知其名，指目为忠孝状元。"③

文震孟时年已近半百，不再年轻，好不容易得来的功名，理应倍加珍惜，但他毕竟是文徵明、文彭的后代，熟读儒家经典，以治国平天下为终身抱负。对当今朝廷的时弊,他洞若观火;对于邹元标、冯从吾两位正人君子的离去,他义愤填膺。遂贸然上疏,从"国步綦艰"到"杜乱源",侃侃而谈,他要表达的意思非常清楚,现在上朝徒具形式,鸿胪寺官员当司仪,大臣们按照口令跪拜起立,按照固定程式排演,没有君臣之间的对话交流商议,所以他说"第如傀儡登场,了无生意",皇帝势必与内官听从太监的耳濡目染,于是乎出现"空人国以庇私党""罾道学以逐名贤"的怪现象,国法刑章断然无存。魏忠贤利用职权,将奏疏扣下不报皇帝,又乘皇帝看戏时,突然呈上这份奏疏,还断章取义摘取"傀儡登场"一词,说文状元将皇上比作傀儡,不杀此人无以示天下。皇帝表示同意。事后,他又做贼心虚,怕杀了文状元引起更大麻烦,只得假传圣旨,廷杖文震孟八十。当日首辅叶向高请假,次辅韩爌、吏部尚书盛以弘等极力申救,才免于杖责。

和文震孟同期进士及第,比他小二十岁的郑鄤,字谦止,常州武进人(天启二年进士,改庶吉士)。以少年新进的锐气,为文震孟鸣不平。他的奏疏没有点名,但通篇影射魏忠贤"以权璫之炀灶""窃弄之机也";"内降之屡旨用以肆斥大臣,其(东厂)机关使人骇。"结果,魏忠贤即日颁下圣旨(矫旨),"窥探上意,本当重处,念朕首科取士,新进书生不知大体,姑从轻,俱降二级调外任。"

文、郑二人本是出以公心,希望皇帝重振朝纲,不要大权旁落,然而竟遭降级处罚,一些官员纷纷上疏申救,首辅叶向高也写了洋洋洒洒的奏疏,向皇帝求情。然而不管用,决定大权在魏忠贤手里。文、郑二位不愧为三吴名士,宁折不弯,拒绝降调的圣旨,愤然回到家乡。

首善书院的结局以及邹元标先生的境遇,令程启南愤愤不平,两位年轻的新科进士宁折不弯的辞官义举,令他钦佩,也更令他看清了魏氏阉党的丑恶面目。在当下奸臣当道,忠良受害的局面下,自己该向何处去?他感到很无助。出了宅门,一阵冷风吹来,他打了一个寒颤。他突然觉得自己应该去找个人请教一下,这人就是东林党另一头面人物,被熹宗皇帝重用的吏部尚书赵南星先生。

赵南星(1550—1627),字梦白,号侪鹤。河北高邑人。万历二年进士,历任汝宁推官、户部主事、吏部考功司郎中、吏部文选清吏司员外郎等职。因得罪万历皇帝和朝中权贵被弃用,里居二十余年,天启元年三月被重新启用为太常寺卿。此时他已是七十三岁的老人。他曾感慨地对皇帝说,他早年担任吏部考功清吏司郎中时,"血气方刚,锐意有为,做事孟浪,罪废屏居者三十年矣。臣年七十三岁,古称三十年为一世,七十为老。……臣犹视息人间,以待陛下龙飞利见之期,录用旧人。"④天启三年十月,接替张问达任吏部尚书。

拜见赵公点迷津

魏忠贤当初很看重东林党领袖人物赵南星,看重他的职位(吏部尚书)和能量,为拉拢他,曾在皇帝面前称赞他能担当大任。有一天,魏忠贤派遣外甥傅应星拿着礼物拜见他,赵南星把他赶走了。赵曾与魏忠贤一起坐在弘政门下,选拔通政司的参议,态度严肃地对魏忠贤说:"皇上年幼,我们这些朝廷内外的臣子应该各自努力做好事。"魏忠贤一声不吭,愤怒之情溢于言表。

大学士魏广微,是赵南星的朋友魏允贞的儿子,赵向来以世交子弟抚养他,魏广微进入内阁后却依附魏忠贤,曾三次到赵南星家谋职,都被拒之门外,他曾经感叹说:"见泉没有儿子。"见泉是魏允贞的别号。魏广微对赵南星恨之入骨,与魏忠贤相勾结来陷害他。

在经历了明神宗、光宗、熹宗三朝,官至左都御史、吏部尚书的赵南星,也经历过被罢官降调的厄运,他深知举用贤人的重要性,不断向熹宗皇帝举荐在野被遗漏的东林党人，将他们安排在各个部门。如先后安排高攀龙、杨涟、左光斗执掌法令；魏大中、袁化中主管科道；李邦华、孙居相等人全部放到部里执政。面对当时黑暗腐朽的政治，他"慨然以整齐天下为任"，利用所掌管的监察、组织和人事大权，革故鼎新。天启二年，在邹元标的配合下，在朝廷之外的地方官员中推选卓异活动，便是东林重臣改革吏治的一大举措。程启南等一批非东林党人的卓异官员先后受到提携和重用。

赵南星认为政治黑暗腐朽的根源在于皇帝怠政，改革的目标首先是皇帝，于是他冒着掉脑袋的风险，多次上疏，劝说皇帝勤于上朝，扭转纲纪废弛局面，转变工作作风。然而，他的劝谏却被贪玩的熹宗皇帝当成耳旁风，不得已，他在天启三年，开启了曾与邹元标共同策划的"京察大典"，把整肃贪官污吏作为重要举措，坚决清理了他认为的"四凶"官吏。

赵南星比程启南大十来岁，程将他视为恩师和尊长。这天晚间，他再次到赵的官邸拜访求教。

"魏忠贤这个阉党集团，是当前明朝最大的隐患。其危害性将远远超过以往的王振、刘瑾之流。有人说明代将要毁在魏氏阉党手里，恐怕并非危言耸听。"

"赵公，那有什么办法能阻止他们的倒行逆施呢？"

"清君侧。"赵南星说："既然皇帝不听我们的劝谏，那我们就拿他身边的小人开刀。"他凑近程的耳边说："去年，我在和都察院联合搞'京察'时，对结党营私、扰乱朝政等不称职的官员罢免很多，尤其是朝中有四个给事中，被人们说成"四凶"，坚决罢免，逐出朝廷。说着，他从墙柜抽屉里，拿出新著一本书，交给程启南："这是我刚撰写的《四凶论》，有空提点意见。"

"谢谢，抽空我一定拜读。"程启南郑重地接过赵的新著。

"我现在已经七十二岁，老了，按说，已经到了该浇花养草，回故里颐养天年的年龄，可眼看着当下魏氏阉党得寸进尺、排挤朝中忠良，我心不甘呀！为了国家兴旺，为了挽救大明王朝，我就再进一次忠，再做一件大事吧，哪怕粉身碎骨，死而后已。"

程启南被老臣赵南星大义凛然、高风亮节的品格感动得热泪盈眶。

"赵公，那我能做些什么呢？上疏谴责阉党，助你一臂之力？"

"不可，万万不可取。"赵南星摆摆手说："不到万不得已，你可别蹚这池浑水。我们要全军覆灭了，还怎么跟他们斗？刀山火海，由我先去蹚，先去顶。我已将个人荣辱和生死置之度外了！你和我不同，你比我年轻。记住，要先保护好自己，要多学习历史，如贞观纪要、前朝宦官乱政史等，看透他们的面目和危害，多团结一些正人君子，尽可能多做一些我们力达不到，或日后的未竟之业。"

他再次被赵公一心为国、视死如归的境界，以及保护同僚的策略所感染。

他们越谈越投缘，正要继续对话，仆人前来报告说："杨大人前来拜访。"

赵应答："快请杨大人！"

程启南起身告辞，在赵仆人送他时，遇到鬓发斑白的杨涟老人。两人打了招呼，挥手而别。

在京城太常寺工作期间，程启南与赵南星、高攀龙、杨涟、左光斗等东林党的头面人物频繁交往，学到了很多东西，并在很多方面达成了共识。通过交往，他深深意识到，宦官摄政，是明代一大顽疾，由此带来的奸臣当道，忠良受害，已过去的若干朝代都几乎毁在宦官手中。如今，魏忠贤之流正在利用熹宗皇帝贪玩怠政的弱点，一手遮天，代行权力，拉拢朝中大臣，很有可能会形成明代最大的阉党集团，将给大明王朝带来严重危害，乃至灭亡。

夜深了，月牙弯弯，繁星布满了天空。

程府宅邸的马灯光依然亮着，程启南刚刚阅读完从皇宫档案库——天启阁借来的明代官吏史中关于宦官的篇章，脑海中不禁翻滚着这些宫廷囊虫的丑恶历史。

明朝是宦官擅权十分严重的一个朝代。有明代初期，作威作福的大太监就有王振、刘瑾、汪直等数人。

王振，是明朝第一代专权太监。他略通经书，满腹经纶，后自阉入宫。入宫后为东宫局郎，服侍皇太子也就是后来的英宗皇帝。英宗即位后，很自然要重用自己喜爱的人，王振出任宦官中权力最大的司礼太监。这倒是很正常的一件事，一朝天子一朝臣，宦官也不例外。

司礼监是明代宫廷里二十四个宦官衙门中最重要的一个，它总管宫中宦官事务，提督东厂等特务机构，替皇帝掌管内外一切章奏和文件，代传皇帝谕旨等，由于此职事关机要，历来都由皇帝心腹宦官担任。后来，随着"票拟"制度的形成，皇帝最后的裁决意见，要由司礼监秉笔太监用红笔批写在奏章上，称为"批红"。奏章经过"批红"以后，再交内阁撰拟诏谕颁发。宦官掌握了"批红"大权，实际上就成了皇帝的代言人。这些宦官成天围在皇帝旁边，善于察言观色迎合皇帝，又常常利用皇帝深居简出，和外廷官接触少的弱点，欺上瞒下，假传谕旨或歪曲篡改谕旨，以售其奸。英宗把这样一个重要官职交给王振，为他日后擅权打开了一条通路。

明正统七年，太皇太后死，重臣或死或退，朝廷缺少了一个遏制王振的人，他便渐渐跋扈无以复加了，于是开始勾结内外官僚，在京城东造豪华府第，大兴土木，逐杀正直官员。对于那些稍有不服、甚至要和自己分庭抗礼的朝臣，王振的霹雳手段便立即使用上，绝不留情。正统八年的一天，炸雷击坏奉天殿一角，英宗因遭此天灾，特下求言诏，要求群臣建言得失。翰林侍讲刘球上疏提出"皇帝应亲自处理政务，不可使权力下移"等项建议。王振看到刘球的建议有侵己之处，大怒，立即下令逮捕刘球入狱。这时，正值编修官董麟因自己要求任太常卿一事而被王振关进狱中之时，王振便想通过董麟之事置刘球于死地。立即指使其党徒马顺用毒刑拷打，逼迫董麟承认他自己所请太常卿之事是受刘球所指使。董麟被逼不过，只好屈服，在诬状上按了手印。王振便借此下令处死刘球，还把刘球的尸体肢解。朝野大臣听说此事，皆不敢再上疏言事了。驸马都尉石碌，一天，在家里责骂佣人太监贠宝。王振又有了兔死狐悲的感觉，就把石碌投入锦衣卫大牢。英宗对王振的所作所为全部赞同，他还总是称王振为先生，不称他的名字，以示尊重。朝臣见皇帝犹如此，只有等而下之，连王侯公主都称王振为翁父，大臣们只能望风便拜，更有无耻者纷纷认王振作干爹。

不过也有宁死不屈服权势的。一次，御史李铎碰到王振没有跪拜，就被逮捕，关进监狱，后被贬官流放到辽东铁岭卫服役。还有大理寺少卿薛某是王振的同乡，但他痛恨王振擅权专恣，不和他来往。一次，王振在东阁开会，众公卿见王振来到，都俯首揖拜，唯独薛一人不拜。这下可惹恼了王振，遂怀恨在心。后来，北京有位指挥病死，王振的侄子王山欲将其妾岳氏据为己有，但这个指挥的妻子不同意，王山就与岳氏密谋，诬告该妻毒死了自己的丈夫，并逮捕该妻交给都察院审讯。薛在审理这一案件时，发现所告与事实不符，即主持公道，为该妻辨冤，这又一次触犯了王振。王振听说这件事以后，大怒，立即指使他的党羽控告薛受了被告贿赂，并将薛问成死罪。临刑时，他的几个儿子争着代父受刑，王振的仆人和侍郎王伟也出来为薛申辩。王振一看众怒难犯，只好免去薛的死罪，但仍罢官削职，放回乡里。如此等等，凡触怒过王振，或是他所不喜欢的，他就随便加上罪名，处罚、贬谪随心所欲。

正统十四年，瓦剌大举入侵，王振在对瓦次没有足够认识的情况下，怂恿皇帝御驾亲征，以图吓跑瓦剌兵，冒滥边功、青史留名。对王振言听计从的英宗下诏亲征旨令后，不顾朝内大臣的劝阻，凑合了二十万大军，号称五十万，虽然有一些文武官员随征，但英宗不让他们参与军政事务，而把一切大权交给王振专断。由于组织不当，大军出发不久，军内便自相惊乱，未到大同，军中已经乏粮。在大同，宦官郭敬将前几天前线惨败的情况密告王振，并说，瓦剌兵很强，如果继续北进，会正中瓦剌的诡计。王振害怕起来，急忙传令，次日撤出大同。后在撤退途中到了土木堡，被瓦剌兵包围，设计围歼，结果激战中英宗被俘，王振被杀。

就这样，因听信宦官王振的瞎指挥，二十万大明军队被几万瓦剌兵打败，还牺牲一些文臣武将。尽管后来英宗皇帝复辟，厚葬了王振，但土木之耻堪为殷鉴。

"岂有此理！"程启南大拍了案桌。联想到当下魏忠贤等阉党，正在步步紧逼，图谋不轨，他发誓，宦官当政只会国破家亡，决不能屈服于当代阉党头目魏忠贤之流的淫威。

拒魏拉拢志不移

天启四年，是东林党和魏氏阉党集团激烈较量的一年，双方都在争取或拉拢熹宗皇帝的支持，都在调兵遣将，谋篇布局，力图在这场势均力敌的斗争中取得主动。任何人都不可能在这场宫廷斗争中置身度外，独善其身。

其实这场斗争早在天启三年元月就开始了。正邪较量的结果，双方达成妥协。增补阁臣顾秉谦、朱国祯、朱延禧、魏广微，加上靠前的五位叶向高、韩爌、史继偕、何宗彦、朱国祚（四月致仕），内阁大臣有九人之多。东林党人增加了核心力量，阉党也掺进了重要骨干。

三月初十，皇帝批复了赵南星的一份奏疏，肯定了其吏治成果，东林官员们开始了新的攻势。

三月下旬，御史方大仁弹劾给事中郭巩沟通魏忠贤，并揭发魏忠贤"甲第壮丽，葬地逾制"。

由于在"京察大典"计划中，魏氏阉党"四凶"被整肃，引起了魏忠贤阉党集团的恐慌和仇恨，为了保住他们的走卒队伍，他们采取各种卑劣手段，打击排挤走朝中掌管人事大权的赵南星，便是重要一着。

一天夜晚，程启南的官邸，迎来了一位不速之客，他就是魏忠贤的干儿子倪文焕。

这个倪文焕，三十多岁，他是江都（今江苏扬州）人，天启元年进士，授行人由魏忠贤的五虎之首、爪牙——崔呈秀引入魏氏幕府中。传说拜了魏氏做干儿子，成为其爪牙。先后诬劾李邦华、李日宣、周顺昌等数十名东林党贤士，擢升御史。他的造访，还手提一盒点心，程启南顿时心收紧了：这是黄鼠狼给鸡拜年——没安好心。

倪文焕一进门就寒暄不止："程老卿，早就想来了。一直瞎忙，抽不出时间。"

"你到底来干什么？就直说好了！"程启南没有给对方好脸色。

"听说明日是你生日，我干爹很惦念你，特派我来代表他向你老表示问候。"

"那就谢谢魏老先生啦。"程冷冷地说。

"干爹还托我给你捎几句话，不知当讲不当讲？"倪文焕环顾四周，欲言又止。

"有话你就直说吧。"

"程老卿的才干，朝廷内外尽人皆知，襄阳平冤案、山东救灾民，平息白莲妖孽、神通寺驻兵震匪，功勋卓著，又是当今天下廉吏第一，不愧是当今能官贤吏。但是，我说句不中听的话，要想成为显达官人，尽享荣华富贵，还需要高人提携。否则，纵使你有浑身解数，也恐难以施展。"

"到底需要谁人提携？你直说吧。"启南单刀直入地问道。

"辅臣魏忠贤，我的干爹。他手眼通天，连当今皇上也对他都无比器重，高看三分。干爹说，假若你能跟着他干。那朝中命官任你挑，荣华富贵任你享。"倪文焕一口气表达完要说的话。"不急，不用你马上回答，好好想想吧。过两天我再来。"

"对不起，我没有那么好的福气。赵管家，送客！"他下达了逐客令，顺手抓起那包点心，甩给对方。没想到对方猝不及防，未能接住，那糕点落在地上"咣当"一声，包裹摔裂开了，两个银锭蹦了出来。

程启南更加怒不可遏："原来想贿赂收买我呀，回去告诉你的干爹，以后别来这一套，我程启南生来为国为民清白做人、廉洁做事，绝不会助纣为虐、陷害忠良，也不屑与小人为伍，我是不会跟他走的！"

倪文焕走了好久，程启南气得呼呼直喘气，好久才逐渐平静下来。

当晚，他毫无睡意，不由再次翻开了那本借来的档案资料册，翻开了武宗皇帝时有名的太监刘瑾擅权作乱的资料。

刘瑾，陕西兴平人，本姓谈，因投靠一刘姓宦官入宫，改姓刘。入宫后，他侍奉太子朱厚照，后来朱即位为武宗帝。

刘瑾在明孝宗在位时侍奉太子朱厚照，他对这个难得的机会很知道珍惜，因为他知道太子就是将来天下的老大，于是，便使出浑身解数笼络当时只有十多岁的太子。弘治十八年，明孝宗因病去世，太子朱厚照顺利即位，这就是明武宗。

正像刘瑾想得那样，他时来运转了，他和马永成、高凤等七名太监得到了新皇帝的宠爱，被称为"八虎"，刘瑾则是"八虎"之王。

在刘瑾的统领下，这些宦官想方设法鼓动武宗游玩享乐，他们则专横跋扈，背着皇帝干尽坏事。

刘瑾最受武宗的信任，在内宫任职，而且掌管着京城的精锐守卫部队。

刘瑾为聚敛个人财产，公然索贿受贿。如下令天下巡抚入京受敕，这些来京的官员，都要向刘瑾送银，少则数千，多则万两。重贿者升官，不贿者得祸：或贬官，或下狱，或勒令致仕。刘瑾还大肆贪污国库金银，中饱私囊。

第二年，为国忧虑的大臣们见武宗被宦官们搞得不理朝政，便纷纷劝谏。开始武宗听不进去，直到被告知天象有变，是上天在警示他，武宗这才有所表示，并打算将刘瑾先贬到南京。

但大臣们则坚决要求杀掉这个祸根。为了让皇帝下决心除掉刘瑾，大臣们联合了当时的京城主要官员，准备第二天一起劝谏。

但吏部尚书焦芳是个心底很阴暗的人，他当天晚上就跑到了刘瑾家。

刘瑾一看焦芳空着手来的，心里老大不高兴，脸当时就拉长了，冲焦芳摆摆手说："我今天忙，有事你明天再来！"焦芳见他这个样子转身就往外走，边走边说："明天，我就不用来了，这里指不定是谁家了呢！"刘瑾一听心里"咯噔"一下，连忙说："你说什么？回来！"焦芳把大臣们明天一早的行动计划一五一十地告诉了刘瑾，刘瑾一听，大惊失色，连夜到武宗面前哭诉求情。

武宗看刘瑾哭得挺可怜的，又想到他以前对自己的忠心照顾，就说："行了，别哭了，我知道了，明天别人说什么我都不会听的！"

第二天，大臣们上殿弹劾刘瑾，武宗就说："挨个说，想说什么就说什么！"大臣们开始还挺高兴的，以为这回刘瑾肯定完了，于是纷纷揭发刘瑾的罪行。

等到大家揭发完了，就等着皇上下旨杀刘瑾呢，武宗却说："好了，你们说的都挺累的，回去歇歇吧！"大臣们你看看我，我看看你，心想：这就完了？我们白说了！武宗见大家都站那儿不动，就说："你们不走啊？那好，我先走，咱们改日见吧！"说完像没事儿似的走了。

大臣们知道，这次进谏行动以失败告终。

武宗不但继续宠信刘瑾等人，还将司礼监、东厂、西厂也让他们分别掌管。同时，将另一个正直的太监送南京充军，后又在半途截杀。

糊涂的武宗由于不知好歹，给明朝带来了很大的灾难。

司礼监在当时是很重要的内宫官署，有掌印太监一名，秉笔太监八九名。

在明朝，百官向皇帝上书，要先送内阁，由内阁辅臣做出初步的处理意见，叫作"票拟"，再交给皇帝批阅。这时皇帝用朱笔（即红笔）在奏章上批示，叫作"批红"。

有的皇帝如果不勤于政事，便让司礼监宠信的太监代笔，这就给太监的胡作非为提供了条件。

另外，司礼监的太监还有一个其他部门无法比拟的特权：传达皇帝旨意。

有时由秉笔太监记录下皇帝说的话，然后让内阁起草，或者由太监口头传达给有关大臣。这种制度直接给宦官造成了篡改圣旨的机会。

刘瑾就是司礼监的主管，这是他专横跋扈的重要资本。对于曾经联合起来想置他于死地的大臣们，刘瑾当然是恨之入骨。在自己掌握大权之后，便向这些大臣开刀了。

他用的方法很多，一是处罚，即罚米供应边境。因为罚的数目很大，有的竟达到几千石之多，使很多大臣被罚得倾家荡产。其次是身体处罚，最狠毒的是脱掉衣服进行廷杖。

明朝原来的廷杖仅仅是对大臣的一种人格侮辱，并不是身体处罚，所以允许大臣用毡、毯以及棉衣垫在身上。但刘瑾却要大臣脱衣受刑。行刑期间又授意执行的锦衣卫加力责打，结果大臣们常被当场打死。刘瑾还造了一种大枷，有一百五十斤重，被他迫害的大臣戴上这种枷后，没几天便被拖累致死。给事中许天锡，本想弹劾刘瑾，却不胜恐惧，结果怀装奏疏自杀了。

正德五年四月，武宗派御史杨一清和"八虎"之一的太监张永去平息安化王的叛乱。杨一清平定叛乱后，与前来监军的张永商讨除刘大计。有太监张永利用献俘之机，向武宗皇帝揭露了刘瑾的十七条罪状。其中还有谋反当皇帝的问题。武宗大吃一惊，亲自出马，去抄刘瑾的家，在家中抄出贪污受贿金银数百万两，在刘瑾经常拿的扇子中，也发现藏有两把匕首。武宗见状大怒，终于相信了刘瑾谋反的事实，下诏将刘瑾凌迟处死，并废除刘瑾变法时的一切举措。

刘瑾专权五年之久的历史，让程启南与朝中的魏忠贤联系起来，发现魏珰正朝着王振、刘瑾篡权擅政的方向发展……他越想越可怕，决定几日后再去找赵南星，把魏忠贤拉拢自己的动向告知对方，好好把自己的想法抖一抖。

然而，随着形势的急剧恶化，他的愿望落空了。身处逆境的赵南星很快便遭到魏阉党的清洗和迫害。

贬谪南京观风雨

天启四年十月，程启南调任南京太常寺少卿（正四品）。

这是一次非正常调动，属于明显的降职外调。其原因就是魏忠贤之流对程启南不肯屈服于他们的拉拢施行的打击报复。

程启南调任南京的日子里，他白日除应付一下工作事务外，平日大都闭门谢客。然而，他时刻打听，关注着京师朝廷的动向。因为形势的好坏，均与他息息相关。

是年，京都朝廷东林与阉党之间的斗争日趋表面化、白刃化。

三月初，五十三岁的杨涟晋升为太常寺少卿、再升为都察院左佥都御史、左副都御史。赵南星在危难之际，苦力支撑局面。继续提携东林人士，增强反阉力量。

杨涟（1572—1625），字文孺，号大洪，湖广应山（今湖北广水）人，东林党人。万历三十五年进士，次年任常熟知县，兴文教，奖节义，被评为"清官第一"。后入朝任户科给事中、兵科给事中,成为著名谏臣。光宗病重时,上疏力陈光宗过失,获得光宗召见。李选侍在光宗逝世后,欲挟太子朱由校(明熹宗)把持朝政。杨涟说服朝臣,挺身而出,闯进乾清宫,拥熹宗即位并逼李选侍移出乾清宫,以安定朝局,是为著名的移宫案。自升为左副都御史后,更怀忧国忧民之心,连上两疏,矛头直指魏忠贤。第一疏主旨是"止内批屡降",请求皇帝剥夺魏忠贤降矫旨的权力,把生杀予夺大权交还给皇帝,把票拟权交还给内阁,人事权归还六部,是非评定权归还都察院、六科。对魏显然留有余地,只要他痛改前非,即可贷以不死。话虽仁至义尽,却缺乏振聋发聩的震撼力。皇帝和魏忠贤那里没有什么反应。

六月初一,杨涟以舍得一身剐,敢把皇帝拉下马的大无畏精神,再次上疏,揭露魏忠贤二十四大罪。核心内容有,朝廷内外,只知有魏忠贤,不知有皇帝,"皇帝为名,忠贤为实",迫害皇后和宫妃,致使熹宗皇帝绝嗣;排挤迫害忠良朝臣,安排目不识丁亲属入朝,担当重要职位等等。奏疏发出,朝野震动,引发了群臣对魏忠贤的弹劾潮,先后有三十七名朝臣官吏上疏,或力挺,或附和,或专论,群情激昂。由于魏忠贤的死党在为熹宗皇帝念奏疏时,避重就轻,要害地方不念,或念成对魏的颂扬,皇帝还慰问了魏一番,发表了袒护魏忠贤的批复。随即魏开始了对东林党人士的全面反扑。

大学士、首辅叶向高抱着不偏不倚的中立态度,希望辩明事理,然而他这种一厢情愿的态度,本想调和双方,得到的却是皇帝偏袒魏忠贤的圣旨,讨了个没趣,心情郁闷无比,再次请求辞职,这是他第五十九次乞休了,未批准。他在奏疏中,两面调解,他还提出了一个平息事态的最佳方案,请魏忠贤辞去东厂总督,退归私第,远势避嫌,迁善补过(叶向高《论魏太监事情疏》《续纶扉奏草》卷十四)。由于魏氏阉党作祟,皇帝的答复以十分罕见的长篇大论,训斥叶向高,为魏忠贤评功摆好。

六月，工部屯田司郎中万燝上疏提醒皇帝警惕魏忠贤暗夺皇帝生杀予夺大权，滥杀廷内朝臣的问题。皇帝阅后勃然大怒，"着锦衣卫拏来午门前，着实杖一百棍，革了职为民，永不叙用。"（沈国元《两朝从信录》卷二十二，天启四年六月辛未）大臣纷纷申救，毫无作用，百棍不到，万燝即被活活打死。

魏广微向魏忠贤献策："必去叶向高而后可。"还献上《缙绅便览》一册，侧重开出六七十人的名单，包括叶向高、赵南星、高攀龙、韩爌、杨涟、左光斗、魏大中、何如宠、钱谦益、成基命、缪昌期、姚希孟、陈子壮、侯恪、黄尊素、周宗建、李应昇等，"皆目为邪党，暗于上前借事摈斥。"（刘若愚《酌中志》卷十一《外廷线索纪略》）在魏广微看来，只要反对魏氏阉党，均为邪党，即东林党，均在铲除之列。如此一来，将万历末年朝廷反对东林党的斗争，延续至天启年间，大批名人贤士遭到迫害和清洗。

从七月开始，魏氏阉党全面反扑，开始了官场大清洗。

七月初九，大学士叶向高递上第六十七次乞休疏奏，被批准回籍。朝内少了制衡魏氏阉党的重臣。

十月初一，朝廷在太庙举行祭祀仪式，皇帝身服冠冕，在群臣簇拥下，礼拜如仪。内阁次辅、魏忠贤党羽魏广微无故缺席，直至典例将要完毕，才踉跄插入队伍中拜跪。激起众怒。吏科给事中魏大中弹劾他蔑视皇权、无人臣礼。魏广微对魏大中恨之入骨，但自知理屈，遂向皇帝检讨，假惺惺请求骸骨归乡。魏忠贤温旨挽留。事后，官员们交章弹劾。经此事件，魏广微更加死心塌地投靠魏忠贤。

十月，左都御史高攀龙向皇帝揭发淮扬寻访御史崔呈秀收受贿赂，私放匪盗，以及透支巡旅公费等罪行。皇上下旨吏部复议，吏部尚书赵南星决定将其革职遣戍。崔连夜微服投奔魏忠贤，送上巨额贿赂，并以"干儿子"自居，被魏保下，视为心腹，次年任命为兵部尚书，成为魏氏阉党"五虎"之首。

十一月，吏部侍郎陈于廷、都察院都御史杨涟、左佥都御史左光斗被削夺职权官位。大学士韩爌回籍。当初，杨涟参魏忠贤二十四大罪，朝臣群起攻击，魏忠贤害怕，上门恳求韩爌为其说话，被拒绝。魏得势后乘机报复。

十一月，吏部尚书赵南星、左都御史高攀龙被魏忠贤下矫旨回籍。

吏部文选司张光前、河南道御史袁化中降调。刑部侍郎乔允升、兵部侍郎孙居相回籍。

"谪天下贤之晚节潦倒，遂入珰幕。"（《启祯两朝剥复录》）

程启南虽然不在京城，但十分关注京城局势，他通过京城来往官吏，往来文书，始终对京城宫廷斗争洞若观火、了如指掌。他在蛰伏，也在等待时机，等待上奏疏的时机，给魏氏阉党狠命一击。

大义上疏愤辞官

天启五年，魏氏阉党集团纷纷赤膊上阵，对东林党人开始了全面夺权和清剿。

正月，都察院左副都御史乔应甲十次上疏，请求朝廷"早剖门户"，清理东林党人，并说淮抚李三才是东林党魁。下有张问达、赵南星、高攀龙、曹于汴、段然等干将。

二月，御史杨维垣在奏疏中，要求重评"晚明三案"的是非曲直。诬陷审理梃击案有功的王之寀，魏忠贤遂将王之寀革职为民。皇上也为其翻"晚明三案"定了调子。

三月底，锦衣卫镇抚司许显纯逮捕了一个后附东林党的布衣小吏汪文言。

汪文言最初只是监狱里一个看守，他的转机是在京城里碰见一个人——太子朱常洛的贴身太监王安。所以也取得了王安的信赖。在神宗皇帝即将去世之际，汪文言在场，由于他的准确判断，东林党人拥戴泰昌皇帝朱常洛登基，后在其病逝后，汪又及时传递信息，推动东林骨干杨涟冒险闯宫，粉碎了李选侍企图挟持太子朱由校、号令天下的阴谋，将其移出宫廷。天启初年的东林官员全面上位，开启了"众正盈朝"的短暂好局。说一介布衣、一个小人物汪文言改变了东林党人在万历时期不受待见的局面，成全了东林党的夙愿，掌控了晚明局面，毫不为过。他也由此成为东林党人的一员。魏忠贤也看出了这个小人物的价值，逮捕他后，对他进行严刑拷打，逼他诬陷杨涟"谋反"，逼他叛诬杨镐、熊廷弼公行贿赂在京官员，他至死不从，惨死狱中。随即魏忠贤捏造了子虚乌有的杨、熊贿赂案，以皇帝圣旨名义，两月先后逮捕杨涟、左光斗、魏大中、袁化中、周朝瑞、顾大章等六君子，与先前逮捕入狱的汪文言，一并究问追赃。所谓"追赃"，不过是为"六君子"假案织造的一个借口，意在打击东林党人士。

三月，阉党之流捏造汪文言假"呈供"，所谓贿赂京官中有赵南星，给他罗织了"十大罪状"，派人去提审已经归田的人，还将他的儿子、外孙鞭笞后捆吊在衙门前示众，并要其交出赃银一万五千两。赵南星为官清廉，家无私财，在亲友的帮助下，才交够"赃银"出狱。魏忠贤又假传圣旨，将赵南星发配代州，天启七年，病死在戍所。

四月，阉党分子霍维华上疏洋洋数千言，大作翻案文章，诬陷东林党人。魏忠贤也指使党羽，推出《三朝要典》，为迫害东林党人制造理论根据。

八月，都察院左都御史（后任吏部尚书）王绍徽编的《东林点将录》，仿造《水浒传》一百零八将的名号，编成东林一百零八人的黑名单，献给魏忠贤，要他按照名单逐一清算。其实名单上很多人与东林党人毫无瓜葛，纯属莫须有之罪名。

七月二十四日，许显纯用大铁钉钉入杨涟头颅，杨涟致死，然后向朝廷报告"杨涟病故"。杨死后七日，允许家属领回枯尸，养父、老仆当场毙命，幼子惊死。应山县家产被抄，产值不足一千两。与万余两"赃款"数字相距甚远。应山知县夏之令设置募捐箱，士民纷纷解囊捐款。

同日，左光斗死于廷杖之下，卒年五十一岁。左公与杨涟一直是好战友、好搭档。当锦衣卫官差到达其乡桐城，宣读逮捕矫旨时，晴朗天气突然大雨如注，读罢，雨止。在场的群众都说，连老天爷在为左大人鸣冤呢。左光斗死后，家乡民众在桐城县建造了"左忠毅公祠"。

七月二十六日，魏大中致死。

八月十九日，袁化中死于锁头（狱卒头目）颜紫之手。

八月二十八日，周朝瑞死于锁头郭某之手。

九月十五日夜，顾大章投缳而死。

七月二十八日，南京城雷鸣电闪，劈裂一棵百年老树。随即，暴雨倾盆……

几个月来，程启南与一些被贬谪到南京的东林党官员秘密来往，打探京城消息，交流对形势的看法。然而，越来越恶化的形势，已经超出了他最坏的估计。他觉得自己不能再沉默下去了，不在沉默中爆发，就会在沉默中灭亡！他觉得自己应该做出一个最后的抉择了，是对邪恶势力战斗而死，还是上疏一份不痛不痒的辞呈，全身而退，辞官归田。赵南星先生要他蛰伏不动，韬光养晦的话语再次响在他的耳边。

眼下的局势，魏氏阉党势力已经全面夺取了朝政大权，六部等要害部门已经安插上他们的爪牙，凶狠无比，恶流滚滚。自己何去何从？……挺身战斗而死，虽然悲壮，也许还能千古流芳，但这种飞蛾扑火式自杀行为，对魏氏打击不大，没有任何意义；找个理由上份奏疏乞求全身而退，他又不甘心，这不是逃兵行为了吗？到底如何是好？他在宅室来回踱着步子，反复思考着这个疏奏该怎样写，把握什么尺度？终于，他想出一个既要打击阉党干将，又不骂不伤魏忠贤本人，使对手抓不住把柄，有气无处撒，又能警示皇上，还能体面的退路。于是，他铺开疏奏纸张，浮想联翩，挥笔书写起来，一直写到深夜。

次日，他把折叠好的奏疏揣进布兜，携带上简单的行李，雇了一辆马车上路了。他要将奏疏亲自送到京城，设法呈给皇上。

十日后，程启南的奏疏层层递交到魏忠贤的手里。这个目不识丁的太监，委托下属一个爪牙给他当面念了一遍，对个别字句又做了一番解释。

自古治乱荣辱之端，在所信任。苏子曰："冰炭同处，必至交争；熏莸共器，久当遗臭。"言君子小人不同（地）位也。今魏忠贤威移主上，蟠连禁闼（后门），倪文焕、崔呈秀等扇党与（羽），摇唇膏吻而横于世，指夷光（西施）为嫫母（丑妇），借钩钜（木工具）作刑书。如邹元标、孙居相、叶向高、李邦华、张光前等，成削籍排摈，不容于位；万燝、杨涟坐掠重身死；魏大中、左光斗、赵南星又禁锢桎梏（枷锁），坐法柱造赃款。以王振、刘瑾之势，加罗钳、吉纲（唐朝忠臣）之惨，不六翮尽空不止（不把美好的事物毁坏殆尽不罢休）。彼魏良弼、魏良才（注：魏忠贤的亲属）等，方且坦腹加官，意广心轶，危毒海内。《（论）语》曰："民志不入，狱囚自出。"况齐州荒旱，彭城水决，江南地震，关中豖妖。反天不祥（异常天象是不祥之兆），于斯见（司空见惯）之矣。乃尚有进玉玺、赋（附）凤仪者，以便偏指（偏袒庇护），非臣所望也。臣愚以为，众正立，即朝廷之祯祥；群枉（群官被冤枉）至，即国之妖孽。今即使朱草日生于庭，麒麟在囿，臣犹以为无因（缘由）而至，而敢为回面污（同流合污）行，不思变辙者乎？臣愚（愚臣）非徒抱寂寥之志，有不求闻达之诞也，臣实不欲同罢驴为群，与汨俱没（与已被扰乱的政局一同消亡)。臣知此言出,必与忠贤有隙,将枉王度剸刃臣。然臣出万死不顾一生之计,愿尽拳拳(之心),乞陛下信忠贤等耗乱国柄,(其)罪应死,早加元标等,于(皇上)近膝之上,厉贤予禄(鼓励贤士给予俸禄),臣即受败害,固所不辞。臣闻"忠无不报,信不见疑",陛下即过意以擢臣闾伍之中,稍勿程督,当放臣还山,幸陛下裁察,勿使臣困顿长安(指京城),终无所益。

程启南的奏疏,点明了魏忠贤阉党的骨干走卒崔呈秀、倪文焕的劣行,引用前明王朝王振、刘瑾等太监篡政的历史和危害,强烈谴责了魏氏阉党集团疯狂排挤和打压迫害东林党人、朝廷忠臣邹元标、孙居相、叶向高、李邦华、张光前、万燝、杨涟、魏大中、左光斗、赵南星等罪行,同时也表明自己不愿同阉党"罢(劣)驴为群","放臣还山"的坚定态度,也对皇帝寄以一定的希望。通篇观点鲜明、逻辑有力,措辞彰显个性,文笔酣畅淋漓,是一篇永载史册的著名疏文。

魏忠贤听完下属念完奏折内容后,怒不可遏,气得直打哆嗦。按往日惯例,他对部里的奏疏,往往都要扣押几日才处理,批阅或面呈皇上。而今天,他却出奇地干脆,也不呈报皇上了,当下便批了一个"罢归允放"四字。批给吏部后,才感觉到自己盛怒之下,做法有点唐突了。程启南是当朝皇上御批的"天下廉吏第一",自己连个招呼也不打,就给罢免了,皇上要是问起来,怪罪下来咋办。于是他赶忙从吏部追回奏折,赶到皇上内宫,此时皇上正在精心雕刻一座木制宫廷牌楼模型,看那亭台楼阁,颇有韵味。若旁人看了,哪会想到工匠会是一个举国第一人——皇帝。然而,魏忠贤紧张的心情反而平静了,他感到事情好办了。

魏忠贤下跪说道:"皇上,我这里有份奏折,是程启南送来的……"

"没看见我正忙吗?程启南,他要干什么?"

魏说:"他在诽谤臣下和朝廷命官。"

"不识抬举!"熹宗说:"不看了,你看着处理吧!"

"谢皇上。那我就告辞了。不打搅了。"魏忠贤起身拿着奏折,喜出望外地走了。

其实,这样的事情,像滑稽剧一样,他已经导演过多少回了。他总是挑熹宗皇帝最忙,或玩得最高兴的时候,前来横插一杠子,办一些棘手的事情。久而久之,他便可一手遮天,将皇上御旨就变成他魏某人的矫旨了。

在魏忠贤看来,熹宗皇帝不过是个摆设,自从天启三年底掌管东厂大权以来,他逐渐安排麾下的"五虎""五彪""十狗""四十孙"等人掌管朝中各部门要职,谁敢不听使唤,轻者罢官归田,重者下狱大刑伺候,就连整个大明江山也早晚是他的……一想到此,他不由"哈哈"冷笑一声,得意忘形的神色又一次浮现在脸上。

注释:

①孙成泽《春明梦余录》卷五十六《首善书院》。

②摘自樊树志《重写晚明史·朝廷与党争》414—417页。

③钱谦益《赠文起宫相六十序》,《牧宅初学集》卷三十六。

④摘自樊树志《重写晚明史·朝廷与党争》383页。

第八章 处野忧国

身处江湖念国运
拜会魏氏老表舅
居家忧国熹宗崩
圣朝新政见天日

陈有宫人知就赏,燕从使客得招凉。

——程启南《珍珠泉》

身处江湖念国运

武乡的县城,还是往日那样青山绿水,鞞山学宫(后改为鞞山书院),掩映在绿树成荫的山谷间,一派曲径通幽的景象。

在著名的风景地——珍珠泉池旁,看着那青翠欲滴、雪白跳跃的珍珠泉,回想起自己自幼攻读科举功名,离家出仕从政十几年的经历,程启南感受颇多,不觉诗意大发,作了一首诗:

　　　　　珍珠泉
　　幻世功名毕世忙，犹然沤里弄珠光。
　　摘来不解盘中走，撒去还随波上扬。
　　陈有宫人知就赏，燕从使客得招凉。
　　问珠几许今何在，山色幽幽涧水长。

据《武乡县志》载：珍珠泉位于县东北一里，其泉喷出如珠。由此得名珍珠泉。

明朝规定，朝廷命官告老还乡，是有一定退休俸禄的，三品以上官员可享全俸。然而，程启南此次罢官归田，第二个月便被魏忠贤做了"削籍"（削除官职）处理，从此待遇全无。而他却要归里养活全家十多口人。为家人生计，他带领子女开了十多亩荒地，种了一些农作物、蔬菜等，还重拾家中老本行——中医，为人行医诊病，以补贴家庭生活。

此次退隐回乡的程启南，是做了长远打算的，除种田著书教子外，还要做一个新式的儒医。因老父亲是著名中医，去世后遗留下一些医书和从医就诊心得笔记，他需要加以归纳整理，以求发扬光大。为此，他正在编写《医学撮要七类》。

当然，他没料到曾经授予自己"天下廉吏第一"的熹宗皇帝后来却有那样不尽如人意的变化，重用魏忠贤那样的奸佞太监，被魏氏奸佞哄骗和掌控于股掌之间，将邹元标、张问达等东林贤达开创的大好局面很快逆转，让智者寒心，贤士受害，自己也怀才不遇、难以施展抱负……。唉，不想这些不顺心的事了！还是面对现实吧。

居家之后的程启南，把县城的家宅做了一番规划和布置，辟出一间屋子作接官厅，另一间为卧室兼书房，二房作为家庭"圣地"，平时不准家人和孩童随意出入。整日里，他在书房作文著书，来客了，在接官厅接待各级政府来的官员、贵宾好友等，在此"准圣地"只谈论政事要务，军国大事等，不谈私事。有时需要用餐，这里即刻变为临时筵席，由家人负责制作膳食佳肴，有时遇知己开怀畅饮，无话不谈，好不快活。

他还常读诗文，善写书法作品。一日，他吟诵着宋代名士范仲淹《岳阳楼记》中的词句："居庙堂之高，则忧其民；处江湖之远，则忧其君。……先天下之忧而忧，后天下之乐而乐。"他越吟诵越觉得这文章有味道，就像那白面馍一样，越嚼越有味道。简直是清香飘逸，千古名篇名句啊！于是，他情不自禁地展开笔墨，将写成书法条幅，悬挂屋内墙上。

常言道，一年之计在于春，一日之计在于晨。一国之计在于哪儿？在于君，在于臣，在于童。这是他的看法。眼下，他已经不是朝廷之臣，按说，报国无门了，不在其位，不谋其政嘛。然而，下野，未必就无以报国。常言道，十年树木，百年树人。儿童，从小处说，是家庭的期盼，家庭日后的顶梁柱；往大说，那是国家的栋梁，国家强盛的希望。儿童强，则家庭旺，则中国强啊！

打入仕从政那天起，程启南就为程氏本家定下一个大致发展方向，那就是不再做躬耕畎亩的旧式农家，而要做一个儒学育童的孕育坊，读取国学功名，力争走为国进仕效力之路。要做到这一点，从孩童时就要学文化，读国学，自己不就是这样走过来的吗？眼下，县城学堂是有，即鞍山学宫，但那是高等学苑，门槛太高了，非秀才不得入门。本地尚缺一个入门级的童生学堂。老家信义里有个慈云寺学堂，自己从小的母私塾，可那里距县城六七十里，若把五个孩子送到那里读书，谁来照顾他们的日常起居，二婚妻子张氏也跟过去？五个孩子一肩挑，孩子能否学出来且不说，内人用不了三年五载，也会被拖垮、累死，自己岂不成家中的孤家寡人了吗？若自己和内人带孩子全部跟过去，又远离了县城——这个国家的窗口，本县经济文化之中心，穷乡僻壤之地多有不便，也有倒退之嫌。

思前虑后，他觉得这两个办法均不可行。唯有一个办法，倒可探索尝试一下，那就是请一个私塾先生来家里教学，把家庭办成私塾。后来，他的这个想法，夫人张氏很赞成，他又与知县万一豹进行了交流，请求对方帮助寻找一个私塾先生，对方答应给他查访一下，看本县有无合适的人选。

这个万县令，是易州举人，天启元年任本县知县。自己退隐回乡后，就曾来家拜访过。到底他（程启南）是个朝廷三、四品的命官，在本县名声显赫，尽管退位赋闲在家，但县里有很多朝廷下达的诏令，以及事关本县的一些大政方略，这个好学为师的县令有时还要前来当面请教。程启南每每热情接待，有问必答，有求必应。他知道，这是为本县政府建言献策，造福本县百姓，也是间接为国效力，为此，他乐此不疲。

没多久，万知县给他带来一个好消息：有个叫张鸿儒的老先生，是个落第多年的老秀才，愿意与他见一面。于是，在万知县的安排下，程启南在接官厅见到了这位40多岁的老秀才，用茶水烟锅招待对方，交谈不到一个时辰，程启南便了解了对方身世的大概。张公鸿儒，字晓峰，为某官人子弟，本县城西街敦义坊居住。因他屡试不第，怀才不遇，心中十分苦闷，常借酒浇愁，书写一些发泄对世道不满的无聊文章。据悉，他饮酒越多，就越能书写，且笔锋犀利无比。对于启南的盛情邀请，他觉得自己受到了重视，感受到自己存在的价值，二话没说，便一口答应了。随即启南与此商谈好报酬，当日即为他辟出一间学堂，一间卧室，一个颇为棘手的家庭大事迎刃而解。

从此，每日清晨，程启南在东方偏房外，便可听到朗朗的读书声，那是张老先生在教授自己门下的子弟。有时讲到得意之处，他倒像个孩童一般，手舞足蹈起来，真是诲人不倦啊！

天启七年四月的一天，万知县来找程启南告知，不久前到沁州府办事，知府告诉他，山西巡抚张素养已经开始在五台山为朝廷魏公建造祠堂，这是一个讨好上峰的机会，弄好了可加官晋爵，问乡县建不建？可别错过了这个机会。万知县这几天忧心忡忡，不建祠吧，怕上峰怪罪下来，弄不好还有丢官之虞。建吧,钱从哪儿出?本县连年粮食歉收,赋税都收不齐……无奈,他来找程启南,希望他给出个主意。

"岂有此理!人还没死,便开始建生祠,这是违背天理民俗、祸国殃民的逆举。这是谁开的头?"启南愤愤不平地说。

"据说是巡抚浙江佥都御史潘汝帧最先上奏,为魏忠贤建生祠。准奏后全国不少府县纷纷效仿,南方建祠的已经有三十多个县了。"

"魏忠贤本是市井无赖,自宫入朝后,玩弄手段,害死内宫太监和朝中很多顾命大臣,是个祸国殃民的大奸臣。他的好运长不了,早晚要完蛋。拿本县百姓的血汗钱给他建造生祠,造孽啊!"看对方脸色很尴尬,他觉得自己话语重了些,对方只是征求自己的意见嘛。

"至于本县修生祠之事,大主意你来拿,且不论如今县里经济拮据,无钱修祠,就算凑钱修了祠,我只怕将来形势逆转,魏忠贤完蛋了,你还要吃不了兜着走,这生祠还得拆。可那时你就要变成千夫所指的罪人了。"

"你是说魏中堂大人有可能衰败?"万知县有些吃惊了,这是他想都不敢想的事,不敢重复对方的"完蛋"二字,而用了含义较轻的"衰败"二字。"现在他可是权倾一时、不可一世啊!"

"否极泰来、物极必反。这是宇宙万物的一般规律。这样吧,我略懂点易经八卦,现在就给这个不可一世的魏忠贤占一卦。看看他还能蹦跶几时?"说着,程启南从衣兜里掏出三个铜钱,又找出一张白宣纸,用三个铜钱在白纸上掷了六次,随即用毛笔画卦象,一边说,思考分析起来。

"这叫六爻卦。需要用铜钱在纸上掷六次,而后画出卦象分析。"

"程公,想不到你老还会这一套?"万知县惊奇地说。

"闲余爱好,不足挂齿。"不一会儿,程启南对卦象的分析连他自己都有些吃惊了:"按卦象上来看,这个魏忠贤命中缺水,后劲不足,不出两年就会玩完。其实别看我常念叨他长不了,可这样的卦局我也不曾料到。"

"有多大可能性?"

"八成是有的。"亏你建生祠没有开工,否则,到时候无法收场,在本县你就成了劳民伤财的千古罪人,哭都来不及。"

"多谢程公指点迷津,令本官如乌云拨雾。"万知县作揖告辞,满意而去。

当晚,程启南将魏忠贤建生词的荒唐事,写成讽刺杂文,一边读一边大笑……

拜会魏氏小姥爷

归乡不久,程启南就听说昔日鞞山学宫的同学、小姥爷魏云中,也早他一年前罢官回乡了。于是,他抽出时间,到魏府去拜见他。

"久仰久仰,小姥爷,想不到能在家乡见到你,以这样一种方式见面。你比我辈长两世,可却比我年轻近二十岁,当年学宫读书那样出众,入仕后的功勋我也略知一二,项城剿匪、开渠引水,造福一方百姓,戍守宁夏边关,缮堡凿渠,兴屯练士……这,没有功劳还有苦劳呀,唉,本该为国家做更多的功业,却还早我一年回乡,这世道真是不公平呀!太不公平!"

"唉,不提啦,不提啦,程公贤甥,好汉不提当年勇啦。朝廷黑暗腐败,魏忠贤之流奸佞当道,忠良岂有不受气的?听说像叶向高、邹元标那样的忠臣,论功劳,你我岂能相比?可都被客魏阉党走卒逼得辞官归田,还有赵南星、高攀龙、杨涟、左光斗竟然被横加罪名,打入东厂监牢迫害致死,比起他们来,我没被下狱,能保住一条老命,还算幸运的啦。"

"是这样,是这样。"启南说:"其实,我也是步你的后尘了,就因没有向他魏忠贤靠拢,拜码头,献媚行贿,就因曾被邹元标、张问达、赵南星这些东林贤达举荐过,结果也被看成是东林党的人,一再贬官打压,我一气之下,上了乞休奏疏,大骂了魏氏阉党走卒倪文焕、崔呈秀、魏良弼之流，决计不与这些罢驴为群，结果也被魏忠贤这坏蛋罢了官。当然，这种结果我也料到了。魏忠贤一手遮天，挟天子而令诸侯啊！"

"你提到东林党，我更是来气！"魏云中接上茬："我既非无锡书院出身，也未与邹、赵等人有过私交，却说我是什么东林党，其实是高抬我了。魏阉之流把凡是不靠近他们，反对他们那一套做法之人，统统打成什么东林党。就像宋代秦桧给岳飞扣上'莫须有'的罪名一样。何为莫须有？也许有也。这就是说你有，你就有，没有也有，说你没有，你就没有，有也没有。东林党也一样，说你是你就是，不是也是；说你不是，你就不是，是也不是。这朝廷是魏忠贤说了算，太监阉党说了算。他们眼里哪还有皇上？岂有此理！"

两人你一言，我一语，历数魏忠贤阉党的累累罪恶。他们觉得，好久没有这样一抒胸臆，好久没有如此畅快了。

"好了，咱们不说他们了，犯不着为这群龟孙子动气伤身，咱们喝酒，我去让内人炒几个菜，我和贤甥程公要痛饮，一醉方休！"

"不，不，免了吧。"启南拦住了他："生气喝酒不好，要伤身的。咱们还是下下棋，静一下心情吧。"

"也好，这样也好。"说着，两人摆开了棋局。"啪啪"杀将起来。

启南下了一会儿棋，忍不住说："其实呀，我在奏疏上也提醒过皇上，要他近忠臣，远小人，尤其不能重用魏忠贤那样的宦官，我知道说这些话也没啥用，皇上年轻幼稚，早被魏忠贤用金钱和宫女操控了，听说宫女手里还有一种迷幻药，点火熏烟后人就发情，迷恋女色……手段卑鄙透顶了！"

"这事我也听说过，皇上大权旁落，宦官专权，国家势必衰败。为啥西南贵州吐蕃叛乱，为啥东北关外后金夷族做大，吞并大明关外十几座城池？就和当朝皇帝昏庸无能有关啊！"

"嘘！……"启南提醒对方："小声点，这话只能关起门来讲，在外可不敢乱讲，当心惹祸啊。别忘了，天启皇帝还对我有恩，我还是他御批的'天下廉吏第一'呢。"

魏云中"噗嗤"一声笑了。"这我倒忘了。唉，廉吏第一有啥用，还不是不用你。叫你有劲无处使。"

启南道："可也不是完全无用。如果家乡有个灾荒什么的，我还得用这张虎皮上奏疏，为民赈灾解脱于水火。不过，话又说回来，还是无官一身轻好啊。在家赋闲，种养花草、抱子育孙，游览山水也不错嘛。"

"你我还不了解？你是那样的人？不再忧国忧民啦，打死我也不信。"

看对方揭了自己的老底，启南摇了摇头："不说了，下棋。……将！"

走了两步棋，云中小声道："说归说，其实我还是很钦佩你的。这天下第一廉吏，可不是白捡来的，也不是靠行贿买来的，是脚踏实地干出来的。如果真像你说到那一天，家乡有难，也告我一声，我也得出一份力，责无旁贷。咱们不能白穿一遭朝廷虎皮。无论在朝在野都要时刻想着天下百姓。为桑梓效力，更是没说的。"

居家忧国熹宗崩

春去秋来。武乡田野的枣树，又结出了大红的枣儿。

下野回乡，不觉四年过去了。

程启南这退隐故里的四年之中，仍是国家内忧外患的四年，但有喜有忧。他时常通过与本县知县万一豸，以及后任知县王胤长频繁交流，获悉了不少情况。

先说外患，西南云贵川方面，四川永宁宣慰司和贵州水西宣慰司，是明代初期在两地设立的行政机构，管理属地彝、苗等少数民族。万历十八年，奢氏家族内讧，永宁宣慰使奢从周被奢世统派人毒死，明廷于是任命奢世统抚养长大的奢忠孝的侄儿奢崇明继任宣抚使一职,并帮其站稳了脚跟。然而,此人不思图报,反而与儿子奢寅生出异心,图谋反叛。天启元年,辽沈一战,后金打败明军,攻占沈阳、辽阳等四十余城。为充实辽沈兵员,明廷向全国各地征兵,奢崇明认为有机可乘,上疏请求率兵三万赴援,并派其部将樊龙、樊虎率兵抵达重庆。后以"兵饷不继"为由发动叛乱,相继攻陷遵义、泸州、新都、内江等几十个州县卫所,杀死包括巡抚、总督等二十多名官员,十月,进逼成都,发起围攻。当时,成都城内守城明军仅有两千多人。布政使朱燮元命部将分兵把口,多次打退来犯之敌。后奢崇明部将罗乾象暗找朱燮元投诚,愿做明军的内应,由此明军完全掌握了敌方情况,设计将叛军打败,相继收复了重庆、泸州等地。

就在奢崇明节节败退之时,水西的安邦彦又发起了叛乱。安邦彦是贵州水西宣慰司宣慰使安位的叔父,掌握宣慰司的实权。他颇有野心,得知奢崇明在重庆叛乱的消息后,便积极谋划叛乱,于天启二年二月挟持安位起兵,当地四十八支苗民头目也蜂拥而起,予以投奔附和。安邦彦首先攻陷毕节,继而又分兵攻陷安顺,最后围困了贵阳城。此时贵阳城中守兵不到三千人,于是紧急招募新兵四千人,不久援兵到达,城中兵力达两万余人。由于城外大量居民避乱涌入城内,城内仓储米日益紧缺,价格暴涨。同年十二月初,巡抚都御史王三善率两万明军抵达贵阳城下,号称十万精兵。由于安邦彦高估了王三善的兵力,以为真有十万人,担心会战败,于是率军撤走,明军乘机掩杀,大胜安邦彦部。贵阳连续十个月的围城解除了,但城内居民大部分被饿死,活下来的仅有千余人。

王三善以两万兵力打败十万叛军,威震中外,也因此生出轻敌情绪,后在进军陆广河、渡乌江,进军大方敌巢时,不幸中敌埋伏,部将英勇战死,王被俘后惨遭杀害。王三善,与程启南是万历辛丑科同年进士,程闻讯后,钦佩他的勇武和战绩,也深为他的不幸阵亡而唏嘘不已。

在东南,继嘉靖四十三年民族英雄戚继光率领官军平息了日本倭寇之后，海上又来了荷兰殖民强盗，因头发是棕红色的，人称"红毛夷"。荷兰海盗肆意袭扰残杀沿海民众，抢夺财物，还侵占了澎湖列岛和台湾。其中侵占澎湖的一股高文津部经朝廷派官军前去镇压，已经平息荷乱，活捉了盗首高文津。这个功劳，也是他的辛丑科同年进士商周祚和南居益的功劳，为此，当地百姓为两人建了庙宇和碑刻。再说一下陕西的农民起义。天启七年，北方旱灾、蝗灾、水灾不时交替发生，可地方官吏对百姓的压榨日益严苛。如受灾很重的陕西澄城县，知县张斗耀不思赈济灾民，反而勒索逼租，终于把灾民逼上梁山，揭竿起义。同年三月，饥民冲入县衙，杀死张斗耀。第二年，不沾泥、王家胤、杨六郎又在府谷县起义，杀富济贫，由此揭开了明末农民起义的序幕。

最后说一下辽东，有公然与朝廷决裂和宣战，与明朝争夺天下的后金政权。在其酋长努尔哈赤统一了各部落后，其野心一天天膨胀；加上晚明官员当初并未将此等北狄势力放在眼里，在御敌战略战术上均犯了一些错误，起到纵敌做大的作用。等到天启元年，清兵攻占辽阳、沈阳等地，才如梦方醒，然而此时已很难遏制对方发展的势头。

广宁失守后，明军在辽东陷于被动，基本处于守势。熊廷弼被魏忠贤谋害后，继任的辽东经略王在晋就持这种主张。他害怕与后金交战，主张"重关设险，卫山海以卫京师"，力主在山海关外再修关门一道，以加重山海关的防御力量，至于关外则坚决放弃。以兵部尚书孙承宗为首的主战派则坚决反对这种主张，他亲赴山海关与王在晋辩论，建议王在晋增兵宁远、觉华岛一带，但王在晋却不为所动。

孙承宗回到北京，向熹宗皇帝详细上奏了其坚守宁远，以与觉华岛守军互为犄角，遥相呼应的战略计划，正式提出了"以辽人守辽土，以辽土养辽人"的战略方针，并建议解除王在晋兵部尚书和辽东经略之职。熹宗接受了孙的意见，将王在晋调任南京兵部尚书。至此，八里铺筑城之议遂息。

天启二年八月，孙承宗被任命为辽东经略。随后他便开始实行他的战略计划。他认为，要想保住山海关，就必须先巩固辽西，要想恢复辽东，也必须先巩固辽西。于是，他开始对锦宁防线进行部署。

孙承宗（1563—1638），字雅绳，号恺阳，北直隶保定高阳人。他青年时，就对军事有浓厚的兴趣，还在边境教书期间，游览了不少战略要地、要塞隘口。万历三十二年中进士，并被授予翰林院编修之职。天启元年，辽沈之战，明军大败，孙承宗因深悉用兵之道而被授任兵部尚书、东阁大学士。上任之后，他曾对明朝军事体制和战场指挥上的弊病，上疏一系列改革方案，尤其是主张今天下"当重将权，择一沉雄有主略者，授之节钺"，此外，还要抚辽西、恤辽民、简京军等，得到熹宗的批准。

在兵部，孙承宗还发现一个军事人才——袁崇焕。

袁崇焕（1584—1630），字元素，号字如。祖籍广东东莞，落籍广西滕县。自幼喜欢读兵书，学习用兵之道。万历四十七年进士，任福建邵武知县。当时，他虽然人在福建，却很关心辽东的战况，常与一些退役的明军将士讨论辽东的地理和布防情况，希望有朝一日能亲往辽东抗敌。他的才干，得到都察院左都御史侯恂的赏识。天启二年正月朝觐，侯恂向朝廷请求破格任用袁崇焕，遂被提升为职方主事。广宁兵败后，廷议扼守山海关。袁崇焕经过数日实地考察，回京报告关外形势，并说，给我兵马钱谷，我一人足以守此。廷臣赏识他的才干和胆识，不久又先后升任山东按察司佥事和山海监军，监督关外军事，发给帑金二十万两，用于招募军人。不久，他安置失业辽人在前屯定居，后在孙承宗的支持下，于天启三年九月，派兵进驻宁远，还在锦州一带修筑城堡、卫所几十个，开疆拓土二百里，将宁远变成内地。

然而，辽东的一手好局，很快便被破坏了。

天启五年，孙承宗遭罢官，兵部尚书高第出任辽东经略。这是一个没有战略眼光的人，更无与敌决战的胆略。他曾断言关外必不可守，未见敌人，就先退却，擅自下令撤退锦州关外各城堡的守军，撤往关内。尽管袁崇焕据理相争不可撤退，但撤军趋势已不可逆转。在撤退中，明军丢弃粮食几十万石，死亡载途，哭声震野。

高第的畏敌退缩，诱发敌军大举西进。天启六年正月二十三日，后金军兵临宁远城下，形势千钧一发。在孤立无援的绝境中，袁崇焕拒绝了努尔哈赤的诱降，同总兵官满贵、副将左辅、朱梅、参将祖大寿等，誓死决战，并召集将士刺血为盟，椎牛杀马，激励忠义。将士纷纷表示愿意效命沙场，誓死御敌。在战术上，他们早在敌人到来之前做了周密部署，预先把距离宁远五里的龙宫寺储存的好米，全部运到觉华岛，剩余烂米全部烧毁。还把近岛海岸的坚冰全部刨开，迫使敌军不能从冰上过海。还下令焚毁城外民居，兵器全部入城，坚壁清野。努尔哈赤的军队善于骑射，野战所向无敌，攻坚战并非所长，五万余敌军攻至城下，面对高三丈、宽三丈的宁远城墙，一筹莫展。守军则在城上利用火器大量杀伤敌军。在激战中，守军用一种荷兰朝贡的"红衣炮"，轰击远处之敌；而用一种"万人敌"的自制武器，把火药均匀筛于芦花褥子上，卷起点火，抛于城下，爆炸燃烧，威力凶猛，愈扑愈炽烈，大量杀伤冲到城下的敌兵。每日即能杀伤二三千敌兵，据说努尔哈赤也负了伤。激战两日，后金军见久攻难下，且已伤亡数千，只得撤兵回营。不久，努尔哈赤在愤恨不已中死去。

收到宁远捷报，熹宗皇帝喜出望外，立即向吏部、兵部、户部发出圣谕，"袁崇焕血书示众，将士协心，运筹师中，调度有法。满贵等捍御孤城，矢心奋勇，虽未进歼逆奴，然已首挫凶锋。似此忠劳，朕心喜悦。"还特此奖谕，发银十万，犒劳将士，部将升叙，照旧供职。二月二日，袁崇焕升任佥都御史，专理军务，仍驻宁远。

宁远大捷，终止了明军节节败退的局面，也沉重打击了朝中议和派的失败主义情绪，为明朝扭转辽东局势迎来了极佳的时机。天启七年，袁崇焕在宁远再次打败前来进犯的后金部队，一时间，成为辽东守城名将。

正当辽东局势稍有转机，朝廷内忧问题却愈加严重了。魏忠贤继续对东林党人士进行摧残。继天启五年捕杀东林党六君子后，又在六年正月二十五日，逮捕前应天巡抚周起元、吏部主事周顺昌、左都御史高攀龙、缪昌期、御史李应升、周宗建、黄尊素。高攀龙投水自尽，周起元等下镇抚司狱，后相继死在狱中。魏忠贤还指使党羽制定歪曲历史的《三朝要典》，于四月二十日完毕，向朝内外公布。此外，还遣人修改《光宗实录》，为自己和阉党之流树碑立传。然而，魏氏阉党最猖獗的时候，也是上天降灾对明廷多次警告的时候，更是他们日子最不好过的时候。是年四月五日，魏忠贤命令南京守备内臣搜刮应天府储藏的库银，充作工、兵饷。五月七日，王恭厂发生火灾，死的人很多。

古时皇帝崇尚天象，形成惯例，当遇到严重自然灾害的时候要反省从政得失。当月八日，因旱灾严重，熹宗要群臣自省。然而，灾害并未停止。十二日，朝天宫火灾。六月五日，京师地震，晋北灵丘地震长达一个月之久。十一日，黄河在广武决口……魏氏阉党在暂时收敛一阵后又继续作恶，魏忠贤假公济私，借口奖赏宁远解围之功臣，封次子良卿为肃宁伯，后被进一步封为肃宁侯、宁国公。并予以公告，加赐庄田一千顷。魏阉擅政期间，还大兴土木，投巨资修建皇极殿，建成后，还将建成之事诏告天下，官匠及各种人升迁授官者达九百六十五人。

天启七年正月三日，为保老巢风水，熹宗皇帝赈济凤阳饥荒。七日，为修建隆德殿，派出宫内太监，搜刮各地银库。太监涂文辅总督太仓银库、节慎库；崔文升、李明道提督漕运河道，核实京师和通州的各个仓库。

六月，熹宗在宫中西苑乘船游玩时，不小心跌入水中，虽被人救起，但落下病根，经多方治疗一直无效。尚书霍维华进献一种"仙药"，名叫灵露饮，说服后可立竿见影，健身长寿。熹宗依言饮用，果然清甜可口，便日日服用。谁知饮用几个月后，竟得了鼓胀病，浑身水肿，卧床不起。

熹宗皇帝看自己康复无望，不得不考虑自己身后的皇位继承问题。他膝下曾有三个儿子，或早夭，或被客氏害死，为了救急，只得招弟弟朱由检入卧房，命他继位。八月二十一日，熹宗皇帝病死，年仅二十三岁。

王知县述说着上述情况，心情格外沉重。

"其实，天启皇帝眼瞅着自己病情一天天加重，知道自己将不久于人世。这才后悔了自己年轻贪玩，朝廷很多大事竟来不及处理，最大的问题，莫过于继承人的问题悬在空中。听说是在张皇后的秘密安排下，背着魏忠贤，他才与叔伯弟弟、信王朱由检在内宫见了面，确定了驾崩后的继承人。"王知县讲到这里，深有感触地说："熹宗皇帝在位昏庸度日七年，接见信王、确定继承人，是他做的唯一一件明白事。"

"常言道，一朝天子一朝臣，新皇帝登基，日后没准天下要大变。"

程启南说："现在这样说为时尚早。先静观其变，看看情况再说吧。"

有古代史加评论说，明自从世宗（皇帝）以后，纲纪逐渐衰颓，到神宗末年，已经废弛到极点了。虽有刚明英武之君，也难以振肃。又加上（熹宗）皇帝的庸懦，妇寺窃其根本，滥施淫刑，忠良惨遭横祸，万民离心，即使不想亡国，可又怎么办呢？

当代史学界对熹宗朱由校皇帝负面评论颇多，大都说他是一个玩物丧志的"木匠皇帝"，是明代亡国的主要罪魁云云，其实，这只是看到了局部，并非整体。笔者认为，如果对熹宗皇帝做一个客观的评价，那么，该帝先天缺血，仓促上位，对其过高的期望都是不现实的。他在位七年来，初期表现还是值得肯定的。在邹元标、赵南星等东林党要人的掌权辅佐下，选贤任能，旌表卓异，大抓吏治，掀起了继张居正之后的第二轮改革新潮，迎来了"众正盈朝"的良好开局。其次，重用孙承宗等主战派，促进辽东形势一度好转。可惜，这种良好的局面未能维持太久，他不懂政治，又缺少文化修养，同前朝皇帝一样，未能摆脱依赖宦官、重用宦官的悲剧，终于在野心勃勃的魏忠贤阉党引诱下，走上骄奢淫逸、饱食终日，迷恋于木匠器具的歧途，以致英年殒命。这是历代皇帝难以避免的周期定律。

　　送走了王知县，程启南感到心中五味俱全，一片空白。说实在的，熹宗皇帝授予他"天下廉吏第一"，对他是有恩的，按说，他理当报恩才是；然而，熹宗皇帝重用魏忠贤阉党之流，害了那么多朝中良臣良将，还致使自己报国无门，壮志未酬，他又生无比怨恨。……忽然，他想到，熹宗皇帝驾崩，面临的是新皇帝——朱由检登基上位，这世道会不会有剧烈变化？会给自己的未来带来怎样的影响……应该打一卦看看。于是，他再次拿出六爻卦铜钱，开始掷铜钱，画卦象。经仔细分析卦象，他发现，尽管大明王朝空虚的颓势依然存在，但会在某一时刻出现反弹的情况，对自己来说，竟然是个动卦。他心中涌起一丝欣喜：或许自己居家无所事事的日子要结束了，很有可能重新被朝廷任用！

　　若真是那样，那可太好不过了。

　　他期盼那一天早日到来。

圣朝新政见天日

　　天启七年八月二十四日，朱由检即位，大赦天下，以第二年为崇祯元年。

　　九月二十一日，追加其生母贤妃刘氏谥号叫孝纯皇后。二十四日，停止用刑。二十七日，册宫妃周氏为皇后。

　　由万历皇帝积重下的明王朝衰落留下的各种问题，虽难以根本逆转，但崇祯皇帝的登基，局势开始出现短暂的也是较大动静的反弹。

　　在武乡县城（今故县乡），才一年多，就换了两任知县。天启六年，江苏吴桥举人王胤长接替了万一豹，次年八月，他来告之，天启皇帝驾崩了，由天启皇帝的弟弟朱由检接任了皇位，改明年国号为崇祯。

以后,每当朝廷有大事,他都要前来禀告。程启南也由此渠道,了解到不少朝内情况。如新皇帝登基当日,便宣布大赦天下,停止监狱用刑。十月一日,祭享太庙。七日,为前皇帝奉上尊谥,庙号熹宗,确定了葬在北京昌平正在建设中的德陵。尤其令人振奋的是新皇帝不动声色地诛杀了客魏阉党集团。

崇祯皇帝是明代很有心计、最勤勉的皇帝。他登基不久,朝政大权为魏忠贤所把持,其手下的"五虎""五彪""十狗""四十孙"等爪牙遍布朝野,连他自己都倍感自危。他甚至不敢吃宫中的食物,入夜不敢熄灭烛火。朝中大臣对新皇帝琢磨不透,忐忑不安的魏忠贤也试探性地请求辞职,崇祯皇帝却没有批准他的要求;但对客氏,却毅然决然地将其驱逐出宫。对魏氏党羽,凡是请求退休的,一律恩准,让其罢职回乡。当国子监司业弹劾魏氏党羽路万龄和曹代,二人曾经请求魏忠贤在国学旁边建造生祠,崇祯帝下令将二人逮捕入狱。受此触动,魏忠贤恐惧不安,忙去拜见皇帝,主动请求停止为他造生祠,崇祯帝顺势批准了他的请求,还夸赞他识大体、顾大局。弄得他尴尬万分,有苦说不出。直至此时,还有一些不识时务者,看新帝未动魏忠贤一根毫毛,他的待遇仍和从前一样,便蠢蠢欲动了。其中有个李映日的监生,平时就有劣迹,为投靠魏氏,贸然上疏,将魏忠贤吹捧为辅佐周成王的周公,崇祯帝看奏疏后大怒,下令将其逮捕问罪。还有个江西的官吏,想为魏忠贤建隆德祠,以为其歌功颂德。魏忠贤知道后,急进宫向皇帝奏请,要求停止建筑该祠,并将建筑该祠的费用报到辽东边防上去,崇祯帝欣然允许了。对这一件件事,魏忠贤大伤脑筋,他反感在这个时候还有人给他添乱。

崇祯皇帝一心为国事操劳,不近女色。为拉拢他,也为自己继续专权擅政,魏忠贤故伎重演,为新帝敬献了各地招来的美女,崇祯本想拒绝,又怕对方起疑心,过早暴露自己剪除阉党的大计。于是假意接受,但在美女入宫时,遣人一一搜身,发现这些宫女携带一种"迷香丸"。虽然只有黍粒大小，但配制奇特，只要点燃后闻到其香味，男人便会心动迷恋女色。随即，吩咐魏忠贤不要再进献美女了。以后他多次在办公期间闻到迷香味道，后发现是太监在隔壁书房烧制，还说是魏忠贤让这么做的。他更气愤了："皇兄便是毁于此物啊！"

天启七年十月，当宣州（今河北宣化）对蒙古作战获胜的消息传来后，崇祯帝照常论功行赏。并对熹宗封荫魏忠贤的从子魏良卿为宁国公，从孙魏鹏翼为安平侯，以及加赐的免死铁券等事持认可的态度。铁券制成后，也下令赏赐给他们。

正当狐疑不已的魏忠贤稍微宽慰了心态之际，工部主事陆源、御史贾继春接连弹劾魏的头号党羽崔呈秀，说他目无国法、贪赃受贿、卖官求爵、父丧不归、娶娼淫乱等问题。崇祯皇帝当即批示，命令崔呈秀回家守丧，魏忠贤在朝中失去了一个得力助手。

"五虎"首恶崔呈秀回老家、被扳倒的消息，震动了朝野。人们胆子逐渐大了，弹劾奏疏纷沓而来，其中还有不少是先前魏忠贤的党羽。他们如此这样做，一来是将功折罪，或掩饰自己的魏党身份。当魏珰死对头、兵部主事钱元悫、海盐贡生钱嘉征上疏揭露魏忠贤的十大罪行时，魏忠贤闻讯，扑倒在崇祯皇帝脚下，请求饶恕。崇祯帝的身边侍从宣读了关于魏忠贤十大罪状的一份奏疏，持令他退下。他回到家里，六神无主，为挽局自救，曾带上珍宝贿赂太监总管为自己说话，遭到婉拒。他知道大势已去，只得在崇祯帝面前请求辞职，崇祯帝当即表示同意，将其司礼监及东厂印信收回，要他到白虎殿为熹宗皇帝守陵，随后，魏还将所赐田宅、铁券一并交回。

几日后，王知县又来程家，在接官厅传达了朝廷倒魏的新情况。这次，王知县掩饰不住兴奋的心情。他说："新皇帝真是少有的明君啊。前段时间打倒了祸首魏忠贤，一时间人心大快。要求新帝清除余党的奏疏像雪片一样飞来，一一摆上了新皇帝的案头。可新帝还是念在其哥先帝的份上，给了魏忠贤一条生路。让他去凤阳守皇陵。可这个魏忠贤不知好歹，他收拾家财，所带的财物珠宝竟有四十余车，马千余匹，随从八百多上路，前呼后拥，这哪像是被流放，倒像是巡抚出朝，地动山摇。结果很快便被人奏疏举报了。皇帝一看奏疏火了，当即发布上谕，公布了魏忠贤的全部罪行，还宣布本应将魏逆寸磔，而念先帝尚未出殡，姑且暂时安置于凤阳守皇陵，没收客魏家产，冒封的爵位一律革除，其子孙俱充军。执法的监军还未赶到，魏忠贤已从赶来的朝内心腹提前得到消息，他感到绝望了，在旅舍上吊自杀。这真是恶有恶报、罪有应得啊！"

程启南也感慨地说："看来，局势真要有所变化。但愿越变越好啊。"

"来，王知县，咱们喝酒！"程启南招呼少夫人备酒具、炒佳肴，不断念叨"为魏忠贤阉党倒台""为新皇帝明政"等由头频频干杯。他感到，这几天，是他心情最惬意的时候。

不久，程启南又得到消息，继魏忠贤自杀后，崔呈秀也自杀。皇帝还下令逮捕魏忠贤的主要爪牙"五虎""五彪"等，交由司法议罪。一些罪行稍次的党羽生怕遭到惩处，纷纷上疏辞呈要求归田，新皇帝大都批示准许。

天启七年腊月，面对奏疏中揭露出的涉及客氏的问题，崇祯帝命令太监王文政对客氏严加审问，并抄了客氏的家。结果从客氏家中搜出了八名怀有身孕的宫女。原来熹宗没有子女，迫切希望有宫妃为他生下一男半女来。可他奢靡生活导致性无能，于是魏忠贤便与客氏相勾结，采取偷梁换柱手法，把宫女从宫中带到自己私宅，令宫女同买通的私家子弟过夜，使之怀孕，再将之送入宫中待产。王文政将有关人犯讯问后，发现证据确凿，便将情况上奏给崇祯帝。崇祯帝阅后勃然大怒，但看在其先帝哥面子上冷处理客氏，下令交给浣衣局，由该局宫人将其掠杀。那些宫人平日受尽客氏欺凌，好不容易来了报仇机会，纷纷上前痛打，下手很重，不多时客氏便血花四溅，当场殒命。

崇祯元年正月初一，武乡新任知县杨家风前来拜年，程启南这才知道，本县知县又换了。杨知县原籍为河北曲阳，是入朝的选贡。他说："你老的情况我听王知县介绍过了。我十分敬佩你的为人，佩服你的从政业绩，尤其是拒绝依附阉党魏忠贤之流拉拢贿赂的高风亮节，更是当今少见的清官廉吏。我知道，当今形势变化莫测，三十年河东，三十年河西，风水轮流转。你老德高望重，不会长久赋闲在家，随时都有可能东山再起。这时，杨知县神秘地说，他有一个表兄，在京城皇宫内当典书。不时给我书信传递消息，往后，上峰有什么消息，我随时前来通告。你老有什么需要帮助的，也请不要客气，直言提出，我也有求必应。凡是我能办到的，一定办到。"

程启南当场致谢。从此以后，杨知县成了程启南的一个新的信息源，凡是朝廷有什么大事，他很快就能知晓。

崇祯元年，是新帝登基三把火，继续正本清源、拨乱反正的一年。

崇祯皇帝刚登基时，接受了前任皇帝的教训，认为必须对内臣和外臣的行动做一些规定，下令将镇守全国各地的宦官全部撤回北京，边政由各地督抚专理。崇祯元年正月，下诏内臣没有命令，不得出禁门。不久，又补充规定，禁止群臣与内部侍卫交往通好。监生胡焕猷上疏请求对那些为魏忠贤建生祠的总督、巡抚论罪，翰林院编修倪元璐上疏弹劾阉党，还提出为东林党翻案，对此，崇祯帝均表示赞同。本年上半年，杨维垣、李恒茂、杨所修、孙之獬、阮大铖等阉党党羽相继被罢职。四月，倪元璐上疏请求将旨在攻击东林党人的《三朝要典》焚毁，对此崇祯帝表示同意。五月，《要典》被焚，这对阉党党羽来说是一个致命的打击，当时的传讲孙之獬更是为之如丧考妣，痛哭失声。

二月，会试举行。在这年四月举行的廷试上，崇祯帝对参试的士子提问，问他们怎样才能将天下治理好，力图能够起用那些精明强干、有真才实学的人。在罢去阉党阁臣黄立极、李国楷后，被崇祯亲自先后征点为东阁大学士，参赞机务的官员有南京吏部侍郎钱龙锡，礼部尚书来宗道，礼部侍郎李标、杨景辰、周道登，少詹事刘鸿训。后来，他又征点韩爌、成基命、周延儒、钱象坤等人入阁。在这些人当中，虽然也有与阉党有瓜葛的，但这些人大部分都是东林党人，他们办事一般都还是很谨慎的。该月还首次开经筵，经筵讲官大多由大学士担任。他们都对崇祯尽力劝讲，而崇祯也尽力听之，还向讲官提出不少有关治国的问题。他还常常破格提拔人才，如四川人刘之伦曾被他一下子由庶吉士提拔为兵部右侍郎；游方僧人申甫因人推荐，被超擢为副总兵。为了整饬边政，消除后金威胁，他起用宁远大捷的功臣袁崇焕，任用其为兵部尚书，督师蓟辽。

七月，崇祯帝亲自在平台召见袁崇焕，询问采用何种方略才能稳定辽东。袁崇焕详述了经辽方略，还说，如果工部给予足够的器械，户部提供足够的兵饷，吏部不干涉其用人，兵部不限制其调兵遣将，朝廷能全权委任其经辽事务，那么五年内即可恢复辽东。崇祯听后很高兴，对袁的要求全部予以满足，并赐他尚方宝剑一把，以专事权。袁崇焕本着"以辽人守辽土，以辽人养辽人，守为正略，战为奇略"的策略，积极布防，很快就取得了成效，明廷内政外交有了新的转机。

崇祯帝还在朝廷人事方面，因势利导，进行了一系列大动作。

崇祯元年三月初九，原任福建道监察御史周宗建的儿子周延祚、周延祉首先为父鸣冤，递交了诉状，朱由检阅后，做出批示："周宗建首折逆奸，惨死可怜悯，着该部从优恤荫，诬坐赃银准与豁免……以旌忠直。"

皇帝如此鲜明的态度，发出了明确的信号，给予蒙冤死难者亲属极大的鼓舞，由此引发了更多死难者诉冤昭雪的热潮。由此，东林"六君子""七君子"等一大批蒙冤受害者得以平反昭雪。

所谓"东林党"，系指无锡东林书院出身的朝臣朋党。该党发端于晚明万历初年，终结于天启末年。在天启新政初期的改革中，东林党人无疑是主力军、生力军。人们对其后来的悲惨结局也不胜遗憾、不胜唏嘘。若反思一下，除了魏忠贤阉党的猖獗，熹宗皇帝终日玩乐、不理朝政的纵容等原因外，也与东林党人自身的关门主义倾向、门户之见不无关系。东林党人在朝中对齐党、楚党和浙党的打击，其内耗也削弱了自身的力量，把一些并非势不两立的对手推到魏氏阉党圈子里。当然，东林党人也并非没有同盟军，如尚未形成晋党的山西籍贤良志士，就是这样的一支队伍。程启南等晋籍朝臣，他们以若干不同的个体力量，靠近东林党人，支持改革派势力，在反魏氏阉党的斗争中，逆流而上，施以援手，成为一支不容忽视的重要力量。富贵不能淫、贫贱不能移、威武不能屈，以程启南为代表的"司空精神"，以其独特的魅力，在贪腐横流、黑云滚滚险恶形势下特立独行，保持了自己正直做官、清白做人的底线和良知，值得后人万世景仰。

崇祯二年正月，崇祯帝开始对阉党进行总清算，他指令大学士韩爌、李标、钱龙锡等确定从逆名单，韩爌等为人宽厚，不想扩大事态，只呈给崇祯帝一个四五十人的名单。崇祯对此很不悦，下令再议，韩爌等于是便又报上了几十个人。但崇祯仍不满意，并再次下令韩爌等人再议此事。崇祯坚决的态度，终于使得阉党成员绝大部分都被列入了逆案名单。同年三月，《钦定逆案》颁示天下，阉党党徒自魏忠贤起，所处罪行分别分为六等：首逆凌迟者魏忠贤、客氏二人，首逆同谋立即斩首者崔呈秀等六人，结交近侍秋后处决者刘志选等十九人，此外还有充军者十一人，论徒三年输赎为民者一百二十九人，革职闲住者四十四人，以及魏忠贤亲属及宦官党附者五十余人，共二百六十余人。崇祯的这一举措展示了自己果敢的作风，赢得了朝野人士的一致拥护，令朝臣上下为之刮目相看，一时间，他被称之为"明主"。

一天，杨知县登门府上，向程启南透露说："我那表兄最近又来信了，说崇祯帝制定了一个《圣朝新政要略》规划，其中最重要的是要启用被魏忠贤阉党贬谪、迫害下野的老臣，以解决朝廷官员短缺问题。还经吏部官员走访，拟出一个九十人的大名单，以籍贯和原官职罗列，仅山西方面就有三十九人，几乎占一半呀。"

"想不到咱山西就有这么多人？那都有哪些人的名字，有没有我的名字？"启南迫不及待地问。

"我那表兄说啦，他也只是听说，只记住了山西人的数字，详情并不知晓，就是知道名字，没有皇上正式诏书公布，谁也不敢乱传，否则会以假传圣旨论罪。程公，等着吧，我看快了。你离出山的日子不远了！"

"好吧，杨知县，我就借你的吉言，做个准备。"

不久，杨知县的话真的应验了。

崇祯二年四月，程启南接到朝廷派差送来的诏书：

"奉天承运，皇帝诏曰，宣万历辛丑科进士、授原南京太常寺少卿程启南为大明通政使司通政使①，限二十日内进京赴任，不得有误。并恩荫其一子为大明王朝国子监贡生，以旌表程启南宁死不依附阉党魏忠贤之气节。钦此。"

"谢主隆恩！吾皇万岁！万岁！万万岁！"跪接诏书后，程启南和全家人喜形于色："终于熬出来了！"

经与家人商议，除程启南近日启程进京赴任外，荫子进国子监一事，带上长子程嘉绩。嘉绩提出，再带上犬子康庄吧。我也好随时照料，全推给他妈在家不行。启南表示同意了："好。咱俩先行一步，一旦在京城站稳了脚跟（安排好住宅），就把咱们一家都迁过去吧。"

程康庄是嘉绩的长子，启南的长孙，从小聪明伶俐，五岁即能背诵古文唐诗数百篇首，程启南很喜欢这个孩子。

注释：

①关于此年度程启南任职通政使的时间，古籍记载并不一致。《明实录·崇祯长编》记载为崇祯二年四月，《国榷》记为崇祯二年三月乙卯。

第九章 二度赴命

二度出山恪职守
工部任怨筑德陵
再次辞官归乡田

天下事尚可为，启南甘无闷哉？

——田喜霁《少司空程启南传》

二度出山恪职守

通政使，是一个官名，即通政司的长官，正三品。明洪武十年设，建文时改为通政卿，永乐时仍复旧称。通政使掌握受理内外章疏、敷奏封驳之事。

通政使为九卿之一，掌收各省题本，校阅后送内阁，随本之揭帖送相关部、科，可参与九卿会议，商讨治国御敌大政。凡有冤民击鼓，兼司讯供。

显然，通政使不仅要接收和传递各省的奏疏，还要有校阅审核职责，以及处理民间申诉冤案。

因为崇祯皇帝几乎每日都有新的政令颁布，各省也有相关奏疏要上报，审理这些奏疏，将大事要事奏疏审核后及时封存加印，上送朝廷内阁，一般奏疏及时批转六部，或驳回处理，就成为一项繁忙的工作任务。

程启南在京城上任后，每日处理政务确实繁忙。晚间闲暇时，他抽空借阅看了那份《圣朝新政要略》，尤其是其中那份启用被前朝弃用的九十名在野旧臣名单，发现确实如武乡杨知县所言，仅山西方面就有三十九人，他们名字后，均有原官职、被弃用的年份和程度。其中主要有：

王之寀，戊戌兵部左侍郎，（天启）五年剥夺。

魏云中，辛丑右佥都，（天启）四年闲住。

程正己，丁未右佥都，（天启）五年剥夺。

孙居相，壬辰右侍郎，（天启）五年剥夺。

曹于汴，壬辰南右佥都，（天启）五年剥夺。

魏光绪，癸丑福建道御史，（天启）五年降三级调外任。

程启南

……

所谓剥夺，又名罢官，削（官）籍，原官职被削除了，形同百姓，服俸待遇也就相应取消了。这是最严重的一种处罚。闲住却还可以保留一定的俸禄待遇，相当于现在的免职退休。

发现自己的名字位列其中，程启南兴奋不已。只是不知道为何没有注明原任官职年限、弃用年限和程度。也许因为朝廷档案资料的遗失，或一时找不到知情人的缘故吧。但不论怎样，自己受到朝廷重视，被重新启用，毕竟是幸运的，展现了崇祯皇帝的雄才大略和吏治决心。最近在太原市图书馆，笔者从《启祯两朝剥复录》一书中查阅到如下一段话：

天启五年三月，太常寺卿莫士琦、陈（错字，应为"程"）启南自陈致仕。……五月，太常寺卿程注削籍。

以上说明，程启南被魏忠贤批准退休归田，没多久便被注销官职。不论是何原因，《圣朝新政要略》将蒙冤受排挤的程启南官职和罢官原因空白了，但这位声名显赫本家老祖先不久被崇祯皇帝重新启用，是确凿无疑的历史。

程启南重回京师朝廷，与武乡小地方相比，所获得信息的渠道要畅通得多，也可靠得多。不过他兴奋之余，却也很不开心，有时竟仰天长叹。天启年间客魏阉党集团摧残了多少朝中的忠臣良吏！那些诸如邹元标、赵南星等德高望重的东林系好师长，历经魏氏阉党迫害，能侥幸健在被启用的不多了。据悉，天启年间，邹元标曾被阉党排挤，告老回乡后第二年就去世了。赵南星则先是被魏党诬陷其受贿，逮捕关押，当其家人交清所谓"赃银"后，又被魏逆假传矫旨，发配到山西代州戍边；天启七年，当崇祯皇帝登基，传令起用他时，有关魏阉党羽故意拖延诏书送达的时间，结果诏书还未送到，赵公已病死在戍所。

在京师朝廷，程启南除了与健在被启用的少量东林党官吏交往外，更多的是与那些山西籍的同僚交往，俗话说，老乡见老乡，两眼泪汪汪。乡土乡音，共同的语言也较多。上任不久，他的那个老表舅魏云中也被起用为兵部右侍郎。还有他的叔伯堂兄魏光绪，在平息山东白莲教一事上也是立过大功的人。程和魏云中、魏光绪三人，都是武乡人，是山西籍的同僚中老乡中的老乡，知音中的知音。

程启南还了解到，崇祯启用在野老臣的工作，由于全国各地，路途远近不同，交通崎岖便利情况不同，相关人员健康情况不同，仍在继续进行中。

崇祯王朝，是明代最后一个王朝，然而前朝——从万历王朝、短命

（一月）的泰昌王朝到天启王朝，由于相关皇帝怠政、用人失当、军事战略布局失误等原因，所遗留的国库亏空、边患严重的老问题依然严重。关外局势刚有所缓和，而塞北又燃烽火：蒙古插汉部入侵宣大，朝廷对其是剿是抚举棋不定。插汉部也叫察哈尔部（民国时期内蒙、山西北部有个察哈尔省，就是其居地遗址），为达延汗之后大元可汗的正统后裔，该部族相继征服了周边的三个蒙古部落后"乘胜入犯宣大塞"（《明史·鞑靼传》）。崇祯皇帝找军事大臣商议对策，宣大总督王象乾主张对其招抚，拿出八万一千两白银，以示宽待安边；而大同巡抚张宗衡则主剿，认为其"饥饿穷乏"，是喂不饱的恶狼。双方争执不下，崇祯皇帝也犹豫不决。这时兵部尚书王洽提出让刚刚任命为兵部右侍郎的魏云中去宣大巡边考察一段时间，而后回来再与二抚臣研讨"商款战大计，此策甚便者也"（《崇祯长编》卷之二十一）。魏云中在宣大进行了长达四个多月的考察，归来后，肯定了王象乾的意见，"款议始定"。他还向崇祯皇帝提出八条建议，即访属部、厚侦探、谨内外、恤将卒、修营舍、复额兵、定功罪、择守令。其中前两条是对外，主张对插汉部进行分化瓦解，同时监视其一举一动；后六条是对内，从将领到士卒，改善生活条件，明晰奖惩制度，从而提高军队战斗力。这八条意见，使崇祯帝龙颜大悦，当即褒奖了云中。崇祯二年九月，王象乾请老，崇祯皇帝正式任命魏云中为宣大总督、兵部尚书兼左副都御史，魏达到仕途的顶峰。

程启南因职位原因虽未参与议事，但听到这个结果，真为武乡这个老表舅高兴。

一天晚间，都察院左都御史曹于汴在提灯笼的下属官员陪同下，找到了程启南府上。他要拜见一下这位曾获大明第一廉吏称号的同籍老乡。

曹于汴与府主见面即抱拳道："久闻程大人重新出山还朝，真为你高兴啊！"

启南抱拳回答："谢谢。曹大人，感谢你日理万机，还要光临寒舍，令本府蓬荜生辉。请坐。咱们慢慢聊。管家,上茶!"

"曹公的情况我也早有耳闻,我记得你是河东平阳府安邑县人吧?"得到肯定的答复后,启南又说:"我早就听说你在万历十九年乡试时就是头名解元举人,当吏科给事中时,又是有名的清官廉吏,弹劾过多名贪官污吏,都说你是当代包公再世,还把辽东驱赶百姓离乡、冒功领赏的李成梁要人都参下来了,不简单啊!"

"这是本官职责分内之事,不足挂齿。说真的,不管对方是多大的官职,有多显赫的声望,我只要掌握了事实证据,一样向皇上参劾。我认为这才是真正关心皇上,利国利民。"少顷,又说:"你的情况我也听说了。天启年代的第一廉吏,不简单啊!唉,本该在位上有更大的作为,可惜受到那魏氏阉党的排挤打击,熹宗皇帝又受蒙蔽,不辨真伪……好了,现在回来好了,这要托崇祯皇帝的福啊!"

"是这样。"曹公提到熹宗皇帝,出于中医世家的职业敏感,一个颇为疑惑的话题涌上他的心头:"我就不明白了,熹宗皇帝因误服庸医的药,竟然二十三岁即告殒命,就连前届光宗皇帝好像也是这样,误服了什么红丸,仅登基月余就驾崩,咋朝廷的御医都是这般如此庸术,这般不负责任,要是我,都该统统将他们罢免。"

"哦,我都忘了,中医是你的老本行啊。如此看来,你才真正是朝廷御医的最佳人选啊!"

听曹公这样恭维自己,启南倒有些不好意思了:"其实,要不是有更重要的事情要做,我还真想去当个御医。你的话倒也启发了我,御医人选,关系到皇上的健康安危,至关重要。其次,皇帝生病治病,也是一国之大事,尤其是生重病,不能由哪个御医来决定如何治病,必须由数个御医集体会诊讨论治疗方案。这才能做到万无一失。回头我再写个奏疏,将我的见解给皇帝呈上。皇上龙体,关系国家安危,再不能重蹈前两任皇帝的覆辙了。"

"还是程公站得高，看得远。"

两人端坐下来，就朝廷所面临的内忧外患、国库空虚等种种严峻，交换了意见。直至深夜，启南才恋恋不舍地送走了来客。

两日后，程启南将写好的关于宫廷御医问题的奏疏，通过太监内侍呈送到崇祯帝的案头，崇祯帝阅后大喜，立即对宫廷御医班子进行了调整。

不久，江西吉水人、来京领命的御史李邦华来京告诉启南，皇帝启用旧臣的诏书所到之处，凡昔日抗阉志士均悉起田间，弹冠相庆，并以跪礼接受了朝廷授命。真是形势大好啊！

看启南刚接受通政使工作，还不很熟悉业务，也不谙其中的腐败猫腻，于是给他举了一段自身的经历，提醒他注意一些相关的问题。

那还是万历四十一年的事情。当时福王到自己封地去的时间已经确定，神宗忽然传下圣旨，要求给福王的庄田务必达到四万顷。廷臣吃惊地互相看着，估计田数一定不足，那么福王到封地去的时间又要改变了，推迟了，但是没有人敢抗言争论。邦华首先上疏议论，廷臣于是相继起来争论，福王到藩地去的时间这才决定下来不再改变。邦华又去巡视银库，上疏列了十条祛除弊端的办法，宦官认为对自己不利，就把奏疏挡了回来，没被采纳。后来邦华去巡按浙江，织造中官刘成死后，朝廷命令把他的事务交回给官府来办，又另外派遣了一名中官吕贵来接收刘成的遗产。吕贵教唆一名坏人纪光假称机户，到京城来请求留下吕贵，让他接替刘成督办织造。邦华上疏极力陈述他们两个人互相勾结、弄虚作假的恶行。纪光的上疏不通过通政司，也没发给内阁，最后宫廷里用直接传下圣旨的办法实现了他们的目的。邦华三次上疏争辩，神宗都没有答复。当时神宗贪财，中官有所进献，都被称为"孝顺"。邦华的奏疏批评到了这一点，并且弹劾了神宗左右偏袒吕贵的大宦官。因此邦华任职期满后，长期没人去接他的旧任。

"我这个案例很能说明问题，下面有一些贪官污吏，会伪造一些虚假奏疏，越过通政司，并贿赂买通朝中宦官，下达一些有利于他们利益的假圣旨，达到他们假公济私、中饱私囊的目的。这些都是要注意的，一旦发现，立即弹劾举报给皇上，严厉查处。"

李邦华的现身说法，及时提醒，程启南十分感动，从此，两人结交为挚友，每当邦华从外地公干归来，启南即要将其请到家中，豪饮畅谈，天南海北无不涉及。

言谈中，启南也发现邦华是个极其坦诚的人，敢作为，敢担当，疾恶如仇，心胸坦荡，他也深得崇祯皇帝的信任。同时，他也逐步了解了李邦华这个人的身世和从政经历。

李邦华，字孟暗，江西吉水人。早年跟同乡邹元标一同接受教育，跟父亲李廷谏一同考中乡试举人。第二年，他们父子俩身穿布衣，互相激励，徒步到京师参加会试。邦华考中了进士。他初任泾县知县，政绩优异，受到吏部的考察、推荐，本来朝廷打算升用他为御史，然而正碰上当时党派争论刚刚发生，朝臣很多人攻击东林党魁顾宪成，邦华跟他们意见相左，就被看成是东林党人。因此，过了两年他才接到这一任命。上任以后，邦华上疏讲了十条关于效法祖宗用人办法的意见，这其中包括内阁不应当专门用翰林院出来的词臣；词臣不应当专门担任翰林院的职务；不应当到宫廷书房中担任教习等；御史的升迁不应当一概取决于任职期满后的考核；以及在吏部请了假的官员不应当累计资历做到正郎；守关、守仓等差使不应当专门使用举贡、荫子；调换、选拔、推举出来的地方官不应当一下子就当上京官；边防州县的长官不应当都任命举人来充任等等。这篇奏疏交上后，神宗未予答复。

万历四十四年，邦华称病回乡。当时一群小人都在竭力排挤东林，把邹元标指为党魁。邦华与元标是同乡，相互之间仅是师友关系。而他的脾气又喜欢辨别是非。有人劝他做人要圆滑一些，邦华说："我宁为偏枯的学问，不做反复的小人。"那些人听说后更忌恨他了。次年，根据任官年限规定，吏部把邦华调出，让他去做山东参议。他的父亲廷谏当时任南京刑部郎中，也被罢官回家了。邦华于是就推辞生病，没有去赴任。

天启元年，邦华起复原任，前往整顿易州兵备。第二年正月，他升为光禄少卿后，回家看望父亲去了。四月，朝廷提升他为右佥都御史，让他去接替毕自严巡抚天津。当时天津的军府刚刚开设，各项事务都是草草上马，邦华到任后极力加以整顿，使津门军旅成了各镇的表率。五年秋天，阉党弹劾并削除了邦华的官籍。

崇祯元年四月，邦华被启用为工部右侍郎，总督河道。不久改任兵部右侍郎，协理军政。邦华回到朝廷，受到崇祯帝召见，后来主持了武场会试，事后进到军营中。由于邦华工作勤奋，政绩突出，崇祯帝给他加官为兵部尚书。当时兵政十分乱，邦华首先提出要改变操练方法、慎重选择将吏、改造战车、酌情兑马、演习大炮等九件事。皇帝大都采纳了。

自程启南于崇祯二年再次来到京城任职，他发现，以往时弊的内忧问题，实际上是内耗问题，人浮于事的问题，因新皇帝启用很多旧臣、贤臣，他们大都怀着一颗感恩戴德之心，恪尽职守、勤奋工作，工作效率比天启时代提高了很多，问题暂时被掩盖了，或变得不很突出、明显。然而，外患问题仍有喜有忧。

先说长达九年的西南叛乱问题有了根本的好转。

崇祯元年六月，为彻底剿灭奢、安叛乱，明政府再次启用朱燮元，让他总督贵、湖、川、云、广五省军务，统一指挥，协调行动。他令云南诸兵下乌撒；四川诸兵从永宁出发，下毕节；自己亲率大军进军陆广，紧逼大方。崇祯二年八月，奢崇明、安邦彦合兵十余万进犯赤水，朱令赤水守军佯败诱敌深入，又令明军从三岔、陆广、遵义分头出击，一举将奢、安联军围歼，杀死了奢崇明和安邦彦。由于安位受部属的挟持继续与明廷对抗，朱燮元面对水西地势险要，孤军深入，难以取胜，于是围困敌方百余天，迫使安位在粮绝情势下，于次年春向明军投降。持续九年的奢安之乱被最终平定了。

在陕西方面，崇祯元年十一月，高迎祥在安塞聚集饥民造反，没多久，各地饥民纷纷响应，山西调动部队到北京勤王，中途士兵发生兵变，也加入了农民起义队伍。农民起义的烈火越烧越旺，而官军却不断丢城失地，多处失利。四月八日，义军侵犯陕西三水，游击（官名）高从龙战死。

在辽东方面，平静水下有暗流。在崇祯皇帝的支持下，夸下海口五年平辽的袁崇焕并不轻松，虽然掌握总理辽东、山海关方面的军务的大权，又有调兵遣将的尚方宝剑，然而，麾下仍有一些非辽"客兵"，未能完全实现他的"以辽人守辽土，以辽人养辽人"、屯兵固守，伺机反击的战略。

崇祯二年六月五日，袁崇焕在双岛擅杀不听部署节制的悍将毛文龙，以求步调一致。谁知事与愿违，一时间，军心浮动、部将人人自危，埋下怯战和反叛的隐患，致使这一年辽东战局情势日益严重。

十一月初一日，后金军攻打山海关，京师戒严。四日，山海关总兵赵率教在遵化战死。五日，大清兵进入遵化，巡抚都御史王元雅、推官何天球等战死。北京保卫战迫在眉睫。六日，总兵官满桂入京增援。

七日，吏部侍郎成基命为礼部尚书兼东阁大学士，参与军国大事。召前大学士孙承宗为兵部尚书中极殿大学士，去通州视察军队，并征调天下镇巡官入京勤王。

八日，袁崇焕入京救援，临时住蓟州。九日，宣府、大同，保定兵相继入京救援。十九日，清兵逼近德胜门。二十二日，崇祯在平台召见袁崇焕等人，袁崇焕请求入城后休整军队，皇帝因接到袁通敌情报（实为清人的反间计）起了疑心，未准。兵郎尚书王洽受到怀疑，被下狱。十二月初，崇祯以"议饷"为由，将袁崇焕、祖大寿召入皇宫。当面就擅杀毛文龙和进京逗留不战两大"罪过"对袁进行指责，接着就将他逮捕下狱。次年八月，被处以磔刑，冤死于西市。而总兵官祖大寿获悉袁崇焕下狱，惊惧异常，连夜率溃兵逃出山海关御敌。五日，孙承宗移师驻扎山海关。十七日，派中官督促满贵出战，满贵和前总兵官祖大寿全部战死。由总兵官马世龙领导援军。随后不久，钱龙锡罢官，皇太极攻占良乡，山西援兵在良乡溃败。

崇祯新政需要大批官吏，尽管启用了不少在野的老臣，但仍需好中选优，知人善任，把最优秀的官吏提拔安置到相应的岗位上。于是，崇祯二年夏季，崇祯帝令群臣推举一批德才兼备，有能力、敢作为的贤良大臣赋予重任，其中群推出的山西籍人有曹于汴、韩爌、孙居相、王之寀、魏云中、魏光绪，加上程启南共计七人，其中武乡人就占据了三人（程启南、魏云中、魏光绪）。

崇祯三年初，京营中马匹缺损严重，已影响到京城的护卫。原有马匹是两万六千，到这时只剩下一万五千了。别的官员办公事都可以借骑，总督、协理及巡视科道官，按惯例都有坐班马，有的人甚至还要折价把马买走，所以京营马匹损失很大。兵部右侍郎李邦华首先把自己的班马减少了三分之一，别的官员来借马，非公事一律不许借骑。从此随便借出的少了。在辽东经略孙承宗的提议下，朝廷下诏，朝廷大臣人人都要敬献良马一匹，委派专人负责验收。为了响应这一号召，程启南用俸禄遣仆人赵山林专程到大同找到老乡魏云中，买了一匹纯种汗血马，带回京城捐献，受到表彰，并记入史册。[①]

因明军连年多处征战，也打过一些败仗，士兵武器大都破损，急需打造和补充。崇祯帝认为，由于职能部门——工部懒散懈怠的积习严重，崇祯三年三月，皇上罢免了两个不称职左右侍郎，这一来，工部缺将，推举接替人选成了当务之急。经朝廷大臣合议，众臣推举程启南担任此职。程素来循规蹈矩，从不想以什么显贵家族身份自我炫耀，他对众臣对他的信任和推举表示谢意。是年二月，皇朝授命程启南、沈演分别担任工部左侍郎（工部尚书的副手）。当时工部尚书为南居益，是和启南同为万历辛丑科获进士的同学，曾是东南沿海打败荷兰殖民军，收复澎湖列岛的功臣。在天启年间，他因功升为工部右侍郎，魏忠贤因他叙功未提及自己，革去官职，给事中诬劾他，被削官籍。崇祯帝登基后，先是被起用为户部右侍郎，崇祯二年腊月，取代被罢免的张凤翔为工部尚书。

工部同时任命的两个左侍郎，除程启南外，还有一个是沈演，比程资格老，为浙江湖州府乌城县人，万历二十年进士，因其父沈志浩为万历年间的工部左侍郎，他曾利用荫子规定，疏通朝中关节，沈演被授为工部主事（正六品）；后历任吏部精膳司郎中、员外郎、福建右参政、佥事、陕西布政使、湖广右布政使、工部左侍郎等职。因沈演官龄比程长，在工部资格比程老，于是暂由沈演兼管右侍郎的工作。

根据明朝的官职设置，工部是六部中的建设部门，最高长官为尚书（正二品），下设副手：左右侍郎各一名（正三品）。再往下还有司务厅、营缮、虞衡、都水屯田等四大清吏司等部门。

"尚书，掌管天下百官，山泽之政令，侍郎佐之。"（《明史》第七十三卷·职官二》）。

工部尚书，又被习惯称之为"大司空"，这是一个历史久远的称谓。司空一职最早为西周始置，为此三公与六卿相当。曾与司马、司寇、司土、司徒并称为五官，掌管水利、营建之事。司空相当于当今的建设部长、管理国家建设。明清时期，习惯上称工部尚书为大司空，侍郎为少司空。因程启南担任过工部左侍郎，后来被褒奖加尚书服俸，所以山西地方史志上对其任两个"司空"的称谓均有记载。

工部为负责营建、制造的后勤保障部门，也是个没实权，但却对官员人品和素质要求很高的单位，因管钱、管物、管建造，常因费力不讨好，还因朝中朋党之争，极易招致谋私利的闲话，而遭到随意弹劾。在此之前，已经换了好几任工部尚书了，且每人任职时间很少有超过两年的。就是因为下属官员长期形成了懒惰懈怠习气，上令下不达，工期延误，事故不断。

古人云，兵马未到，粮草先行。程启南深知一个国家后勤保障工作的重要性。

根据分工，他这个工部左侍郎，是分管营缮清司和虞衡清司的工作。眼下当紧的工作任务，是要按订单，为前方将士保质保量制作好所需的七八种兵器装备，这项工作是营缮清司的本职工作，他则要领导好营缮清司的主事洪明浩，完成好上述工作任务。顺便提一句，这项工作原来是由沈演分管，沈也有干好工作、力争早日升职扶正的念想，然而，他这个纨绔子弟有个毛病，好大喜功、讲究排场，对下要求不严，还常好私下收受点贿赂，工期经常拖延，扶正一事也就离他渐行渐远。此次皇上根据吏部意见，将这项重点工作交给程启南，也是要检验一下，他到底能否干得了？

启南上任后兢兢业业，任劳任怨，不敢有丝毫懈怠。他一方面，要埋头苦干，推进工作进度；另一方面，还要处好与沈演的同僚关系。凡是出头露面的事，就尽量推举沈演去干，如视察工厂、建筑工地、动员讲话等；而他则是埋头苦干，做无名英雄。然而，掣肘是中国一大特产，在朝廷中更是屡见不鲜。魏忠贤阉党虽然垮台了，但其余党依然存在，不时对东林党人或与其关系密切的官员施放暗箭，进行打击。

朝廷原任中书加尚宝司卿原抱奇，原本是个广东珠宝商，他使了些手段，让其子冒籍入宛平县学，皇上曾嘱咐顺天府丞魏光绪（山西籍）将该县学代为科举培训基地。光绪发现并奏疏举报了原的不法行为，崇祯发出诏命，原抱奇降三级，其子削除学籍。此外，原抱奇还曾诬劾韩爌坐赃两千，逼得韩爌变卖田产，向亲朋借贷来抵偿。被贬官的原抱奇仍不甘心，又受到魏氏阉党余孽高捷、史范二人的收买，再次疏劾韩爌、曹于汴及户部尚书孙居相、工部左侍郎程启南、太仆寺正卿魏光绪五人"同籍山西，结成'西党'，营私舞弊，请皇上全部罢黜"。还诋毁是韩爌结党营私。韩上疏申辩，请行究治原的诬陷罪。好在崇祯不糊涂，批阅道："原又诬陷四位朝廷大臣,再降其一级。"沉重打击了原的嚣张气焰。

　　崇祯三年二月下旬的一天,崇祯帝在工部要员陪同下巡视京城工地。工科右给事中颜继祖乘机送上特别参奏:说是"朝阳东直门监督主事方应明好逸旷工,竣役无日,帝以濬河事关城守,方应明何得玩视偷安。"皇帝当即命刑部:"廷杖六十,发原籍为民,永不叙用!"这下给工部刚刚走上正轨的工作泼了一瓢冷水,也给相应的主管官吏来了一个下马威。尚书南居益,及左右侍郎程启南、沈演等,当即跪地,以"率属无能,请赐罢斥。"崇祯缓了口气,说:"十个手指头伸出来还不一般齐呢,不必过于紧张,害群之马,哪个部也免不了,发现了,处理纠正就是了。况且你们都肩负着大任,朕还是信任你们的。都起来吧,往后好好干!"

　　那些日子里,程启南几乎每日在工匠房巡游,发现问题,及时处理解决。仅仅一个多月,就按订单如期制作兵部所需的马镫、莆袖、射箭的皮兜鍪、步兵盾牌、火禽、燧象等器具,他认为百废俱兴,就等圣上前来考察,然后听任补缺到所属部队。后经奏疏和兵部来人检验,崇祯帝很满意,经征求南尚书的意见,又把一个老大难的烂尾工程——德陵工程交给程启南负责督办。

工部任怨筑德陵

　　德陵是为明代熹宗皇帝朱由校建造的陵墓,也是明代营建的最后一座帝陵。该陵始建于天启七年九月。那时,熹宗朱由校过世不久,崇祯皇帝刚刚御极,明王朝面临着严重的政治和经济危机。所以,德陵的营建,遇到了不少难题。首先,是财政匮乏,资金短缺。工部为营建德陵曾向崇祯皇帝请示,但崇祯皇帝经过一番筹措,却只能拨给五十万两白银,还反复"叮咛告诫,以期速成"。按照工部官员和大臣们的合计,德陵的营建需用白银二百万两。无奈，经工部官员奏疏，崇祯同意，由在朝大臣们解囊捐助，工程总算勉强开工。其次，是物料不凑。程启南上奏建议，利用魏忠贤拆除生祠及所剩余的砖石木料，用于修建德陵。同时，继续开纳事例银。所谓开纳事例银，早在修建永陵时，已经开始采用，但修建德陵时开纳事例的条款多达二十六项。甚至连各府、州、县的佐贰官因政绩不佳、办事疲软被查处的，都可以纳银官复原职。崇祯元年各运司所加盐课，连同本年正常课银，总计十四万余两，全部输入山陵。二年，又加龙江、芜湖、清江厂等六处官办贸易市场税银一万四千两，解往工部，以济陵工急需。这些建议也得到崇祯皇帝的同意，缓解了财政困难。

　　崇祯三年夏季，当时德陵，虽经工匠数年劳作，仍未完工。听当时砖木商贾说，工程需要用的一种高档楠杉木在崇岗绝箐之地，难觅周长丈余的树木，砖还要从临清一带用舟船运输。当地人获悉该料为建造皇陵所用，哄抬价格，声称一钱砖值一钱白银，少了不卖，一口咬价，阻挠工期进展，提货人也常因对方拖延交货日期而住宿等待。当时工部官员对此现象见怪不怪、习以为常，已经麻木了。程启南接任工程后，厉声斥责那些商贾说："国家待急等砖木修陵，而你们却数次叫喊伐木烧砖困难，也不添工匠和砖窑，屡屡拖延工期……今我郑重宣布，消极怠工、哄抬物价的，截至五月砖木到不了，国法伺候，绝不宽恕！"那些商贾素来畏惧程侍郎的清正爽直，只得奉公守法，不敢再随意刁难掣肘。施工期间，有一姓马的工头，因中饱私囊，影响了施工进度，被发现后，还暗中在晚间揣上银两给程启南行贿，启南当即拒收贿银，责令逮捕他。次日，他正要将马工头罪行公布于众，沈演匆匆赶来，为其求情，希望手下留情。启南严肃地说："俗话说，没有规矩，不成方圆。对如此劣性之人迁就，消极怠之风必然蔓延工地，届时工期完不成，皇上怪罪下来，谁来负责？！"他不为所动，还是当众将马工头行贿劣迹公布于众，削籍除名。后来，他侧面调研了解到，沈演收取了马工头的贿赂，是特地为他来说情的。当程启南将沈演的问题向工部尚书南居益汇报后，南说，眼下德陵工期吃紧，一来，无精力去查证案情；二来，此时查案，吏部、都察院势必插手，弄得劳师动众，人心惶惶，肯定影响工程进度。不如先放一放，待竣工后再说。

南尚书真是不走运，不到一个月后，因在试炮时发生爆炸事故，崇祯帝当即将工部尚书南居益罢官，相关责任人郎中王守履廷杖六十，削官籍为民。随即，诏令由程启南暂时代理尚书之责。不久，上峰任命刘遵义为工部尚书。

对于工部人事变动，此时最不高兴的要算是沈演了。因为这一来，他的"尚书梦"更是遥遥无期了。

据史载，天启六年时，沈演曾任刑部左侍郎，为了日后能接替刑部尚书的职位，他想到了他的一个哥哥沈㴶，沈㴶在朝中与客魏阉党关系密切。本来，沈演与其哥关系并不融洽，但他为了巴结客魏集团，以达到目的，就常打着沈㴶弟弟的旗号，向客氏和魏忠贤献媚讨好，很快得到了刑部尚书职位，还曾为魏氏阉党集团翻刻吹捧魏忠贤功德的《三朝要典》。后其劣迹被他人告发，魏忠贤厌恶其私通客氏，罢去他的官职[2]。崇祯帝登基时，沈演成为阉党漏网分子之一，被列入受排挤迫害朝臣起用名单，授职工部左侍郎[3]。沈演纨绔子弟习气很重，业务上本事不大，却又好大喜功。程启南被任命工部左侍郎后，为暗中打压程这个未来接替尚书职位的竞争对手，曾举行过一场盛大的视察德陵工程仪式，意在向工地的兵士和民工表明，他才是工部世家子弟（其父曾在万历皇帝时期任过工部尚书），尚书第一人选。然而，崇祯帝并不看好他，当指令程启南负责督导德陵工程后，他觉得很丢面子，处处出难题，设障碍，掣肘德陵工程进度。甚至教唆马监工给程启南行贿，结果偷鸡不成反蚀一把米。南居益因事故被罢官，他觉得机会来了，谁知，新来的尚书接替官位，他的愿望又泡汤了！只怪自己命不好……

刘遵义任尚书才两月，即遭人弹劾，且对工程事务不上心，崇祯帝遂将其罢免，崇祯三年八月，正式任命曹珖为工部尚书。

曹珖，字用韦，益都人。万历二十九年进士，是和程启南同期考进士的同学。历任户部主事、兵部武选司主事，后因要求魏阉东厂官吏约束部属，勿诬陷良民，遭到贬官河东参政，他一气之下辞官归田，后被起用为南京太常寺少卿。天启初年，加光禄卿，进太常大理卿。魏忠贤乱政，大狱纷起，珖请告归，后又被魏氏阉党削职归田。崇祯元年，起用为户部右侍郎、迁左侍郎等职，直至三年八月迁任工部尚书。

有老同学曹尚书督导工程，启南感到这是上天的安排，也省心了许多。曹尚书也时时处处尊重老同学程启南的意见，给予他工作上有力的支持。

崇祯四年一月，在曹珖的提议下，授命杨一鹏为工部右侍郎，沈演的职权进一步被削弱。

同年十一月初，一年一度的冰冻时节来临，滴水成冰，紧张的德陵工程被迫停工。面对陕西农民起义军对山、陕两地的不断窜犯，严重威胁到腹地及京师的安全，程启南虽然只是个工部侍郎，并非兵部要官，但他未敢忘忧国，仅稍稍休养了三日，兼顾照料患病已久少夫人张氏。便又离开家庭，忙着和一些朝廷官员交换意见，对南北走向的黄河防务提出了自己的对策，并上疏皇帝。史载如下：

> 壬申，工部左侍郎程启南等公疏上言：秦晋辅车相倚，东西止界一河，前此流寇不敢东下者，以有孤山一旅横截河上耳。今宁塞贼首神一魁与部下张孟金、黄友才等，复叛，剪发勾套，较初发更横。在秦中既有督臣洪承畴，及总兵张应昌、王承恩、贺虎臣、艾万年、王弘器等，严为之备兵锐将勇，贼势自戢，则秦事尚可为也。若晋则向无精兵宿将仅恃一当关之，曹文诏而今又去，目今冬月冱寒冰坚可渡，势必顺流而下，平汾河保之间将为血肉，抚臣宋统殷虽亲历行间，呕尽心血，而终不能徒手杀贼。

倘一旦变生，则大河以南，上党而北，人心震摇，在在瓦解。欲固其守是，非专用边将、边兵不可。乞皇上敕遣陕西智勇之将一员，或王承恩，或艾万年，统领健兵三千，移驻保德防御两河，与孙显祖相为表里，两省协剿、首尾互应，则先发可以制人庶克有济况，迩来地震、风妖、天鸣、草怪，变不虚生，中原尤甚，恐一旦流毒腹心，则神京右臂殊为可虑，此臣等所为，鳃鳃吁请也。帝谓：协剿流贼之旨，何啻三令五申，督抚镇将全不奉行？至使乡绅呼吁，封疆诸臣职守何在？所请扼防合剿，所司速酌行（《明实录·崇祯长编》卷之五十二）。

该奏疏的核心要点是，镇守关隘要道，要用边将边兵，而不用不熟悉当地情况、又无责任感的客将客兵，并建议征调陕西熟悉当地情况的王承恩等悍将领兵。他和诸公的意见，被崇祯皇帝采纳。

朝廷面对内忧外患，德陵开支这个无底洞必须堵上。为此，崇祯皇上下诏，明年春节之前，德陵必须竣工。完成者谕奖，违者严厉惩处。

程启南重回工地，发动大家想办法，看能否冬季施工。工地一个姓赵的工匠研发了"火烤法"，可用于石灰泥浆不冻结的冬季施工。程启南考察后大喜过望，当场予以表彰，在工地全面推广。火烤法需要大量木柴，程启南就发动大家拆旧利废，多方寻木。为此，他还令陵工拆除了自家的一个仓储棚房，将木料全部搬上工地。

正当程启南督导修筑德陵最繁忙之际，四子兰绩匆匆来到德陵工地，把他拉到一边，说："妈病重了，常念叨你，可否回家照料几日？"

启南如实相告说："不行啊，眼下德陵工程正在节骨眼上，我要是一离开，工程进度势必受到影响。这样吧，你再坚持几天，情况稍缓和了，我一定回去。原先开的方子，要按时煎药给你妈服上，吃完了就再去药铺抓。"

兰绩含着眼泪走了。他知道，老父亲吃住在工地上，已有两个多月了。

又过了三天，那一个霜露加寒气的傍晚，兰绩再次前来工地，悄然告诉他一个不幸的消息："妈走了。临走前，她一直喊着你的名字。"

怎么会这样？……程启南一时感到天旋地转，发蒙了。自从天启年间，把张夫人接到身边来，就是为了解决以往两地分居所带来的各种问题，一来方便照顾自己的生活起居，二来自己也便于照顾妻子和孩子。前些日子，虽说张氏身体生病，自己本身又是个祖传中医，经过号脉，抓药治疗，加上儿子兰绩的精心照料，情况已有好转。想不到这么快就阴阳两隔！他觉得自己对不住夫人，在她最需要自己的时候，自己却不能在她身边，给她以安慰，给她以继续活下去的勇气，乃至为她送终。他真想放声大哭一场，宣泄一下心中的郁闷之气，可他强忍住了。

他知道那样一来，工地官员会轰他走，要他去置办丧事。被人上奏皇上知道了，皇上保不定也会给他假期办理丧事。因为按朝廷规定，家中有丧事时必须辞官奔丧，不能问政。如此一来，由别人来接替自己的工作，等于临阵易将，军心不稳。眼下，工地无人能够压得住阵脚，自己若走，德陵工期肯定懈怠、拖延，甚至可能功亏一篑……

此事必须瞒住，不但不能哭，而且眼泪只能往心里流。表面上，还得如往常一样，无事一样。

想到这里，他强忍悲痛，用哽咽的声音对兰绩吩咐说："眼下工期正紧，此事还不便让人知道，你回去要尽快做件事，和赵管家雇辆带轿子的马车，今晚我送你们出城，将你娘遗体运回老家信义去，再告你二哥伟绩，由他和你们共同办理安葬事宜吧。

兰绩哽咽着答应了。送走了兰绩，启南冷静下来，他扳指头一算，二夫人享年四十二岁，与原配夫人李氏一样。他不明白，日月如梭、时光无情，来程家两任夫人，怎么都成了年过四旬的短命夫人？老天对我程启南不公啊！……

崇祯五年二月春节，德陵工程终于如期竣工。为此，朝廷在工地召开盛大的表彰大会，当众宣布表彰了与工程相关的一百二十四员有功之臣，其中工部尚书曹珖加太子少保。这是明代保护太子安全的荣誉官职，是太保的副职。当朝皇上特将程启南视为能吏廉吏，因尚书职位已有人选，且有功褒奖，无法升其职，于是，就在他工部左侍郎职位的基础上，加大司空（尚书）的官服和俸禄，原官职不变（即"领官如故"），用现在的话来说，即享受尚书待遇。还又诏赐黄金条十根，表裹二十端。同时，破例让其再荫一子到国子监学习做事。对此，启南觉得自己是履行本官职责之事，如此奖励太过了，一来担心由此破了大明皇室规矩，带来后患，二来他已经看破红尘，萌生退意，既然如此，何必再把子送入虎口？由此谢绝了荫子一事。

不少官员、同僚对程启南表示庆贺，赞扬他劳苦功高，不愧大明一代能吏。有的甚至还说，照此下去，程大人的前途不可限量。然而，程启南有自知之明，他知道，此次德陵修建之成功，是以二夫人张氏的牺牲换来的，自己所付出的代价相当沉重，旁人是无法理解，无可比拟的。

表彰大会结束后，还要召开庆功筵席。相关受奖者弹冠相庆，而程启南却泪流满面，哽咽不已。开始，别人以为他是喜极而泣，后来有人发觉不对劲，他似乎是真的很难过。工部尚书曹珖终于向众官员揭开了这个谜底："诸位大都不知道，程大人真的很不容易。去年秋冬，德陵工程最紧张的时候，他家二夫人不幸生病去世了。从少夫人装殓棺材到运回故里，都是让儿子和仆人去办理的，程大人没有陪同料理过一天一刻，他是全身心扑在德陵工程上了啊！"少顷，又说："这件事，以往程大人不让说，怕影响工程进度。现在，我可以说了，太难为程大人了！连皇上也感动了，这才有了此次千古破例的加大司空服俸，程大人当之无愧啊！"

一些官员获悉真相听后大吃一惊,想不到程启南对德陵工程做出这么大的牺牲,一时间,眼噙热泪与程启南前来作揖的,问候的,络绎不绝。不少人赞叹道:程大人真是心底无私,深明大义啊!

再次辞官归乡田

皇陵德陵的完工,程启南感到好像卸下了一副千斤重担,一时间倒感到心里空荡荡的。他是个闲不住的人,他的信条就是尽自己所能,为国为民做事,做好事做善事。然而一旦好事做完,闲暇下来,倒感到有些浑身不自在、不舒服。

他感到要认真考虑一下自己下一步的大动作了:走还是留。其实,"走"的念头,早在去年(崇祯四年)就产生了。原因是,他受够了奸佞小人和宦官的鸟气。

"窝里斗"是中国古今一大特点,其特点就是会干的不如会说的,耍嘴皮子的整干事的,小人整君子等等。程启南回想起德陵修建的五年中,蓄意找茬诬告的,背后打黑枪、放暗箭的,大有人在,也防不胜防。早在崇祯三年九月,正当他夜以继日为德陵操劳之际,"工科给事中李春旺以庸臣不堪重任,纠兵部右侍郎郭尚宾、工部左侍郎程启南。帝谓:两人任事未久,不必苛求。"④

不久,"礼科给事中卢兆龙,特纠衰、庸、琐劣三臣,以质公论工部左侍郎程启南、南京工部侍郎何乔远、宣府巡抚杨述程,请下廷议。帝谓:程启南有旨已留,何乔远不必苛责。杨述程防秋正殷,果否胜任,命吏、兵二部同两科确议速奏。"⑤

可见,政敌在一月之内两次参奏诬告,是受人指使,蓄谋已久之举。然而,崇祯皇帝还是信任程启南的,知道他是个难得的实干家。正是由于皇帝的力排非议，为程启南保驾护航，才保证了他不被暗箭中伤，也保证了皇陵工期如期竣工。

然而，诬告者并未死心。崇祯五年二月，"吏科给事中曹履泰参工部左侍郎程启南、兵部左侍郎宋槃衰劣妨，贤帝谓：'大臣去留自有鉴裁，不必苛求。'"⑥

就在这次诬参后的当月，旷日持久的德陵胜利竣工，用事实给予诬参者有力的回击。诬参者也未挑个合适的时机，反而暴露了其卑劣品质。

是谁给了几个诬参者如此胆子，诬参后还能逍遥法外，无事一般。是因为他们有背景，有后台。这个后台和背景就是太监张彝宪。

张彝宪，是崇祯帝的司礼监太监。皇上初即位时，鉴于魏忠贤的祸败，将各地镇守宦官全部撤回，转而委任大臣担任。后来廷臣竞相建立门户，拥兵自重，战事不利，粮饷不足，他们却不能献上一策，崇祯于是重新起用宦官。如此一来，"寺人（宦官）之徒嗷嗷复进"复用，掌管了朝内外重要权力。

崇祯四年九月，皇帝派出很多宦官到各地宣府卫所督办粮饷事宜，其中派遣王应朝等人监视山海关、宁远，派王坤到宣府，刘文忠到大同，刘允中到山西，监视军马。而因张彝宪有心计，令他监督考核户、工二部出入官员，以及皇陵经费往来情况，并为他建了官署，名曰"户工总理"，权力超过尚书。

本属户、工二部的业务，如今以内太监张彝宪统领办事。程启南深感不便，他欲往东，而张彝宪偏要引向西，总要与他对着干。下属诸司官员要见自己议事，只因张太监居坐正堂，不得不向其作揖而进。张彝宪出入时，护卫仪仗森严，工部官员对张迎来送往，竭尽烦琐的恭敬之礼仪。对此，他气愤地说："古代大司空，金印紫绶，是禄比丞相，而张彝宪是不入流的奸人，成事不足，败事有余，吾岂能与他共事也？"此时，孙居相、曹于汴等诸公相继已去职或退休回乡，朝中连个说话议事的老臣都难找。

他本不想与此等太监之流共事。可一想到德陵工程刚进行了一大半，自己若撂下挑子一走了之或交给别人去干，若下面商贾工匠懒散弊端再起，工程进度要受到很大影响。于是他忍了好久，打算等工程保质保量完成后，再打辞职报告。

宦官被重新启用的怪现象，完全推翻了崇祯帝当初诛灭客魏阉党的初衷，令阉党势力在新形势下死灰复燃，引起朝臣的普遍不满。给事中宋可久、冯元飙等十余人不服气，弹劾张太监，皇上不采纳。吏部尚书闵洪学率领朝臣一起上一封奏疏争辩，崇祯帝说："如果群臣尽心为国，朕又何必用内臣呢？"众人都不敢回答。南京侍郎吕维祺上疏责备宰辅大臣不能匡救国家，礼部侍郎李孙宸也奉皇上的召见极力劝谏，皇上都不听。张彝宪于是更嚣张了，不仅官职位居尚书之上，还每日命郎中以下官员依礼谒见。工部侍郎高弘图不甘愿居张彝宪之下，上疏请辞职，结果被除名免去。张彝宪更加骄横，还故意扣住边镇的军器不发。管盔甲的主事孙肇兴怕延误军事，便弹劾他误国。皇上回奏，孙肇兴被判遣去戍边。主事金铉、周镳都因进谏被斥退。后任工部尚书周士朴因不赴张彝宪的约会，被责问罢免。

"我等朝廷命官，岂能为腐鼠吓住？！"德陵完成后，程启南感到没有什么负担了，他决定不再贪恋工部职位，立刻起草请退奏疏。

请退奏疏，往往是朝中一些德高望重大臣在抱负得不到施展，意见得不到采纳，存在价值被忽视的情况下的一种以退为进的策略，也可以称之"逼宫"方式。成功了，自己意见得以采纳，目的达到；失败了，也可以体面而退，因为这种奏疏冠冕堂皇的招牌就是乞休。那天晚上，程启南拿起毛笔，不禁浮想联翩，说实在的，皇帝刚刚授予在自己工部左侍郎职位上又加冕一身尚书官服和俸禄，自己还未继续大展宏图，即请求告退，似乎有点不知感恩，不识抬举，不够意思。然而，朝中宦官死灰复燃，有辱贤良大臣，更是令他们心寒的一件大事，也是事关国体生死存亡的大事，岂可等闲视之?! 这是委屈都不能求全的事情。必须给皇上旗帜鲜明地指出来，如若拒绝纠正，坚决告退！纠不纠正是皇上的事情，他左右不了，但说不说，则是自己应该尽到的本分责任，理当义无反顾！

他不由思绪泉涌，挥笔在宣纸上奏折纸上唰唰书写起来。开始写得不满意，觉得没有完全表达了自己的本意，就揉烂重写，一直写到东方出现鱼肚白……次日，奏疏递交呈上到崇祯帝的眼前：

当逆党肆虐之时，臣濒死者已数矣。陛下不以臣不肖，拔臣内史，晋臣司城，臣即碌碌未有报效。熹皇帝拱默，（朝）中人有窃政者，似犹不足异。今天子英明，日（朝）夕望太平，而蹈覆辙、酿乱胎，祸将不止。然考高祖（明太祖朱元璋）止（只）给内侍洒扫之（差）役，（要其参与朝廷政务要事），故（结果导致）赵同恭乘（古晋国赵同被害），袁盎（西汉文帝谋臣）寒心。乃（难道）陛下无人，独用彝宪监事？臣恐忠贤虽诛，而忠贤之类尚冀死灰复燃，不止羞朝廷，而辱当世之士也！⑦

当时，崇祯帝在此之前，还收到另一份关于程启南的负面奏疏。面对这两份奏疏，他不由权衡起来，到底如何是好？……

当时朝中不少御史岗位正值缺人，吏部拟安排程启南补缺。张彝宪获悉后，便挑唆阉党余孽阮震亨上疏诬劾，说程已七十岁，属于老迈之臣，应当安排退休了。崇祯不想理睬那些负面疏奏，他还想对这位能臣再用一段时间。

想到这里，他在启南的奏疏上提笔批阅："此奏疏不允"。

一次不行，隔段时间，程启南就再次上疏。再不行，就再上。当连续第十一次奏疏上了以后，皇帝都有些烦了，他让内臣侍官念给他听：

臣不敢自言爱鼎，臣闻积羽（可以）沉舟，群（东西虽）轻（积攒多了也能压）折（车）轴。今科臣某（指阮震亨），小人之尤，蘖芽其间，排抵臣年老，不足任事。臣虑一日不去，必加后患。况臣雅游（黄金年华）已尽，彝究定用（顺手）急臣。臣生平为气，每欲（发泄一通）独（也就）完，岂可使见放余生复就汤镬（岂会见君放自己余生，他人就会把自己再放进锅里煮呢）？⑧

这回，皇上忍不住叹了口气，说："给朕拿来吧。"他随笔批阅道：

工务殷繁，正资（卿）坐理。览奏，情辞恳切，准暂驰驿归里，病痊即行起用。⑨

有意思的是，程启南奏疏里没有一个字提到自己有病的问题，因为他是个直爽之人，有一是一，有二是二，只想实话实说，不想为自己的乞休找借口。然而，皇上是讲究面子的。他不想因对方没有犯错，而自己批准一个老臣退位退休，落下一个"不容人"，听不得不同意见的名声。于是"准暂驰驿归里，病痊即行起用"，就成为他准奏的一个理由。用一句大白话来说，就是：你有病，我批准你暂时归故里休养，养好病随时再启用。朝中有人戏称程启南是又一起"奉旨生病"。因为此前，同类情况已有一例，他的辛丑科进士同学张至发，在遭到小人诬劾之后，也曾给崇祯皇帝上疏，自以为有三条理由应当离职，但未曾称病。忽然得皇帝圣旨回家养病，当时有人嘲笑他，认为他是遵皇帝圣旨而得病的。看来，崇祯帝习惯用"生病"来打发朝臣退休。

这年，程启南整七十岁。回首自己人生经历七十年，历经晚明五个朝代，其中官历三十年，侍奉四朝皇帝，俗称四朝元老。史称他"扬历中外，所过政迹，不可殚述。而余（他）于一再辞官之故，娓娓言之独详者，阉毒酷烈，贤者多遇惨祸，人才之去就消长，国运之隆替系焉。天下事尚可为，启南甘无闷哉？"⑩

那个处处掣肘他的太监张彝宪，崇祯九年，被皇帝派往南京任守备，不久即死，得到报应，但皇上后来还是用宦官高起潜之辈掌握军队，监督各地重镇，最后发展到宦官开关纳敌，直到明朝灭亡。

注释：

①《明实录·崇祯长编》卷之三十一："崇祯三年二月，通政使程启南恭进马匹优，旨覈收。"

②《启祯两朝剥复录》载："天启……六年二月，以沈演为刑部左侍郎，……演素与兄㴶忤，而㴶与内通，演复借兄以媚珰，遂得司寇。后为人所发，珰恶之，罢去演，曾翻刻《三朝要典》。"

③《国榷》卷89："礼部奏冤陷诸臣，复原官，给还诰敕。……张凤翔、孙居相……沈演、南居益。都御使曹于汴，程正己……"

④摘自《明实录·崇祯长编》卷之三十八。

⑤同上。

⑥同上。

⑦《程康庄集·先王父资善大夫加工部尚书服俸管左侍郎事程公行述》。

⑧同上。

⑨同上。

⑩清·康熙《武乡县志·人物》作者田喜纛。

第十章 退隐桑梓

故里省亲办实事
为民请命『尚书』旗
应邀撰写墓志铭
武备筑城保桑梓
赋闲笔墨修家谱
济世救民行医道

行人问酒何方是，遥指前村半掩篱。

——程启南《皋狼牧雨》

故里省亲办实事

崇祯五年三月，程启南回到阔别数年的家乡——武乡县城（今故县乡），他不禁倚靠着一棵老槐树，久久凝视着周边的山水景色，感慨万千。

对当时的武乡县城——南亭川的风光和民风民俗，顺治《武乡县志》中，有县令李芳莎所做的如下记载和描绘：

山势崆峒，河流奔放，野花杂药蘼香撩人。人民椎鲁，寒暴影瞰，饥餐嫩蕨，随地拾取，有标枝野鹿之风。县治以东，林木蓊茜，柯叶蒙纠，佝偻出入。秋深霜落，五色灿然，诗料如许，逸兴轩轩，霞举不倦。

太行山腹地的武乡县，真是一派美好的田园风光。

再次来到珍珠泉边，程启南吟咏着数年前归里写的一首题为《珍珠泉》的咏乡诗，不觉浮想联翩。此次重归故里，他感受颇多……

在朝中，他总认为，崇祯皇帝是个有作为的皇帝，也是他历经四朝中所见过、所听说的最有为的皇帝。不动声色诛杀客魏阉党集团，为熹宗皇帝期间蒙冤的东林党等一大批廉臣良吏的冤魂平反昭雪，启用一大批受排挤、受迫害的在野朝臣，并开创了比天启初期更为亮眼的圣朝新政……若按此势头发展下去，大明江山重振朝纲、复兴崛起指日可待……然而，咋那么快就变了，竟重蹈熹宗皇帝的覆辙，走上重用宦官、误国衰国的老路？他咋也想不明白。唉，不想那么多了，还是歇息几日，回老家信义里看看多年不见的乡亲和宗亲族群吧。

皋狼牧雨

> 满目浓荫入望迷，杏花深处扬青旗。
> 征云远护平川路，细雨轻沾野牧骑。
> 短笛横牛欲去紧，竹叶带雨得来迟。
> 行人问酒何方是，遥指前村半掩篱。

这是程启南在二夫人和儿女陪伴下，重归故里——信义里所做的一首诗。

对故乡的思念，乡音、乡情、乡食，都使他感到格外亲切，格外有滋有味。在回访信义里期间，每日见到宗亲族和乡亲们，嘘寒问暖，也听到不少劝他想开点的话语。这都使他感到,自己若是自此消沉下去,沉湎于往日的纠葛漩涡之中,而不问乡事民情是不好的,轻者要损身,重者会折寿,这是不明智的,无以面对那些始终如一盛情款待自己的乡亲和宗亲们,也无以面对九泉之下的父母双亲和列祖列宗。

故里省亲后再次回到县城,他的精神状态完全变了,不再是怨天尤人了,开始坦然面对现实,开始转向正常的家庭生活:家长里短、柴米油盐、儿女亲情、田园游览。

此次退位归田后,程启南决心拒绝再进官场。他每日身居宅院,谢绝接待一般来客,专心著书立说。连地方长吏(有身份的官吏)也难得见他一面。他虽然在邻里不常露面,但每逢县内有灾情或官派的大徭役,他必关注,适时为家乡百姓发声,办点实事。

数年后,当程启南再次回到故里信义村省亲时,听当地乡亲诉苦说,本里为防止兵灾,自古以来都是建筑有城门和城墙的。由于先世兵乱年月,城门早已破损,如今已不复存在,门左偏临水塘,每逢雨季,塘水满溢,里甲民房常遭水患;不是房倒屋塌便是家中粮食、财物遭受浸泡。村民知道启南任过工部尚书级侍郎,对基建在行,便将水利等修筑事务寄托在他身上。启南欣然答应,他亲自查勘了地形,决定在里外建筑一条水渠,雨季可将水引走。后由本里(村)绅士民众捐银赞助,他自己也凑了一些银两,亲自组织人力,堆石块筑堤,在村外布了一道水渠,人称"司空渠"。后还在渠坝堰上又建筑装潢了走廊,立一文昌阁,倡导读书风尚,人称凤庵阁(启南之号凤庵)。搞水渠水利建设,要占用一部分民田,与民不便。程启南就按所占用的亩数价值,拿出自家粮食作为一次性兑粮补偿,这下,被占地的里民没意见了。启南常说念叨一句口头禅:"舍沟不忘本也。"

为民请命"尚书"旗

崇祯五年十月和十二月,武乡两次遭受农民起义军劫掠兵灾,死伤不少守备将士和人民群众。次年六月,又遭受特大冰雹灾害,田地稼禾受到很大损失,到年底,包括整个山西在内大饥荒。然而,县衙在街墙贴出朝廷告示,征收沉重的粮食赋税。程启南听说后心急如焚,当下上街揭榜,回家写出奏疏:

武邑残破已极,均粮万难取盈,恳乞仁慈大为主持曲为裁免事,窃照均粮一法,即加派之别名,一丝一毫,皆取之地亩,征之小民。嗟此武邑,地为何地?山居其七,水居其二,一分作田且半沙半石,为陵为壑,一望等于不毛。

以上奏疏开头文字展示了武乡县邑历来穷山恶水的地形地貌,接着,对李自成起义军所造成的兵祸惨象,以及自然灾荒做了进一步揭示:

民为何民?贼寇焚掠之后,死居其二,所留孑遗,曾无半粟。今岁大荒,其死逃又莫可数,凡此非敢作无病之吟。试观本县地方之狭,曾不及邻封之半,而权店设兵,南关又设兵,则为贼薮可知,其被贼之多残又可知。

他向沁州知州(俗称州牧、刺史,武乡归沁州辖属)恳切呼吁:

所望上台目击颠连之苦,或代为请命,径咨部中,为武邑详陈苦状，免其征派，非独生等感德，万民颂回天之力，于不朽矣！

对于武乡减免粮税的标准，他还拿出了自己的建议和改进方案：

即与三十一州县同免均粮，尤应独居其先……定为灾疲减等，原粮一石，全征银八钱三分一厘，今以瘠疲例，止征五钱一分五厘。

《武乡县志》编撰者对收录的这篇被称为"司空揭"的奏疏评价极高，写出了如下评语：

论曰：为蕃宣而察民疾苦，陈之殿陛，方无愧蕃宣之职。至若身居大臣，退居林下，亦以一乡之利弊告之当事，此非为一身一家计，实为万姓计者。读方伯疏与司空揭，忧国为民之心昭然在目矣。

奏疏写好后，程启南亲自送至县衙知县手中，陈明情况，鼓动他亲赴两抚院（沁州和山西巡抚）上送陈情，争取减轻武乡征粮税事宜，得到武乡知县的赞同和支持。为了加强奏疏的分量，知县特在文前加上"二品服俸工部侍郎程启南等揭为"的抬头字样，拟以程的这块退隐二品高官的招牌，打动朝廷。

后来，"司空揭"通过各级府衙层层上报，最终得到皇帝的认可和御批，实现了每石粮减免"五钱一分五厘"的预期目标。武乡百姓奔走相告，都说，古有包公尚方宝剑，今有程公尚书级侍郎，司空揭赫然上奏，百姓如鱼得水游。

崇祯八年，沁州来了新的知州张三杰，他也听说了程启南"司空揭"义举的故事，特地拜访了这位本县著名的退位高官长老，经过交流，对他更加了解和敬佩，临别时，启南还对张州牧寄放话语："以后衙务上遇到难事，需要用得着我老夫的时候，请不要客气，只要我能帮上忙，我理当为一方百姓效命！"

崇祯十一年，武乡岁旱大饥，饿死人的事情屡见不鲜，人相食的事情也时有耳闻①。然而，更让人揪心的是沁州忽然降旨，粮税累计要征银三千余两，"上急征如渴思饮，狡吏怙势，持官府符牒者若鸷鸟之酷"②，连沁州知州张三杰都看不下去了，于是他综核全州的征银数字，来到武乡，偕同知县一同来到程府宅院，他说明了当前本州严峻的情势，恳请程启南利用自己的先前的高官身份，再写一份奏疏，由他去省城太原抚台面见巡抚大人，全力上奏朝廷皇上，力争豁免。

在程府接官厅，当程启南了解了对方来意，爽快地表态说："常言道，不在其位，不谋其政。鄙人虽然已经辞官为民，但涉及州县民生问题责无旁贷，救民如同救火，今日我斟酌一下，你们明日来取奏疏吧。"送走了来客，他找来了家庭私塾的张鸿儒老先生，商讨了这个奏疏该如何下笔，阐述何种理由，才能引起皇上重视等问题。张老先生也发表了自己的看法，启南觉得对方分析得很有道理，当晚，他挥笔至下半夜，终于将这篇关乎本州县民生的奏疏写好。

数日后，听说朝廷派下钦差大臣……原来，不久前以程启南"二品侍郎"名义上报的减免浮粮税银奏疏，受到朝廷奸佞官吏的质疑和弹劾，说启南等谎报灾情，企图借此联合府县衙门，谋取私利。俗话说，谎言多了也会使人相信。连皇上也怀疑起程启南，怀疑其中有诈，于是特派遣钦差大臣来沁州、武乡等地调查，本想查实情况后，再给启南定一个"谎报灾情、欺瞒皇上"之罪。结果，沁州和本县民众纷纷向朝廷钦差诉说本地灾荒情况，最终上报至崇祯皇帝：情况属实。由此崇祯帝发出圣旨，减免了沁州三千余两赋税征银，程启南"谎报灾情"的罪帽也被摘掉了。

为了本县民众抗饥救灾，程启南还与退隐县城的原太仆寺正卿魏光绪共同商议赈灾之策，共计捐出千两银锭，库存粟米千石，在全县东西乡各建立一个大粥场，免费为灾民施舍小米粥。

仅粥场赈粥一项，即救活本县和外地逃荒灾民三千余人。灾民皆称，是程、魏大人救活了他们。后来，程、魏二人经商议，又设立慈幼局，专门收养哺育路边遗弃的婴儿，每日均有各村妇女义务前来给孩子喂奶。

武乡县慈幼局收养弃婴，首开山西慈善福利院之先河，即便放在全国，也是史上最早的慈善机构。笔者深为敬佩和自豪。

应邀撰写墓志铭

自从程启南第二次辞官归田，回到武乡县城（今武乡故县南亭川）寓所，他一度感到愤懑和憋屈，闭门谢客，埋头著书立说，以至连地方长吏好长时间也不知道县城藏龙卧虎，还有他这么个赋闲的曾经是明代朝廷的二品高官。这种情景，与他在考中进士后回乡待命时扬眉吐气，到处炫耀摆谱，简直有天壤之别。

一天，得知外面来客，家人告诉有魏云中要求见他，他一反摆手拒绝的常态："快请！"别人可以不见，魏云中不能不见。对魏的情况，他虽有一些传言耳闻，但毕竟不是第一手的资料，他也希望了解这位老同学的近况。

此次再次见面，启南发现，云中这位姥爷比起五年前的天启年间一别，面容削瘦了不少，也白发青丝老态了不少，完全没有少年学子时的那种气宇轩昂、卓越倜傥的风采。不觉感慨说："姥爷，你的变化太大了！

变得我快不认识了！"

"时世艰危，内忧外患，加上皇上日理万机操劳，众大臣又不甚给力，你说我能不老吗？"云中眉宇间还是那样气盛，话语咄咄逼人。

"快请坐！咱们好好叨歇叨歇。"程启南竭尽地主之谊。

"你虽然是辈分比我大，但年龄却小我几乎一倍，我一向认为你比我年轻气盛，是国家不可多得的栋梁之才，怎么也被罢官归田了，快说说，你是哪年回来的？"

"是去年（崇祯四年），早你一年回来。几天前，听一个乡亲说，说你也回来了，特意前来看望你这位二品尚书待遇的老外甥。"

"唉，不提了，不提了，如今还乡为民了，普通百姓一个，再辉煌的过去也已成为历史了。"

两人落座，不住地寒暄长短，很多信息经过交流，一目了然，程启南不由感慨地说："姥爷，我发现我们之间，尽管年龄不同、辈分不同，但履职经历却有异曲同工之巧合。你看，你是万历二十九年出仕，任项城知县，我是万历三十年才任襄阳推官，你比我早一年。后又同时受到客魏阉党的排挤打压，你于天启四年被罢官归田，我于天启五年归田，你又比我早一年。再后来，崇祯皇帝登基，诛灭了客魏阉党，我们两人才又有了出头之日，你于崇祯元年被皇上重新启用，又比我早一年。然而，好景不长，朝中上峰又旧病复发，宦官阉党重新专权，你于崇祯四年罢官归田，我于崇祯五年三月第十一次上疏，坚决不愿受阉党节制，也辞官归了田，你又比我早了一年。难怪朝中有人言，我们成了"西党"，总有小人在操我们的闲心，放冷箭。我也总在步你这位老表舅的后尘。你前脚走，我后脚到，报国无门啊！……"

程的一番话触动了云中的不胜感慨："说得好，真是报国无门！报国无门！"

两人这次交流，他们的心贴得更近了。在交流中，程启南还了解到，云中归田后不久，为加强县城武备，曾在本县北城增建敌楼一座，这在日后三次抵御李自成的农民起义军发挥了重要作用。两人也形成共识，虽然不在其位，不谋其政了，但面临当前艰难时世，天灾人祸、兵荒马乱之际，要利用曾经的官职，发挥一点余热，协助本地官员做些事情，为本县乡亲做点力所能及的好事、善事。

相关事迹，以后章节将逐步表述。

崇祯六年冬季的一天，魏云中满面悲伤地来到程启南的住宅，见面就说：

"老外甥，家有不幸啊！家有不幸啊！"说完，他竟然号啕大哭起来。

"别激动，姥爷，坐下来慢慢说。"

好久，云中才停止了抽泣，平静地说："不好意思。是我的在中哥去世了。这两天，全家人都在披麻戴孝，办理祭奠丧事，我想给在中哥写个墓志铭，但提起笔，满脑子都是老哥的音容笑貌，想起老哥的好，想起老哥自小对我的精心照顾和关爱，我就悲痛得不能自已，下不了笔了，这种家事本不想麻烦外人，可没办法，我已经失态了，只好麻烦你这个老外甥帮忙，帮我完成这个墓志铭。"

"没问题，姥爷，你家的事就是我的事，我一定帮你完成这个墓志铭。"

"老外甥，这个墓志铭，你只要帮我起草就行，最后往碑上抄写，还是由我来吧。我毕竟是他亲弟弟。"

"好。就依你。"程启南边说，边打开砚台研磨，准备好了纸笔。

云中不时哽咽着口述文字，叙说着哥哥的生平事迹，不时停顿下来，斟酌着遣词造句，启南挥笔起草。约两个时辰，一篇墓志铭文即已起草完毕。

全文如下：

明故儒官举乡价单槐魏翁合葬墓志铭

翁讳在中，号单槐，姓魏氏。魏之先有成甫者，自河南虞城徙武乡，代有显人，冠冕蝉联，盖望族也。成甫生璘，璘生严，严生清，清生完质，完质生玉，玉生国材，国材生烁，是为翁父。初，国材负异质，年十七廪学宫，因应试，卒于省。家四壁立，配程氏，年十八，矢志栢舟，上奉姑嫜，下抚乳子，备极荼苦。院道先后旌其门曰"节孝"。翁父烁，寻仙逝，遗孤五人，而翁为长，独仲子持中，始受室，余皆弱植；母李氏心忧之。翁先意承旨，务曲当其欢心，又为祖父母营善地归藏焉。于诸弟备极×，于时督之学，其未受室者，次弟为委禽，而弟致中、受中，竟能鹊起离宫，以无负翁期望，弟和中尤籍抚训，仲叔弟相继均犹子三人幼弗克立，翁卵翼特至，亦令之就学，今世封以髫年列青衿，朋其所玉成也。翁虽值屯蹇，克敦仁让，耐勤苦，于先世所遗，则悉推诸弟，而自置斥卤数顷，督僮仆力作，尝数年不入城市。魏故大族，凡大徭役，均户长肩之，而香首杂务，悉以随任，极难副亲属，惟翁是视。翁独力仔承，不辞其瘁，亦不籍赀于众，事无巨细，终无虞覆𫠦焉。与人交，绝不作町畦，即非意相加，亦皆顺受，深合柱下守惟之义。居恒敦尚节俭，至义所应予，则亟为解推，虽赀竭于帑，弗计也。生平质行大率若此，尝一赴实饮礼，邑人以为当尤足以征之矣。

生万历三年十二月二十九日寅时，卒崇祯六年九月十二日午时，年五十八耳。生子一，世干；女四：长贞白，适虞生王家瑞；次贞女，适李家玉；贞淑、贞顺。翁配范氏、王氏、宋氏、白氏。将以崇祯六年十一月十四日祔葬于南山之原，而其季弟受中，手翁行实谒余题墓之石。余谊不获辞，既为之志，而复系以铭，铭曰：惟翁之寿，下寿胡悭，惟翁之德，纯德克全。孝友姻睦，遐迩传宣，与世无竞，妙解贪廉。在丰能约，履满而谦，宜其长世，福祉以延。佳城葱郁，碧草绵芊，其范伊迩，其风则玄。过则式之，趾莫能前，千秋万岁，曰翁之阡。

    赐进士第资政大夫原任工部左侍郎加尚书服俸眷生程启南撰
    赐进士第资政大夫原任总督宣大山西等处地方军务兼理粮饷
    兵部尚书兼督察院右副督御史弟云中书
    大明崇祯六年岁次癸酉十一月十四日立

此墓志铭记述了魏在中的家世、生平事迹、人品等，还记载了兄嫂，及一子四女的情况。末尾，对其哥永世长存的精神，也用美好的辞藻进行了充分的弘扬。

此墓志铭经程启南起草，魏云中书写，遣工匠勒石刻碑，葬于故里魏家窑村魏家墓地。几年前，魏家窑在乡村改造建设中，意外地发现了这块墓志铭碑，很快，这块晚明时期的碑刻，引起了武乡县文物局的关注，派人查看了该碑。还提出想拉走，放置文物局辖属的文博馆收藏。然而被村委所拒绝。后来，村民在一次翻动该碑查看文字时，不慎将碑摔裂成两截。甚为可惜。

武备筑城保桑梓

明代武乡只是个十万余人的小县城，放在全省，也不过弹丸之地，土地贫瘠，物产稀少，小麦产量不高，物产以玉米、大豆、高粱等五谷杂粮为主。风调雨顺、吉祥平安，是庄户人家每年的期盼。然而，晚明的国势衰落，天灾人祸交替不断，世道并不太平。

崇祯四年正月，日赤如血。对于这种异常天象，《宋史》曾有诠释："日赤如血，其下有丧，及臣反国，灾疠贼盗并起。"

三月初四黄昏，天忽然黑暗，雨土泥石。对此，《隋书》曾有诠释："天雨灰，帝恶人胜也。天雨黄沙，其下逆兵起。"

古人信奉天人合一的宇宙规律。日赤如血的异常天象，往往预示了刀兵血灾或匪盗将至的情况要发生。果然在"是岁十月，流寇抢掠西乡。十二月二十四日，至（县）城下，烧毁西关，黎明乃散。大掠杀乡村。②"

史载，陕西李自成等农民起义军自崇祯三年就开始进入山西，崇祯四年至六年，山西就成为起义军活动的主要地区。显然，上述的流寇，即为陕西来的农民起义军。陕西农民军初期没有固定的根据地，多为流窜劫掠为生，人民可就遭难了。加上山西人素来勤劳朴实、本分厚道，历来鄙视那种反叛朝廷和官府的匪盗之类行为，武乡人更是这种典型特征。

崇祯五年冬，程启南回乡不久，时任县令邰季芳就来家拜访他，告诉他本县去年冬遭受陕西来的流寇洗劫和最近流寇日益逼近武乡的严峻形势。看可否为本县守备建言献策、提供帮助。程启南出于传统的忠君爱民的观念，为了守土保民，他召集退休还乡的宣大总督、兵部尚书魏云中，云中堂兄、中丞魏光绪，拔贡魏廷望（魏云中的堂弟），以及邰县令等洽商，决定从加强兵器装备建设入手。中丞魏光绪查阅火炮，发现本县仅有新旧大炮九门，质量参差不一，他还当场试验了火炮的性能，一门炮刚点火就炸了膛。这样御敌还了得？程启南等急忙组织人力，对所有大炮一一检验，不合格者一律封存或销毁。后由县府筹资，加上程启南、魏云中、魏光绪也捐助银两少许，购买荷兰造大炮四门。这种炮，人称"红夷炮"，经试炮检验，点火后，几乎不震动，且射程远，威力大，质量甚好。此外，启南还召集工匠，督导打造三眼枪二百多杆，打刀、钢斧二百多，甚至大将军炮、毒虎生铁炮（土造炮）也有六十多门。这些均为他在工部干过的基本业务，他并不陌生，且有些经验，只不过此时用在家乡的防务建设上罢了。

新添置的武器装备虽然数量不算多，但对于一个弹丸小县城来说，却颇为亮眼，引人注目。充盈的武器装备，很快就有了效果。

是年十二月，农民起义队伍再次攻至县城西门。这是一股善于使用弓箭的陕西来的农民起义军，号称上百万人，一昼夜可奔驰二百里。因所到之处，摧城拔寨惯了，因而骄横无比，对武乡县城也是志在必得。县府兵丁、本县群众哪里见过这种阵势，一时间人心浮动，慌乱不堪，不少人已经准备逃难到山上。见过世面的程启南对众人说："守城是我的本分，请各位尊长、各位父老乡亲不要乱，也不要喧哗，守卫部队喧哗，军心必然不稳。城中起火也不要救，下面自会有人救之。"

听了他的话，紊乱的人心平静下来，守城防御工作有条不紊地进行着。

这天，起义军见武乡城上撑起黄盖布，便引兵前来攻打。程启南观察对方来的方向，命令守兵用四门红夷炮轰击，连发数十炮，闯军被炸死伤数千人，余兵都被吓怕了，莫敢吱声，急忙退走。一连数日，为加强县城防务，程启南继续组织人力，为城门城墙守军运输送交粟米为军饷。之后，还派人给沁州府督臣张宗衡、郡守焦裕送去遗书，表示了与守城军民共存亡的决心。还派人给权店参守备张一龙送信，要其火速率兵前来增援，以防义军再次来袭。

数日后，不甘失败的起义军再次来袭。这次人数增加数倍，达上万人，来势凶猛，还带有炮火轰城，守城炮兵的炮弹很快就打光了。部分城墙倒塌，缺口处涌进不少义军士兵。正在危急时刻，权店参守张一龙、勇士猛克济（外号猛如虎）率兵二百余人前来增援，经过奋战，多有斩获。将敌兵驱离城门，驱至二十里之外。然而，敌兵越来越多，权店将士越战越少，最后，张、猛二将力战阵亡。

当敌兵（起义军）攻入城内之时，程启南本想与守军乡勇誓死力战，子女拉住了他。他很快清醒下来，为了全城百姓的安全，他组织少量乡勇兵丁奋力抵抗，掩护城内百姓向东门方向撤退，打开东门，进入十里外的大山之中。

事后回城，当他获悉此次起义军来袭，权店守将张一龙、勇士猛克济力战而死。在武乡县城失守后，兵丁乡勇一百余人，大部战死或负伤，居民被杀伤数人，抢掳妇女无数。生员赵克宽年过八旬，仍率领全家奋力抗敌，展开巷战，然而，寡不敌众，受伤被俘。因拒绝投降，骂敌被害。其子廷举当夜潜入义军兵营，企图杀死领兵将领，结果被起义军发觉包围，遂投井自尽，以殉父难。他将这次事变，称之为"壬申之害"。

获悉赵家父子的悲壮事迹，程启南悲痛万分，作诗一首：

克宽为国赴汗青，廷举复仇闯贼营。
拼得一腔忠烈血，留取丹心昭子孙。

崇祯七年，为了全城百姓免受崇祯五年冬季的壬申之害，战祸之苦，程启南捐献家中俸银添置大炮等兵器二十门，加强县城武备。还向县令提出，西南城墙有倒塌的缺口，需要修复，还亲自核算了工时和人力，协助县令，亲自督建修筑防御炮台和塌陷的城墙，城西南临河如月形城楼，即是当时的杰作，一直遗留至清末。

史载，"崇祯七年，少司空程公启南又建西门月城一座。"（清乾隆五十五年〔1785〕《武乡县志》）

面对巍然屹立的武乡城池，程启南欣然作诗一首：

咏石勒故里

人杰地灵北原山，藏龙卧虎势不凡。
石勒故里今犹在，涿鹿燕赵威名传。

李自成农民起义军所作所为的问题，若按传统的史学观，传统的历史教科书中的观点，农民起义军是应当被正面对待，被歌颂的。而上述程启南却站在了其对立面，似乎在"镇压"起义军了。我们评价历史人物，应该从客观存在的无法改变的历史事实出发，而不应该以书本上定义、主观上的教条为准，对历史人物不能苛求，同样，对其进步意义和局限性也应从客观实际出发，才能得出历史唯物主义的结论。历史上，任何农民起义，包括前面提到过的山东白莲教起义，对于冲击腐朽的封建王朝统治，推动历史前进，是具有一定进步意义的，甚至是历史发展的动力，这一点，当代伟人曾有过相关的论述。然而，农民起义和农民战争，毕竟不是代表先进生产力阶段和政党所进行的革命，他们在摧毁封建统治的同时，所带来的战乱，所附带的破坏性，也是并存的。如上所述，李自成的农民军攻至武乡城内外时，"居民被杀伤数人，抢掳妇女无数"，便是这种破坏性的具体体现。程启南作为曾经的大明朝廷命官，不论其在位还是下野，他忧国忧民，保境安民，在他看来都是义不容辞的责任，如此一来，他为武乡一方百姓免受兵祸之苦，捐资加强城池和武备建设，组织乡民百姓撤退等，就可以理解了。

所以，程启南协助县衙，保护本县百姓的利益所做的工作，所发挥的余热，是值得肯定的，这不仅不是所谓"镇压"和"污点"，而同样是他的功德所在。

赋闲笔墨修家谱

赋闲下来的程启南，看书、写作、书法，几乎成了他每日的作业。他看了汉代中书令司马迁写的《史记》，对其中的"三官"产生了浓厚的兴趣。古代的"三官"，主要是指天、地、水。这三官对农业、与人们的生活，密切关联，不能不重视，也不能不祭拜。只有对这三官存有敬畏之心，按自然规律办事，才能风调雨顺，吉祥平安。由此，他认为本县应该盖一座三官庙，方便百姓祭祀，以消除自然灾害。修一座县庙，对本县来说，是一件大事，也势必产生费用。单靠一己之力不行，于是，他去找县令程世能协商。

程世能，山东临清县人，岁贡。崇祯七年任武乡县令。他平易近人，是个有抱负、敢担当、体恤民情的好官，启南时常找他商议。当说明了在本县建三官庙的意义后，程县令很是赞成。很快，他召集了在本县的文儒生员魏建中，以及朝廷退下来的一些德高望重的高官长老，如程启南、魏云中、赵民瞻、魏运开等人，进行协商合计。大家也一致赞成办成这件好事，程县令也答应筹措建庙资金。后经实地勘察，决定将三官庙建在本县西门外北坡上。建庙，撰写碑文必不可少，而且也是三官庙的核心，最后大家公推由程启南撰写碑文。

崇祯十年六月，经过约半年时间，武乡县第一座三官庙在县令支持和众人协力下，顺利竣工。由程启南撰写的《三官庙记》[3]的石碑，矗立在庙门前，供前来祭拜的人们瞻仰。其碑文内容如下：

三官庙记

邑人士聿修三官神祠，不日成者。久之，未有碑记以垂不朽。阅崇祯丁丑岁，爰使工人镌石，因浼（恳托）余为之记。余亦共事中人，欣欣然愿效执笔，但于祀典未周之，而奉祀道人举妙经相示：首序三龙女，各诞生一官，分天、地、水为三。其弥月之期，又分定于正、七、十之望日。读未终，将信将疑，其然乎、其寓言耶？及考所纪宝号，绰有次第。上元一品，天官赐福。中元二品，地官赦罪。下元三品，水官解厄。就此联而成，偈如诗之古风，演而成经，计一千六百七十五字，要皆附之于儒，其间数众生之恶德无所不至，吾儒之小人，而无忌惮也。诵经立忏，即吾儒之悔过迁善也。若天堂，若地狱，随因随果，即易之福善祸淫也。假神设教，是或一道，然而未可专恃焉。忏者曰：诵三元妙经千遍，赐福赦罪解厄，三官各效其灵。代人诵千遍者，彼其善果亦如之，余不其然，会须口诵心斋，百行俱粹，万缘皆空，以冥冥质昭昭，无愧天神，无愧地祇，无愧水灵，斯一真与三元合，用康用宁，其食报宁有既耶？倘无鸡鸣之善念，平旦之清气，而徒诵妙经以希奢望。噫！曾谓三官不如林放乎？窃有说焉。天、地、水应作本等观，不必借胎生姓氏，以滋幻惑。但羽流诵法妙经必合掌？目凝经者无法，余亦默默心祝曰：安得先我同然之言，相与共证法门。恍然若或使之抽案头一卷，开卷便见宋王逵云："老氏之徒，立天、地、水府，三元三官之说何也？

盖天气主生，地气主成，水气主化，以三时首月之望候之，故曰三元。金为生，候天气；土为成，候地气；水为化，候水气；三元正当三临宫，故曰三官。"得是说，不觉色喜，因全录之以自信，并以信后人。洋洋乎如在其上，如在左右，神之问我固多也。由是思神之来格，修正七十之仪，报生报成报化，奉本等之祀而已。经始首序言，照存而勿论。

邑人程启南撰

再就是创修家谱，即创修武乡信义程氏家谱。

中国的家谱，又名家乘、家世，从春秋战国时代起，就起源诞生了，但在那时，主要局限于王侯人家，有身份地位的世卿大夫才有姓氏，因而才有家谱，其主要功能是保持家国政权，其宗族传世、爵位传世于本姓氏后裔，不致若干代后落于外姓人手中；而寻常百姓群众，是没有姓氏的，因为他们只是富贵人家中的奴仆，是下人，因而没有也无必要创修家谱。到了秦汉，尤其是魏晋南北朝时期，豪门富户遭到沉重打击，衰败了，因而家谱才像王谢堂前之燕，飞入寻常百姓之家。魏晋南北朝时期，是谱牒的第一个发展期，但那时的谱牒，是门第的标志，是进身官府的依据，因而这时取士制是门阀制，也诞生了众多的训诂学者，谁想做官，必拿谱牒加以验证和对照，只要是与官宦一个姓氏家族的，即颁发准入证，否则拒之门外。在此种情况下，只要家中有人在朝中做官，鸡犬可以升天，否则，寒门人家是难进官府大门的。因而，国家和各地政权全被一些宗族亲戚所把持，政治也最为黑暗。隋唐科举制度的兴起，一些平民阶层子弟通过科举考试进入士族官宦阶层，为光宗耀祖，随之开始创修家谱。这时的家谱文化不再是当官进阶的典册，门第功能大为缩减和淡化，而成为官宦士族阶层的标志。宋元时期，是家谱文化的勃兴时期，到了明清时期，是家谱文化的成熟期，因而，这个时期，寻常百姓家庭修谱比较普遍。

程启南从小就常听家人说，想创修个家谱，但经历元末战乱时期，家中成员为避元乱，迁徙山西，落居各处，元气刚刚有所恢复，还未到达显达时期，创修家谱工作，被耽搁已久。自程启南考取进士、登入仕途以来，他觉得创修家谱的时机已经成熟，从万历四十三年，程启南担任朝中兵部郎中，结束清黄工作后就开始了。当时，他利用早年出仕时携带出来的家谱原始资料，及从家中黄底神布上抄写下来的列祖列宗名单，在清黄工作结束后的闲余时间里，整理了一份家谱。为提升武乡信义程氏家谱的档次，他还邀请当朝的太子少保、吏部尚书郑继之作序。

郑继之，字伯孝，襄阳人。嘉靖四十四年进士。官历知县、户部主事、郎中、宁国知府、四川副使、江西右参政、太仆少卿、大理寺卿、南京户部尚书、吏部尚书等职。史载[④]，他以爱民、察吏、安民为宗旨，履职五十年如一日，恪尽职守、廉洁奉公。由于启南在其家乡襄阳任过推官，算是继之半个同乡，加上郑公曾在多地任职，入朝廷时间短，人脉关系较浅，两人一见如故，无话不谈。郑公大启南十几岁，是明万历朝中重臣，对于启南的盛邀，郑公欣然命笔，仅几日便将家谱阅完，序稿交出。郑继之，是为武乡信义程氏家谱作序第一人。万历末年，郑继之目睹朝中党同伐异的派系倾轧，国力衰微，自知无力改变现状，毅然上疏辞官回乡，数年后在故里谢世，享年九十二岁。

崇祯八年四月，程启南听说与自己在京师参加"两试"时的同门同学吴宗达（期间中途告假三年后才通过"两试"，成为进士），现在成了建极殿大学士、少傅兼太子太傅、吏部尚书，于是，专程携带新创修的武乡信义家谱去京城找吴，受到热情接待。三天后，吴将拜读的家谱和写好的序，递交给他。从此，吴宗达的序，成为武乡程氏家谱中的最重要序文之一。

在崇祯九年十一月，程启南专程赴京，邀请朝廷太子太保、礼部尚书黄士俊为家谱作序。

黄士俊，广东顺德人，万历三十五年为状元进士，授翰林院修撰，官至礼部尚书。崇祯九年入阁，六月兼东阁大学士，十月晋太子太保（《明史》）。告归。时父母俱在堂，锦衣侍养，人以为荣。顺治初年，唐王朱聿键建立南明政权，以原官诏任，未赴。后事永明王朱由榔（南明皇帝），黄以不能决事为由辞官而归。

明王朝的朝廷诸重臣作序，大大提升了武乡信义程氏家谱的社会价值。

早在万历年创修家谱那年，启南本想自己再写个序，然而，由于后来接到朝廷调令，将他调往山东任职（济南道副使），还未来得及赴任，就又接到家中夫人生病的消息，于是，请假回家处理。数月后，赶赴山东济南上任。又是救灾，又是剿匪和镇压叛乱，以后又领命回朝廷工作，天启年间不愿与阉党魏忠贤为伍，首次辞职，后被崇祯帝启用后，日理万机工作，一直无暇写这个序。自从因宦官张彝宪擅政后二次辞职回乡不久，他心情一度郁闷，一直未能静下心来撰写谱序。另外，对于这个序该写些什么，怎样写，他还要多思考一下。

崇祯五年三月退休回乡后，他又在家谱上补充了一些后出生的程家后裔子孙的姓名，也有了更加充裕的闲余时间来写谱序的可能。以下，就是他撰写的序文。

武乡程氏家谱序

夫谱，家史也。要以传信，追维高曾而上，所及知者，叙其本支，远不及知者，姑阙（缺）之。孔氏有言，黄虞以前，岂予与汝所能知哉。斯亦阙疑之旨，足以纲吾谱耳。彼遥遥华胄，诸胡带领，何温共噬之？吾实骍羞焉。

吾惟知迁于武乡之信义，为信义社之程而已。噫，信义，胡为乎来哉？吾世为河南程氏，当元胡搆患，徙晋者三，亦各散处三地，而侨居信义者讳敏，于是乎奉为始祖。阅五世玫，又徙邯郸，一姓传舍，渐移渐离。当吾身而欲求合脉会，须明于世系，故于彼三方者，特谱其头端，到于今若而世，世立一宗。俾其由宗而知序，由序而知亲，亲不以地隔而有遐心，其在兹一方者，考订尤为亲切。祖武转详，大宗冠其首，小宗递为次。我程氏之子若孙，其麓不止于千，而表世载名，将一帙有余昭也！乃注为式于其中，各为全谱。割大官遗食，治圭田、备祭器、立祀法，但取丰洁，不供难继，祀外积有余粒，量瞻宗乏。其宗中叨有显者、封者、赠者，以及妇女之有恩荣，有节烈者，并录之，以光前而谷后，再仿讳辩法，仰稽宗图，不至征在重犯。间或一讳相袭，权用其半，如为束、为文之类，亦自有别。其它小目，款款悉列于谱之前端，以备综考。谱成而谛观其始，怆然有余悲焉。遥想当年，遑遑之武、之祁、之邯、之太，何为重茧而轻去其乡，惟胡之故。载观于今，又窃有厚幸焉。彼苍惠我悼人，发祥瓜瓞，所在振振绳绳，岂不既庶所望。教之甚殷，乡者请序于诸名公，洋洋数百言，誉不忘规，早已教我谱中人矣！因进谱人而相劝曰：吾侪何敢当誉，惟祈于规范，绎思就中，苏明允二言，犹应书绅。曰：其初，兄弟也。兄弟其初，一人之身也。我信义五世祖厥、原、碧、盛，岂非四兄弟乎？其初，岂非敏一人之身乎？乃至今日，而少凌长，众欺寡，亦复不少嗟嗟，同社之近，尚尔龃龉，况百里外之祁邑、太谷，又五百里外之邯郸，遂将以途人视之乎？综论其初，皆河南程氏一人之身。夫语之以身，即至愚，皆切痛痒，何独于初身而忘之？诗曰：无念尔祖，志不忘也。中庸曰：爱其所亲，信能爱其所亲，斯称不忘祖者乎。

赐进士第资政大夫
钦加二品服俸工部左侍郎十一世孙启南序

该序言云，家谱，即家史。放远来看，国有国史，府县有府县志，家有家史。

该谱序追溯了程氏人家从河南迁至山西，散居三处的历史。侨居信义者讳敏，被奉为始祖。还指明，武乡信义程氏，是当初一世祖程敏一个人繁衍传承下来的。武乡程氏自五世祖起，以厥、原、碧、盛四兄弟，分为四大支脉，而程启南则是原祖的后代，武乡第十一世孙，河南程颐第二十五世孙。

"祖志不忘也"，"不忘祖者乎"，就是程启南在谱序中要表达的初衷和中心思想。当然，对于武乡信义一世祖程思敏改名程敏的问题，因当时老祖宗也未留下详细资料，不仅他没弄明白，长期以来也成为后世子孙不解的悬疑问题。对此，笔者经过多年的寻根考证，已经初步解开了这个谜团，搞清了这个问题，详见本书第一章。

程启南创修这本武乡信义程氏家谱，本想为后世子孙留下一本完整详尽的家世资料，以方便本家后裔日后续修家谱。然而，他也不曾料到，由于天灾人祸，人口迁徙，战乱流离等种种原因，他那本明万历年间创修的家谱资料未能遗留下来。以后，清雍正七年乙酉由武乡信义十四孙程定第二次续修过一次，清道光十四年甲午由信义十八世孙程文成第三次续修。这是唯一遗留至今的家谱版本，也是一个残本。该家谱自民国以来，一直保存在信义村程氏祠堂内。到了日本侵华侵晋的20世纪40年代，武乡日军某部，为了修碉堡用木料，强令拆除了信义的程氏祠堂。是信义村程氏后裔、故城镇武委会主任程虎春，在日军尚未全部撤离时，冒着生命危险潜入到已成废墟的祠堂遗址，从瓦砾堆中翻检出那本残破的信义程氏家谱，回家细看时才发现，家谱后面已经缺损了几十页，直接导致了某些支系的后世子孙祖宗信息的缺失。如我们家盛祖支系的列祖列宗，就缺失了中间很大一部分。

信义村抗战时期被抢救下来的程氏家谱残本，被程虎春冒险保存了几十年，并躲过了文革的浩劫。临终前，他将这份珍贵的家族文化遗产，交给了其子程印堂保管。程印堂极小心地收藏该家谱，从不轻易示人，保存至今。在20世纪末，武乡东良侯村的信义第二十三世孙程春虎，获悉并看到这个家谱时，发现该家谱已经一百五十余年未续修了。当他征求了走出本县故里、在外地工作和离退休的一些本家长老的意见后，决心第四次续修程氏家谱。为此，他精心筹谋，召集全县本家宗亲贤达组成修撰班子，历经十年，克服了重重困难，终于2007年10月完成一百六十余万字续修武乡程氏家谱的浩瀚文化工程。一时间，新闻媒体相继报道，全国各地造访者络绎不绝；《中华儿女》杂志报道了程春虎的修谱事迹，并将《武乡程氏家谱》誉为"中国第一家谱"。此后，他又不顾年迈体弱，继续编写《武乡程氏家谱续集》，终于2015年8月刊印出版，同年8月下旬，在武乡县信义村，召开了隆重的"纪念中国抗日战争60周年暨《武乡程氏家谱续集》首发仪式，为光大武乡程氏家谱增色添彩。当然，这些已是后话了。

赋闲下来的程启南还陆续撰写了一些专题著作和文集，主要有《周易宗圣录》《阴符解》《也足园集易时草》《医学纂要》《集贤录》《心经注解》《日新堂稿》等。这些图书，除《日新堂稿》当时刊印，至今尚未查找到外，其余手稿，终因当时资金拮据，未能刊印发行，被沧桑变迁的历史大潮湮灭了，留下千古遗憾。程启南因清廉节俭到连自己亲撰的文化作品都无法刊印发行、留存后世，这是何等的损失，何等的遗憾啊！

据程启南的一个嫡系后裔程海堂在接受笔者采访时说，新中国成立后，他家一个伯父曾收藏有祖辈传下来的不少线装古籍书，后为避祸，将家中的古书全部焚毁。笔者不知道这些被焚毁的古书中，是否有程启南的手稿和唯一可能存世的刊印本《日新堂稿》，总之，武乡程氏极其宝贵的家族文化从此无法再生和复制了。其实，这样的损失又何止程启南一家！

济世救民行医道

启南的父亲程视箴，曾是个地方中医官，古道热肠，济世救民，在武乡颇有名望和人气。他受父亲耳濡目染，也略懂一些中医中药方面的知识。因而，在仕途工作中，不时因外地水土不服，患些疾病，他自开药方就治了。同僚、恩师中发现谁有疾患，也能及时给予诊治，对症开具中草药方，因而也获得不少人缘。

辞官归田之后，他除了著书立说，评点时弊之外，还承袭父业，抽出时间，对父亲中医方面的诊脉医理和临床中草药治病的心得，加以归纳整理，撰写出《医学纂要》《也足园集易时草》等两部重要著作，可惜因他一生清贫，资金拮据，未能刊印存留下来。其次，他经常在每月抽出逢

一、五两日时间，行医义诊，用推拿按摩，采集中草药剂，为乡民百姓治疗各种疾病，人气颇高。况且武乡还是个中草药之乡，"野花杂药藿香撩人"。物华天宝的野生环境，使程启南的中医药之道有了施展用武之地。

尽管这方面史料记载很少，但零星记载还是有的。如清代武乡县令李芳莎，在作《武乡县志》序中，即有关于程启南"时出观游医"的记载。

崇祯六年正月，寒风凛冽，气温骤降。一场流感病随西北风刮来。武乡老幼患者不少。尤其是不少老人和儿童，皆因体弱，免疫力差而患病，症状是呼吸不畅、久咳不止，还极具传染性，数日后转为肺痨，就是我们今天所讲的肺气肿和肺炎。每日都有去世者。启南心急如焚，根据父亲的推拿按摩之术，开办应急培训班，培训十几名按摩乡医，同时，从父亲遗留的中药方剂中，稍加改进了两种方剂，制成止咳清肺汤，在县衙、本族义官的协助下，开设药场，大锅煎熬中药汤剂，赈济患病的农民和路人。

半月左右，逐渐控制住瘟病的蔓延势头，喝汤药治好病的患者，都十分感激程启南，说是司空大官人治好了他们的病。有的村民还送来了牌匾，题字："古道热肠华佗再世"。

一天，小姥爷魏云中来找启南看病，说他好长时间没有食欲，浑身无力。程启南看了他的舌苔，又给他号了脉，说他这是中焦淤堵，肝火太旺，是积劳成疾所致。遂给他开了几付中药剂，嘱咐他每日一副，按时服用，还要多休息，少操闲心，静养调理一段时间。

云中说："有你这个老外甥大善人，华佗再世，我有啥病均不在话下。"

"还贫嘴，你可不能不当回事啊！"

云中看着启南满头的白发，感慨地说道："时间过得真快呀，常言道，人生一世，草木一秋。这几天，我常常寻思、回首着自己的人生。结果还真有一个大发现。"

"什么大发现？快说说。"启南急切地问。

"你还记得我给你说过的，我出生那年的事吗？我娘生我那年，我爹做了一个梦，梦见西汉的大将魏尚来到家里，于是给我起名云中。因为史书上记载，魏尚是汉文帝时云中太守。我还问过老父亲，那个叫云中的地名现在在哪里？结果老父亲也没弄明白，只是劝我不要死抠那个云中地名，重要的是学习魏尚将军忠君报国的精神，树立习武报国的远大志向。"

"我当然记得。这是你父亲让你向魏尚学习要灵活，要学人家之魂，不要太死板去模仿人家做的事。"

"我自从当总督、兵部尚书到了宣大，才知道，宣大的古名就叫云中，是西汉大将军魏尚当太守的地方。而宣大，也是我大半生守备和打交道之地。我简直在步魏尚的后尘，成了当今的魏尚了，你说，世界上还有这么巧的事啊！"

"这还真是个大发现，咋就这么巧啊！"启南也很惊奇。

"还有呢。前不久，我特地到武乡明灵王庙祭奠，遇上一个老道士，让他给我打了一卦，结果他打完卦给我写了一张纸条，尚有一行字。我问他是啥意思，他神秘地说，天机不可泄露。回去自己琢磨吧。这张纸条我拿回家，琢磨了好几天，也没弄明白是啥意思。"

"快拿出来我看看。"启南心急了。

接过云中递过来的纸条，发现上写着这样一行字："八千女鬼上天钻云下入窑洞"。启南思索着，好一会儿，似乎觉得由熟悉又陌生。忽然，他恍然大悟，说："这段话其实是个字谜，"说着，他铺开纸张，拔出毛笔在纸上写起来。

"你瞧，这八千女鬼，不是个'魏'字吗，这个上天的上字，通'尚'字。至于钻云，那不是进入云中了？入窑，你家住哪儿，魏家窑嘛。整个意思是说，你就是魏尚投胎之人。这也许就是上天的安排，怪不得你老爹会做那个奇怪的梦，而你行为做事，总和古云中、现宣大这个地方结下不解之缘。"

"哎呀，老外甥，你真是神了，我琢磨十天半月弄不明白的事，让你几分钟就破解了。你不仅是第一廉吏、能吏，还是出色的阴阳先生了。"

"研究易经八卦，纯属个人爱好，不足挂齿，不足挂齿。其实你是没学过易经，没上易经八卦的道行，否则，你会比我破解得更好。"

魏云中没想到，本想找这个老外甥看病，结果却有了意外的收获，学到了华夏古老的易经八卦方面的知识。真是世事洞明皆学问，三人行中有我师。此趟串程府，不虚此行啊！

关于魏云中退隐归乡的事情，程启南也早在与云中交流时获悉了。

崇祯二年十月，就在魏云中刚任宣大总督、兵部尚书不久，皇太极亲率十万大军，绕过袁崇焕的宁锦防线直逼京师，十一月，破遵化，巡抚王元雅自杀。崇祯帝急命魏云中驰援。云中到达京师后，与宣府总兵侯世禄、大同总兵满贵守卫德胜门。侯世禄避战不前，满贵迎战，却被城上大炮误伤。云中和其弟权中身先士卒，提戈到德胜门前，众将士拼死杀敌，重挫敌军，皇帝钦赐飞鱼服以示嘉奖。

一波未平，一波又起。不久，陕西农民起义的烈火烧到了晋土。王嘉胤部进入山西，在河曲县数败山西总兵王国梁。而此时山西正闹灾荒，百姓苦不堪言。魏云中一方面向朝廷请求援兵，另一方面，对义军分化瓦解，树立降旗，招收难民。终于在朝廷派来的各路大军围攻下，收复了河曲城。然而，原本立下大功的魏云中却落得个"逗留观望……从重参处"的结果。尽管后来农民军起义风起云涌，但宣大的主要任务是防北虏入侵。这是魏云中等有识之士的一贯主张。由此，他不避谤怨，奔波于山陕之间，对宣大总督驻地阳和的防御工事进行了进一步的修筑。崇祯四年，魏云中在以前的基础上，"于敌台上每面修敌楼六座，砖包壁立屹然"，巩固了阳和城的防御。然而崇祯皇帝是个用人疑人、干事疑事、反复无常的人，面对清军频繁进犯，攻城掠地，对主抚的杨鹤、魏云中等人逐渐失去了信心，魏云中被迫再次返乡，结束了其仕途生涯。

崇祯十七年甲申之变，李自成率领农民起义军途径山西，相继攻陷大同和北京，不久，山海关守将吴三桂勾引清兵，打败李自成的大顺军。李军败退北京，不久，清军占领并定都北京。

是年，魏云中在报国无门的悲愤中病逝。然而此时，在兵荒马乱中，程启南为躲避李军骚扰，早已迁居武乡信义村旁，筑起双修寨，自顾不暇，已经无法去为这位当年的同窗学子、同榜进士送行，更无暇去为其撰写一块墓志铭。但两人的交往佳话，却永世长存、万古流芳！

注释：

①乾隆五十五年《武乡县志·灾祥》。

②康熙三十一年《武乡县志·灾祥叙》。

③乾隆五十五年《武乡县志·艺文》。

④顺治《襄阳府志·人物》。

第十一章 改朝换代

结交邑贤论大势
拒当闯官迁大寨
闯军败亡清定鼎

《甲申之变论殷鉴》

——程启南

结交邑贤论大势

崇祯十七年甲申年,是个多事之年,中国的三股政治势力——晚明崇祯王朝、李自成率领的农民起义军,以及山海关外的虎视眈眈的清军等都迎来了自己的命运拐点和历史的转折。

先说李自成的农民起义军。

崇祯十七年正月,李自成在西安建国号大顺政权,建元永昌。

李自成,陕西米脂人,出身农民。小时候当过和尚,做过牧羊奴。成年后充当驿卒，有勇有谋，并有一身好武艺，善于骑射。他还有一特点，"能得众"。崇祯三年，陕西农民义军风起云涌，李自成参加"不沾泥"（绰号）领导的义军，不久便担任了队长。次年，不沾泥兵败降明，李率领部分义军离开，独自在群山中活动一段时间，不久，投身于高迎祥的部下，因其骁勇善战，被义军称为闯将。

明末农民起义军最初在陕西兴起，但从崇祯三年开始进入山西，从崇祯四年到六年，山西是起义军活动的中心地区。当时，山西有七支著名的起义军队伍，后来，起义军头领王自用联合山西境内三十六营义军共二十万人，其中有"闯王"高迎祥、"闯将"李自成、"八大王"张献忠等五大主力。崇祯六年五月，王自用在河南病故，闯将李自成开始在义军中崭露头角，并深受义军爱戴。同年冬季，明军屯集在山西、河南、河北三省交界地区对起义军进行围剿，义军活动范围越来越小，粮食补给困难。为摆脱困境，闯将李自成向京营总兵王朴谎称愿意接受招抚，王朴和监军太监不知是计，欣然同意。于是义军用假投降作掩护，迷惑明军，同时，积极筹措给养。不久，义军突然从黄河冰面上疾驰南下，进入河南，突破了明军的围剿，将起义推向了一个新阶段。

崇祯七年，明朝特地设立晋、陕、楚、豫、川五省总督一职，任命陈奇瑜为总督，专门负责围剿起义军事项。七月，起义军李自成、张献忠向陕南撤退，不幸误入兴安县（今陕西安康县）车厢峡。该峡谷山势陡峭，峡口被官军封死，加上连降四十天大雨，士兵伤亡过半，局势非常危险。为摆脱困境，李自成用财物贿赂陈奇瑜左右，再次表示愿意投降。在兵部尚书张凤翼的支持下，加上崇祯皇帝的批准，陈奇瑜接受了李、张二部的投降。然而，等义军出了车厢峡，元气得到恢复，便又与官军展开厮杀，并迅速攻占了西安附近地区和甘肃庆阳一带。对此，崇祯帝很恼怒，撤换并革职了总督陈奇瑜。

李自成在各路义军中，越来越显示出他的军事才能。崇祯七年底，各路起义军迅速向河南荥阳集结。次年正月,十三支七十二营首领在此开会,研究战略发展方向问题。开始,意见不一致,争论激烈,僵持不下。李自成剖析了利害后提出,我军力量是官军的十倍,应分散向不同的战略方向进攻,并提出互相策应、协同作战、分兵突围、避实击虚的反围剿方针,他的意见得到一致赞同。荥阳会议改变了农民军分散作战的局面,开始走向协同作战。

崇祯八年,高迎祥、李自成、张献忠进入安徽,处死了原明廷兵部尚书张鹤鸣。攻入明朝龙兴之地凤阳后,烧毁皇陵,打开监狱,释放了囚徒,对明朝而言是在精神上极大的打击,崇祯皇帝也由此加强了对起义军的镇压力度。崇祯九年七月,高迎祥部在江淮一带作战,在陕西巡抚孙传庭和三边总督洪承畴围剿下,高迎祥在战斗中不幸被俘,后被押解京城斩首。不久,李自成被义军推举继为闯王。

在明军的强大攻势下,李自成率部在四川、甘肃、陕西一带活动,处处遭到官军的围剿打击,屡战屡败。崇祯十一年十月,李自成在陕西潼关遭到官军围剿,经过浴血奋战,最后仅李自成、刘宗敏等十八人突围。突围后,他们隐伏在商洛山中,收集失散的人马,养精蓄锐,伺机出击,直至崇祯十三年秋天,恰逢河南大旱之年,饥民遍地。李自成向河南发起进攻,饥民纷纷加入李自成的队伍,义军实力迅速壮大。一些失意的地主阶级知识分子牛金星、李岩、宋献策等,也加入了义军队伍,成为骨干和决策中坚。李自成采纳了李岩少杀戮、争民心的建议,还编成歌谣:"杀牛羊、备酒浆,打开大门迎闯王,闯王来了不交粮。"教儿童们传唱。起义军所到之处,大受民众的欢迎,攻城拔地势如破竹,参军人数成倍增长。

崇祯十六年正月,李自成正式即位,称"新顺王"。同年二月攻克湖广襄阳后,改称襄阳为襄京,并采纳牛金星的建议,设立了一套由中央到地方政府的行政机构。李自成自称"奉天倡义大元帅",设丞相一人,由牛金星担任。下设吏、户、礼、兵、刑、工六政府,分理政务。在地方上，在要地设防御史，以下府设府尹，州设州牧，县设县令。

同年五月，李自成召集部将开会研究下一步的进攻方向。会上，牛金星建议先将河北攻取下来，然后再攻北京；而杨永裕却主张顺流东下，攻取南京，以断绝北京的粮道，然后再挥师北伐；而顾君恩则分析，直捣北京，如果不果，则将后退无路；南攻金陵（南京），很难成大事；不如先攻西安，建基立业，然后再进攻北京。他的建议被李自成采纳，遂指挥义军直逼西安，还与孙传庭在河南峡县展开大决战，大胜孙军，并乘胜追至陕西潼关，杀死孙传庭。当义军攻占西安后，附近官府和军队望风归附，整个陕西很快即掌控在李自成的手中。

崇祯十七年初，李自成在西安建立大顺政权，改元永昌，造甲申历。封爵功臣，又改革官制，设大学士平章军国事一职，由牛金星担任；任命宋献策为军师，以下设六部政府，尚书、侍郎，分理政务，地方上也增设了相应的官府。

在武乡县城，这一年八十二岁的程启南，一改往年吟诗书法、著书立说的闲情逸致，而是通过县令及各种渠道，了解李自成大顺军与明军犬牙交错、此消彼长的交战局势。因为他知道，未来天下由谁执掌，将决定程氏家族的命运兴衰。万不可在局势未定的关键时刻，看错了形势，跟错了政治势力，而给全家带来灾难和厄运。

"难道大顺军真要成气候了？"他开始怀疑自己以往的判断。于是，他又用惯熟的六爻卦占卜未来的局势走向，卦象结果令他吃惊："十八子气尽衰亡，绿水青山起苍黄"。这"十八子"不就是个"李"字吗？绿水青山，不就是个"清"字吗？李亡清起？尽管他对这个结果吃不透，但他的占卜，应验率在八成以上。目前，只能静观其变，等一等，看一看。

在县城，程启南结交最多的，就是家庭私塾的张鸿儒老先生了。崇祯间，县令看重他的满腹经纶，给了他一个拔贡指标，如果他拿上这个指标，即可以到京城待命分配，弄好了，可当个某地县令之类的官职。然而，张先生对做官不感兴趣，他说："国家有难，我即便戴顶官帽，又能起多大作用？这一辈子不指望了。我还是安心教书做学问吧。我还舍不得你家这些孩子。"于是，把指标让给同里生员魏廷望了。

对于张鸿儒老先生的品位，程启南非常钦佩，知道他爱喝酒，在家常与他摆下酒席，谈天说地，议论国势。

"张老先生，如今，国难当头，内忧外患，你说，将来的天下到底是谁的？崇祯皇帝还能坐多久？"

"这个崇祯帝嘛，"他饮了一杯酒："平心而论，他登基初期，诛杀客魏集团，启用深受魏阉排挤迫害的在野老臣，还是做了一件天大好事的，你不也是在他恩准下重新入朝的吗？"

启南点点头，表示赞许。

"他有抱负、有理想，不近酒色，勤奋理政，这一点比他哥哥天启皇帝强多了。然而，在用人上，疑心又太重，结果到头来对谁也不信任，用谁也不放心。六部尚书官吏，撤换得最多，尤其是工部和兵部，几乎没有任职满三年的，最短的只有一两个月。最后无人可用了，又重新启用太监把持政务，重蹈他哥哥的覆辙。结果，把一盘好棋又下糟了。如此下去，国家就危险了！"

"是这样，这也是我最忧虑的地方。"启南赞同地点点头。

张鸿儒饮了一杯酒，又说："其次，对外敌入侵，视野不宽，战策呆板。当下，大明王朝面临两大敌人，一是陕西的李自成、张献忠的农民造反军，另一个是辽东关外的后金军。崇祯帝对前者，剿抚并用，这没错，但李贼常用假投降来欺骗官军，以获得喘息机会，一旦缓过劲来，又死扛厮杀官军，在局势错综复杂的形势下，当将军的难免上当受骗，但应该给人家一个改正的机会，不能一有错就罢官削籍，如此一来谁还敢给朝廷赴命做事。再则，关外的后金势力做大了，越来越难对付，这也与用人不当有关，先是错用了好大喜功的胆小鬼李成梁，后又错杀了熊廷弼和袁崇焕，当然，杀熊廷弼是他哥哥熹宗皇帝干的，不是他，但崇祯帝没有从中接受教训。边关正当用人之际，却被后金人的反间计错杀了袁崇焕，弄得如今边关缺将。目前山海关是吴三桂镇守，这人打仗能耐是有一些，但重色轻政，私心重，善投机，能否守住边关，我还得看一看。"

"张先生对局势洞若观火啊。佩服、佩服。那你对李自成怎么看，他能夺得天下吗？"

张鸿儒又饮一杯酒，说："西天有个马三，前些年李军攻打县城时，抢走他老婆，为追回老婆他加入了李军，老婆被李军一将领逼死后，他又回来了。我与他常在一起谈论李自成，了解些大概情况。李自成这个人嘛，在农民起义的头领中，有过人之处，算个人物。最主要的是有勇有谋，有抱负，有韧性，生活也节俭，不好酒色，能与部下同甘共苦，也有一定的大局眼光。尤其是困境中不屈不挠，屡败屡战，而且善于把握时机，审时度势。但他在用人上，同样有问题。对一些高人，他总是不放心，唯恐对方与自己分庭抗礼。如他营里有个罗汝才，很能打仗，他善攻城，对方能打仗，两人开始配合得还算不错。但罗汝才生活奢靡，光掳掠的女人就有几十个。李自成有专制之心，对罗很是忌惮，于是一次摆下鸿门宴，将罗绑缚，斩杀在帐中。这也太性急了吧，还未夺取天下，便开始杀功臣，种下分裂的种子。还有一个是李岩，后改名李信，与牛金星都曾是儒生，二人从河南一并入伍，他常劝自成少杀戮，多抚民，还编写了"迎闯王，不纳粮"的歌谣，扩大了李自成的社会影响。然而，李自成仍担心日后李信到河南故里后做大，与自己分庭抗礼，听信谗言把对方在酒宴上杀掉。程公，你说，李自成这样心胸狭窄的人能坐天下吗？即便侥幸坐了天下，恐怕也长不了。他用奴才不用人才，就像武大郎开店，比他高的人都不用。"

"好，先生分析得一针见血，透彻！透彻！"

当晚，程启南和赵仆人将喝醉酒的张先生扶进寝室。

崇祯十七年二月九日，新任不久的县令余一凤，一大早就匆匆来到程启南家，气喘吁吁告诉他："不好了！太原失陷了，晋王朱求桂被俘，总兵蔡懋德战死。……我们这些外地客官，下一步该咋办？是走还是守，还是降？唉，这种有今日无明日的光景，还不知道啥时是个头！"

"这种情况我已预料到了，只是没想到来得这么快。"程启南答道。

余一凤是龙游人，举人。崇祯十四年来本县任职。程启南发现，自崇祯十年以来，在本县的县令不是举人，就是贡士，没有一个是经京城两试考出来的正南八北的进士，战乱之年，朝廷科举考试废弛，不得不动用各地历年来的人才储备库——上举人、贡生。其实，这种临时官制也很无奈。即便这样赶鸭子上架，愿意到山西来当县令的人，也不是很多，即便来了，也是应付差事，多以病假为由，以及早告退为多，很难有干满三年任期，只有余县令是个例外。

自崇祯十七年以来，程启南就一直密切关注着山西的战局。正月以来，在陕西农民军的攻势下，平阳、河津、稷山、荣河等城相继失陷；二月份以来，李自成东渡黄河，连克河曲、汾阳、静乐等县，昨日又攻克了省会太原府。

"李自成下了一步高棋啊。他正月初一，在西安建立了大顺政权，任命了麾下功臣和将领，以及隶属的六政府官员。他以陕西为大本营基地，以山西为缓冲地带和跳板基地，进可北攻京师，万一无果，退可借道山西，回师陕西大本营。"

程启南对战局的分析，令余一凤很是佩服。

"李自成的下一步，肯定也只能是北攻忻州、大同和宣化，若攻下了，即可直逼北京，夺取大明江山都城北京。"

"这么说，将来李自成要成新皇帝了？"余县令问。

"不一定。目前，李自成虽说气势正旺，占领晋、陕两地不少地方，但我并不看好他。他的问题也不少，未必能夺得江山，即便夺下了，也很难守持久。这一点，我倒与张鸿儒老先生的看法一致。"

"是这样？"余县令有点吃惊了。

"我给李自成打过卦，是卦象告诉我的。"程启南压低了声音说："不过这话咱们今天只能在屋子里说说，到外面可不敢乱传。天机泄露会遭灾惹祸的。既然是这个结果，那你就要考虑好后路，俗话说，识时务者为俊杰。目前，我们武乡虽不是战略要地，但你等府衙势单力孤，沦陷只是时间早晚的问题。若是李军来攻，你战死殉国，那是大义，但不值；弃城投降，那将来李自成万一成不了气候，那可就是贼寇了，胜者王侯败者为寇嘛，如何面对后世子孙？请病假告退，也许是明智的选择，这样，既不当明王朝的叛臣，又避免了无意义的牺牲，还保全了名节。当然，大主意由你决定。我只是提个建议而已。"

"谢谢程大人指点迷津，令晚辈茅塞顿开，醍醐灌顶！"余县令感激地说道："告辞了，我马上回去写病退辞职疏奏，不行明天就走！"

拒当闯官迁大寨

几天后，有个头戴草帽的人送来了据说是官府的委札。说："我们帅府李大帅很看重程老先生的雄才大略，更看重程大人的高风亮节，特派我来送委任书，聘请程大人出任大顺府大学士参议一职。"

程启南又问了几句，终于弄清，原来是农民起义军李自成派来的信使。他还获悉，山西境内已有明朝某某知府、某某县令到李自成帅府做官。

"李大帅的好意我心领了。"他不想得罪对方，推辞说："要是推前十年这事还好说，老夫理当效命，可如今本人已经八十有二，老眼昏花，走路也不得劲。难以勉强从命啊。"

"我们大帅是高看先生，抬举先生啊。先不用急着回答，先考虑几日。过两天我再来。"

"也好。此委札你先拿回去，待我考虑几日再说。送客！"程启南说完，归还了委札，遣仆人送走了来客。

几日后，李帅府的使者又来了，启南还是那番委婉谢绝的话。来人又继续劝他。就这样，来人先后五次送李帅府的委札，均被程启南婉言回绝。最后，他竟然生气了，还斥责对方说："当初朝廷魏忠贤拉拢我为他做事时，我宁可告老回乡也不愿再为他做官。你们屡次上门纠缠我是何居心！难道我不愿做官是怕死吗？"李自成使者见程启南如此正气凛然，只好搁置此事不再提起。

程启南知道，他拒绝了李自成的授官"御旨"，对方不会轻易放过他，为了躲灾避难，让晚年生活过得安稳些，久居县城的他想换个地方，想来想去，他想到了故里信义村边上的南梁侯村。

据历史传说，南良侯，与今东良侯、西良侯、北良侯对称，是因东汉顺帝外戚梁侯于136年—159年间在这四村的中央处教场坪屯兵驻扎而得名。原名梁侯东、梁侯西、梁侯南、梁侯北，后"梁"字演变为"良"字。

当年，程启南带领全家从县城（今武乡故县）重返故里信义村，在村北面的南良侯东头，择定一块宝地，有三四十米高，上是悬崖绝壁，下有河水环绕，人称"青龙点水"。程启南带领全家子孙，在这块宝地上，圈起院墙，修筑了一个装有吊拉门的寨子，初名曰："寨上"，后来二次修筑，起名"双修寨"，意为德、慧双修。当地有人说，程尚书进了"躲死寨"。启南觉得这名不好听，又更名为"大寨"。所以说，南良侯村变大寨村，始于程启南。在这里，程启南终日与本家儿孙辈，包括大孙子、清代大诗人程康庄于寨内教授国学，著书立说，研究《周易》和中医学。吊桥一起，寨门紧闭，绝无进路，战乱匪盗、散兵游勇难入，过着安然自在、如入仙境的晚年生活。

2019年5月，笔者在信义村后裔本家程子文的陪同下，到"双修寨"遗址采风时，遇到寨下玉米地里干活儿的一个老农，当下与老人拉起话来。巧了，干活儿的正是程启南嫡系后裔、七十三岁的程志唐。听这位叔伯本家老人说，1948年（武乡县）刚解放不久，双修寨遗址山梁上尚存东厢房三间，正房两间，马坊一间，还有城墙、城门等。他在山上房舍一直居住到1968年。后在山下盖新房，因缺少木料，便将双修寨山上房屋逐渐拆毁，到了1988年，寨上房屋已不复存在。他一家人全都搬迁到寨下新房居住。

志唐还介绍说，听上辈老人说，李自成起义军曾攻打过一次双修寨，还用大炮在城墙轰出三个缺口，程启南自知难以抵御，为了保护全家人平安，遂与义军头领谈判讲和，答应提供部分军饷，还管了攻城义军一顿饭。义军终于答应，不再前来袭扰。这个故事是祖辈人口耳相传传下来的，虽没有准确的时间，更无法鉴别真伪，但也并非空穴来风。况且启南后人也没有必要编瞎话，此故事仅供参考即是了。

据悉，寨中曾建筑草亭简房数间。冬季则依山挖了窑洞，洞口不大，低头躬身才能进入。程启南没有什么大的欲望，能度日即可。他每日著书立说，所著的书有《日新堂稿》《易经宗圣录》《集贤录》《易时草》《阴符经解》《医学撮要七类》《也足园文藻》，卷帙浩繁，可惜除《日新堂稿》少量刊印发行外，其余书稿均因无闲余资金不能刊印，彰显于世。至今未留下只言片语，十分可惜。

程启南是一个宽宏大量的尊长者。在兵荒马乱之年，在临离开县城去信义里的时候，辞退了聘请家居私塾的张鸿儒老先生，给了他足够的养老费用。

甲申之年，由于李自成推行劫富助饷政策，张鸿儒焚毁儒学诗书，令子弟弃文务农。清朝定鼎后，他被县府推荐首批恩贡，以县令官吏予以上奏报用。县衙给其路费，让他赴京师。可他却故意拖延，在家请客豪饮，数日便花完盘缠。后清廷查阅文档，催促他上道进京。他又披挂僧帽道服，同一老衲持钵到真定（今定州市），遇到一老朋友，那人愿携同入都，他却推辞说，"我岂真无资斧吗？我是不愿当官也。"后来他改名换姓，卖文糊口，流落四方，三年后归里。后又在武乡卖酒为生。"晚年戒酒，涓滴不入口，读书课子以寿终。"至此，结束这段卖酒生涯的插曲。

自从建了双修寨后，程启南便亲自担任了家族的私塾先生，除教授子孙成员外，连侄子、亲家魏氏后裔孩子，也都成为他的门生。凡接触过他的人，都听过他循循善诱的教导。他为人师表，有关纲纪弦歌之声没有断过，很多门生在他的传授下，始得修其五经六艺，如魏枚野、左寅三、李胜其、安振生等弟子，样样精通。在他的良好家教下，他的门生子弟刻苦广读圣贤书籍，一些子孙后来在清朝取代明朝改元定鼎之后，均攻读儒学，科考举荐成进士、贡士，为当朝任用。其中他的长孙，程嘉绩长子程康庄，就是其中一个佼佼者。他曾任清朝镇江府通判、安徽安庆府同知、陕西耀州府知府等职。他为官从政的闲余时间，均用来吟诗作文，成为清初文坛"四大家"之首，是清代著名诗人兼文豪，至今武乡流传着"天下文章数三江，不胜武乡程康庄"的说法。

在程启南的谆谆教诲下，讲学读书之风已蔚然成信义乡风，或有族中晚辈，也前来向他请教做人做事的道理，听取他的教导，启南常给对方耐心讲解，来人皆满意而去，受益匪浅。他将此道推而广之，包括未婚的侄子彝绩、奏绩，曾孙一中等辈，都因知书达理，贤明聪慧，相继找到了意中人。他也不责备其回报问题。

崇祯十七年三月十八日，李自成攻下北京，崇祯皇帝在紫禁城最高点煤山自杀，史称"甲申之变"。

然而，时局变化莫测，谁也未料到，四十二天后，李自成亲率起义军在山海关战败，在吴三桂联合清军的一路追杀下，只在北京停留一日，便退出北京，取道山西，以求得到暂时喘息，再决定进退。

四月底的一天，大顺军又来了一位使者，叫开了双修寨的大门，要程启南出门说话。陪同使者的，还有两名身穿盔甲、手持长矛的士兵，气势森严，令人不寒而栗。

使者说："程启南，你听着，如今已是李大帅的天下。你有两条路可走，要么出山做大顺王朝的高官，要么，捐资七万两银子充作军饷。"

"七万两银子，你们这是狮子大开口啊！"看对方来者不善，启南吃了一惊。少顷，他斩钉截铁地说："做官，我早已说过，年纪大了，经不起颠簸了，不做。捐银，我家素来节俭，也没那么多……"对方打断了他的话："那就对不起了，人带走了，交来饷银换人质！"说罢，来人将程启南五花大绑带走了。

这下，一家人犯愁了，到哪里去筹七万两银子？此时，长子程嘉绩早已去世，次子程伟绩担任家庭主事，此时他从外闻讯赶回来说："如果我们当儿子的都保护不了父亲，那要我们这些儿子还有何用？我家只有八百两，全拿出来，我再去想办法支借一些。"说完，就走了。

程伟绩，崇祯年间以增生入京师太学（国子监），最近因战乱停学回乡，家居县城（今武乡故县）。他离乡已久，人脉关系有限。且饷银缺口巨大，他又能有什么好办法呢？三天后，伟绩好不容易筹措到了一万两饷银，尚缺六万两。伟绩找到义军任、郭二将军当面求情，看可否再宽限几日，银数可否减免一半……。然而，对方恶狠狠地说："做买卖呐！交不起银两，就不放人，随时要随军带走。"伟绩说："二位将军息怒，你看这样好不好。老父亲82岁了，来日无多，更经受不起行军打仗的颠簸，若是再有个三长两短，人没了，饷银也筹不上了。岂不两空？"

"那你要怎样？"任将军眼睛瞪得贼圆。

"我来代替父亲给你们充军当人质。我还年轻，不会给你们添麻烦。"任、郭两位将军对了一下眼神，会意了。"行，就这么办！"

从此，程启南被释放，程伟绩则每日被关在一间班房里，同屋关着的，还有十几个当地的地主老财、豪绅大户，都是因交不足饷银而被关押在这里的。

一个月过去了，饷银交不上来，两个月又过去了，饷银还是没有着落。第三个月头上，传闻清军打过来了，驻武乡的李氏起义军慌乱万分，押解着人质，匆匆撤退，据悉，是要取道晋南，往陕西西安一带撤退。

程启南虽然无恙了，但他时刻牵挂着次子伟绩的命运。这孩子可是吉凶难料、前途未卜啊！

闯军败亡清定鼎

1644年甲申之年，是个特殊的年份。这一年，被风云际会的历史劈成了三个板块。

一月，李自成在西安称帝，建国号大顺；三月攻占北京，成了大顺元年的鼎盛月，同时也是开始转衰之月，这也是历史上几乎所有人未曾料到的。李自成的大顺政权可惜仅存四十二天时间，就在山海关被吴三桂联合清军战败，其年号及相关史料，大都被清代史官略去不予记录；五月，清军攻占北京，十月，清世祖顺治皇帝定鼎北京，开启了清王朝统治的历史。

找人聊天，是程启南最惬意的事情，也是他心情最愉悦的时候。人称他"秀才不出门，全知天下事"。聊天，就是他获取信息的重要渠道，为此，他乐此不疲。一天，程启南听邻里有人说，前几天有个从西安李自成农民起义军逃亡回来的本里后生（年轻人），还有从京师明朝军队中逃亡回来的一个军士，常给人念叨在外经历。他忙让儿子分别将这些人请到家中，摆下酒席，通过他们的亲历、亲见和亲闻，打探相关的局势变化的情况。就这样，程启南这才综合了解了最近几个月发生的事情。

李自成自三月十八日打进北京后，开始还能用纪律约束麾下的士兵，甚至杀了两个劫掠民财的士兵。后来，为解决日益庞大的京城驻军开支，他开始继续推行前两年曾在河南、山西推行过的"追赃助饷"的政策，将前朝官僚、富商抓捕，劫掠其钱财，这一政策，在解决军饷问题的同时，也释放了一些将士的贪欲之心，后来竟演变成利用这个政策乘机大肆掳掠民财，引起民愤，严重败坏了军纪，为后来的败亡埋下伏笔。有个大官叫吴襄，被抓后打了个半死，家产也全被没收了。有人告诉李自成，吴襄有个儿子叫吴三桂，现任山海关总兵，手下有几万人马，战斗力很强，对大顺政权是个威胁，如能把他招降了，那么就少了一个对手，大顺政权也壮大了力量。于是，李自成命令吴襄给他儿子吴三桂写信，让他投降。

却说吴三桂本是明廷被派往关外宁远驻守的。起义军快打到北京的时候，崇祯帝要他赶快回来救援。等他走到山海关，传来北京城被攻占的消息，于是就停了下来。这次收到父亲的信，他很犹豫，他内心里是瞧不起那些农民出身的起义军的，投降他们自己心里肯定不服；可要不投降，大顺军号称有上百万人，自己一个小小总兵是肯定抵挡不住的，再说还有那么多的家产和家眷在北京，所以他决定先去北京看看情况再说。

他正要出发，一个留在北京的家人找上门来，向他哭诉崇祯帝惨死，国破家亡的消息。尤其是当获悉他的爱妾陈圆圆被李自成麾下的大将刘宗敏抢走时，痛恨不已。此时，他也顾不得回北京打听情况了，马上下令紧守山海关，还派人给关外的清政府送信，说自己愿意投降，只求派兵帮助他对付李自成。

当时清政府掌权的是睿亲王多尔衮，他接到吴三桂的信后非常高兴，认为这是进兵中原、夺取江山的好机会，马上就同意接受吴三桂的投降，并率领大军开赴山海关。吴三桂亲自迎接，并和多尔衮歃血为盟，并剃掉头发，改成清朝人的发型。

当李自成听说吴三桂不肯投降，便把吴三桂留在北京的三十多个亲属都杀了，然后率领七万（号称二十万）大军杀向山海关。一场大战很快就烽烟四起。战斗的结果，吴三桂联合清军打败了李自成的大顺军，李自成率领残部逃回了北京城，第二天，再次逃离京城，退往山西，在劫富助饷了一段时间后，又退往陕西老巢西安。

史载，甲申之年四月，李自成离开北京不久，五月，多尔衮就带领清兵，耀武扬威地开进北京城，夺取了本属李自成大顺王朝的胜利果实。十月，多尔衮把清世祖顺治皇帝接到北京，并把北京定为清朝国都。从此清王朝开始在中国建立了新的王朝。

第二年，清王朝兵分两路，攻打西安，李自成率领农民军在潼关抗击清军，经过激烈战斗，终于被迫放弃西安，向湖北襄阳转移。数月后，农民军在湖北通山县九宫山遭到当地地主武装袭击，李自成战败牺牲。

自李自成退出北京之后，张献忠在四川称帝，国号大西，继续抗击清军。到1647年，清军进四川，张献忠在川北西充的凤凰山的一场战斗中，中箭死去。至此，明末两支重要的农民军都失败了。

从襄阳到北京，曾是程启南仕途发迹、工作乃至终结的地方；而北京到襄阳，却是李自成从鼎盛到败亡的两个地点，如此巧合，其冥冥之中的定数，发人深省。

程启南不止一次与当事人和民间乡贤探讨过李自成等农民起义军败亡的原因，曾写出《甲申之变论殷鉴》一文，可惜该文未能流传下来。

我们程家子孙何去何从……

他也在时刻琢磨着这个问题。

第十二章 顺时皆进

续修县志献余热
痛定思痛开心扉
鼓励子孙事新朝

《(论)语》云:"水无涓滴皆为用,山到崔嵬尽力耕。"

幸逢兹父母(官)……毫无损于国,大有补于民。

——程启南《武乡县志·序》

续修县志献余热

甲申年十月间,武乡县来了一位新的知县,叫李芳莎。

不见该人面,还真以为这是个女名。新县令礼贤下士,上任不久,就策马来到信义里,专程拜访程启南。

听对方自报是清人县令,再看他约四十来岁,头戴一顶有顶戴花翎的伞型官帽,身穿崭新官服。他来干什么?难道又要邀本人出山做官?程启南虽然心存疑虑,但也不摸虚实,更不敢得罪对方,只得把来人迎进双修寨堂屋,以打探究竟。

李芳莎见面就寒暄说:"程公大人,关于你的情况,我早就听说了,你是明朝有名的清官廉吏,曾荣获'天下廉吏第一'的称号,这也是本县的光荣啊!鄙人身为本县县令感到十分荣耀。自李自成作害本县乡民百姓,您又曾被李家军勒索军饷,还被迫让一个儿子代你充当人质,历尽磨难,才侥幸逃生返回故里。你受苦了,你一家人受苦了!作为一县之令,本官深表同情。"说着,他对着程启南深深做了一个揖礼。

"可别这么说。本县百姓谁家不受害?客官,坐下说。"李县令一番话,令程启南倍感亲切,心里热乎乎的。两人的距离不知不觉拉近了。

经交谈了解,启南得知,李芳莎,字台辰,是河北永年县临洺关人。是清廷的拔贡生,且今年已被清王朝定为顺治元年,他刚上任武乡县令还不到一个月。

"李县令,恕我归乡多年,近来又闭门谢客,孤陋寡闻,犹如桃花源中之人,不知有汉,勿论晋魏,能给讲讲外面的形势吗?"

"当然可以。……"

李芳莎侃侃而谈:"五月,我大清军所向披靡,进入北京……"

史载:八月内,山西境内天鸣鼓,从西北起东南落。《晋书》曰:"天鼓有音,如雷非雷音,在地而不及地。其所往者,并发其下。"京房曰:"天昼无云而雷,谓之天鼓。有暴兵作,所当之国,必有甲兵。"果然,到了九月,清军入晋,从武乡县西权店驿一路开进,直抵太原。"十月,山西全境悉平"。

"谢谢李县令告诉我这么多外面的情况。眼下,百废待兴,县衙各项政务亟待打理,李县令却不辞辛苦,前来寒舍,恐怕是有要事相商吧。说吧,要我做什么?"

"既然话说到此,我也直言相告,想请程大人重回县城,协助本官重修本县县志。这也是本官要做的头等大事。"

"真的吗？"程启南眼睛一亮："真想不到清人也很看重汉人的历史文化。"又一寻思，说："清人平定江山，百废待兴，要干的事情太多，修县志一事就那么当紧吗？"

"是这样的，清人很重视汉人的文化、汉人的传统、汉人的风俗习惯。今年五月份，清王朝进驻北京，首先就厚葬了明朝自尽的崇祯皇帝，还免除了原先明王朝规定的全部赋税。下一步，马上重开国子监学校，招纳拔贡生。就说本县县志吧，我来后才发现，本县的县志过于简略，还是明万历年间张五美任县令时编撰的，至今已有三十七年没有再续修了，很多资料已难以适用当今的情况，且近年来的史料也还需要增补进去。常言道：非文章无以饬吏事，非邑乘（县令）无以寄文章。续修县志势在必行，不然会影响全县的政务工作。"

"好。"听李县令这一说，程启南顿时对他产生了好感，也由此对清王朝的政治清明产生了好感。遂爽快地表态说："续修县志，为本县百年大计，虽说本人年迈力衰了，但只要一息尚存，贡献余热，责无旁贷！"

谈罢，程启南还陪同李县令参观了双修寨的地貌房舍、信义村老宅的房舍，令对方刮目相看。

关于续修《武乡县志》的动因，李芳莎曾在顺治《武乡县志》序中做了如下记述：

> 万历丙午岁，五美张公宰是邑……张公辑志告竣于乙酉，芳莎时八岁。及长。读其书，如游其地，神交诸名贵有年矣。
>
> 乃邑乘自张公纂集后，缺略三十七年，批阅旧书，欲一笔削（删改），而吏冗猾。

可见，李芳莎年幼时，即阅读过晚明张五美担任知县时创撰的《武乡县志》，并对此县志留下很深的印象。与武乡县志有缘，也成为他多年后担任武乡县令后要做的第一件大事。然而真要行动，县衙中的前明留用官吏，却像刺猬一样难以接近和使唤，无奈，他只得另辟蹊径，征求本县退休高官、隐士贤达，重新组班修志。

对于耳闻目睹本县信义里和双修寨拜会程启南一家的家风以及当地风土人情，李芳莎在《武乡县志·序》中，做了如下描述：

若乃名卿巨族，礼让相先，子弟恂恂，无鲜衣怒马，卑廪（低矮简陋）宅第。而郊外（指双修寨）依山傍水，简略开园，河近吹蛙，林密邮鸟，地颇宜松，花石相间，时出观游医，薄书俗气。

寥寥数语，描绘出一派世外桃源的美好景象，以及陋室书香门第的乡里风俗人家。

当程启南决定要为清廷本县命官续修县志的消息在信义里宗亲和乡亲中传开后，却像石子投水，激起圈圈涟漪。里中宗亲和乡亲，出现两种不同意见的争议。赞成者说，程公在耄耋之年老当益壮，再次出山，为新政府修县志，这是积大功德的好事，功在当代，利在千秋。

有的人对他说，程公啊，你不做李自成政府的命官，我们敬佩你的气节。可为什么要为清朝县衙做事呢？毕竟这不是我们汉人的政府啊。再说，这天下还不太平，本省虽然平定了，但南方还有新成立的福王南明朝廷，各地也还有零星的义军抗清活动，日后难免有个三长两短，会不会给你全家带来灾祸啊！

还有一个本家宗亲说，程公，别忘了咱家老祖宗敏祖公因蒙汉战乱，从河南迁居武乡的遭遇，如今咱家刚从兵乱中安定下来，如果因编修县志将来再闹出个汉满战乱追究是非，那可就糟了，咱家再也经不起折腾了。

程启南说，大家的担心不无道理。但我觉得，我是在修本县县志，又不是在清政府做官，更没有鱼肉百姓做坏事。再说，哪个政府治理国家和地方，不要用得着县志资料？要说变天，我看不会。如今清政府顺治皇帝虽说刚刚定鼎理政、治理天下，我看前景只会比明代皇帝好，不会差。退一步说，即便天变，我一个八旬修志老人，在位忠君爱民，退隐做了不少善事，人们有口皆碑，我没做过对不起百姓，对不起良心的坏事，问心无愧。不用怕。

听了他这番话，人们不好再说什么了。

当晚，程启南跪在列祖列宗牌位前，进行了一次庄重的祈祷："各位列祖列宗，俗话说，良鸟择木而栖，良臣择主而事。眼下，清王朝定鼎江山、战乱平息、百姓安康。本县李县令礼贤下士，亲顾茅庐，盛邀老夫续修《武乡县志》，功在当代、利在千秋。老夫拟再次出山，带领子孙贡献余热，望祖先见谅本人顺应潮流、顺时皆进，另择明主效力，保佑本家宗亲平安无事。"祷告完毕，他向祖先双手作揖，郑重三叩其头。

不久，程启南带领全家人重返南亭川县城（今武乡县故县乡），开始为新朝廷下的县政府效力，发挥余热。他应邀担任了《武乡县志》的续修总裁，本县乡贤魏星枸自告奋勇担任主笔，李县令还组织了一个由本县退休文官、在野举人、贡生等十四人参与的编修班子，连启南孙程康庄也被他拉进班子里，主要负责编辑校对工作。在程启南的组织协调下，由县令李芳莎筹集印刷资金，不到两月，续修《武乡县志》工作于清顺治二年元月告竣完成。可惜，顺治二年版的县志未能遗存下来，目前存留的《武乡县志》最早的版本，是在顺治版本基础上重修的康熙三十一年《武乡县志》。由于程启南参与编修县志，他的事迹资料，以及本县籍魏云中、魏光绪等明廷高官的传记史料，在该县志上得以完整地记录保存下来。这些武乡籍的明廷高官，不知因何原因，未上明史人物传记。也许是崇祯年代的史官对这些山西籍官吏有偏见，封存销毁了其档案资料，也许是因为其告退早，知名度不高，也许是明末清初战乱年月遗失了皇室官员的档案资料，也许是因知情的史官逃难中断了明史人物资料记载，致使清雍正年间，汉臣张廷玉编撰《明史》时未能编入。而恰逢清朝初期武乡县令是个爱好读书作诗的文化人，通过续修县志之举，将晚明时期遗失的重要人物资料，得以保存下来。

对重修《武乡县志》的时间、背景、组织文人续修班子等情况，李县令做了如下记述：

本朝定鼎初年（笔者注：1644年）仲冬，芳莎应蓟抚雨恭宋公咨荐，探筹是邑。……会大族魏、程诸公苦伪政酷虐，贼骑复盛。

幸少司空凤庵程公独任总裁，魏孝廉星杓自主橡笔，劳怨居十之九。赵进士平符、杜孝廉丹丘、程拔贡昆仑、陈恩选景皋并彬彬大雅，编校不遗余力……

文中的"伪政"，即指李自成政权。"程公"，即指程启南；程拔贡昆仑，即为启南孙程康庄（字昆仑）。仅程氏家族，即为续修县志贡献了两名文贤。

亲近、慰问和同情被李氏政权酷虐害苦的对象，是清朝县令李芳莎获得程启南支持续修县志的政治基础和感情纽带。

关于武乡县令李芳莎的事迹，康熙《武乡县志》中有如下记载：

李芳莎，永年人，顺治元年拔贡来令武乡，清节自持，发奸摘伏如神。暇则以诗歌自娱，地方利弊亦往往托之于诗，时以为可继少陵诗史。又念武邑旧志太略，聘请邑中绅衿开局修订，进退笔削，芳莎一人任之。后升（湖广）永州同知。

程启南还为续修的《武乡县志》撰写了一篇序文。以下是康熙《武乡县志》以《邑人程启南旧序》为题的引文：

说者曰：邑之有志，即一邑之史也。会须仰法《春秋》，县（悬）之国门，以千金易一字不得，乃称作者。愚谓史与志未可作平等观，史当其难，志居其易。《春秋》或笔或削，圣人以义裁之；或褒或贬，圣人以直断之；知我罪我，圣人以身任之。况春秋无义战，贬存乎，见多则其罪转，甚可畏哉！其难可知。已后之良史必推迁、固，虽以郅都之功，两史俱入酷吏之科，则其不惮罪我，又可知已。若夫志概无贬词得一善，则霏霏玉屑，落楮成锦，闺阁幽芳，遐陬节侠，阐发无遗，而三讳行乎其间，此隐恶扬善之书也，谁不感其受知？至于山川草木，会心处即图为景，飞洒珠玑，载歌载咏，卷石亦为之点头，有胜情者足不蹑备卧游焉。其乐只且。伊谁罪我，匪直我武（乡）为然。

该序明确了县志的定义："邑之有志，即一邑之史也。"该序追溯了自《春秋》以来我国的史志优良传统，阐明了国史与方志的区别、撰写的难易程度。因国史要涉及对人对事要做主观评价，或笔或削（删改）、或褒或贬，若像汉代司马迁、班固那样良史官秉笔直书，难免会在一些敏感的问题上开罪了当朝皇帝，而入"酷吏之科"。而志"概无贬词而得一善"，只要如实编撰即可。

试观《一统志》与《广舆记》，皆然耳。窃念八景之外，其若千百，以分野论，则《禹贡》以内，《海经》以外，我武（乡）不过一曲之弹丸。以计亩论，鄙邑七山二水，仅一分土之多，麓之下层累而上易畴，不满数武，如栈道然。《（论）语》云："水无涓滴皆为用，山到崔嵬尽力耕"，其我武（乡）之谓乎？当斯煨烬之余，幸逢兹李父母（官），如伤之切，晓畅时宜，善谋善断，且博学而词足，以发凡文告，是休嘉我邑人。惟祈去虚悬仍旧贯，毫无损于国，大有补于民。请申其说，如王粮六千余两，从未开征，本县之赤历可查；从未起解，藩司之收簿可查。况今无边警将无边费，尤式望下捐租之，令我武（乡）虚悬之数原非边额，所谓去之无损于国者，此也。屯粮征解，州县各别，忽逆闯尽右武秩，戕军虐民，将屯粮错壤混分，乱政亟行，宁足为训。且折色有定数，宁忍向孑遗而倍之，所谓旧贯之当仍者，此也。至权店驿马，苦不胜言，然未去其害马者，则其害不可止，即如金报马户一节。曩时有驿丞邵姓者，视为奇货不已，又假手猾吏，采访苛求，但藏瓿粟，诬以程罗，就中去取，钱神冯焉。朝甲暮乙，涂窜相仍，邑人讥为脱稿榜花，生斯驿者，如陷苦海，无复望其扬尘矣。盖上台未知苦，犹可望其转闻，以俟解悬于异日。今汾府李公祖有马户，里派之文直指黄公，祖有兑解马粮之议，若先得我心之同然，冒昧之条陈俱在也。但里派未厌，众心兑粮尚无实着，陈人为地方计，谨饶舌于志，以志原为地方设耳。噫！权在斯人者不可必，而吾党可必者曾是不寝缅想。余为诸生时，相邀不知茶，案头无果商，前无帻，一饱而止，佳酒无量兴阑，不揖而散，真率相忘，温公明训也。其后民风自北而南，初曰苏意，既又戏曰傲苏，强北为南，不可由俭入奢，又不可之大者。余中人以下姿，二酉未窥，一韵罔识，敢登作者之林，惟三官妙经，多所亵侮，遂详叙其根因，以妥其神。其诸狐庙碑记，多所割裂，遂详传义，以解其疑，非好辨也。前大中丞魏公诸衮取二作入于志，然两祠各序片石，似无容再为灾木。吾老矣,不能得侍尘下,姑留老人言,斥名于尾。

以上结合武乡的"鄙邑七山二水,仅一分土之多"的弹丸地理地貌特点,结合《论语》的经典语录,盛赞了清朝父母官李县令"晓畅时宜,善谋善断,且博学而词足"的高贵人品,以及相关政策:"如王粮六千余两,从未开征,本县之赤历可查;从未起解,藩司之收簿可查。况今无边警将无边费,尤式望下捐租之,令我武(乡)虚悬之数原非边额,所谓去之无损于国者,此也。"此序还赞扬了李县令体恤民情,为当地民众休养生息、发展生产所做的贡献,也历数了李自成军"戕军虏民,将屯粮错粮混分,乱政亟行"等劣迹,反映了这支农民起义军没有纲领和目标,后期纪律紊乱的问题。这也成为程启南由拒绝事闯王政权而转向为清廷效力的内在原因和思想动机。

全文论证有据,文采飞扬,堪称一篇上佳散文。

完成清顺治二年版的《武乡县志》的续修,是程启南退隐故里所做的最后一件公益事情,也是他为明清地方政府发挥的最后一次余热。是年,他83岁。然而,这一年,对程启南来说,还有一件值得记载的事情,即他已被清王朝的山西官员列入待录用人选名单。

痛定思痛开心扉

据《清实录》记载:"顺治二年,十一月二十二日,山西巡抚黄徽允疏荐明侍郎程启南、张宸极、御史张煊、张懋爵、袁希度、张慎学、王国南等。下所司知之。"[①]

需要说明的是这个名单当时的社会背景。清政权定鼎之初,立足未稳,全国尚未完全平定,民族矛盾依然尖锐,各地抗清起义活动此起彼伏，而当时清朝占领区内的府县官吏严重缺员，清政府也没有那么多的储备官吏可派。常言道，武将打天下，文官治天下。清王朝早就意识到，在其管理占领区内，没有大批满腹经纶的汉族文官治理是不行的。这些官员哪里来？据《明史·选举制序》载：明"进士、贡举、杂流三途并用，主流以进士科为重。"应当说，承袭明朝科举制度选官任能，清政府事先是有所研究、有所准备，做了功课的。明朝的科举考试——乡试、会试和殿试三级考试。乡试每三年一考，逢子、卯、午、酉年秋季举行（《明会要》卷四十七）。顺治二年恰好是乙酉年，若按明科举制度走程序，当年秋季两京和各省要进行乡试，明年三月还要进行京城进行"两试"。可当下政局动荡，战事未平，按明代常规科考授官走程序显然不现实，也远水不解近渴。于是，清廷顺治皇帝在征求了一些大臣的意见后，决定采用一些非常规的举措来解决官员的紧缺问题。一是录用一些明代下野的贤良旧臣、官吏和未录用的贡士，二是在条件许可的占领区内，如期进行乡试和明年的"两试"，前者是工作重点。为此，清朝各省巡抚推荐相关人选，就是一项重要工作任务。上述名单就是在这样的背景下产生的。

在山西待选官吏名单中，程启南的名字排名第一，这本身就体现出他的知名度和社会价值。当然，他最终没有再度出山任职，这可能是相关巡抚征求了当地县令的意见后，最终放弃了。因启南此时已经八十三岁，无论是身体状况还是精力上，已经不适合再度任职做事。尽管如此，结合以往历史情况来看，无论是李自成的大顺政权，还是清王朝政权，程启南都是他们眼里的一个香饽饽，都属于治世能吏、清官廉吏，是少有的好官。

夜深了，在青灯黄卷下，程启南还在读书，读着托孩子们买来的清人撰写的《皇明十六朝广汇纪》，不时皱着眉头，抽着大烟袋。

对子孙的前程，是程启南时刻考虑乃至一度焦虑的问题。无论是对国家还是对家族生活，还是后代子孙的培养，他一生推崇并身体力行，为人表率的，其实就是四个字，即忠、孝、俭、义。

忠，即对国家君主要忠，因为他认为忠于君主和对国家的忠贞是一致的，他也时刻期望自己能够成为像狐突、屈原、范仲淹，以及前朝东林党魁邹元标、赵南星那样的护国忠臣，不事二主。

孝，即在家要行孝道，对父母双亲，要有感恩之心，乌鸦有反哺，羔羊有跪乳，何况是人呢，如果一个人在家对父母都不孝顺，那么，当他走到社会上，对国君、对师长，也很难谈得上尊重和忠诚，也很容易被蜕变而堕落，成为唯利是图，朝秦暮楚的后备人选。

俭，是指生活上的节俭，不论是灾荒年、战乱年还是太平盛世，都应该坚持，应该养成习惯，而不应该视为权宜之计。人常说，穷不过五代，富不过三世，君子之泽，五世而斩。节约好比针挑土，奢靡好比浪推沙，吃不穷、穿不穷，算计不到就受穷。他之所以能在仕途上保持良好的政风，拒腐蚀、永不沾，就是因为他能够保持一种知足者常乐的心态，廉者不受嗟来之食，保持了做人的清操和底线。

义，即仁义。对常人、对同僚、对百姓，即便对政敌，平素也应保持一颗仁义之心。尺有所短、寸有所长。要善结人缘、广交朋友，只要对方是诚信之人，厚道之友，我们都可以以诚信相交，不能因为对方某些方面不如自己，而产生选择性交友，而亲此疏彼。同时，家族、亲友，对百姓的事情、对公益的事业，如赈灾、保安等事项，要千方百计，倾囊相助。他自从辞官归田、退居乡里，多次这样做过，也从不认为这是什么吃亏的事情。即便吃点亏，也不算什么。其实，大善人、老好人终究也不会吃亏的。

甲申之变后，他的"忠孝俭义"的传统理念受到了严峻的考验和挑战，甚至一度被轰毁了。尤其是第一条"忠"，更面临着巨大的危机。他一生忠诚的大明王朝先是被李自成农民起义军推翻了（期间连崇祯皇帝也被迫自杀了），后来又被来自关外的清王朝取代了。自己何去何从？程氏家族子孙何去何从？故里乡亲何去何从，乃至中国何去何从？……

人们迫切需要答案,需要有高人给他们指路。

甲申之变动荡,摆在世人面前的无非是三条路,一是继续忠于大明王朝,抗拒李自成农民军起义和入侵之害;二是加入李自成的农民军,为其效力;三是改换门庭,为清王朝效力。

第一条,他身为大明王朝命官,沐浴皇恩,不能不忠啊!在朝在任上,他恪尽职守、殚精竭虑,总想把皇上布置的工作,皇上赋予的使命办好,办出卓异的政绩来;总想为天下百姓做些事情,他最不忍见百姓蒙冤受苦,总是把百姓的疾苦放在心上,为减轻百姓痛苦做些力所能及的事情。即便辞官归田,无职无权了,可他还是尽量利用自己的二品高官的显赫身份,上疏朝廷,为百姓排忧解难,也曾为保桑梓一方平安,为本县的武备防御出过力。他敬重本县赵克宽、赵廷举一家人抗寇保民的忠烈义举和精神,但他也觉得自己还有一大家子人,不便效仿他们。为了子孙后代,必须寻找一条新的出路。

第二条,因自己曾忠于大明朝廷,拒绝出山做李自成大顺之官,也曾受过"追赃助饷"、勒索饷银之害,自然不可能为其效力。眼下,随着李自成大顺军败亡,这一选项已不复存在。

第三条,事奉清王朝。本来,他对关外少数民族异族入侵大明王朝,同大多数汉民一样,具有天然的排外心理。总认为,汉族的江山本应由汉人来管理,尽管这个国家机构曾多有不尽人意之处,甚至自己也深受其害。但毕竟是自己曾经效力过的王朝,如今,自己曾经那样爱戴,为之倾心尽力效力过的大明王朝已经不存在了,尽管江南还有福王的南明政权在苦力支撑,一些省份尚有少数农民义军零星抗清活动,但那不过是大浪淘沙后的微澜波涛,清王朝取代明王朝,定鼎天下的大趋势已经不可逆转。自己,包括自己的家人,不能不面对这个严酷的现实!这也许就是百姓常说的天意啊!

自从帮助县令李芳莎续修武乡县志工作完成后,程启南觉得也为自己打开了一扇窗户，也为自己一度茫然，曾经困扰了多日的那个不知该再为哪个朝廷效力的问题，找到了较为明晰的答案。那就是——这个清王朝是可以信赖的，是博学多才而又平易近人的父母官、县令李芳莎，使自己从他身上认识了清王朝，也看清了历史的前途，更找到了今后程氏子孙的出路。他不禁为自己的这一发现，这一豁然开朗而欣喜万分。走出书房兼卧室，他不由大声召唤："孩子们，拿酒来！"

正在熟睡的兰绩被惊醒，他匆匆披上衣服出门赶过来："爹，你咋了？现在已午夜时分，你不睡觉，别人还要睡觉呢！"

"哦，我倒忘了，还是我自己喝酒吧。我经过几天思考，终于想明白了一个问题，可以说，是豁然开朗啊！"

兰绩问："爹，是啥问题叫你这么高兴？"

"这样吧，今天夜色太晚了，我不说了，你先去厨房给我把酒拿过来，我明天给你们好好倒歇倒歇。"启南故作神秘地说。

鼓励子孙事新朝

次日，到了吃早饭时间了，程启南依然没有起床。

三子奇绩有些不安地说："这老爹是咋了，照往常早就起来了。别是睡过了……"

四子兰绩说："昨晚老爹半夜吵吵得要喝酒。是我给拿的酒，也不知道老爹是抽得是哪股风，说是想明白一个什么问题，人很兴奋，八成又是喝醉酒了。"

奇绩还是不放心："老人八十三了，虽说没啥大病，可若有个三长两短也不奇怪呀，我还是去看看吧。"

这一说，兰绩也有些不放心了。两人遂一起去了程启南的卧室。只见门上挂着一个"免扰牌"的牌子,这是老人夜里作文,防止次日打扰休息的标牌。可今日该牌子上,却贴着毛笔写的一张字条:"本夜作文已晚明日晚起勿打扰。"两人隔着窗户纸,可听到室内有鼾声。这才放下心来。

春日当头,直到快中午吃饭了,程启南才起了床。人们问他是否喝醉酒了,老人摆摆手否认。还一再说,下午儿孙孩子们都到文昌堂,我要给你们上一课。

"上课?!这才歇了三天啊。"兰绩等面面相觑。因为自从老人为接受李县令委托,担负续修县志之责以来,白天在儿孙陪伴下找人采风、聊天,晚间还要作文记事,日夜操劳,家庭私塾无暇顾及,已由奇绩临时代课,老人已经三个月不上堂讲课了。最近,续修县志事项刚刚结束,前两天,老爹执意要重开讲堂上课,还是让子女们劝阻了。缘由是为修县志太辛苦,想让老人歇息十天半月的,养养精气神。

"没错,是讲课。"启南强调说。

"老爹,什么课这么当紧啊,要不你再歇个十天八天再说?"兰绩建议说。

奇绩问:"老爹,你酒醒了吗?"

"看我喝酒喝糊涂了是不是?"启南有些不满意了:"其实昨晚别看我让兰绩拿酒,拿来酒后,我可滴酒未沾。因为我突然想写文章了,若喝了酒就没法作文了。这一点,我可与张老先生比不了,他是越喝酒越能作文。"

"老爹,你写了篇什么好文章啊!把酒都给戒了?"兰绩问。

"天机不可泄露!下午讲课你们就知道了。"程启南还是保持了一点神秘感。"不过,我还是想问一句,你们对关外清人执政是什么看法?"

"爹指的是那些鞑子呀。"兰绩把话题一扯出来,大家你一言我一语开壶了。

有的说,让那些东北鞑子坐镇大明江山,我一百个不服。有的说,从眼下情况看,鞑子坐了江山,还没有苛捐杂税,不过日后能否跟咱汉人一条心，我还想等一等，看一看。还有的说，只要对咱百姓好，是谁掌权也无妨，还是顺其自然吧。咱百姓要求不高，只图个平安吉祥，安居乐业。

"这话说得好！"程启南还是忍不住开了口："先透露一下吧，我下午要讲的话题就是这个问题，文章已经做好了，题目就是《亡明非亡国论》。"

下午，红日偏西，大地绚丽。在文昌堂，程氏子孙十多人，正襟危坐，细细看着大家长程启南徐徐展开了他昨日写好的宣纸文帖，放置在案头，细细听着他指点江山、高谈阔论。

"我今天要讲的文章题目是《亡明非亡国论》，说实在的，这个题目我已经酝酿好久了，也思考好久了，最后竟然把我这个经历多事之老夫，曾经的大明朝廷命官也惊出一身冷汗……

"这个题目，正如你们当中有人说的那样，是人人心中皆有，却人人笔下却无的新问题，给以别开生面、耳目一新之感。其实我在这个问题上已经苦苦思考多日，孜孜寻求答案，正如战国时期楚国的大夫屈原说得那样，路漫漫其修远兮，我将上下之求索。所爆发出的灵感，也只是在昨晚的一瞬间。为此，我承天授命、欣然命笔作文，为此连酒都戒了。因为隐隐约约感到有答案了，并且越来越明晰，有些话如今已经如鲠在喉，不得不吐了。犹如夜幕中看到了灯火，犹如久旱天逢到了润雨啊！"

看弟子们睁大了眼睛，竖起了耳朵，程启南知道他的话大家听进去了。

"诸位弟子可能都知道，如今咱们面临着一个百年未有的大变局，社会大动荡，朝廷大改组，这就是去年的甲申之变。大明江山几乎是一夜间被泥巴腿子李闯王给推翻了，连崇祯皇帝也上吊自尽了。其实凭良心说，崇祯皇帝还是一个好皇帝，他在熹宗皇帝驾崩后，登基亲政以来，勤勉政务，推行圣朝新政，不动声色诛杀了祸国殃民的客魏阉党凶团，平反冤狱，重振朝纲，还启用了大批深受阉党排挤迫害的在野老臣，吾即是其中一个受益人。在野四年后，被启用为朝廷通政使，后又廷推为三晋七大贤良大臣之一，授命本夫工部左侍郎。在德陵建成后，又被皇上视为能吏，加大司空俸，享工部尚书待遇，说实话，崇祯皇帝对咱程家还是有恩的。人常说，滴水之恩，当涌泉相报。尽管后来崇祯皇帝走上重用宦官的老路，没有听取采纳咱关于远离宦官之流的上奏忠告，吾等报国无门，被迫辞官归田。可王朝一下子被推翻，皇上又自尽，咱感情上一时还难以接受。你们知道吗？崇祯帝自尽后，有这么个传说，我也是最近才听李县令说的。我已经记下来了，现给大家念一念。李闯王打进北京后，他手下的军师牛金星将入朝议登基之事，行至长安门外，见到一个身穿衲衣的僧人，拦住他大呼曰：'小僧有紧急事情要告明！'金星问：'和尚有何要事？'僧曰：'崇祯爷是个好皇帝，只为李家大兵来，就逼他缢死，即夺了明朝江山，又不见太子下落，特来秉问丞相。'金星大怒，左右欲杀之。僧呵呵大笑曰：'和尚只一个头，砍了值什么？汝辈几万头，御如何。'金星曰：'此癫僧也，勿杀，命之速去。'僧行数武，化阵清风，不知踪迹。②这个传说故事，说明了连老天也认可了崇祯皇帝的勤奋和政绩，也在为他鸣冤，并托付僧人转告牛金星，厚葬崇祯帝，寻找失踪的太子。可惜，李自成、牛金星没有那样做。不听劝，不知改正错误的人，迟早会得到报应的。

"崇祯帝一夜间被李闯王夺江山后，谁也不曾料到四十二天后，螳螂在前、黄雀在后。李闯王到山海关招降吴三桂战败，吴三桂勾结清军打败李闯王，最终李自成败亡，清军在京师定鼎天下。听说河南福王又在江南建立了南明王朝，继续抵抗清军，有人曾劝我说，如今天下虽说清朝刚立，立足未稳，关外鞑子能否坐稳江山，前程未卜。不要轻易决定为清王朝做事，以前如此说，还情有可原。然而，吾等协助李县令续修完成县志，再如此说法吾就不赞成了。诚然，眼下关外夷人鼎立京师，确非汉人朝廷，情感上难以接受。吾在朝也曾赞成和支持过熊廷弼、孙承宗、袁崇焕等在关外奋力抗清，御敌于关外，那既是职责所在，也为大汉民族感情所为。可如今情况变了，清人定鼎、一统天下。常言道，天不变，道亦不变。而天若变了，道不变行嘛？如今再贴上身家性命，继续抗清复明，做无谓的牺牲，就绝非明智上策了。这个清朝到底如何？能否治国安邦，老夫当初也是想静观其变，再等一等，看一看。清朝李县令去冬礼贤下士，对前朝在野官吏量才录用，邀请老夫等发挥余热，续修县志，这是功在当代、利在千秋之举……几个月来，定鼎的清朝厚敛崇祯皇帝，推行轻徭薄赋、休养生息之策，更让本夫看清了世道，改变了看法。眼下，这个朝廷大体上还说得过去。如此说来，过去抗清是对的，死难民族英雄要永世祭奠；如今，扶清做点事情，也无可指责。只要能给百姓免受战乱流离之苦，免受灾荒年温饱之罪，免受苛捐杂税之害，不论是谁掌权执政，都是可以认可的。历史上，东夷、西狄曾执掌我中华大权，也并非没有先例。后魏孝文帝、孝武帝就是鲜卑人，来自关外大鲜卑山（大兴安岭），咱武乡出的羯族人皇帝石勒，也曾建立过后赵王朝；再就是金国建立了金朝，后又被蒙古族打败，建立了元朝。这些都是夷人、狄人建立的王朝，他们也都学习汉人丰厚的文化，尊重汉人的传统风俗，治理得还不错嘛。所以说，亡明非亡国，明王朝灭亡了，而中华并未灭亡，因为关外鞑子也曾是大明王朝的子民嘛，只是夺人家江山掌权了。以后再不能称谓人家为鞑子，该叫人家清人。历史，就像一场大戏，该走的就走了，谁也别留遗憾，该来的就来了，谁也别眼气，习惯就好了。咱百姓可再也经不起折腾了，国家也再经不起战乱了。"

看到弟子们有的频频点头，启南又说：

"如今，这世道是百年未有之大变局。在这大变局下，吾等何去何从，说实话，别看我曾是明朝二品命官，久经大事变局，可我也一度茫然无措，现在也才刚刚想明白了，送你们几个字：顺应潮流，顺时皆进，为家乡着想，为百姓谋福。大明王朝灭亡，闯王起事败亡，清人夺下江山，自有其内在的道理，吾等不必操心。顺应自然就是了。谁也不要再不服气，更不能参与什么反清复明之举，谁要是如此做，谁就是程家不肖子孙，我就不认你这个子孙！我听康庄说，他的老同学、晋阳书院的尊长，他的结拜大哥傅山先生拒不听从清朝诏唤出仕做官。对此，我佩服他的民族气节，但不赞成他的做法。常言道，识时务者为俊杰嘛。只要能利国利民，我们为新朝当个帮手，未尝不是明智之举，我的话记住了吗？"

听到弟子说记住了。但声音不够洪亮，启南又问了一遍，这下，听到洪亮的回答声，令他深感欣慰。

"里间有人问老夫，你事奉新朝，是否背叛大明，有违做人之良心。这个问题，本夫以前讲过，本族家训奉行忠孝俭义，忠君位居首位，惟此为大。既然眼下崇祯皇帝已不复存在，大明王朝已不复存在，事当朝新帝也并非对旧主不忠。面对现实，顺应大潮，顺时皆进，造福天下苍生，这才是大忠大义。

"有件事大家可能都知道了，就是前段时间，李县令告诉我，吾已经被清廷推举为待诏出山的高官人选，只是李县令考虑到本夫年大体衰，不适应再度出山任职了，吾夫当场表态，还是李父母官想得周到，此事正合吾意。

"今后，本族弟子何去何从？谨记两条，一是不要到清廷当大官，那里是满蒙人为上，汉人去了怕吃不开，如同本夫受明廷阉党之气；二是当文官不当武官，不然，咱程家弟子众多秀才、贡生，多年苦学科考，不为国效力岂不可惜？如果日后谁能拔贡进士，应诏当个县令、州牧什么的未尝不可，但一定对百姓要好。听说明年清廷还要由各省推举贡生、举人进京参加会试和殿试，进士做官，量才录用。咱家子弟中，我希望诸位弟子都能去应考，多出几个进士，多出几个朝廷命官。能否如愿，就看你们努力了。其实依我看来，吾孙康庄希望最大，他崇祯八年就是拔贡，只是因为那年他爹嘉绩去世，回家丁忧，误了前程。甲申之变那年，他又拒不应诏闯王选官，藏匿于今，前段时间，又陪我续修县志，如今，事已告竣。李县令说了，只要一有机会，一定推举康庄进京应考，碰碰运气。明年，清廷还要由各省推举贡生、举人进京参加会试和殿试，进士做官，量才录用。咱家子弟中，我希望诸位弟子都能去应考，多出几个进士，多出几个朝廷命官，为国效力。"

程康庄当场起身说："王父，孙儿领教了。"

"大家先歇息一会儿，一会儿坐下来研讨一下吧。讲了这么多，也不知道你们领会了多少，研讨交流，才有利于消化吸收，还有啥不明白的就提出来，吾一定答疑解惑，正所谓先生领进门，修行在个人嘛。"

这场别开生面的讲课，令程启南的儿孙们醍醐灌顶，振聋发聩，都感到为他们一度云山雾里、茫然无措的科举前程，点亮了一盏明灯。

程启南余生最后的七年，他一方面在县城家中教育子孙，另一方面，同子孙们下棋娱乐，颐享天伦之乐。期间，他足迹不入城市，也不串门找人闲聊，更不对人乱发牢骚，嫉世愤俗，超然荣辱之外。

注释：

①摘自《清实录·山西资料汇编》《世祖实录》卷二十一，页十四。
②《明季北略》卷之二十三《牛金星遇异僧》。

第十三章 泽润子孙

> 刑部郎中程嘉绩
> 代父充质孝名传
> 皋绩父子美名扬
> 后世林宗六子谱

得年八十有九。子六人,诸孙绳绳四十余人,以科贡显者踵相接也。

——清·乾隆《武乡县志·艺文·少司空程启南传》

吾家自司空以降,掇巍科登显宦者代不乏人。

——民国《武乡新志·名贤传·程砚祖》

程启南是程氏祖先迁居武乡信义村数百年来出现的第一个举人、第一个进士,第一个朝廷命官,第一个二品高官。武乡程氏自十一世程启南起,即给程氏家族人中竖起了典范和标杆,程启南也十分重视对子孙后代的家教家训,以忠孝俭义为安身立命之本,在家中悬挂家训书法条幅,令子孙每日背诵,聘请私塾先生教授子孙,甚至退休后亲自任教,诲人不倦。

以下，简介其后世数名优秀子孙。

刑部郎中程嘉绩

程嘉绩（1591—1635），字复出，少司空程启南的长子。

嘉绩性格沉稳，庄重正直。虽然身份尊贵，但是喜欢淡泊简约，不讲究穿美服，不喜欢驾驭骑马之术。做儒学生员时，屡次考试夺冠，但又屡次科举落第，怀才不遇。

崇祯二年三月，崇祯帝启用一批在野老臣，程启南被崇祯帝任命为通政司通政使（正三品）。按明廷规定，三品以上级别的官吏，可荫一子入国子监读书。由此，程嘉随父入太学，不久，以世卿家族长子的身份被任命为明廷太常寺典簿。

太常寺掌管祭祀礼乐之事。太常寺典簿（从八品）总管文书、往来账目之事。所管理的人员有厨子、歌舞人员共计两千六百余名，每月开支将近六千两银子。原来的典簿曾经克扣银两，据为己有，而嘉绩则分文不贪。

不久，程嘉绩调任左府都事，即经历（正八品）。当时正遇上大同军饷缺乏，士兵发生暴动，饥民也骚扰作乱。当时运输不通。他不辞辛劳，很快疏通了运输，将军饷运至大同，平息了兵变。

没过多久，他被荐举转任为刑部员外郎（从五品）。

刑部为明廷六部之一，主管刑狱事项，相当于当今的最高人民法院。员外郎则是刑部郎中的副手，与郎中共同受理各种刑事案件。

世代为官的苗思顺一案株连了许多人，积案耽搁了已久。嘉绩区别对待，逐条上奏，无辜的人都得到了平反。后又升任本部云南清吏司郎中（正五品），其间经审理案件，释放了蒙冤的大将猛如虎。猛如虎出狱后，在平叛抗清战斗中，一马当先，屡建功勋，最终以死报国。程嘉绩在任期间，由于他重证据，不轻信口供，文明处理案件，从不动用刑具。崇祯帝褒其"惟良折狱"，即唯一不用刑具的狱官。

崇祯帝登基不久，诛杀了客魏集团，沉重打击了魏忠贤麾下的余党势力，一时间，朝廷官员紧缺，崇祯帝要各部推荐德才兼备的优异官吏。在刑部，大家推崇程嘉绩为知人善任的人才。程嘉绩感谢大家的推举，更加勤奋努力工作。朝中大臣阮震亨被查出贪污问题，为蒙混过关，拿三百两银子作为礼物，托显要人物向嘉绩说情行贿，嘉绩拒绝了贿赂，于是他赢得了刚强正直的名声。

在晚明朋党林立、宗派利益集团的圈子里，程嘉绩的刚正和清廉，他的特立独行，最终不被众官员所容，他终于拂袖而去，回归故里。

回家后，他闭门谢客，尽心侍奉父母，督促子孙学习，对外面的事不闻不问，也不屑于料理家中事务，习养静寂的心性，过着幽静的生活。他从未向官府递过一张名帖，整个里中人也忘记他曾经是名士大夫。

几年后，他在家中去世。死时，有异兆。后人把他作为乡贤入寺奉祀。

其实，程嘉绩还是一名精通法术的俗家道士类人物。他少年时喜欢读书，尤爱读广成子修身方面的书籍。广成子，相传为黄帝轩辕氏时期的神仙，历代均有门生弟子，一直延续到明代。嘉绩父亲在山东履职时，他与张、罗两位道士交往密切，得到不少秘籍和养生之术。他手持"玉洞符咒"一书，无不洞察其密旨。家乡人有患疟疫者，他授之于符，立马痊愈。又为国学诸生时，在凤毛书院读书，有老鼠践其同学友书册，嘉绩嘻作驱鼠文，以红丹书禁其鼠穴，鼠遂绝。有蚂蚁密布墙下，"嘉绩偶令他徙，蚁即奔趋往来如织。又命之止，亦如其言。"

后以父官荫任入朝，最终官至郎中，后为众人不容，辞职归里家居。适逢李自成农民起义军突袭武乡，满城人们张皇失措，嘉绩对众人说："别害怕，贼将离去。"说完，他的预言果然应验了。人都说他能够鬼使神差，好法术。

一日，嘉绩对妻子说："你要是登城楼，若看见有神像，三撮胡须的，像我但面微红的，就赶紧烧掉。"妻子登楼一看，果如嘉绩所言，妻错愕不理解。上楼观察数日，也未按嘉绩嘱咐去做，仍像往常一样，伺候子孙，吃饭睡觉如平常一样。某晚就寝，嘉绩鼻端微作呼吸声，点油灯观察，但见他垂两玉筋长尺许，已长眠了。她真后悔当初未听丈夫的话，烧掉那尊神像。

程嘉绩为万历十九年出生，崇祯八年去世，享年四十四岁。嘉绩是程启南在崇祯二年重新被朝廷启用时，被朝廷"荫子"规定①入国子监读书的。后相继任太常寺典簿、刑部员外郎、郎中等职。在任期间，恪尽职守、良好狱风、清正廉洁，上对得起国家民族，下对得起程家列祖列宗。

嘉绩的去世，面对白发人送黑发人的局面，程启南悲痛万分。心情平静下来后，他觉得自己还应做一件事，需要麻烦一下朝廷好友，能说得上话的人。本来，他觉得自己已经退隐江湖数年，不想再麻烦朝廷在位官员，因为世风日下，人走茶凉嘛。但他又觉得，即便算麻烦，也是这最后一次了，况且他要麻烦的人，也是能说得上话的人。因嘉绩曾为朝廷命官，在朝廷刑部履职多年，官至刑部郎中，应该有个善终。于是，他将嘉绩去世的消息，写信给他的朝廷挚友、"两试"同门同学、建极殿大学士、吏部尚书吴宗达告知，希望他能给嘉绩写一副挽联，以盖棺论定，宽慰这位程家长子。就在前不久，他曾专程跑京城一趟，带去新创修的武乡信义程氏家谱，邀请吴宗达阅读，给写个序。这位同门同学欣然应允，两日后，归还家谱，递交了写好的序文。如今，他想此事不大不小，只要这位同学想办，应该没有什么难度。

不久，应程启南的邀请，通政使信差送来了建极殿大学士、少傅兼太子太傅、吏部尚书吴宗达为程嘉绩题词的匾额："高阁名臣"。

"高阁名臣"，是吴宗达代表朝廷给程嘉绩的最高褒扬。嘉绩可以安息了，程家后人也可以光宗耀祖了。

程嘉绩曾先后娶三妻，初娶李氏，鞏昌府经历李公佳女，继娶儒官魏烁之女魏氏，三娶儒官赵良珍之女赵氏，三妻均赠宜人，俱先嘉绩卒。

嘉绩生有两个儿子，长子程康庄，崇祯八年拔贡，历任清代江南镇江府通判、安徽安庆同知、陕西耀州知州等职。次子程康年，清顺治十五年岁贡，曾任太湖县县丞。

出殡那天，天空下着蒙蒙细雨，好像也在为程氏家人哭泣。在乡亲、宗亲们的帮助下，嘉绩遗体被抬到了距信义里一里的南岭坡底村祭田，在唢呐声中缓缓下葬。自启南上几辈起，这里就成了信义程氏原祖支脉的公墓祭田。启南祖溯上好几辈祖先葬在这里，程嘉绩和他的三个亡妻也葬在旁边，程启南已嘱咐儿女们，自己死后，也要葬在这里，且葬龛早已用砖砌好，他的两个夫人已经落葬龛中，只是尚未最后封闭，给他预留了位置。当然，出于对老人安全的考虑，家人没有让他到现场目睹儿子下葬。这里还有一位特殊的家人——毛驴驭手赵山林，自回乡后，已七旬上下，赶不动车了，家人把他侍养起来，他是八年前去世的。是根据程启南的嘱咐，对这个侍奉程家几乎一辈子善良老人，将他当成自家人葬在这里。每年清明节，程氏宗亲子孙都要来这里扫墓烧纸，祭奠亲人的亡灵，其中也有赵山林老人一份。

人们发现，自山林老人葬在此处后，这里的树木一天比一天长得高大茂盛，程家子孙也人丁兴旺，佳贤辈出，人们都说，这是山林老爷魂灵在保佑程家。

代父人质孝名传

程伟绩，字彤，是程启南的次子，生卒年代不详。

崇祯年间，曾以增生入明廷太学。他平日对父母非常孝顺，喜欢结交朋友，有豪侠之义气，善于酒后写书法作品。

崇祯十七年，恰逢甲申之变。三月，李自成率农民军攻占北京，夺取了明朝政权。后因骄傲，未处理好招降明朝山海关守将吴三桂的问题（部将刘宗敏抢夺吴妾陈圆圆），导致吴三桂怀恨在心，勾结关外清军，在山海关内与起义军激战，打败起义军。起义军败退北京后，先是退守山西各地，推行劫富助饷政策，勒令程家捐助 7 万两银锭作为军饷。当时程启南已被起义军扣押为人质，任、郭两位将领还说，如果能给他们些珠宝贿赂，可以减半军饷数额。程启南素来清贫为官，节俭为生。退休还里后，家中仅有的一些钱财，也都捐助到本县赈灾和公益事业上了，然而如果交不上饷银，将有不测祸端。在这紧要关头，程伟绩站了出来。

程伟绩自哥哥嘉绩去世后，就挑起料理程氏家族事务的重担，此时他说："如果我们这些当儿子的不能为父排忧解难，要我们还有何用？"其实他也生活拮据，为了筹饷，他东奔西跑，好不容易才从朋友那里借得一万两银锭，交给起义军后，因与额定数额相差太大，对方还是没有释放父亲。没多久，清军大举进攻，迫近武乡。起义军狼狈收拾行装，拟退往老巢陕西西安。凡是被起义军押扣的人质，统统要随军解往陕西。伟绩愤然找到起义军任、郭两位将军，说老父亲年纪大了，经不起长途行军颠簸，愿意代父随军而行，直至家中交清饷银为止。对方同意了，遂释放了其父程启南，将伟绩和其他众乡绅人质一同押往陕西。一路上，他们备受凌辱和非人的待遇。

七月上旬，起义军押解程伟绩一行到达西安。这时他获悉，早于他们先期到西安的人质已经遭到砍头杀戮。伟绩等人质暂时还无恙。这里需交代一段插曲。早年程启南在山东履职时，程伟绩去山东探亲，途中邂逅一名有点文化的儒生，发现其言语豪放，似有怀才不遇情绪，他大谈宋代的化名张元、李昊二贤士的典故。

西夏（宋时北方的少数民族国家）侵犯宋朝的时候，有姓张、李的两个男子，想用文章去求韩琦（安阳人，带兵很久，名重一时，深得朝廷倚重）、范仲淹（吴县人，字希文，苦读成名，带兵守陕西，号令严明，西夏人不敢冒犯）提拔他们做官，又觉得毛遂自荐不好意思，于是写诗刻在石碑上，请人拉过韩、范的府门。岂料韩、范二人认为张、李二人行迹可疑而不予任用。过了很久，二人无法可想，跑到西夏去了，化名张元、李昊，到处题诗。西夏国王李元昊得知此事，觉得很奇怪，就招他们来问话。话谈得很投机，于是任命他们为谋士，终使西夏成为北宋边境上的大患。伟绩觉得此人谈吐不凡，有大志向，于是招呼他和自己一同吃饭，还替他支付了拖欠的住宿费用。当问起姓名，对方称姓牛，名金星。

往事如烟，此段经历很快就在兵祸之中被湮灭了。

当伟绩一行到达西安后，人质名册被送入起义军丞相府。忽然有官员对他说："丞相要见你。"伟绩自言自语说："如果不怕死，就当生了。"被带到相府后，他发现这个丞相就是那年遇到的那个言语豪放的儒生牛金星。牛问明了情况，说："想不到在这儿遇到知音，你家的助饷可免了。不过还要李大帅批准。你等几天吧。"几日后，传来大顺府旨令："程伟绩的助饷和死罪均免除了，安置于镇安县。"和他同时到达的乡绅人质，也得到同样的处理。

不久，他们就在士兵押解下上路了，前往镇安。每日穿行在硝烟和战火之中。一天，当地一个土著人告诉伟绩说，前面那个山谷中，前一段时间起义军将掳来的子女人质杀了不少，将尸体集中扔到那里，遇到晴天，尸体都发臭了，数十里都能闻到，过路者常常闻臭晕倒。伟绩听到这个消息也感到恐惧，但此时他已经身不由己、无可奈何。恰好这时，押解士兵放松了对人质的管制，允许骑马行进。伟绩只得姑且策马骑行，过一天算一天。

一天，大雾蔽空，对面几米处都不见人影。伟绩说："此天佑我也！"

策马疾驰过，摆脱了押解他的士兵。其他人质也效仿他的样子，策马开溜。一连两个月，他们皆行在深沟大谷中。不时雨雪连旬，同行者又冻饿死不少，有时露宿树下，老虎从腋窝中钻出，噬其苍头而去。到达镇安后，伟绩的坐骑已经被老虎吃掉了。

第二年，陕西李自成的起义军被清军全部剿灭，程伟绩得以重回故里。归来时，老父亲程启南还很健康，精神颉硕、犹如从前。家族人、乡邻里听说伟绩虎口逃生的遭遇，都交口为他庆祝再生，且为司空有这样的孝子感到庆幸。

康熙三十一年《武乡县志》在《孝义》目中，详细记载了程伟绩的这段事迹，主编评论说：我阅读了程伟绩的遗事，潸然泪下。人生最大的伦理，莫过于忠君孝父。然而，常人在顺境中，或许能勉强做到，若到了生死考验之际，往往吓住了一些人裹步不前。非大忠孝才能做到。程伟绩当李自成抓父亲助饷时，毅然请求以身代彼，其心还能指望生还吗？他得以生还，乃天意啊！不是李军丞相牛金星救他，他早已殒命了。他与牛相奇遇于数年之前，收报果于数年之后，或许是老天怜悯伟绩的孝行而巧安排牛金星这个贵人来成全他生还。其实，人之生死自有定数，而平日之交游往来需要对好友加以识别，切勿凭一时得势而盛气凌人，傲视群雄，轻看一些暂时不起眼的人，也不可过于吝啬钱财，失去为福报投资播种的机会。

程伟绩先后娶二妻子，初娶户部江西司主事魏公之干女，次娶史遵女。生二子，康世、康祉，均为生员。

皋绩父子美名扬

程皋绩，字思令，另字何功，启南第五子。他生性沉默寡言，七岁能作文，常超凡脱俗地遐想。虽系出身官宦之家，但没有半点纨绔子弟浮华傲气，品行学养均优，待人温文尔雅，从不以声色强加人。

省学使袁袁山对他甚为器重，十二岁时便被召入太原府河汾书院读书，成为生员。他喜好读书，弱冠（二十岁）即以文章华美而驰名于一时。当时，儒生文章竞相迭出，但常以生硬引用诸子语录为荣，虚浮艳丽，没有个性特色和实际内容。皋绩却深研经学，独树一帜，与当时学风大相径庭。

康熙十一年壬子，皋绩同侄孙程为则、程骧，一同登举人榜，时有"三凤齐鸣"之美名。

是年，县令吴月英（后改名齐漳）要扩修县学宫，需要拓展地基，号召本县文人绅士捐供地皮，程皋绩带头响应号召，同十三名义士同仁各施地段若干，捐俸兴工。

家居就读时，父亲程启南，母亲张氏（程启南续弦夫人）早已去世，按中国北方传统的规矩，要在家守孝三年。为此，皋绩放弃了次年的京城"两试"机会，在父母墓地结庐（草棚），守孝三载，期间，不逛城市，不游山玩景，不饮酒作乐，被邑中乡邻称之为纯粹的孝子。

不想守孝三载后，妻子李氏生病，他又在家精心伺候，做饭、煎药无微不至。妻子过意不去，几次劝他不要牺牲自己进京考取功名，为国效力的机会，自己还能支撑几年，有独子必达照料就可以了。皋绩却说，我已老衰了，必达正是考取功名的黄金时节，在家我还可以辅导他学习儒学经典，等必达考中举人，我俩一同进京会考吧。

康熙十七年戊午九月，程必达在本年度太原府乡试中考中举人，经乡试考官举荐，府官批准，康熙十八年己未二月，皋绩父子偕同北上进京参加"两试"，一路上，父子俩互相鼓励，力争会考双赢。皋绩还说，必达，我希望你能考上，万一我落第了，就回家照顾你妈。也算对得起你妈的嘱托了。

出榜公布结果却出人意料,必达不幸落第,程皋绩却在迟暮之年考中进士。

也许因僧多粥少,也许因官场腐败,钱财未托关系送上,程皋绩被告知回乡等待授官通知。他只得回乡候命,兼顾照料内人。谁知这一等就是九年之久。

康熙二十八年戊辰,程皋绩接到清廷诏书,被授官山东蓬莱县(今蓬莱市)令。

唐称佐官代理县令为知县事。宋制,往往派遣中央官员知(主持)某县事,简称知县。实际即管理一县的行政事务。有戍兵驻县的,更兼管兵事。明代始正式用于一县长官的名称,清代相沿不改,又称县令。

在蓬莱履职期间,程皋绩做官坚守清廉正直的节操,不穿昂贵之衣,不吃美味之食,从来不占用公款中饱私囊。本县城旧有陈规陋习,全县有八保,保长向百姓敛取百两银子奉送县令,实为县令中饱私囊。送银人来了,而皋绩笑着拒绝道:"我不需要用这个钱。只要事关百姓的生计和利益,我就尽力去做,唯恐办不到,办不好。"府衙上司很器重他,向皇帝上书举荐他为摄郡司马。下属八邑百姓都很诚服,只恨他不能一直留下来。

上任不满三年,程皋绩发现官场懒政惰事,人浮于事,以及卖官求爵、贪腐风气盛行,自己与之格格不入,他决定不与此等之类官员为伍,毅然决定辞去官职回家。正此期间,独子程必达前来省亲,发现老父更加憔悴苍老,说了声:"爸,妈过世了!"听到这话,皋绩一时愣住了,少顷,说了句:"内人啊,我对不住你啊!"顿时泪如雨下,父子相拥而泣。

离别那天,细雨霏霏。获悉知县程皋绩卸任归里,闻讯赶来的民众跪求说:"程大人不能走啊!"皋绩忙把身边跪人一一扶起:"大家情意我心领了,是我程皋绩不才,没能继续为蓬莱乡民百姓服务,三年来,有何不周之处,敬请海涵。告辞啦!谢谢大家前来送行。"他报握双拳作揖。

看到程皋绩携带的行李非常简单,只用一头小毛驴便驮上了全部家当。人们纷纷交口说："程大人真是蓬莱少有的清官啊！"

皋绩牵驴前行，必达徒步跟随。父子俩一再恳求排队一里多长的民众留步，步出两三里了，送行的群众还未散尽。

归里后，程皋绩杜门谢客，深居屋室，博览典籍，著书立说，相继著有《四书心得》《诗经集解》《诗适》等书。

获悉县城侯高公主动捐资在县南关创办义学分校。皋绩对这种义举非常赞同和钦佩，捐资勒石立碑，并撰写了题为《创立南关镇义学碑记》。碑文指出："天之下，地之上，穴寥兮浩浩乎其无垠，将以何物塞之？或以文章而不原（源）于道德，则华而不实；或以事业而不本于学问，则流为刑名法术，而去圣人之道远甚。而且儒林、循吏，史迁（太史令的司马迁）不能一而合传也。盖兼才若是之难也，兼之者实唯我之邑侯高公。"将学者与官吏合一，便是对侯高公的高度赞誉。

他还在碑文中陈述了侯高公的相关事迹，认为他是个重视文化的人，"下车数月，即延诸生而立文会，给以荆笔残行，而次第其甲乙。""今年建义学于县治之东偏，南关复创社学一区，为房若干间，鸠材庀工，悉出己赀（资），皆不费闾阎丝粒，而不日成之。择野处而不匿者实其中，出羡粟以招师儒，俾按日计程，口授耳传，习于勤而勿荒于嬉。"以上记述了侯高公创建南关义学的经过。

"文公教化行，眉山父子相继出，不可谓不盛矣。继自今南关之人，当必有奋然振起，无愧我公之德化者。我公之兼才善政，不可仆数，即其文章，觇其道德，即其事业，觇其学问。"此段追溯历史，阐述了创办义学的社会意义，以及侯高公的盖世功绩，赞扬他是个"兼才善政"的难得之人。

平日，程皋绩以教子孙为本分之事。日常饮食起居，聘请一个老头伺候，按时给他做饭，提供书房物品，研磨、扫除家室卫生等。他对这种怡然自在的生活颇感满意，数年后过世。

程皋绩去世后，其侄子、程嘉绩的长子程康庄为他写了一首悼念诗。

五叔庐墓南岭
邑人程康庄

鸰鸠事业等飞灰，天上星精去不回。

孝子显名曾扰兔，棘人多病畏登台。

三年哭泣无干土，五色文章出异才。

惆怅司空艰守卫，尘昏常到北邙来。

皋绩夫人为榆社赠中书舍人李可绪之女，宛平县君李锦制孙女。生有独生子必达，为举人，山西文水县教谕。

下面说一下程皋绩的独生子程必达。

程必达，字子上，别号青谷，皋绩之独生子。

必达自幼纯笃，通敏好学，父训严格，他遵从父训一丝不苟。正所谓"严师出高徒"。

武乡邑令，原名为吴月英，后改名齐漳，是个重视文教的人。邑中群诸生各类人才都有。必达与史珥（字彤右，康熙十五年进士，后来清朝庶吉士）、杜李（字仲白，康熙三十六年进士，官至吏部稽勋司郎中）俱为同学，文坛造诣不分伯仲。

康熙十七年戊午，领举人乡荐，十八年己未，同父皋绩上公车。皋绩告捷南宫庆贺，而必达竟以不第归里。回家见到母亲李氏病了，必达临床精心伺候，三载如一日。不久，其父程皋绩在山东蓬莱任职县令。必达葬母毕后即赴皋绩处，伺候父亲。皋绩为官以清正廉洁著称，辞官告归，行李萧然，必达徒步相从，抵家后，晨昏侍养父亲，直至为父亲丧葬送终。

必达后授文水县教谕（正八品），署理盂、祁两县学事，任所到之处，以身作则，注重学习和修行，他常劝励士子励志学习，考取功名。他能经常赏识并选拔其俊杰者，学使汪灏深感满意。康熙四十七年戊子，三秦（陕西）国学分校缺礼经同考官，必达应聘之，该校所得人才皆知名学士，而解元来文爆就出自其门。对于必达工作的成绩，主司顾悦履很满意，为必达赠诗有"棘闱喜挹冰心洁，桂苑欣悬玉锦空"之句，阅者均以为是程必达水平的真实反映。后因公殉职在官位上。

除上述重点介绍了程启南三子的情况外，启南六子程迺绩也很优秀，是康熙十五年丙辰贡士，后任马邑县（今山西朔州市）训导（从八品）。

此外，启南三子奇迹、四子兰绩，均为儒学秀才级生员，在一生功名路途上艰难跋涉未果。我们在赞赏程氏家族中成功者的同时，也不能忘记那些落第者的努力，他们的精神同样值得钦佩。

启南孙子辈优秀者，除上述程必达外，还有程嘉绩次子程康年，字如玉，顺治十五年戊戌恩贡，授任江南太湖县丞。

程嘉绩的长子、程启南的嫡孙程康庄，要数程氏同代人中的英杰和翘楚了。

程康庄，字昆仑，明崇祯八年乙亥拔贡生。甲申之年，李自成为夺取明朝江山，东渡黄河，取道三晋，北攻代州和大同。期间，以大顺朝名义逼士应考。康庄隐名藏匿于南郭山林，得以幸免。清朝定鼎，征赴选士，以父服丧竟辞。顺治庚子授任镇江府通判，时海氛方靖，兵民杂处，康庄恩威并用，在民兵中平衡关系，民谢其恩而兵慑其威。康庄尤留意搜览书籍及古法帖，所著《四书经艺》《诗古文词》，卓尔不群，一时争奉为大家。后升安庆府同知，洞悉政务，善决疑狱，多所平反，民以无冤。未几，因挂误迁陕西耀州刺史，正值叛兵万余，四面攻围，城多圮坏，人心惶怖。康庄且筑且守，伺贼隙连发数十炮，贼党死者甚众，遁去，城得保全。

康庄虽登仕途，但不忘购书读书，作文作诗之雅兴，结交文人墨客名家仕人颇多。未几,告归,抵家后杜门教授子孙,不问户外事。不到二载卒于家。著有《自课堂集》《四大家文集》等行于世。

程康庄为清代著名诗人、文豪和儒官,清初文坛四大家(另外三家分别为归震川、侯朝中、王于一)之首,武乡至今流传着"天下文章数三江,不胜武乡程康庄。"要想了解其详细事迹,恐怕要另写一本传记了。

后世林宗六子谱

程启南七世孙程林宗,继程启南创修《武乡程氏家谱》后,又编撰了《程司空六子谱》(以下简称《六子谱》),对原先家谱中不明确的问题,通过考证,进一步明确了,对原先粗略的情况,进一步细化了。还详细介绍了程启南创修家谱的资金来源情况,祖籍家世变迁情况,六子情况,历官和封赠情况,以及其下孙子后裔等情况。特摘录如下:

程司空六子谱

道光乙酉刊 麟趾堂藏版

程司空六子谱序

武乡有程氏,自敏祖始也。程氏之有家谱,自司空公始也。敏祖丁元末之乱,由河南迁居武乡,隶籍信义里。其初,一人旅耳。其后子孙繁衍,当有明中叶,已为此邦望族,而溯其源,则皆敏祖一人之裔也。

司空公当明末,造以进士起家荐秩卿二,归田之后,合苗族之裔而汇为一谱焉。条分缕析一展卷,而孝弟(悌)之心油然而起。敏祖之泽历三百年而犹新;而司空之谱,实于今为烈也。谱序与崇正(祯)间入。本朝(笔者注:指清朝)来又近二百年矣。

程司空六子谱凡例

是谱专为司空六子而作，同族概不载。

敏祖迁自河南，相传为河南归德府虞城县人，与同里魏、赵同时来武乡，今魏、赵二姓同书（属）虞城，原籍似属无疑。但旧谱序凡文例衹浑言河南，而司空以下墓志状序亦未尝及，仍以旧谱为定，而附录此说。

……

一、旧谱首载提纲，敏祖二子，长曰建中，次曰建庸。建中三子，长曰时举，翰林院典书；次曰代举，三曰可举，福青州学正。因建中选将才，三子从征，罔之所以，故独传建庸一派。建庸生二子，长凤次鹤。凤之子玫，迁居邯郸。鹤生厫、原、碧、盛，故旧谱自提纲外统以四大支分序。而司空实原之裔也。旧谱版已不存，序此已见当年序次纲目，至别祖思让、思贤，分居祁县、太谷。旧序详之矣。

兹不赘。

司空为原之裔也，已列谱矣。谨再为分序，以见原之支派。亦藩原不止司空一支也。按：原之子三，曰浩、曰清、曰彬；而彬为司空高高祖；彬之祖三，曰茂、曰详、曰虎。而茂为司空高祖；茂之子二，曰节、曰和，而节为司空曾祖。节之子三，曰继张、曰继周、曰继孔。而继孔为司空之祖。继孔之子四，曰视箴、曰听箴、曰言箴、曰动箴，而视箴实生司空。

是谱经费缘司空南岭茔内圭田所出，每年祭毕，讌会略有盈余，原议停会分贮，已为修墓之资。今司空祖父以下墓碑已修，所余尽为是谱刊版之需……

启南生六子，长嘉绩，生二子，康庄、康年；次伟绩生二子，康世、康祉；三奇绩；四兰绩，生一子，康焉；五皋绩，六蜒绩。

南曾孙苏驷，系康庄生；倬奎，系康年生；嗣后绳绳相继，查录谱中。

封赠：继孔，系（信义）九世，以孙启南工部左侍郎加二品服俸贵，赠通议大夫。视箴十世，以子启南贵，赠通议大夫加工部左侍郎。李氏、魏氏，以孙启南贵，俱赠淑人；魏氏，以子启南贵，赠淑人；高氏，以夫启南贵，赠淑人；张氏，以夫启南贵，封淑人；李氏，以夫刑部云南司郎中嘉绩贵，赠孺人；赵氏，以夫嘉绩贵，封孺人。

程司空六子谱

司空谱

司空，始程氏，讳启南，字开之，号凤庵。明万历庚子亚魁，辛丑进士；诰授资善大夫加尚书服俸，管工部左侍郎事。历官：通政司通政使、太常寺正卿、山东布政使司左右布政使、按察司按察使、布政使司右参政、济南道副使、兵部郎中、兵部武选司（主事）、襄阳府推官、湖广、云南同考试官。

司空居信义里，宦后，城中亦有庐舍，甲申之变居双修岩（寨），卒于岩（寨），墓在南岭坡底祖茔。去信义一里。

明诰授资善大夫；以子嘉绩贵，封奉政大夫；以子皋绩贵，本朝赠文林郎；以子蜒绩贵，本朝赠修职郎；以孙康庄贵，本朝赠奉政大夫。

司空长子谱

十二世嘉绩，廪生，明赐官生，刑部云南司郎中，崇祀乡贤。二子。以子康庄贵，本朝赠奉政大夫，居城中。墓在父茔。

十三世康庄，明崇祯乙亥拔贡，未仕。应清顺治甲午，山林隐匿，制科授镇江府通判，安庆府同知，耀州知州。二子。墓在案壁网村（今岸北村）堰。

十三世康年，顺治戊戌岁贡，太湖县县丞。二子。居石人底。

十四世正，增广生、贡监，议叙县丞。二子。墓在城东北岭榆林。……

司空第二子谱

十二世伟绩，生员，入太学，二子。康世，生员；康祉，增生员。居城中，墓在八角山。

司空第三子谱

十二世奇绩，生员，生子之苗。岁贡，典吏。

司空第四子谱

十二世兰绩，增生。生二子，长子康焉，次子康阜，均为生员。

司空第五子谱

十二世皋绩，康熙壬子举人，己未进士，蓬莱知县。一子。墓在父茔。

生子十三世必达，举人，文水县教谕……

司空第六子谱

十二世逦绩，岁贡，马邑训导。生三子，期达、颖达、夫达。

……

程启南七世孙程林宗编撰

《程司空六子谱》，是一个以程启南为始祖或核心，以程启南六子为脉络的武乡程氏望族的小家谱。《六子谱》意在记载程启南家族后世情况，弘扬司空精神，与程启南创修的武乡信义程氏家谱既有相同点，更有其独特的价值，也有不同点乃至瑕疵。具体陈述如下：

《程司空六子谱》首次提出，武乡一世祖程敏，来自"河南归德府虞城县人"，其证据是程敏"与同里魏、赵同时来武乡，今魏、赵二姓同书（属）虞城"，得出结论"原籍似属无疑"。否定了"旧谱序凡文例纸浑言（含糊说）河南"的说法。比起武乡信义程氏老家谱程启南所作的序言，这是一个较大的突破，进一步细化了。然而，作者并不知晓程敏是一个后改之名。当初，原名为程思敏，其改名的原因，以及掩盖原籍的详细地址，是有苦衷的，是为了防止在逃难中仇家（农民义军及初期明朝官府）的追杀，才笼统地说原籍河南。这些情况，是程氏后人（笔者）进一步考证才得出的结论，详情见本书第一章。

其次，当年与程思敏（程敏）一同相伴的别祖思让、思贤，实为一母同胞，因原家谱作者（疑似程启南）不知道思敏改名为敏，为掩人耳目，便将两个同胞兄弟说成别祖。显然《六子谱》作者也不知道这个情况，故维持原谱的说法。

三、在"启南生六子，长嘉绩，生二子，康庄、康年；次伟绩生二子，康世、康祉；三奇绩；四兰绩，生一子，康乌；五皋绩，六廼绩"段落中，出现多处差错和遗漏。经考证《武乡程氏家谱》，特更正为"启南生六子，长嘉绩，生二子，康庄、康年；次伟绩生二子，康世、康祉；三奇绩，生子之苗；四兰绩，生二子，康乌、康阜；五皋绩，生子必达；六廼绩，生三子，期达、颖达、夫达。"

尽管有不足、差错和瑕疵，但《六子谱》仍不失为一部《武乡程氏家谱》的补充家谱，其意义和价值不容忽视。

据考证《程司空六子谱》，程启南以下祖孙四世，共计四十二人，当初大都为秀才级生员，后从中陆续出举人三人（程启南、程皋绩、程必达），贡士四人（程廼绩、程康庄、程康年、程之苗），进士二人（程启南、程皋绩）。在县级政府中担任县丞、教谕、训导、典书等中层官吏者四人（程廼绩、程康年、程必达、程之苗）；担任七品县令以上官吏者三人（程启南、程嘉绩、程皋绩），其中程启南职务最高，为明朝享受二品尚书服俸待遇的工部左侍郎。程启南家族，真正印证了县志上所记载的"诸孙绳绳四十余人，以科贡显者踵相接也"；"吾家自司空以降，掇巍科登显宦者代不乏人"。不愧为武乡的书香门第之家、官宦世家、名门望族。

注释：

①明朝荫子规定，始于明太祖朱元璋，当时规定1—7品官吏，均可荫一子到国子监读书，后为防止此规滥用，改为三品以上官吏，可荫一子。

第十四章 社稷功高

二程理学润家训
遗嘱感动家族人
司空精神传万代

吾殁后,岘山渤海之间,魂魄常依于此,比于桐乡焉足矣。

——程启南遗嘱

二程理学润家训

民国《武乡新志·名贤传》中,曾记载了程启南九世孙程砚祖母亲临终前,拉着儿子的手,说下这样一段话:

"吾家自司空以降,掇巍科登显宦者代不乏人,天之所以福吾家者亦云厚矣。汝以家务羁身,未克成名,丸熊画荻,吾甚愧之。但望汝以孝友恭谨自励,即所以承先志而慰亲心。书不云乎:惟孝友于兄弟,施于有政,是亦为政正,不必抛却白纻乃可谓之利市也。"遂卒。

这段话传递出几个信息，一是吾家，即程氏家族，自司空程启南降世以来，登科当官显贵者（历）代不乏人，层出不穷；二是程母本身就是一个文化女性，还是程砚祖的家庭私塾教师，女性私塾教师，这在当时明清强调"夫为妻纲"、重男轻女的传统社会中，可谓凤毛麟角。也从另一个方面说明，程氏家族从程启南后，也在悄然破除旧时代的戒律，女性也注重了学习文化，从先前的锅台灶前解放出来，成为一个文化女性、知识女性，尽管当时还未有妇女可以科举考试获得功名的规定，但作为程氏子弟的家庭私塾先生，完全可以发挥其童学期的启蒙和辅导作用。其实，女才人、女将军当时已有先例，如当时就有个女将军秦良玉，在镇压藩属国叛乱中建立了功勋。三是其母勉励儿子砚祖继承先祖先辈的遗志，恭谨自励，即对人恭敬谦虚谨慎，对己严格要求，自强不息，将来成为一个于国于民有用之才。

武乡程氏家族科贡显达代不乏人、层出不穷的家史，也充分证明了家世、家风文化，对于一个家庭哺育和培养的重要作用。

程启南是宋代理学家"二程"之程颐第二十五世孙。二程理学，为程氏家训文化注入了重要血液，具有重要的渗透和影响。因而，武乡程氏家族，从程启南到孙辈程康庄，都非常注重对"二程"理学的学习，也非常注重对二程家训文化的修订和创新展示，更注重对后代的传授、家训和教诲。

二程理学认为，"天下之治，正家为先。治家之道，以正身为本。""天下之治，治家为先，家正则天下治。"修身齐家、治国、平天下，在家教家风的内容中占有十分重要的地位。

人们通常谈论治家之道时，往往是对孩子要求得多，只强调孝和悌，而程夫子却能站在更加科学合理的角度，特别对家长提出了"身正"的要求。"正家之本，在正其身。正身之道，一言一行，不可易也。……言慎行修，则身正而家治矣。"

家长是否身正，关乎家庭的兴衰成败。在种种诱惑面前，如果家长心正身正，不为所动，坚持正义、一身正气，自然家道兴旺。程启南在这方面，就是家族后人的一个榜样和标杆。他富贵不能淫、贫贱不能移、威武不能屈，在仕途官场上，为君分忧、为民请命，两袖清风、恪尽职守；即使退隐乡居故里，仍古道热肠，发挥余热，热心乡土建设、保安等公益事项，教育子孙后代，为培养后世人才做贡献，对程氏家族后裔的影响深远。

程启南在双修寨对子孙后代的讲课中曾讲道：

"夫王者之道，修身以齐家，家正则天下治也。""宜其家人，而后可以教国人。""故治国在齐其家。""宜兄宜弟，而后可以教国人。"

"所谓治国必先齐其家也，其家不可教而能教人者，无之。""古之欲明德于天下者，先治其国；欲治其国者，先齐其家；欲齐其家者，先修其身。""身修而后家齐，家齐而后国治，国治而后天下平。"

上述观点，都是二程理学的精髓，是经过二程所修改、订正的《大学》之经典内容。用通俗的语言来综合概括，就是说：治国平天下的前提是修身齐家；可以治理好国家的人，必须是首先可以把自己的家庭治理好的人；连家庭都治理不好，对自己的家人都不能管教得体的人，却能去教化别人，治理好国家，这是根本就不会有、从来就没有过的情况，"无之"！

在二程理学滋润下的《程子家训》，是二程理学核心观点在家训文化中的具体化，具有极大的可操作性，对程氏气节和情操培养，起到极大的作用和深远的影响。尽管，这个《程子家训》不是在程启南支脉上直接传下来的，（《程子家训》也因战乱和后世意识形态的偏见，被一度摈弃，在本支脉上失传，但从其他支脉上流传下来的这个家训，依然能够看到它的庐山真面目：

父慈子孝，兄友弟恭。夫妇和，朋友信。见老者敬之，见少者爱之。有德者，年虽下于我，我必尊之。不肖者，年虽长于我，我必远之。勿谈人之短，勿矜己之长。仇者以义解之，怨者以德报之。人有小过，以量容之；人有大过，以理责之。勿以善小而不为，勿以恶小而为之。处公无私仇，治家无私法。勿损人利己，勿嫉贤妒能。见不义之财勿取，遇义合之事则从。崇诗书，习礼仪，训子孙，宽奴仆。守我之分，听我之命。人能如此，天必从之。此常行之道，不可一日无也。

自程启南起，程氏家族人就在考虑，家风好，则家道兴盛、和顺美满；家风差，则殃及子孙、贻害社会。

家风形成，离不开家规、家训。"程子家训"如是说："此常行之道，不可一日无也"，道出了家风形成之秘诀。良好家风的构建，需要家庭中的每一个人努力，需要几代人的共同努力。

程启南常讲的"忠孝尊爱，诚信节俭"的价值观，实际上也构成了程氏家族的重要家训。以下，分别释义：

忠
国不可一日无君，臣不可一日不忠。
朝秦暮楚人鄙视，忠贞不渝大节义。
孝
乌鸦反哺有情义，羔羊跪乳善良性。
父母双亲哺育恩，服侍送终人之道。
尊
三人行路必有师，尊师重教弟子规。
一日为师终身父，贤明上司多求教。

爱
亲友之爱比天大，宽待陌路包容心。
爱国爱民爱家乡，甘洒热血谱春秋。
诚信
尺有所短寸有长，诚信待人为纲本。
言信行果结人缘，无形财富通四海。
节俭
酒色财气要节制，勤俭持家长流水。
扶危济困救人命，两袖清风千古铭。

程启南常对子孙说，人常说，穷不过五代，富不过三世。一个好的家族，一个好的家风，要想代代传承下去，永不中断，是很不容易的。你们必须牢记程氏家训和传统，上尊圣贤，下尊父母。然后才是读取功名，心地坦荡，为国为民。如此长久，家族兴旺，江河永存。

遗嘱感动家族人

顺治七年十月初八那一天，是个晴朗的日子，对程启南一家，乃至武乡信义发端的程氏家族来说，都是个难忘的日子。

这天，在武乡南亭川县城的程启南像往常的惯例一样，召集子孙和私塾子弟，端坐于大堂之中，做每日清晨的一项必做功课，即集体背诵他撰书的一个条幅之言，朗朗的背诵声瞬间传出窗外：

"熟读诗书，考取功名；为国赴命，出生入死。为民请命，不避谤怨。为亲孝命，体贴入微。为邻使命，周到圆满。为义舍命，大义凛然。为恶送命，为民除害。"

诵罢，这位大家长遣家人备酒盅饮酒，用饭。他饮酒后，对膝下各子孙说："曾有在京的儒士说，这个人如苇草一样容易拔除，那个人如化成水汽，一下就没了，这些都是比喻人生太短促了。我生平很健康，基本不用医药，对你们，一视同仁，从未对谁照顾上有特别怜悯之处。"言语颇为怪异和灰奇。

老爷子又说："昔日，宋景文①公作告诫之言，训导他的儿子以俭葬自己，依我看，西晋学者皇甫谧、周盘之徒，鲜有如此达观，他们不务正业，却崇尚奢靡生活。这是吾最不齿的。吾因自为平生得志而作自传，以传后世，耀祖光宗，你们不要在我死后卖我文章，求奉别人夸耀奉承，这并非我的意愿。"他的怪异言语，意味深长，人们不解其意，只得静心琢磨。

"崇祯十七年那年冬，吾受本县李县令之邀，负责重修《武乡县志》，那年吾已八十有三。常言道，人活七十古来稀。而吾年过八旬了，却还走路不用拄拐杖，还能耳聪目明，还能为社会做点事情，这不容易啊。有人说，这是上辈子修来的福分。叫老夫说，这是积德行善的报果。宋人范仲淹说得好。居庙堂之高，则忧其民，处江湖之远，则忧其君。先天下之忧而忧，后天下之乐而乐。这是何等境界啊！人生，就应积德行善、爱国爱民，吾能活个大年龄、成了老寿星，这不是最好的果报吗？如今看到咱们武乡信义的程氏家族人丁兴旺，已经四世同堂，子又生孙，孙又做人父，男女子孙约有四十来人，吾高兴啊。当然啦，世道难免有不太平的时候，自从甲申年兵乱以来，为避兵祸，咱家子孙散躲避各处，如今大清定鼎、天下平定，孙子辈多有不认识的，即便认识，也只能认识几个年龄稍大点的。咱程家有福啊！"

对此，家人依然似懂非懂，不知此时大家长为何要对家人说这些。

"算了，不多说了，咱们下棋！"

随即，老爷子与家人摆开棋局，屡屡获胜，精彩之处，类比前明张、王等棋坛高手。对于其怪异言语，家人认为他只是一时兴起，纷纷谈论棋谱，未虑其他。当他独自在接官厅时，家中有人见他指点空间，自言自语，时而开怀大笑。有人从门缝中观察他立在屋子西南角落，头上蒸汗如雨，谁也不敢再靠近前。当日中午，他归寝室时，跌了一跤，已不能言语，少顷，竟然不省人事，家人几经呼叫，他再也没有醒来。

程氏大慈父、大家长、大明第一廉吏悄然与世长辞了。他走得那样平静、那样安详、那样从容不迫。

次日，老天下起了蒙蒙细雨，宇泣豪贤、江河同悲！

当时，按武乡当地传统葬俗，设置灵堂，启南的生前好友、本村街坊邻里、沁州府乃至太原府各级政府官员，闻讯赶来私悼公祭的，每日络绎不绝，累计有数千上万人。

程启南生于嘉靖四十一年壬戌十月十一日亥时，至顺治七年庚寅十月初八日午时卒，享年差三个月不到九十。

程氏家人突然明白了，感悟到了，原来，先前老爷子絮絮叨叨，是在给家人留下了临终遗言。

程启南死后，儿女们在清理其遗物时，发现了书写在宣纸上的这样一篇遗嘱：

  由是在奉常，触奸不死，在冬官，以尚书服俸领左丞，三代同爵，荫及妻子，此亦布衣为人臣之极也。我即终，慎勿请谥世官祭葬，留应得之物，以还朝廷；毋听入乡贤，留非分之荣以予孔庙。吾殁后，岘山渤海之间，魂魄常依于此，比于铜乡焉足矣。葬埋之法，棺以周身，栢三寸，椁以周棺，松二寸，灵輀前具铭旌一，书予官爵，具帆十，书薤露其上，训灵从宏父本等，止十六人，不须多，亦不足用縠练，毋用熊罴四目，使桑（嗓）门诵经，毋使俳悠扬清哇如俗。暖伴衣衾，足覆恶器，以瓦营兆止，勿犯五终，吾欲露形脱囊而下，度汝等理难，为吾子孙，万勿务华求观美，不听改之，改之是以吾为真死也，汝岂忍以吾为真死哉！

其中"慎勿请谥世官祭葬"，是他对传统葬俗的安排，即不让请官方对其祭葬，死后他都认为，自己丧葬是私事，不应麻烦公家人，占公家经济上的一点便宜。

"留应得之物，（其余）以还朝廷"，是对生前遗物的处理意见，即公物还给朝廷，私物留给自家后代。这真是公私分明啊！

"毋听入乡贤（寺），留非分之荣以予孔庙。"他不愿自己的名字入乡贤寺，可能他认为自己不配，德行还达不到。留非分之荣光，献给孔庙。这条只是名义上的。是孔孟圣贤之理念、教诲，他才有了今天。

"吾殁后，岘山渤海之间，魂魄常依于此，比于铜乡焉足矣。"他说自己死后，襄阳的岘山、山东的渤海之间，他的魂灵将会萦绕其间，比故里铜乡都知足，都强。这是何等大气啊！读此，笔者不禁想到一首古诗句："尔曹声与名俱灭，不废江河万古流。"

此外，还对死后的棺木尺寸、灵车铭旌、出殡人数，也都做了具体安排部署。尤其是最后特别嘱咐子孙，自己的葬仪，万勿追求外观华美，若不听（嘱托）而改之，"改之是以吾为真死也，汝岂忍以吾为真死哉！"此间，他不认为是自己真死了，后人若未听遗嘱而逆行，那可就犹如自己真死了。"汝岂忍"，充满亲人之间浓厚的情感色彩。

后世子孙看到程启南的这份遗嘱，回首平日这位大家长的豁达、慈祥，诲人不倦的学养，想到他就这样走了，赤条条来，又赤条条去，远离尘世间……不禁失声痛哭，不能自已。

这既是一份遗嘱，又是一份天书，价值千钧的天书啊！

生前未遗豪华物，永留清白在人间！

山河呜咽，江河同悲。

程启南没有死，司空的魂灵将时刻萦绕在阴阳之间，庇荫着无数程氏后世子孙啊！

司空精神传万代

程启南的长孙（程嘉绩长子）程康庄，在悲痛之余，以程启南遗留的自传为底本，为祖父精心撰写了题为《先王父资善大夫加工部尚书服俸管左侍郎事程公行述》的长篇祭文，全面记述了程启南的生平事迹，以及他的前后两任夫人、子孙情况等。这是一份文笔优美，保存价值极高的武乡程启南家族史料。

祭文和墓志铭一样，是为人盖棺论定的文书资料，程启南在《武乡程氏家谱·序》中标榜自己生前的官职为"钦赐……资政大夫加二品工部左侍郎"，而程康庄这里改为"资善大夫加工部尚书服俸管左侍郎事"，除去文字略有不同但意思大体相同的部分外，改动较大一处，将"资政大夫"改为"资善大夫"。为何要做此修改？人们均有不同的理解，有人说，资政大夫是帮助朝廷处理政务大事的大臣，而资善大夫是帮助故里做公益善事的长老，后者更为亲切，更符合传统的晚辈对亲人长辈的尊称。也有人说，康庄的本意是，程启南在朝是资政大夫，在故里和家中则是做公益善事，"资善"将二者全包括了。不论怎样理解，程启南的高大上的官职和亲善慈祥者的双重身份，都是无数程氏宗亲和家乡百姓十分敬佩和景仰的。

程康庄的祭文，除记载程启南生平事迹外，还记载了关于程启南的夫人情况，原配王母高氏，上封孺人，累赠淑人，沁州生员高公文斗之女，为程家生养三男一女，享年42岁。继配王母张氏，累封淑人，沁州儒官张公信之女，好读书识大义，曾数次劝王爷罢官修建家舍。当山东白莲教揭竿起义时，她曾抱印立在井上，说有祸端，该井后来因未抛印鉴而成为洁泉井，水质比先前还好。张氏生于万历十七年己丑七月初九日午时，为程家生养三子，卒于崇祯四年辛未闰十一月二十五日寅时，享年也是四十二岁。

史载，程启南顺治七年十月初八谢世，顺治八年辛卯二月十八日，程启南及原配高氏、继妻张氏灵柩，被其后代营葬于双修寨南岭坡底。为何在程启南去世后拖了四个多月才移至老家信义里下葬？古籍中未有明确记载，当代人们也有多种猜测，有人说，程启南走得仓促，老家宗亲对安葬其原配和继妻的陵墓需要重修、扩修，尚需时间，加上冬季来临，无法施工，只得在来年春季施工或继续施工。也有人说，为防止后世有人盗墓，需要时间修筑多个假墓地，以迷惑日后的盗墓者。据传说，出殡之日，多队人们抬着程启南的真棺和假棺前往多处不同的地点下葬。总之，这个拖延下葬四个月之久的原因不明，成为历史之谜。

程启南去世后，面临着一个颇为尴尬的事情：即谁来为这位生前为国为民，为家乡父老乡亲操劳一世的老人盖棺论定？若照明清惯例，三品以上的高官即便致仕退休，依然可以享受朝廷俸禄，死后由当朝皇帝赐赠谥号。相关的祭文、传记，也应由曾经授命给他那个朝代的翰林院史官来撰写。程启南作为晚明高官，自然应该由明代当朝皇帝及其相关翰林院史官来做这些事情。然而，他去世的时候，已为清代顺治七年，他生前所侍奉、爱戴的那个明朝早被李自成推翻，后又被清王朝取代。清顺治皇帝为缓和民族矛盾，争取汉人民心，曾给自缢的崇祯皇帝赐谥号为庄烈愍皇帝，还进行了厚葬，但那只是特例，清朝不会为大量的前明王朝的官吏赐赠谥号的，其朝廷翰林院编修史官的职责，除为清王朝官员作传编纂史书外，也不会轻易为前明汉族官吏立传官评的。如此一来，为程启南作官方评价，当时几无可能，至少是不现实的。也许，争取官评无果，导致程启南遗体拖延三个多月之久才下葬，这是其中一个重要原因。恐怕程启南也未曾想到，他生前（崇祯八年）曾为长子程嘉绩争取到一个由明代建极殿大学士、少傅兼太子太傅、吏部尚书吴宗达题词的匾额："高阁名臣"，使其可以盖棺论定、安息九泉。然而轮到自己谢世时，竟然难找一个可以为己盖棺论定作一生评价的官方权威人士。

既然官评无果，那就暂且私评吧。这样一来，由程启南自传为底本，由其孙程康庄精心撰写的题为《先王父资善大夫加工部尚书服俸管左侍郎事程公行述》的长篇祭文，就成为祭葬活动的一个重要的悼念文章。据悉，下葬那天，在蒙蒙的天空下，在菲菲的细雨中，程氏家族的长者（因史无记载，可能是程伟绩或程奇迹）当众宣读了这篇祭文，然后在唢呐哀乐声中，在家族宗亲的呜咽哭泣声中，信义里众乡亲抬着装殓者程启南的遗体棺椁，以及其他几个没有遗体的空棺椁，在不同的几个方向，徐徐下葬。这也许是史上少有的没有谥号和官评盖棺论定的高官葬礼。

令人欣喜的是，在程公下葬二十五年后，程启南的六子程迺绩在康熙十五年被举荐贡士，不久任马邑县（今山西朔州市）训导。在任期间，得悉该县有个世卿子弟田喜耆（1632—1697），字子眉，号望西，清顺治十八年辛丑进士，康熙三年入翰林院，为内阁学士兼礼部侍郎，时常编修清代史书，官至三品，家乡人称其为田翰林，很受康熙皇帝的器重。他灵感突发，觉得机会来了，这是一个也许能用得上的重要人选。后来，田翰林在回乡为其母丁忧期间，迺绩前去慰问安抚，帮助田跑前忙后，结为好友。在帮助其母办毕丧事后，一日，迺绩展开心扉，简要介绍了自己父亲程启南的生平事迹，并递上康庄为祖父撰写的那份祭文，希望对方能利用其名贵身份，为早已下葬的王父题词，以代表当朝盖棺论定。田翰林是本县一个大善人，不仅平易近人，善结交友，而且乐施好善，"与诸窗友戚属交情最为隆厚""假旋接见乡旧，执手道故雍雍如也，毫无贵盛骄倨态。"②面对迺绩的盛邀，他答应先看看祭文，琢磨一下，看能否办理，再做答复。数日后,他对洒绩说,看了令尊王父祭文,很受感动。如此卓异政绩之官吏,即便放在当今也属罕见,并答应回朝后查阅一下明史官吏文档,如情况属实,愿为这位令尊贤官写篇传记。就这样,一月后,田翰林托朝廷邮差送来了他写好的《少司空程启南传》一文。在该传记文章中,记述了程启南的生平事迹,比起程康庄的祭文,有共同点,也有其不同特点,尤其是这篇文章首次明确了程启南在明代天启壬戌年"举卓异,为'天下廉吏第一'"的历史荣誉。相比程康庄祭文中的记述,更具体了,也更醒目了。可能程启南生平向来低调,在其最初的自传中不愿张扬自己,只写自己被评授为卓异第一;而田翰林通过查阅明廷官吏文档,还原了程启南"天下廉吏第一"的荣誉称号。有田翰林清代翰林院内阁学士兼礼部侍郎的显赫身份写传记,不仅为程启南的一生盖棺定论,也奠定了程启南为大明第一廉吏的历史地位。后来,这篇传记文章分别收录到清康熙和乾隆年间的《武乡县志》之中。有人说,程启南的六个儿子中,有三个在朝廷和外地做官,其中六子洒绩的官职最小,但为程氏家族所办的事却最大。

弹指一挥间,三百余年过去了。

程启南给后世宗亲和后人留下的,却是一尊非人工所能建造的无字丰碑,永远竖立在后世人们的心中。

三百年来,武乡县关于程启南的资料记载、祭祀、纪念活动从未间断过。

关于程启南的事迹,清朝康熙、乾隆、民国等《武乡县志》、清朝康熙、乾隆《直隶沁州志》、清朝雍正、光绪《山西通志》、清《山西志辑要》,以及《明实录》《国榷》《皇明十六朝广汇纪》等典籍,均有记载,只是详略有别。

明代熹宗皇帝曾为山东按察使程启南御笔手书:"天下廉吏第一"的

匾额。

明代山东道监察御史杨希且为程启南赠予"社稷功高"的匾额。

明代崇祯皇帝将程启南视为"贤良大臣",钦赐资政大夫、工部左侍郎加尚书(二品)服俸待遇。

清代翰林院内阁学士兼礼部侍郎田喜篝为程启南书写传记《少司空程启南传》。

此外,因程启南的三子一孙曾任过朝廷命官,根据明清封爵的惯例,将其子孙的尊贵官职也封赠给了他。据后裔程林宗《六子谱》记载,其封赠的官职有:"以子嘉绩贵,封奉政大夫;以子皋绩贵,本朝赠文林郎;以子廼绩贵,本朝赠修职郎;以孙康庄贵,本朝赠奉政大夫。"除程嘉绩的官职"奉政大夫"为明朝所封外,其余子孙的官职如"文林郎"、"修职郎"、"奉政大夫"等,均为清朝所赠。

清康熙《武乡县志》的作者在撰写完人物程启南时评论道:有明代的三朝皇帝,国土日缩水百里,而在清官能吏缺失的朝廷上,众官却像落居屋檐堂室的燕雀,毫不关心国事,对外则分营门户,对内则阉党擅政,偶有一两个忠臣如程启南者,"不得已而退归田里,何怪国事之日非也。今读启南乞休疏,彼其心何尝一日忘朝廷哉!计无复之耳。为人君者,使其臣计无复之,而尽欲散归田里,将谁与共国是乎?可慨也!"③

在信义村程启南故居接官厅大门两边墙上,各写一大字,因年深日久,字迹模糊不清。后经武乡程氏第二十三世后裔程春虎仔细辨认,才看清,是"冰"、"雪"二字。

楹联文化,是中国传统文化之一,其内容往往表明了家居主人的喜好。程启南为何喜欢冰雪?顾名思义,冰清玉洁、雪白无瑕。我国古代也常用清操、纯粹来形容一个人的高尚的品德。程启南的一生又何尝不是这样?他为官清正、廉洁无私,高风亮节、不卑不亢。是能吏之楷模,廉吏之典范。也为后世子孙树立了一个崇尚读书文化,以德立命、以能立身、以孝立家的人生坐标。

武乡程氏家族自程启南这世起,开启了攻读儒学、科举做官、为国为民做贡献的崭新民俗风尚。

据不完全统计,武乡程氏家族,自一世祖程敏元末迁居山西武乡信义里,到清末为止五百五十余年里,约繁衍二十世,累计七千一百余人。然而,在第十一世程启南诞生之前的二百余年里,家族大都世代务农,生员秀才、贡生、武生等儒生士族凤毛麟角,期间,未出过一个举人、一个进士、更谈不上知县以上的官吏(仅有寥寥数个驿宰、义官等小吏)了。可到了程启南这一辈,其父对这个独子悉心投资和培养,他也通过自身刻苦努力考取功名,终于出人头地,成为武乡程氏家族史上五个之"最",即第一个举人,第一个进士,第一个朝廷(明朝)命官,第一个二品高官,第一个多种荣誉集一身的清官廉吏;在程氏家族宗亲中竖起了一面标杆和旗帜,对程氏后世子孙的成长起到强烈的启迪和示范作用。

早在程启南这世之前,武乡程氏家族的农家即开始向城市化转型,启南的卓越功业,更成为这种转型的一座高峰;抓子孙儒学教育、考取功名、改变命运,逐渐成为程氏家族的共识。到清末为止,程氏家族中涌现秀才级生员三百二十二人,各种贡生(含拔贡、恩贡、岁贡、例贡、附生等)八十二人,举人四人,进士三人,担任县丞、教谕、训导、典书等县级中层官吏六人,从九品官吏九人;担任七品县令以上官吏四人,其中最高者、享受尚书服俸待遇的工部左侍郎一人(程启南),另有赐工部左侍郎名号和官服者二人(程继孔、程视篴),这些官吏在当朝、当地履职期间,均留下良好的口碑,有的当地民众甚至为其建庙建祠,以永久祭祀。

程启南虽是封建王朝的一名官吏,他所关心的事情,愿意为之奉献心血和毕生精力的事情,无非是朝廷大堂上的君王,包括桑梓在内的天下百姓,脱离不开那个代忠君爱民的局限。然而,他的时代意义,他的历史价值，包括他的核心价值观，却超越了整个家族，超越了汉民族，乃至超越了那个如云踩波诡、改朝换代的时代。

大明王朝一代的清官廉吏程启南，以及他的司空精神，对于当今，仍不乏积极的借鉴意义。从这个意义上来说，他没有死，他仍然活在传统的程氏家族之中，活在专家学者研究的领域，活在中华民族后世人们的视野里……

注释：

①春秋时期宋国第二十七任国君。

②康熙《马邑县志·人物》，网摘"田喜薷。"

③康熙三十一年《武乡县志·人物·程启南》。

主要征引参考文献

《中国历代人名大辞典》（全二册）上海古籍出版社1999年12月版

《山西通志》（全三册）〔清〕康熙版，穆尔赛等修，刘梅、温敞纂　中华书局　2014年8月版

《山西通志》〔清〕雍正年版，觉罗石麟修，储大文纂，〔当代〕总点校储仁君等　中华书局　2006年12月版

《山西通志》〔清〕光绪年版，中华书局　2015年12月版

《沁州志》（康熙版、乾隆版、光绪版点校横排简注本）山西古籍出版社2003年6月版

《武乡县志》（康熙版、乾隆版、光绪版、民国版 点校横排简体本）武乡县志旧志整理委员会编校　中华书局　2006年5月版

《程康庄集》（一二册）李雪梅、田梅点校山西出版传媒集团三晋出版社2017年9月版

《武乡程氏家谱》程春虎主编 天马出版有限公司2007年10月版
《程司空六子谱》程林宗编撰武乡县某私人收藏古籍复印件
《太原府志集全》山西人民出版社2005年4月版
《明实录》网络版
《国榷》网络PDF版
《二十五史全本·明史》新疆青少年出版社 1999年6月版
《重写晚明史·朝廷与党争》樊树志 中华书局2018年8月版
《重写晚明史·内忧与外患》樊树志 中华书局2019年4月版
《白话明史》博文编著 中国华侨出版社2016年9月版
《清官廉吏于成龙》中共中央党校出版社2018年5月版
《古代的职官》袁廷栋著 中信出版集团有限公司2019年4月版
《试论明朝政府对武当山及其道观的管理》杨昌辉 网络下载
《论明朝官吏的考核制度》（网络下载）
《明德陵营建靠大臣捐助 建成即遭清兵破坏》胡汉生（网络下载）
《大顺王朝的追赃助饷政策》（网络下载）
《傅山与三立书院》董剑云 《文史月刊》2020年第2期
《魏云中的三起三落》石涌《文史月刊》2020年第3期
《漫谈古代人才选拔制度》吴海燕《文史月刊》2020年第5期
网摘《李自成和大顺朝的纪律作风问题》 刘冲

附录一 程启南生平大事年谱

明嘉靖四十一年壬戌10月11日出生。一岁

武乡饥荒。贼牛大等蜂起,劫掠,知县率兵剿捕被劫,翌日始还。

隆庆元年丁卯,五岁

明穆宗登基,年号改元。

隆庆三年己巳,七岁

程启南到村边的碧云寺上童生学堂。期间,先生董松山给他和学生讲寺中供像狐突义保晋文公的故事。

隆庆六年壬申,十岁

父亲程视箴给他讲述信义村村名的来历,以及五世祖程碧捐粟赈灾的故事。

万历十七年,二十七岁

启南考中秀才,入县鞞山学官读书。主讲先生为王复兴。期间结识了

8岁的魏云中。

万历十八年庚寅，二十八岁

程启南娶沁州生员高文斗之女高氏为妻，家人为他办了喜事。

万历十九年辛卯，二十九岁

程启南喜得贵子，取名嘉绩。

万历二十八年庚子，三十八岁

是年八月，程启南在省城太原乡试中举人，启南刻图章自称是"亚魁"（第六名）。

万历二十九年辛丑，三十九岁

程启南进京会考，通过了会试和廷试，与武乡魏家窑的魏云中联捷同榜三甲进士，对此大事，康熙、乾隆间《武乡县志》均有记载。

万历三十年壬寅，四十岁

任湖广襄阳府推官（正七品），决狱多所平反。

万历三十一年癸卯，四十一岁

被聘任湖广同考官，分校楚才，得周子训、傅子伊、李子世高、刘子寰、刑子懋勋、张子尧熙、彭子健侯等。

万历三十四年丙午，四十四岁

被复聘在云南担任比武考官，得庄子自正、雷子恒、张子法孔、周子良材、陈子爱诹、曹子宗载、吴子天明等人才。

本年六月二十八日，妻子高氏病故，享年四十二岁。程启南请假回家料理丧事。半年后续弦，娶张氏为妻。

万历三十七年己酉，四十七岁

中央吏部推选人才，被抽调至吏部帮助工作。在任期间，面对朝廷派遣的太监税官横征暴敛，百姓受难的问题，他毅然指出，税宜节，阉当撤。

本年，山西大饥。

万历三十八年庚戌，四十八岁

任国朝兵部武选司主事（正六品）。他针对皇室中一人当权，鸡犬升天，贪图享乐，不谋民事的腐败现象，上疏"三虑"，提出"清冒滥，屏（摒）私人，简将帅"的解决三虑之策，被皇帝采纳，对明王室简政正风，提高工作效率有很大促进，深受民众欢迎。

万历四十一年癸丑，五十一岁

任国朝兵部郎中（正五品），管理清黄（武职档案）工作。

万历四十三年乙卯，五十三岁

初，创建武乡信义程氏家谱，上谱族人从武乡信义一世至当时的十三世（后程定增补为十四世），邀请吏部尚书郑继之作序。崇祯五年辞官归田后，补撰《程氏家谱序》。又先后邀请吏部尚书吴宗达、吏部尚书黄士俊等均作谱序。

五月，迁济南道副使（正四品）。十月正式赴任。当地刚遭受蝗灾，人民生活困难，启南绘图并遣人上疏：乞不赋山泽。经批准后，从官府仓库的储备粮中拿出部分赈济百姓，还开设赈灾场所，为逃难灾民免费提供饭食，救活灾民数十万，被百姓誉为"活菩萨"。当时（今河北）青（州）齐（国）交界处有座神通寺，各路匪盗常在这里出没，依险埋伏路边的灌木草丛之中，持弓抢劫路人钱财，路人很少有侥幸逃脱者。启南挑选持红缨枪手一百五十名，身披盾甲，守卫在此处的交通要道，发现匪盗踪影立加剿除，令各路匪盗闻声丧胆，逃亡藏匿于山峦深处，神通寺周边匪患从此得以平息。

万历四十四年丙辰，五十四岁

辽东建州左卫女真族爱新觉罗·努尔哈赤袭陷抚顺清河堡，称汗登位，国号"大金"（史称后金），改元天命。

万历四十六年戊午，五十六岁

升布政使司右参政（从三品）。期间，他衣着俭朴，拒收下属贿赂，随身携带的箱子，没有一尺绫罗绸缎，以及皇上赏赐的任何金银宝器，几乎全花费到建设山东半岛了。

努尔哈赤秘密宣布"今岁必证明"。四月甲辰，攻占抚顺城。七月，攻占清河堡。全辽震动，明举朝震撼。

万历四十八年庚申、泰昌元年，五十八岁

升任提刑按察司按察使（正三品）。

七月丙申，明神宗崩。后世论者，谓"明之亡，实亡于神宗"。

八月丙午朔，朱常洛即皇帝位，改元泰昌，是为光宗。甲戌鸿胪寺官李可灼进"红九"，九月乙亥朔光宗崩，在位仅一月。丙子，颁遗诏。吏部尚书周嘉谟等及御史左光斗疏请李选侍移宫，御史王安舜疏论李可灼进药之误。"红九"、"移宫"二案自是起。庚辰，朱由校即皇帝位，是为熹宗。

天启元年辛酉，五十九岁

三月，后金兵攻占沈阳、辽阳，明辽东经略袁应泰等死之，京师戒严。后金迁都辽阳。

天启二年壬戌，六十岁

二月，朝廷命吏部举卓异，考核天下官吏，敕赐"天下廉吏第一"，当月，升迁山东右布政使（从二品）。期间，废除了繁苛的政令和赋役，改革了一些钱粮兑付的举措，简化了工作程序，提高了效率，深得商贾和民众欢迎。

五月，山东徐鸿儒率领白莲教徒发动起义，很快攻下邹、滕二县。启南召集当地布政司所属官吏，商讨围剿对策，在当地藩王不肯拿出税银补充军饷的情况下，命历城县令吴阿衡招募手持木棍的民团兵丁十万，配合官军作战，围困夺取滕县，于同年十月，攻陷义军最后堡垒邹县县城，徐鸿儒等头目被擒拿斩首，起义失败。皇上为程启南记首功，进行慰劳，并下达圣旨，可持节钺（斧杖）以诏令调遣山东当地官兵。

同月，都察院左都御史邹元标、左副都御使冯从吾在同僚的支持下，在宣武门内东城墙下构建书院一所，精心讲学，声名鹊起。八月，魏忠贤鼓动走卒上疏对首善书院进行攻讦，东林党人奏疏给予反击，正与邪的较量日趋短兵相接。邹元标在最后一次上疏乞休，在未得准许的情况下擅自出走回乡。

后金兵攻取辽东西平、广宁，连陷四十余城。

天启三年癸亥，六十一岁

三月，转为左布政使（明代地方一级政权机构长官），巡按山东。

是年春天，赈济山东遭受战乱的州县。

四月一日，京师发生地震。十日，朱国祚辞官。

十二月庚戌，魏忠贤总督东厂，阉党复炽。

天启四年甲子，六十二岁

二月，山东巡按御史陈九畴举荐三十五名官员，头名即为程启南。

三月，奉调太常寺卿（正三品）。

得悉山西武乡县权店一带，有个大匪盗头目孙宪，常常拦路抢劫过往旅客的财物，马路上时常可见肉还未烂尽的人骨。程启南向朝廷奏请，在权店设置守备驿站，守兵三百人，匪盗案件从此平息，权店守备驿站存留至清末。

六月，左副都御史杨涟劾魏忠贤二十四大罪，南北诸臣论忠贤者相继上奏，熹宗皆不听纳。

十月，削吏部侍郎陈于庭、副都御史杨涟、佥都御史左光斗官籍。

十一月，吏部尚书赵南星、左都御史高攀龙回籍。

天启五年乙丑，六十三岁

正月，后金兵攻占旅顺，迁都沈阳。

三月，谳汪文言狱，逮杨涟、左光斗等六人，未几皆死狱中。七月，毁首善书院。八月，毁天下东林讲学书院。十二月，谤东林党人姓名，颁示天下。

八月，上疏弹劾阉宦权奸魏忠贤麾下的爪牙，并请求退休，当日即被罢官归田。

十一月十四日，将前吏部尚书赵南星充军。

天启六年丙寅，六十四岁

本年，以苏松织造太监李玄奏，逮前应天巡抚周起元、左都御史高攀龙等七人，攀龙投水死，起元等相继死狱中。

这个夏天，京师发生大火灾，江北、山东发生大旱和蝗灾。

闰六月一日，巡抚浙江的佥都御史潘汝桢上奏为魏忠贤建立生祠，准奏。一时间，大江南北兴起建生祠热。山西巡抚在五台山为魏建生祠。程启南赋闲写文章，讥讽这种攀龙附凤现象。

后金努尔哈赤攻宁远不克而殂，第四子皇太极袭位，改元天聪。

天启七年丁卯，六十五岁

八月乙卯，熹宗崩。八月丁巳，怀宗即位。十一月，安置魏忠贤于凤阳，未几缢死。撤各边镇守内臣。免天启时逮诸臣赃款，释其家属。

崇祯二年己巳，六十七岁

正月二十一日，确定逆案，从崔呈秀以下共六等。二月二日，祭祀社稷。四日，皇长子朱慈烺降生，赦免天下。

三月，烈宗（又名怀宗）新皇帝重新启用一些受魏忠贤迫害的下野老臣，程启南奉诏出任通政司通政使（正三品），并荫一子入国子监读书（程嘉绩由此入朝廷太学学习），以旌表他宁死不依附阉党魏忠贤的高风亮节。

四月，崇祯帝令群臣推举一些贤良大臣，被推举的山西籍官吏有曹于汴、韩爌、孙居相、王之寀、魏云中、魏光绪、程启南等，共计七人，其中武乡人就占据了三人（二魏一程）。

崇祯三年庚午，六十八岁

迁任工部左侍郎（正三品），此时工部尚书职位缺额，经朝廷群臣推举，程启南代理尚书职责，先是督办打造兵器装备，后负责督建久拖数年的德陵工程。

二月，李自成农民起义军由陕西入山西，连下晋南襄陵、吉州、太平、曲沃等地；四月，攻占蒲县，分掠赵城、洪洞、霍州、汾西八城，官军迎击，屡遭败绩。六年正月，崇祯下诏，命曹文诏节制秦、晋诸将，在太谷、榆社等地屡战告捷。巡抚许鼎臣率师剿战，闯军在磨盘山败走。

崇祯四年辛未，六十九岁

九月二十六日，任命太监张彝宪总理户、工二部钱粮，权力超过尚书。给事中宋可久等相继进谏，皇帝不听。二十七日，山海关总兵官宋伟等救援大凌，但才到长山就遭到失败，监军太仆少卿张春被捉拿。

八月十六日，崇祯帝中清人反间计，误杀袁崇焕。

九月三日，逮捕钱龙锡下狱。

十一月二十五日，第二夫人张氏病逝。

崇祯五年壬申，七十岁

吏科给事中曹履泰参工部左侍郎程启南、兵部左侍郎宋槃衰劣妨，贤帝谓：大臣去留自有鉴裁，不必苛求。

二月，德陵工程终于竣工。崇祯帝表彰一百二十四名有功人员，对程启南加大司空服俸（或曰加尚书服俸，正二品），领官如故（即工部左侍郎），又赏赐黄金二十筋，表裏二十端，还可再荫一子入国子监学习，对此，启南婉言谢绝。

三月，对于崇祯皇帝复用宦官把持朝政，他再次上疏表达自己的反对意见，后因不愿受宦官挟制，接连上疏十一次，终被准予辞官归田，居当时武乡县治所在地南亭川（今故县乡）。

秋，陕西农民军入山西，部分走河北。

崇祯六年癸酉，七十一岁

武乡遭受大雹灾和饥荒，程启南揭榜上疏免征粮帖，得到崇祯皇帝批准。

十一月，为魏云中之兄在中撰写墓志铭。

崇祯七年，七十二岁

为了县城武备，捐献家中俸银添置大炮等兵器二十门，亲自督建修筑防御炮台和修筑塌陷的城墙，建成西南临河如月形城楼。

崇祯十年丁丑，七十五岁

参与创建武乡三官庙，并撰写碑文《三官庙记》。

崇祯十七年、顺治元年甲申，八十二岁

几次拒绝李自成义军出山做官的委札，为防闯军骚扰，迁至故里信义村，在不远处建筑双修寨，著书立说。著有《易经宗圣录》《集贤录》《易时草》《阴符经解》《医学撮要七类》《也足园文藁》等，因经济拮据，均未能刊印发行。

清·顺治二年乙酉，八十三岁

应清武乡县令李芳莎邀请，主动担任续修《武乡县志》总裁并撰序，孙子程康庄也被其拉进编修班子，并于本年初完成。

顺治七年庚寅，八十九岁

十月初八程启南仙逝，享年八十九岁。

顺治八年辛卯

二月十八日，程启南及原配高氏、继妻张氏灵柩，被其后代营葬于双修寨南岭坡底（今河北村）。

附录二 《先王父资善大夫加工部尚书服俸管左侍郎事程公行述》（节录）

程康庄

按程氏出自洛阳，远祖讳敏，当高帝时负版（附皈）武乡，遂居信义，为信义人。九传而生通议大夫，讳继孔府君，继孔府君生通议大夫，讳视箴府君，王父考也，仁德隐约，皆得工部左侍郎，如予王父官。

王父①讳启南，字开之，号凤庵，博学工文辞，天拔自然。明万历庚子，蒸髦士献书太原，学使者陈公所学，预使县次给食，馆王父三立书院，已徹棘。惟王父文通经书古义，擢领经元②，与金台赵维寰、武林葛寅亮声称振天下，语具《（皇明）从信录》中。辛丑成进士，冯公琦发策所甄士，而本房吴公宗达、张公至发，先后登鼎铉。王父与文公在兹，其文又冠绝时人。

壬寅，起家襄阳府司理，山南索（素）剽悍，喜争，小不戢辄为大讧。王父绎于庶顽，不忍究法，所推鞫亦罔不直人意。郡有婢盗金走，而要杀于路者，搆求民间，见手帕灰，官以为民间杀婢，罪抵死。理者十辈来，皆言民间杀婢，罪固当。王父蹶然起曰："叱嗟！安有灰面而辨其为首帕，亦安有首帕灰而辨其为被傅之婢乎？"乃微使人缉诸路，得一人。王父指之曰："此杀人者。"追其金，金具（俱）在，众亦不知其竟以何术得杀人者。民间之罪释之，语具别其中。

直指使按部诸干禁点吏奸民不公数十事，下司理，司理日拜谒罢敝，当验问，不得验问。一日，皆捕击至，王父适自乌台出，吏料其不能即决，曰："捕击者若何？"王父即肩舆上击令背经纬之，深瑕浅衅，务尽其曲折。数十事人姓名，无一人忘失者。吕堰驿界，过客飞文负势，不尽执（官）票，驿常私具朱鬃，朱鬃更不给，王父使一指挥按验之，得票使（始）为传置，害马遂息。

癸卯，分校楚才，得周子训、傅子伊、李子世高、刘子寰、邢子懋勋、张子尧熙、彭子健侯。

丙午，当滇比士，复聘王父，得庄子自正、雷子恒、张子法孔、周子良材、陈子爱谞、曹子宗载、吴子天民。诸门下生三以天曹掌选（得士），而法孔以贞素尤著名于世[③]。王父凡七荐于西台，治臣黄公、辅臣张公，上封事最其能。

己酉，更推选吏部，会收税太监溪壑无厌，王父砥廉节，不能中其欲，未得请。山南人轸慨高风，事不就，立庙岘山上，与羊叔子同祀，可谓隆施支久已。

庚戌，吏部尚书孙丕扬请擢贤能深俸官员，擢王父兵部武选司主事。王父疏陈三可虑，其略曰："臣闻勾践谋国，避及怒蛙。秦穆投醪，虎臣奋命。故将有死之心，士卒无生之气，而兵不雄于天下者，自古及今未之常有。今京操之法，厮役豢养皆厕其中，按籍而呼，则坚发语难，征发甫罢，则连幕几空，一可虑也；骁骑龙骧，非中官子弟，则台省之私人，是以爪牙为纨绔之地，而威棱无以憺于方国，二可虑也；轻躯倾命之人，飞将不侯，捆载既入，则补官除罪，计无不遂，此天下智桀之士所为寒心，而国家异时必有难俛之祸，三可虑也。伏祈清冒滥，屏（排除）私人，简将帅，则臣幸甚，天下幸甚！"书既奏，上大悦。

癸丑，加升郎中，管理清黄，凡世爵武卫应具官即日得官，不应具官终难啖以利，大臣居其间，亦不得招权揽金钱。

王父修貌，身不胜衣，冲夷奋为仁勇，重为辅臣叶公向高、李公廷机、枢臣王公象乾所引重。往例青黄事竣，增秩至大恭，王父力辞不受，言：臣为天下除倖窦，臣不亦当以蹲级呈身。神庙廉其素狷好，迁山东济南道副使。岁苦蚍蜑齐集，争豕牢而咽糠籔（核）者数十万家，煮革木实不得即绝粒闭目死。王父亲即其处绘之，使吏抱图上书（疏）：乞不赋山泽，许得支官舍之储蓄赒（周）委隶首。又与隶首分食饮，时拊循其跛且弱者，俾鱼贯会食，食必然后罢归舍。于是齐人皆自以为程公能活我，所活当以数十万计。

青、齐之壤界有神通寺，诸盗依险阻旁丛，引强持满，要攫赤仄，过者鲜得脱于虎口。王父择刺操者百五十名，立神通营，披甲楯（盾），就加芟剃，诸盗咸曰："须谨避此刺操。"亡匿山中，盗悉平。

戊午，升布政（使）司右参政。其明年，例入觐，衣被丑敝，希简交接，虽覆州县殿最，绝不许汇录文书，假盘餐以通贿赂。及长安还日，发箧中，并无尺缯，诏赐金杂帛。有云："二东民力，焚竭少宽，辽海军储，灌输长利，可谓积勤于齐鲁间矣。"

庚申，迁（加升）按察司。天启壬戌，举天下清操卓异，王父为第一。会上命吏部都察院吏科都给事中河南道引奏，赐宴賚帛，仍纪（记）录，即与不次擢用，语具《（皇明）十六朝广汇（纪）》中。寻迁右布政

（使）；顷之，又迁左布政（使）。

廉平能约束法令，令于国中曰："贪惏之倚法者，以其重兑故也，今与有司约，凡解户至，使人自为兑，不得令左右把撮。苟非库贮即急仓口以藉手于人，解户可即日归至京边钱粮，吾有以熟虑之也。解户亦自兑毕，率百两为锭，取其一（任取一锭），榜曰样银。吾先寄而入之主者，俟解户至（到），视轻重铢两周差，趋（即许）验收，是吾令行于国中而交闻于主者也。此便在齐无抗弊，固甚善。久之而民益利，解户多奇羡，恐中乾，密注其数，移有司。有猾吏侵车，不自虑知觉，乃有司已得文，取吏掠答数十，吏恐，以头触地请死。自是不敢相缘引为奸，而民省漏卮矣。

东疆弗靖，曾重加齐人税，以给客兵。事已，客兵去，岁溢银三十六万两，前两台居藩者，以为役财供奔走，得自取之。会邹、滕之间，白莲妖人徐鸿儒，集群不逞，至数十万人，奋棘矜而下者十余城，势至燎原。齐兵益骄横，狞恶陶掠，藉口需粮饷，已而掠尽，又暱夫。干父曰："是三十六万两可用也。"两台心难之而口不忍发，又知王父清执不可回，乃命历城令吴公阿衡招纳白梃十万，椎牛酿酒，捐角徒裼以趋敌，不用国家半铢之费，以天之道家自为鬪之心，逆憨叛党如缚豕而置之京师，计上首功。既有旨，劳王父以节钺。

癸亥，升太常寺正卿。泽流在民，民思之不已，又皆千里负担骈沓不绝，至合符之顷，犹肃祇愿我公留。踰时得蜚挽，恐代者为政即黩货故也，为庙，春秋奉祀，如在山南时。

王父所在有冰蘗声，乘折辕至都，卖田自给，考正旧仪。时逆党魏忠贤衔宪蔽明，无所还忌，王父与东林诸君子窃怀愤。乙丑，乞赐骸骨，疏曰：

自古治乱荣辱之端，在所信任。苏子曰："冰炭同处，必至交争；熏（薰）莸共器，久当遗臭。"言君子小人不同位也。今魏忠贤威移主上，蟠连禁闼，倪文焕、崔呈秀等扇党与（羽），摇唇鼓吻而横于世，指夷光为媒母（注：指丑妇），借钩钜④作刑书。如邹元标、孙居相、叶向高、李邦华、张光前等，咸削籍排摈，不容于位；万璟、杨涟坐掠重身死，魏大中、左光斗、赵南星又禁锢桎梏，坐法柱（铸）造赃款。以王振、刘瑾之势加之郅都之手，不六翻尽空不止。彼魏良弼、魏良才等，方且坦腹加官，意广心轶，危毒海内。《（论）语》曰："民志不入，狱囚自出。"况齐州荒旱，彭城水决，江南地震，关中豖妖。反天不祥，于斯见之矣。乃尚有进玉玺、赋凤仪者，以便偏指，非臣所望也。臣愚以为，众正立即朝之祯祥，群枉至即国之妖孽。今即使朱草日生于廷，麒麟在囿，臣犹以为无因而至，而敢为回面污行不思变辙者乎？臣愚，非徒抱寂寥之志，有不求闻达之诞也，臣实不欲同罢驴为群，与汩俱没。臣知此言出，必与忠贤有隙，将枉王度剸刃臣。然臣愤然有不顾死亡之心，愿尽拳拳，伏乞陛下信忠贤等耗乱国柄，罪应死，早加元标等于近膝之上，厉贤予禄，臣即受败害，固所不辞。臣闻"忠无不报，信不见疑"，虑陛下即过意，以擢臣间伍之中，稍勿程督，当放臣还山中。幸陛下裁察，无（勿）使臣困顿长安，终无所益。

疏上，忤忠贤意，即日斥退。当是时，天下方为魏忠贤建生祠，楼阁相望，使者糜郡国，仓廪不赡，又从豪贵人相贳贷，豪贵人心甚喜，愿助郡国，皆大费，使者或滞财记姓名以为祸福。王父滋不平，为文讥贳贷者。

居四岁，怀宗立，事觉奸露，急收殄魏党，并疏倪文焕等注为逆案，使后世知狠如枭、贪如狼，为臣不忠者悉屏戮之，而邦华等俯临磐石，诏悉起田间，以礼折节之。

己巳，起升王父通政司通政使，谓王父敢言不附权党，荫一子入监读书。世所推贤大臣，山右有曹公于汴、韩公爌，孙公居相、魏公云中、王公之采寀，魏公光绪，并王父为七人，吾邑武乡居其三。

庚午，数折于外，武器皆散损，圣意以起部冗阘，故大司空缺重其人。廷议咸奉王父。王父素遵轨躅，不欲暴贵炫耀，但受（授）工部左侍郎。居半岁余，大司空终亦不补，王父身兼任之，为做镫莆袖、皮兜鍪、步盾、火禽、燧象。及圣意自度已具足，然后听人补。

时听陵数岁劳苦不成，木商砖贾言楠杉在崇岗绝箐之地，围丈者难觅，砖自临清舟航相接，暨悉诣陵所，必一钱专直（砖值）一金，徒恃口舌，挠工期，或货入者延迁待，他官以是颇为常。王父呼商贾让（嚷）之曰："国家待若等独赢，若数言砖木乏绝，今山不加童，窑不加寡，而工累岁悬若手，与若期，五月不至，则若之命悬于金科之下矣。"商贾皆徒跣谢。务奉法顺流，陵寝竟告成。于是上以为能，加大司空服俸，领官如故，又诏赐黄金十勋（斤），表裏二十端，例荫一子，固让不受，而寺人之徒嗡嗡复用事矣。

属户、工二部以太监张彝宪视事。尚书座引而西，彝宪引而东，诸司既见尚书，彝宪居正堂舍，不得不揖。彝宪出入，仪卫甚都，右侍郎某气折，每出，纤趋而送之尽恭。王父曰："古者大司空，金印紫绶，禄比丞相，而彝宪扰之奸人，吾安所能共事也？迩孙、曹诸公，相继已去位，吾宁洟恧恋职，岂腐鼠可吓耶？"连章求退。值都御史缺人，吏部以王父名进，彝宪嗾科臣某（阮震亨）疏，论王父年七十且老，当致政。然王父素清慎，亦不能他所啖说。王父杜门不治事，陈乞归里，凡十一疏，其略曰：

当逆党肆虐之时，臣濒死者已数矣。陛下不以臣不肖，拔臣内史，晋臣司城，臣即碌碌未有报效。然考高祖（帝）止给内侍洒扫之役，故赵同⑤恭乘，袁盎寒心，乃陛下无人，独用彝宪监事。臣恐忠贤虽诛，而忠贤之类尚冀死灰复然（燃），不止羞朝廷，而辱当世之士也。臣不敢自言爱鼎，臣闻积羽沉舟，群轻折轴。今科臣（阮）某，小人之尤，蘖芽其间，排抵臣年老，不足任事。臣虑一日不去，必加诟姗。况臣雅游已尽，彝宪定用急臣。臣生平为气每欲独完，岂可使见放余生复就汤镬？

疏再入，得旨："工务殷繁，正资（资卿）坐理。览奏，情辞恳切，准暂驰驿归里，病痊即行起用。"

王父虽身不可见，每邑中灾疲有大徭役，使使与两台陈乞，如邑志所载，原粮一石，全征银八钱三分一厘，今如王父议，以瘠疲例，止（减）征五钱一分五厘，其章章较著者已。

冬十二月，流贼贯弓之卒百万，一日夜驰二百里，以兵袭城西隅，有骄色，计在必得。王父曰："我分守此，诸君勿乱，守部哗，则心不固矣。城中火起亦不救，下自有救之者。"

贼见城上黄盖起，悉引兵前，王父窥其来处，连发数十炮。贼卒死数千人，皆慑服，莫敢支吾，急引去。继输粟修睥睨表城炮台敌楼，遗书督臣张公宗衡、郡守焦公裕，致大炮二十位，城坯，又分部筑之，至今城西南临河如却月形者是也。

沁州浮粮忽累三千余金，民繇是重困，上急征如渴思饮，狡吏怙势，持符牒者若挚鸟之酷，于是州牧张公三杰，综核其数，请王父与藩君力争之，得免。

甲申，流贼李自成窃起，据九鼎，使怀宗不终其纪，王父胶致缧绁，以孙庄辈夹获得不死已。而李自成使贼党身劝为之驾，王父叱之曰："在魏党用事时，吾铩羽不仕，贼揣我何心？岂以吾为惧死哉？"贼党义之，置不问。

王父久城居，至是复还信义。信义剧傍更立一寨，名双修，中结草亭篱笊。冬则营窟其间，偻而进，无遗欲矣。所著书有《易经宗圣录》《集贤录》《易时草》《阴符经解》《医学撮要七类》《也足园文蕖》，卷帙浩繁，无余资不能尽显于世。王父宽然长者，所过循理譬说，为人师表，纪纲弦歌之声不绝，诸儒始得修其经艺，若魏子枚野、左子寅三、李子胜其、安子振生、家犹子衍洙，咸荐贤书，诸孙附凤成进士。兵燹之后，狐兔游于堂除，诸博士撞钟待问，靡然乡风矣。或族中人，理生不得其意，为给荆笔残行，子性皆满意去，读书益不辍。推此之志意，于未婚者侄彝绩、奏绩，曾孙一中辈，悉为委禽，亦不责其报。

信义故先世兵大起，南城缺门，为作开合，左偏水所崇期也。堆石布其渠，表其外廊（廓），宜文昌，又立一阁。故城之水，折入五雉，与柱砌平，将坏其里舍，别往受之，则费民田，民不便。王父计亩赏所值而自供其税粮。俗曰："舍沟不忘本也。"自此之旁，权店有盗孙宪，停本数起，骷髅不绝于路。王父独上书熹庙，以一守备治次舍，距兵三百，至今不能废。

王父虽历朝甚久，家无长物，常所奉（俸）饭而食者以十数。少时所受饩一日尽，不尽不归，邑侯黄公怜之，从所居市膏腴，曰："无愁劳铅椠也。"王父详许受，以资弟哲南辈，故王父少时，不会计利事，窘益甚。惟从叔希灏虑其窘，赤仄半自出，王父自受勑归，分己财为置松柏庐舍祠堂，田亦如之。厥后吾邑先用事大臣虽眡成（报德），然早即世，惟王父独存，邑中质平补弊，尽王父所独裁。

一日，王父即自为志，其言曰："昔宋景文公作治戒，训其子以俭葬，皇甫谧、周盘之徒，咸有达观，不欲务崇侈，予因自为志，不令我死买文章求谀，非我志。"其言颇涉怪者而已，不及生平政绩：

予生以壬戌，月辛亥，日如其年，时如其月。予年十七，百日习一经。曾纳凉慈云寺，假寐，蝇丑扇触予面，侍者为拂予面上。刘子（三）杰见而异之，予笑而不答。予丧父，丧母，丧王父，荐遭闵凶，九年不得就试。俗送形之日，则捽盆，阴阳家治桃茢，急驱遣，予亟止之曰："人受生于父母乎？受生于桃茢乎？受生于父母，父母必爱子，子必愿见父母，遣之何为？予尚恐不得见父母，子勿遣，伤我心。"

……

由是在奉常，触奸不死，在冬官，以尚书服俸领左丞，三代同爵，荫及妻子，此亦布衣为人臣之极也。我即终，慎勿请谥世官祭葬，留应得之物，以还朝廷；毋听入乡贤，留非分之荣以予孔庙。吾殁后，岘山渤海之间，魂魄常依于此，比於桐乡焉足矣。葬埋之法，棺以周身，柏三寸，椁以周棺，松二寸，灵辆前具铭旌一，书予官爵，具帆十，书薤露其上，舁灵从宏父本等，止十六人，不须多，亦不足用毂练，毋用熊黑四目，使桑（嗓）门诵经，毋使俳悠扬清哇如俗。暖伴衣衾，足覆恶器，以瓦营兆止，勿犯五终，吾欲露形脱囊而下，度汝等理难，为吾子孙，万勿务华求观美，不听改之，改之是以吾为真死也，汝岂忍以吾为真死哉！

为吾志日，行年八十二，为崇祯十六年癸未。吾日砥墨，反复做细书，不曳杖，如三四十岁人。眼前即五世子又孙，孙又做人父，男女几四十人。兵乱以来，散处方隅，予多不能识，即识，识其稍长者。

为志后，又七年所，王父足迹不入城市，超然荣辱之外。庚寅十月朔八日，忽治具觞族人，列子孙其下曰："京生云：'孰易如苇，孰化如毁，谓人生至促也。吾生平不用医药，对汝曹，顾无甚怜之色。"语涉灰奇，复就楸局，屡胜，精彩倍张王。虽颇怪其语不详，以张王故，不虑其他，独时时见空中肃（束）手，键户寂无人，遥作语，已而大笑。家人亦有窃睹其青衣角巾，立西南隅者，蒸汗即如雨，不敢复近前。是日，日中归舍，无疾而薨，私悲公悼，不下亿万人。

呜呼！痛哉！王父生嘉靖四十一年壬戌十月十一日亥时，至顺治七年庚寅十月初八日午时卒，享年垂三月不至九十。原配王母高氏，封孺人，累赠淑人，沁州生员高公文斗女也，性不喜饰文绮，自饭尝草蔬，然事耄姑极滋味醇酿，脱簪珥以供客，费恒不乏，劳苦而中捐，生嘉靖四十三年甲子八月十六日戌时，卒万历三十四年丙午六月二十八日亥时。继配王母张氏，累封淑人，沁州儒官张公信女也，读书识大义，数劝王父罢官休舍，当白莲（教）揭竿（起义）时，抱印立井上，脱有祸，亟从井以为洁泉矣，生万历十七年己丑七月初九日午时，卒崇祯四年辛未闰十一月二十五日寅时。子男六人，长即先府君，讳嘉绩，怀宗御奴，历刑部云南清吏司郎中，尽心期无刑，怀宗褒其"惟良折狱"，详具县志、国史中，不具载。初娶李母，赠宜人，肇昌府经历李公佳女；继即先慈魏宜人，儒官魏公烁女，为兵部尚书魏公云中女弟；继赵母，封宜人，儒官赵公良珍女，俱先卒。次讳伟绩，以增广生抡入太学，万历癸丑报讣，晋诸王邸中，娶户部江西司主事魏公之干女，为行唐知县魏公国模女孙；次史公遵女。次讳奇绩，幼拾芹叛，修文地下亦最早。俱先王母高淑人所出。次讳兰绩，增广生，娶沁州生员杨公起龙女，继杨公起鹏女。次讳皋绩，举人，娶榆社赠中书舍人李公可绪女，为宛平县君李公锦制女孙。次讳廼绩，廪生，娶沁州儒官李公应试女。女子二人，长适府谷知县魏公鳌子增生魏绳绪，为湖广巡抚魏公光绪弟；次适沁州贡生霍公守身子生员霍人龙，为沅州府同知霍公梓孙。俱系王母张淑人所出。孙男八人，长即康庄，安庆府同知，娶沁州增生刘公光彦女。为黄岗知县刘公梦周女孙。次康年，县丞，娶太康知县魏公令望女，刑部先府君出。次康世，生员，娶沁州癸西举人刘公光蔚女，为徐州同知刘公梦弼女孙；继省祭李时化女，继魏永康女。次康祉，增广生，娶生员魏启中女。伟绩出。康焉，生员，娶江宁知县杜君来凤女，蕳绩出。康济，皋绩出。康功、康侯，酾绩出。俱未聘。孙女四人，伟绩出者一，适大司马魏公震彝子生员魏世泰，早卒。蕳绩出者一，早殇。皋绩出者一，酾绩出者一。俱未字。曾孙五人，长正，县丞，娶廪生魏间大女；次骧，举人，娶魏运兴女，即庄所出；次为则，举人，娶生员李光春女，康年出。次象，康祉出，未聘。曾孙女七人，庄出者三，长适生员张育葵子张际泰，馀未字。康年出者一，适昌邑知县魏莲岳子生员魏编。康祉出者一，俱未字。玄孙二，其益，聘魏编女；其观，未聘，正出。外孙男一骎，外孙二，俱幼，绳绪出，将以辛卯二月十八日营葬王父旧阡（祖坟），起（掘出）两王母（棺椁）祔（葬）焉。

（以上近于白话，不译）

嗟呼！王父清风高节布天下，退迩铺勋而啜惠者，至厚瞻也，今炳一晦千，治行寡，然人所习闻见者，又不敢不稍加论次，俾太常议谥，史馆编载，有所得稽考，而冀立言君子铭之，世有同目，必有同心以怜其泣血者矣。

（节选《程康庄集》）

译文：

按：程氏源自河南洛阳，远祖名讳敏，高祖皇帝朱元璋登基时已迁至武乡，落居信义，成为信义人。九世为通议大夫，名讳继孔，继孔生通议大夫，名讳视箴，王父考察之，为十世。由于他（王父）的仁德蒙荫，两个前辈，皆被当朝皇上赠予工部左侍郎，如同授予王父的官职。

王父讳启南，字开之，别号凤庵。博学多才，文笔更是自然天成，毫无造作之风气。明代万历庚子年，上谕发诏书，征集民间收藏的古籍文献书籍，一时间，山西众多英俊士族文儒人士纷纷云集太原府献书，学使陈公大都将献书者安置到省城著名的三立书院就读学习，相关费用由所在县衙负责供给。王父（程启南）也在其中，后该书院因故撤销，唯独王父精通国学古义，经过太原府乡试，"擢领经元"（这里记载有误。据程启南遗留的镌刻的纪念名章为"庚子亚魁　辛丑进士"，应为第六名亚魁），他的这一科举考试的经历与名头，与当时的金台赵维寰、武林的葛寅亮齐名，声震天下。相关内容《皇明从信录》中均有详细记载。

次年辛丑年，王父在京城三甲会试、殿试中考取进士，受到主考官冯琦的提携推崇。而与冯公举荐的本期考生吴宗达、张至发等人，先后升任宰相级别的当朝高官，王父和与他辛丑同科赐进士的文在兹，在当时是著名的两大才子，其文笔冠绝文坛。

万历三十年，程启南被授任（湖北）襄阳推官（俗称司理）起家。襄阳，因子襄山南面而得名，古又别称"山南"。山南人素来体格剽悍，喜欢争斗，民间常因小矛盾不收敛而演变为大内讧。王父面对庶民的这一痼疾，常以调解为主，不忍心轻易动辄法律惩处，所审判的案件百姓大都心悦诚服，没有感到不尽如人意的。郡里有一户人家银两被盗，恰巧家里的使女也不见了。怀疑是使女盗银两逃走，后来据悉发现一使女被人杀死在路上，谋求民间寻找凶手的线索，发现路上有手帕燃烧的灰烬。官府均认为这事属于民间惩处盗窃女子，且女子罪也够得上死罪。本府十来任推官也都认为，民间杀死盗窃使女，罪无可恕，无可非议。王父（程启南）拍案斥责说："荒唐！哪有单凭灰粉就辨为是手帕烧的。即便是手帕烧的灰粉也不能就辨别判定为当事使女。"后来，他派人到各路口要道上微服私访，终于缉拿到一个嫌疑人，王父当场指着他说："这就是杀人犯！"被抢劫的银两悉数追回。主家等众人得知真相后大吃一惊，不知道程启南用何办法一举破获此案，原认为民间为使女定死罪合理合法的人也幡然醒悟。

程启南在任期间，常以钦差大臣名义巡行各县，盘点纠正数十起昏官处理不公的案件，很多案件是当场验问，就地处理，解决了不少陈年积案中的错案。一天，府衙准备出门执行抓人的捕快如期汇集一处，王父也从御史台出来到此。其副手想到程启南到任时间不长，人脉、情况都不熟悉，想当面给他难勘。便问他："这些捕快的履历您是了解吗？"哪知，启南对部属数十个官员的姓名都能说出来，还对主要官吏的性格特点，所办过的案件，经历过什么曲折等情节，有详有略，如数家珍。众人大吃一惊，对他更加敬佩。吕堰驿界，是本地地势比较险要的地方，来往过客熙熙攘攘，不少车马拿不出官方的公函和路条，其中也夹杂一些不法之徒常携带一些违禁货品混充过关，危害百姓。有的还将马鬃毛私自染红，冒充是官方传递公文或消息的马，要官方文书更是不给。王父派遣一官吏，专门负责指挥查验过卡官方文书，无官票混充的情况杜绝了，害群之马也绝迹了。

万历三十一年，程启南被抽调聘任为湖广省乡试同考官（正七品）。他工作中认真负责，乡试结束后，得周子训、傅子伊、李子世高、刘子寰、邢子懋勋、张子尧熙、彭子健侯等人才。

万历三十四年，云南进行比武选士，王父再次被聘任担任比武同考官，考试结束，得庄子自正、雷子恒、张子法孔、周子良材、陈子爱谀、曹子宗载、吴子天民等人才。三天武举人考核均为秉公办事，不徇私情。尤其是将才张法孔更以纯真素朴著称于世。程启南七次将其推荐给西御史台，当朝治世能臣黄公、辅臣张公，也都向皇上举荐，将该举人录取进士做官，皇上敕封他为当朝能吏。

万历三十七年，程启南被抽调到吏部担负推选人才的工作。他在各地巡查期间，会见了一些皇帝派往各地的贪得无厌的收税太监，一些太监设饭局，企图拉拢他下水，他均拒绝，使得一些小人阴谋不能得逞。山南（襄阳）人敬重程启南执政期间的高风亮节，体恤民情，不肯屈就邪恶势力的威逼和利诱，履职未完，就在当地岘山上为他建立庙宇，与西晋时代著名的仁慈将军羊牯（叔子）同时祭祀，此事场面隆重，延续了很长时间。

万历三十八年，吏部尚书孙丕扬提请皇上提升一批享受高深俸禄的贤能官吏，擢升王父为兵部武选司主事（正六品）。程启南经调研，上奏了著名"三可虑"疏文，大意是："臣听说春秋时，越王勾践战败后，为思谋复国之策，避开了发怒的青蛙，卧薪尝胆，励志强国，最终战败了吴王夫差，实现了复国的梦想。秦穆公讨伐晋国，来到河边，准备为部下劳师壮行。然而却只有一盅酒，于是将酒倒入河中，同将士共饮。此举激励了部将士同仇敌忾、奋勇作战。可见，将有必死之心，士卒无求生之念，兵不雄霸天下都难。这是自古到今不常见的事情。如今京城养兵的办法，精兵和杂役均混在其中，练兵若按籍贯召唤，都拉不下脸面；要说征调打仗，恐怕几个军营帐篷都跑空了。这是一可虑。古往今来，军队中的骁骑龙骧、能征善战的将军，大都非官僚子弟，而占据御史台和各省府衙的官吏，大都与京城高官有私人关系的背景，几乎成了爪牙和纠纷了孙聚集场所，而威名和感召力却很差，这是二可虑也；整个国家轻视为国捐躯为民倾命之人，飞将军（李广）不能封侯，而时常将一些庸将和犯有过错之吏捆绑，任命上岗，以补官缺并免于对其罪过的处罚，还对其各种无理要求言听计从，尽力予以满足。此做法将使天下能人智士寒心。而国家在非常时期必有难避之祸，这是三可虑也。综上所述，恳切祈求皇上整饬军队，清冒滥，摒私人，简将帅，若能做到，则是臣的最大幸运，天下万民的最大幸运！"此疏上奏后，皇上龙颜大悦，多所采纳。

万历四十一年，晋升兵部郎中（正五品），管理清理贴黄（武职户册）的工作。程启南做出规定，凡是世卿爵位武将的举人，具备封官条件的即日授官，不够授官条件的，最终也难以此受益。大臣在此工作期间，不得借故以此收受贿赂，谋取利益。

王父出门修边幅更衣时，发现因身体瘦弱，连官服都承载不起，但履职冲锋却能一往无前，且智勇双全。他的工作表现，很为辅臣叶向高、李廷机、枢臣王象乾等人所器重。按以往惯例，清黄工作完成，往往要连升数职达较大的官位，王父坚辞不接受。他说：臣为天下人打开幸运之门，而不应当蹿级谋求高官厚禄。神庙（中的供神）喜欢他的清廉和耿直，后对当朝重臣施加影响，程启南被安排为山东济南道副使（正四品）。履职时，正逢当地闹大旱灾，臭虫和知了集聚，农作物颗粒无收，饥民吃糠咽草煮皮革度日的达数十万家，断粮皮革都吃不上者只有闭目等死。程启南亲赴实地绘出灾情范围图，差遣使者抱图到朝廷向皇帝上疏，恳清皇帝免收山泽赋税，还被批准用官仓储蓄的粮食来赈灾济民，又与直隶最高长官与民同甘共苦，按配给饮食，还不时抚慰老弱病残者。一时，很多乞讨者鱼贯来赈灾场所会餐吃饭，饭后必然返家。于是山东人都认为是程公救活了自己，所活之群众达数十万计。

当时青州、古齐国交界处有座神通寺，各路匪盗在这里依险埋伏路边的灌木草丛之中，并挽拉强弓，抢劫路人钱财，过路者很少能够侥幸逃脱虎口。王父挑选持红缨枪手—百五十名，身披盾甲，占据这里的交通要道守卫，发现匪盗踪影加以刈除。结果，各路匪盗异口同声说，要避开此处的枪手，不得不逃跑藏匿于山峦深处，神通寺周边匪患从此得以平息。

万历四十六年，程启南升任布政使司右参政（从三品）。第二年，按往常惯例，入皇宫朝拜皇上。程启南衣着简朴，希望能与接任者简化交接手续。虽然他对辖区知晓程度可覆盖本州最偏远的州县，但厅堂上也绝不允许拿着汇总情况的文书资料照本宣科。一些混日子的官员为述职过关，便假借盘餐呈上以贿赂银两。当他从京城返回家中时，家人打开他随身携带的箱子，发现并没有一尺绫罗绸缎，以及皇上赏赐的任何金银宝器。有当地口碑说，当地民力，都已经用尽了，辽宁海岸的物资储备，却能够供给很长时间。程启南的功勋都花费到山东半岛了。

万历四十八年，程启南升任按察司按察使（正三品）。熹宗皇帝在天启二年，指令吏部考核推举全国清操卓异的官吏，王父被敕封为"天下廉吏第一"的牌匾。会上，皇上命吏部都察院吏科都给事中河南道引奏，赐给顶级丝织品，仍记录在案，作为日后提升职位的参考。相关内容记录在《皇明十六朝广汇纪》文献典籍中。当月，任命迁升至山东右布政使，不久，转为左布政使（从二品）。

程启南以廉洁律己从政，常能遵纪守法，他常对部属说："贪婪的人常常依仗法律，对违法者施以重刑。今与主管某部门的官吏相约，凡是解纳钱粮的差役到了，便自兑钱粮，不得令下属把控。非贮库便兑而借手他人帮助，解户可即日到京边兑钱粮，此问题我已深思熟虑过了。率领百两银为一锭，任取一锭，标榜为样银。我先为银主寄放存之，待解纳钱粮的差役到了，再根据银两的轻重，即许验收。这是此令畅行于国中而主家也满意的办法。通行此法，在古齐地山东无抗拒之弊，非常好的办法。实行久了，益民得利，解纳钱粮的差役也大都惊奇羡慕，唯恐其中有差错，因而密切关注其中的数额，若转移便会有官司。有少数狡猾的官吏想侵占财产，从中谋取私利，不自律被人发觉了，惹上官司，程启南便将肇事官吏拷打笞击数十棍，搞得那些污吏惊恐害怕，以头磕地请求死罪，自然不敢从中作弊，而对于民众则省去其中很多制度上的漏洞了。

东部边疆不安定了，官府曾重加齐鲁人的赋税，用以给外来客兵的军饷。时过境迁后，客兵撤走了，每年多出这税银三十六万两，前两届藩王以为此银可供奔走各地旅差所用，于是便私自支取，中饱私囊。在邹、滕两县之间，白莲教主徐鸿儒、组织农民义军起义，先是小群集聚，未实现意愿，很快扩张至数十万人，持戟矛相继攻陷十余座城池，其势如燎原烈火。而当地齐兵素来骄横，常借口当地粮库亏空，发兵征伐需求粮饷，按兵不动，致使义军在当地掠夺一净后，又风卷而去。王父程启南对当地藩王说，本年征伐贼寇的粮饷不必向上索要了，客税银三十六万两足够用了。两抚台不忍心将囊中的银两悉数拿出，又久闻王父程启南素来清正廉洁，不好抗命，进退维谷。程启南于是命令历城县令吴公阿衡招纳手持大木棍的民团丁十万，椎牛酿酒，舍弃甲胄，脱光上衣，赤膊上阵，奋勇杀敌。这一来，不用国家半铢银两，以天之道家自为壮士断臂之志，捉拿叛军头领如捆猪一般，绑缚京师处置。皇上为启南记上首功，下达圣旨，慰劳王父可拿节钺（斧杖）以诏令调遣当地官兵。

天启三年（此时间错。经查史料，应为天启四年），程启南晋升太常寺卿。山东当地民众对他思恋不已，常常不远千里纷沓而来到他的官厅合符之地，祈祷夙愿，劝言挽留他。超过规定的时间要被牵引，恐怕新官上任当政也要将他视为贪财缘故了。启南离去后，济南当地为他修建了祭祀庙宇，每年春秋时节各上供祭祀一次，犹如他在山南（襄阳）的时候。

王父履职所在之地有苦寒而有操守的名声，当他乘着破旧的车子到达京都后，因他廉洁清正，不得不靠卖田地来补贴生活的需要。他还考察订正陈旧的礼仪，以适应新形势的需要。当时，宦官魏忠贤气焰正盛，一手遮天，迫害朝中忠良大臣，无所顾忌。王父与朝廷东林党诸君子经常过往交流，颇有同感，对此痛恨不已。天启五年，启南为了国家宗社长远大计着想，奋不顾身，向上峰递交了辞官归田奏折，疏奏说：

> 自古治乱是事关国家荣辱顶端的大事，成败关键在于对属下大臣的信任。宋代苏轼曾说过："冰炭同处，必致交争；熏（薰，香草）莸（臭草）共器（二草混放在一起），久当遗臭（只能闻到遗臭而闻不到香）。"这就是说，君子和小人是不同地位的两类人。今魏忠贤淫威居然移至君主之上，蟠连禁止走后门规令形同虚设，倪文焕、崔呈秀等随从太监党羽，摇唇鼓舌而横行于世，指西施为嫫母（丑妇），借钩钜作刑书。东林党人一些正直的朝臣，如邹元标、孙居相、叶向高、李邦华、张光前等，或被削去官籍或遭排挤不容于位；万燝、杨涟被严刑拷打致死，魏大中、

左光斗、赵南星又被戴枷入狱,坐冤狱编造赃款。以前朝的臭名昭著的宦官王振、刘瑾之奸佞之辈,专权至极,一手遮天,对忠臣加罗钳吉网(酷吏牢笼),酷虐诬陷。不把美好的事物毁坏殆尽不罢休。而魏忠贤的养子魏良弼、魏良才等,方且给女婿加官,意广心轶,危毒海内。

《论语》说:"民志不入(民间志士进不来),狱囚自出(狱中囚徒自会出来)。"况且当今齐州闹荒旱,彭城闹水灾,江南地震,关中豕妖作孽。如此反常天象是不详之兆,在当今随处可见。如此恶劣的天文地理情势下,仍尚有上朝赠送玉玺、赋凤凰摆件者,以便求得当朝偏向庇护,这并非是臣子所期望的啊。愚臣以为,众官风正立端,即是朝廷之祥瑞;群官被冤情所笼罩,即为国之妖孽作乱之时。如今即使红草每日生于朝廷,麒麟在宫中,臣则以为这是无缘由的情况而至,而敢为同流合污而行,不思改弦易辙吗?愚臣非抱寂寥之志,有不求闻达之志向也,臣实不愿同朝中那些劣驴为群,与已被扰乱的政局一同消亡。臣自知以上言论出口,自己势必与魏忠贤有了隔阂,甚至会导致犯上柱加臣罪致死。然而臣即便冒死,也愿尽拳拳之力,乞求陛下勿信忠贤等耗乱国柄,他们是罪当应死之徒,陛下应早将邹元标等忠臣委任要官于身边,鼓励这些贤士为国尽忠,给予厚禄,那么臣即便受奸贼之害,也在所不辞。臣听说皇上"忠无不报,信不见疑",忧虑陛下过度,请求提升臣进入民间间伍之中,那就不必我程某督促,应当即刻放臣回归乡里,如荣幸得到陛下裁夺,千万莫使臣困顿京师长安,终无所益。请放臣卸职归田。

魏忠贤接到程启南的奏折,认为违背他的从政图谋,恼怒之下,当天便应允他辞官归田。恰在当时,全国各地官吏大都为魏忠贤健在时建造祠堂，星罗棋布、阁楼相望，使者来自各地郡县，风靡一时。以至因建生祠，所在地仓库所存财物匮乏，有的还从豪门大户那里借贷。而豪门大户大都乐此不疲，纷纷巨额破费捐助各地为此开销，以获大利。使者或滞留资财，记上个人籍贯、姓名于当地，以为可避祸得福，保佑全家平安。王父（程启南）为此事滋长了愤愤不平的情绪，常写文章讥讽那些为魏忠贤借贷建造生祠的小人之辈。

程启南回乡居住四年后，恰逢明熹宗皇帝驾崩，怀宗（崇祯）皇帝登基，开始收拾整肃魏忠贤及其党羽，并将下属官员疏奏倪文焕等党羽罪行批注为逆案，使后世官民知道他们比秃鹰还狠，比恶狼还贪婪。那些昔日身为大臣，不效忠皇帝者，悉数摒弃治罪惩处。而李邦华等受冤旧臣被重新启用后，俯临天下如磐石般坚挺。皇上启用在野旧臣的诏令所到之处，凡是往昔抗阉受冤志士获悉后，纷纷从田间崛起，且放下昔日的架子和身份归附朝廷新主。

崇祯二年，当朝皇上诏令升任在野的程启南为通政司通政使，以旌表他宁死不依附阉党魏忠贤的高风亮节，还恩准其一子到国子监读书。不久，当朝群臣还推举一些贤良大臣供皇上重用，山西籍的有曹于汴、韩爌、孙居相、魏云中、王之采（寀）、魏光绪，加上王父共计七人，其中我武乡县人就占据了三人（程启南、魏云中、魏光绪）。

崇祯三年，因明军连年对外征战，败仗不少，士兵武器大都破损，皇上认为是相关部门懒散懈怠积习严重，而以往大司空（工部）职能部门缺少忠诚能干的官吏统领。经朝廷议政，众臣推举王父（程启南）适合担任此职。王父素来些循规蹈矩，从不想以贵族身份自我炫耀。不久，皇朝授予他担任工部左侍郎（工部尚书的副手），约半年有余，因尚书职位一直空缺，暂且代行尚书职权；半年过去了，当朝对大司空（工部尚书）一职仍空缺未补，王父只得兼任该职。为制作马镫、莆袖、射箭的皮兜鍪、步兵盾牌、火禽、燧象等器具，诸材料已备好，自认为百废俱兴，就等圣上前来考察，然后听任补缺。

　　常听说为前朝皇帝朱由校建造的德陵，虽经工匠数年劳作，仍未完工。听当时砖木商贾说，工程需要用的一种高档楠杉木在崇岗绝箐之地，周围达一丈者粗的树木难觅，砖还要从临清一带用舟航运输。当地人获悉该料为建造皇陵所用，哄抬价格，声称一钱砖值一钱黄金，少了不卖，一口咬价，阻挠工期进展，提货人也常因对方拖延交货日期而住宿等待。当时工部官员对此现象见怪不怪、习以为常，已经麻木了。王父上任接手工程后后，厉声斥责那些商贾说："国家待急等砖木修陵，而对方却数次叫喊伐木烧砖困难，也不添工匠和砖窑，屡屡拖延工期……今我郑重宣布，若超过五个月砖木到不了，国法伺候，绝不宽恕！"那些商贾素来畏惧程侍郎的清正爽直，只得奉公守法，不敢再随意刁难掣肘，陵寝建造建造终于如期竣工。如此杰出政绩，当朝皇上将程启南视为能吏，加大司空（尚书）的官服和俸禄，原官职不变，还又诏赐黄金条十根，表裏二十端。还破例让其再荫一子入太学，启南觉得如此对己太过了，担心由此破了大明皇室规矩，带来后患，坚辞不受。而在此期间，皇上开始重用太监，那些宦官、追名逐利之徒就像苍蝇一样再次嗡嗡涌进朝廷内阁圣地，担任要职。

　　凡属户、工二部，竟然受到太监张彝宪的管束和监控，大小事务均要他点头才能办，其权力比尚书还大。往往两部尚书决定要办的事指向西，张太监偏偏要引向东，总要相左反着来。下属诸司官员要去面见尚书请示汇报工作，总会先见到太监张彝宪居正堂而坐，不得不对其作揖行礼。张太监出入内阁大厅，随从仪卫森严，堪比国都皇上大臣。户部右侍郎某人对此气不打一处来。每每出入朝廷内阁要地，还得趋炎附势，恭恭敬敬。对此情景，王父说："古代的大司空（尚书别称），是皇上授予的金印紫袍，其享受俸禄堪比丞相。而张彝宪是扰事奸佞之人，我岂能屈尊安心与其共事。而栋梁孙（丕扬）、曹（于汴）等诸位大臣，相继已离职去位，为了国家社稷，我不能贪图宁静而怯懦屈就，岂能被腐败老鼠吓倒！"于是，王父向皇上连呈数道奏章，请求隐退归田。此时正值都御史缺少得力人手，吏部正打算将王父引进，呈报皇上授职。张彝宪闻讯后，挑唆有不良前科的卿臣阮震亨上奏皇上进行阻拦，说什么王父论年龄已经七十偏老，本当退休还乡，不宜再授新职。然而王父素来品行清廉谨慎，亦不听他人胡乱找碴乱发议论。后来王父杜门谢客，不上朝政理事，再次上奏皇上乞求归里，其大意如下：

  当魏氏阉党肆虐横行时，臣濒临死亡致仕还乡已有数年了。如今陛下不以臣不肖，提拔臣做内史，晋升臣的职务管理京畿之地。臣尽管碌碌无为，没有做出大的功绩报效圣上。然而，臣考察太祖皇帝的祖制，对内侍官员只让其担任洒扫地面卫生之类的差役，目前宦官专权的局面，长此以往，必然导致类似古晋国大臣赵同被害，袁盎（西汉文帝谋臣）寒心的后果。陛下难道手下无人了吗？独用太监张彝宪监事。臣担心的是昔日魏忠贤虽然受到惩处，但忠贤之类的余党还会死灰复燃，这不仅会使朝廷蒙羞，还会让当世贤臣受辱啊！臣不敢说自己爱国爱鼎，只听说羽毛虽轻，积多了也能把船压沉；东西虽轻，积攒多了也能把车轴压断；今科臣阮某，就是一个小人中的小人，犹如蘖芽长在朝廷中间，排抵臣年老，不足任事。臣忧虑此人一日不除去，必加人背后长时期口舌。况且臣黄金年华已逝，彝宪定用顺手急臣。臣工作中难免生气，事情过了也就完了。岂会使他人见君放自己走，会把自己再放进锅里煮呢？

  当此疏再入皇廷，传下圣旨："当下工务殷繁，正需要卿坐职打理。然而，阅完疏奏，发现情辞恳切，准暂驰驿归里，病痊即行起用。"

王父虽然身居家中，外人难以见到，但每逢本县灾荒年有朝廷派的大徭役征税，就派使者向两抚院当面陈述，请求减轻武乡征粮，正如县志所载，原产粮一石，全征银八钱三分一厘，今如王父上奏，以武乡贫瘠土地的本地情况为例，减征五钱一分五厘。这都是史书上章章有著者的。

是年冬十二月，一股善于使用弓箭的流寇（李自成农民起义军）上百万人，一昼夜可奔驰二百里，奔袭本县城西隅，这是一伙骄横之兵，其志在必得。王父对众人说："守城是我的本分，请各位尊长不要乱，守卫部队喧哗，其军心必然不稳。城中起火你们也不要救，下面自会有人救之。"

贼兵见城上撑起黄盖布，便引兵前来攻打，王父观察对方来的方向，连发数十炮，贼卒被炸死数千人，都被吓服了。莫敢吱声，急忙退走。王父继输送军饷粟米、修筑防御外侵炮台之后，又给督臣张宗衡、郡守焦裕留下遗书，并捐献家中俸银添置大炮等兵器二十门。将城倒塌的部分修筑好，至今城西南临河如弯月形城楼，即是当时的杰作。

沁州（武乡隶属沁州）浮粮忽然累计要征银三千余两，人民负担更是加重。那些狡猾的官吏知道皇上征税如渴思饮，便仗势欺人，手持官府符牒者就像大雕鸟一样厉害，于是知州长官张三杰综核数字，请王父与藩郡长官全力上奏力争，终于免除了上述征银。

甲申之年，农民起义军"流贼"攻陷北京都城，夺取了大明政权。使怀宗（崇祯）皇帝不能善终陵寝，纪事史册。王父受到勒索军饷纠缠，遭到绑架和拘禁，多亏儿孙康庄等后辈从中周旋，才得以不死。而李自成闻知他的名望，派遣使者劝他到李部做官，启南均严词拒绝。他斥责说："当初朝廷魏忠贤招我为其做事时，我宁可告老回乡也不再为他做官。你们揣摩我是何居心！难道我为此怕死吗？"李贼党羽见王父如此大义凛然，只好搁置此事不再提起。

启南久在县城内居住，后为躲避李军的骚扰，复还家乡信义里，在信义旁边建筑一山寨，名曰"双修寨"。寨中建筑草亭简房数间。冬季则依山挖了窑洞，洞口不大，低头躬身才能进入。他没有什么大的欲望，能度日即可。他每日著书立说，所著的书有《易经宗圣录》《集贤录》《易时草》《阴符经解》《医学撮要七类》《也足园文藁》，卷帙浩繁，无闲余资金不能刊印，彰显于世。王父就是一个宽宏大量的尊长者，凡接触过他的人，都听过他循循善诱的教导，他为人师表，有关纲纪弦歌之声没有断过，他的很多门生在他的传授下，始得修其五经六艺，如魏子枚野、左子寅三、李子胜其、安子振生，在家待如子延续好的家教，推荐很多圣贤书籍，诸子孙均攀龙附凤成进士。兵荒马乱之后，狐兔游于堂下的台阶，诸博士撞钟等待选官任用，已靡然成乡风啊。或有族中人，理其一生得不到最好的结果，不得其意，王父给为荆木之笔，讲解人生道理，弟子皆满意而去，读书受益不止。他将此道推而广之，包括未婚的侄子彝绩、奏绩，曾孙一中等辈，都相继找到了意中人。他也不责备其未有回报。

信义里先世祖因兵乱，南城缺门，未做开合；门左偏临水塘，村子常遭水患；村民将水利等修筑事务寄托在王父身上。王父组织人力，堆石块筑堤布了一道水渠，渠外又建筑装潢了走廊，又立一文昌阁，倡导读书风尚。故城中之水，常折入五雉，水位高时与堤坝持平，将冲毁周围里舍，搞水利建设，往往要占用民田，与民不便。王父就按所占用的亩数价值，拿出自家粮食作为税粮予以补偿，他常说依据念叨一句口头禅："舍沟不忘本也。"

在信义里之旁的权店，有大盗孙宪，侵夺路人案件已有数起，马路上可常见被害带血的骸骨。王父曾利用熹宗皇帝太庙祭祀时递上奏疏，后上方派遣一官吏守备驿站，配兵三百，从此平安了。这一兵制至今未废。

王父虽经历数朝，为官很久，但家中却无值钱的东西。以他官俸禄养活在家就餐者达十多人口。他年轻时，上官学时，县衙的供给食禄，往往一天就用尽了，饮酒也是不饮尽不回家。本县令黄元会看他过于节俭，便从所居县城赋税的收入中，拿出一些资助他，还说："此为无酬劳的铅笔之类的东西，不成敬意。"王父端详了少许，欣然接受了。但他却将此物资助了更为贫苦的叔伯同辈弟弟哲南。因为从小生活俭朴，故王父不会计算个人利益方面的事，对有益的事窘迫至极。惟从叔希灏担心他的生活窘迫，对他的房舍修缮之事资助一半自出一半，王父总是告诫自己，能自办的事不靠他人。尊长分给自己的财产，大都为置办族人松柏庐舍祠堂用去了，田产也是如此。其后吾家乡县城基建要用一些退休还乡的老臣议事，然而大都比他早离世，惟王父独存健在，县里城墙缺损需要修补的地方，都是王父所独自裁定。

一天，王父自言自语说："昔日昔宋景文公作治家诫言，训导他的儿子以俭葬自己，西晋学者皇甫谧、周盘之徒，鲜有如此达观，他们不务正业，却崇尚奢靡生活，我因自为得志作传，不要我死后子孙花钱买文章求别人夸耀奉承，这非我的意愿。"其言语颇为怪异，不及他的生平政绩那样耀眼。以下为王父自传摘录：

我生于嘉靖四十一年十月二十日十时。十七岁那年，勤奋学习，百日可学习一经。曾经在慈云寺纳凉，假装睡觉，用驱蚊蝇的扇子轻轻盖在脸上。伺候者为己扇扇子驱赶蚊蝇（这其实是当地传说的一个典故）：土地佬给少年时的程尚书摇扇子去蚊蝇。刘三杰见上述情形很奇怪，于是也学着启南的样子，假装睡觉，将扇子盖在脸上，然而却没有人给自己摇扇驱蚊蝇，反让蚊子咬了满脸疙瘩。他问启南是何缘故，启南笑而不答。

我先后丧父（程视箴）、丧母、丧王父（程继孔），科举考试屡遭家庭凶事，连续九年受影响不得应试。根据家乡风俗，出殡送葬之日，要摔碎（和）面盆，请阴阳家治桃苅（用桃树枝为生者辟邪除秽），急着驱遣。我制止说，我肌肤受生于父母，父母必爱子，子必愿见父母，驱遣之有何必要？我唯恐见不得父母，不必驱遣了，免伤我心。……

我在朝履职侍奉皇上，遇奸臣加害不死，在工部，以尚书服俸领左丞之官，三代同爵，皇恩蒙荫达到妻子，原本一介布衣达到如此朝臣也是极致了。我此生即将告终，要慎请官方祭葬封谥号等事，只留应得之物，其余以还朝廷，勿听他人言入乡贤祠，留非分荣耀给予孔庙。我死后，岘山渤海之间，我的魂魄常会游荡于此，相比铜乡（信义）更知足了。埋葬之法……为了吾家后世子孙，丧事万勿追求华贵美观，如不听而改之，那就是以为吾真的死了，你们能容忍我真死了吗？

为己修自传之时，时年八十二岁，为崇祯十六年癸未。我每日研磨，反复撰写，细细推敲书写，不拽拐杖，如三四十岁人。眼前即五世同堂，子又孙，孙又做人父，男女约四十余人。兵乱以来，散居各个角落，我多不认识，即便认识，也仅识其年龄稍大者。

自传完成后，王父又在住所度过了七年时光。他平时足迹不入县城街市，超然荣辱之外。顺治七年庚寅十月初八那天，王父忽然备置酒具，邀请族人喝酒，将子孙召唤膝下说，听京师的人说，人生就像芦苇，草木一秋，说没就没了，这是说人生时光的短促啊。吾生平很少用医药，对你们当中谁也无特别怜悯之处。"言语诙谐怪异。说完后摆开棋局，车马对垒，屡屡胜出，棋局精彩倍张。虽然家人颇怪他说的那些话语义难懂，也以为是说当时的棋王张、王等人，也并未往其他方面多想。他在屋内单独踱步时，只见他举手到空中，敲窗户，时而自言自语，时而大笑不止。家人有的偷偷看他立在西南墙角，头上蒸汗如雨，觉得有些异常，但谁也不敢走到他跟前。当日中午，他返回卧室时，无疾而亡。连日来，因悲伤前来悼念的官员和百姓，不下上万人。

……（此处大段文字近乎白话，追述王父妻子及后世子孙情况，可参见原文，故略未译）

呜呼哀哉！王父高风亮节，恩泽遍布天下，因感念其恩德前来哭泣者，赶来最后瞻仰他的人，从月初到月末，治丧行动从未寂寞，然而，熟悉他听说过他的人，又不能不对其生平德行稍加评论，太常寺论议赐给他的谥号，史官印社编载他的事迹，有些还需要稽查考证，希冀立君子墓志铭祭祀他，世有同目为其送行，必有同心以怜悯其泣血者啊！

注释：

①王父，古代对爷爷的称谓之一。其他称谓还有祖父、大父、祖君、太公等。

②经元：明代科举考试——乡试，以五经取士，第一名称解元，第二名叫亚元，第三至第五名叫经魁（又名经元），第六名叫亚魁，第七名以下，均称文魁。此处经元为错，根据启南印章，应为亚魁。

③张法孔，字南鲁，明代云南宁州人，万历三十八年进士。曾任四川布政使。其间清操绝伦，以地方结余银两三十万两助兵饷，后致仕归，修学缮城。蜀藩特疏推荐，以太常寺少卿取用，有天下第一清官之誉。

④钩钜：古代水战用的一种兵器。

⑤赵同（？—前583年）春秋时期晋国大臣，嬴姓，赵氏。其父赵衰曾随晋文公流亡八国近二十年，兄长赵盾是晋国将军（最高军政长官）。赵同因弟弟赵婴齐与侄媳赵庄姬通奸，与另一个弟弟赵括一起流放赵婴齐。后赵庄姬等陷害赵同、赵括，兄弟二人全家被杀。

附录三 田喜霁《少司空程启南传》

大司空程启南,武乡人也。神宗末年,士大夫争谈气节,以议论为事功,峻厉为丰裁,门户角立,倏忽升沉,几同夏云煦气。其能循分奉职,不为赫赫名,而一再辞官,大节凛然,与日月争烈者,吾于程司空无异词焉。

启南,字开之,凤庵其别号也。性刚果,多大略,博学工文。万历庚子经元,辛丑成进士,壬寅授襄阳。李官楚宗冤牵引,久不结,启南廉其状,力争于直。指使以固维城。(李官)权珰横,启南拒之,峻言:税宜节,阉当撤已;而矿税流毒南省,民不聊生,卒如所言。山南人德之,与羊叔子同祠。庚戌,冢宰孙丕扬请擢贤能深俸官。启南入,为武选(司)主事。即具疏陈三可虑言:宜清冒滥,屏(排除)私人,简将帅,多所采纳。

癸丑,升郎中,为辅臣叶向高、李廷机及枢臣王象乾所引重,迁济南副使。岁苦蜑蛸,上疏:乞不赋山泽,许得支官舍之储蓄赒(周)委隶首。

戊午,升参政。庚申,升按察使。壬戌,举卓异,为"天下廉吏第一",迁右布政使,寻转左。

洁己敷政,除烦苛,持大体,廉而能平。会妖人徐鸿儒倡乱邹、滕间,下者十余城,兵骄横行掠,掠尽飏(扬)去。启南命历城令吴阿衡招白梃以歼之,逆憝叛党如缚豕而槛送京师,有旨赐金币。癸亥,升太常(寺)卿,民思恋不能已,为庙,春秋奉祀,如在山南时。

启南乘折辕至都,考正旧仪。时逆党魏忠贤焰方炽,启南以宗社大计,奋不顾身,抗疏曰:"忠贤窃弄威权,蟠连禁闼,倪文焕、崔呈秀党附,摇唇鼓吻而横于世,以王振、刘瑾之奸,加罗钳、吉网之惨,不尽空六翮不止。"不报,遂疏乞骸骨。疏入,即日允放,此所为一辞官也。

当是时,天下为忠贤建生祠者,僭侈无度,郡国仓廥不继,豪贵人谄附,争助恐后。启南为文讥之。使者或滞(留)财、箝(贾)处名、为祸福,启南竟履虎尾而不咥。

崇祯御极,收殛魏党,凡抗阉者悉起田间。

己巳,诏升启南通政使,荫一子,旌(表)不附忠贤也。庚午,廷议以起部冗阘不奉职,群推启南,而素遵轨蠋(前进),不欲暴贵,谢之。及为工部左侍郎,百废俱兴,诸什器咸备。德陵更数岁工未就,启南召商责之,期以五月,砖木不至,法无贷(饶恕)。商素畏清直,奉法顺流,工遂就。(皇)上以为能,加大司空服俸,领官如故。(照)例荫一子,固辞。而寺人(宦官)之徒嗷嗷复进矣。属户、工二部,以内监张彝宪视事。启南复疏言:"熹皇帝拱默,(朝)中人有窃政者,似犹不足异。今天子英明,日(朝)夕望太平,而蹈覆辙、酿乱胎,祸将不忍言不止,羞朝廷而辱当世之士也。"章累十一上,始得旨准暂驰驿归。此所为再辞官者也。

启南事四朝，扬历中外，任十余官，逾三十年，所过政迹（绩），不可殚述。而余于一再辞官之故，娓娓言之独详者，阉毒酷烈，贤者多遇惨祸，人才之去就消长，国运之隆替系焉。天下事尚可为，启南甘无闷哉？

迨归，即绝意仕进，屏居不揖客，长吏罕识其面。邑中灾侵，及大繇役，即条列白大吏，为民请命，不避怨谤。事载州县志中。又尝自为志，徙薪远虑，聊托达观，不但皇甫谧、周磐之徒以俭垂训已也。

甲申，李自成陷都城，所至拷掠缙绅，三晋首罹（遭受）其毒。启南爵高而守廉，无能厌贼溪壑。伪书五反使，贼令身扚为之驾，启南叱曰："方魏忠贤时吾不仕，今谓吾惧死耶？"贼令义之，置勿问。

启南久城居，至是复徙信义乡故宅，立一寨，名双修，（寨）中构草亭数间，手《周易》一卷，晏如也。

庚寅十月，启南晨起，治具觞族人，列子孙其下。敛容曰："孰易如苇，孰化如毁，人生至促也。"即引族人就棋局，精彩倍张，至日中反舍，趺坐良久，语不及私而卒，得年八十有九。

子六人：嘉绩，比部郎，有良折狱风。伟绩，国学生，闯贼时代，启南逮系西安者。奇绩、兰绩，俱有声黉序。皋绩，康熙己未进士，为蓬莱令，逾年告归，可谓克绍清德矣。乃绩，以明经为马邑司训，下帷攻苦，当即联翩飞去。诸孙绳绳四十余人，以科贡显（著）者踵相接也。

赐进士第、内阁学士兼礼部侍郎　马邑田喜霦撰

论曰：有明之季，日蹙国百里，而阙廷之上，如处堂燕雀，外则分营门户，内则奄寺擅政一二，老成如程启南者，不得已而退归田里，何怪国事之日非也。今读启南乞休疏，彼其心何尝一日忘朝廷哉！计无复之耳。为人君者，使其臣计无复之，而尽欲散归田里，将谁与共国是乎？可慨也。

（原载清·康熙三十一年《武乡县志·人物》）

附录四 关于程启南"天下廉吏第一"授誉考

关于程启南曾荣获"天下廉吏第一"的美誉，古籍唯一记载这一史迹的，是由田喜霶撰写的《少司空程启南传》文章（以下简称"程传"）。该文章曾被收录到康熙三十一年《武乡县志·人物》中和乾隆五十五年《武乡县志·艺文》中，但后者却将作者姓名错印成"田善霶"，在2006年5月版新编四合一点校本《武乡县志》中又错印成田善声。

据该传记载，明代天启壬戌年，明廷吏部"举卓异，为'天下廉吏第一'"。

程启南孙程康庄为其祖父撰写的长篇祭文《先王父资善大夫加工部尚书服俸管左侍郎事程公行述》，对此记载为："天启壬戌，举天下清操卓异，王父为第一"。显然，不如前者记录得详细。据悉，康庄的祭文是根据程启南生前"吾志"，即自传为底本所撰写的。可能程启南生平向来谦虚低调，在其最初的自传中不愿张扬自己，故淡化了这个清操卓异"第一"之誉。

这就带来了一个悬疑问题，作者田喜鼒到底是何人？他所采用的资料可靠吗？他那篇传记文章为何时所写？以及他为何要撰写此传记等。

根据康熙《武乡县志》传记落款所留的信息资料和查询康熙马邑县志以及网络资料等，田喜鼒的综合资料如下：

田喜鼒（1632—1697），字子眉，号望西，马邑县（今山西朔州市）人，清顺治十八年辛丑进士。康熙三年入翰林院编修，为内阁学士兼礼部侍郎，官三品。后赐祭丧视二品礼恩，皇封赐修敕建田翰林墓。

一个清代的翰林院内阁学士编修，按惯例，是为清代编撰史书，即使要作传，也是为清代官吏作传的，通常不会为前朝明代官吏作传，然而，他恰恰如此破例做了，似乎不合常理。是谁让这样做的？他为何要这样做？

有资料显示，在清代，翰林院内阁学士编修只是个虚职，礼部侍郎才是他的实职。礼部不是管官吏的部门（吏部才是），他的长官——礼部尚书自然不会吩咐他做分外之事。显然，他为程启南作传不是官修，而是私修。那么，又是谁委托他这样做的？因他与程启南为同籍贯人？或是同门同科进士？显然都不是，他与传主毫无蛛丝马迹的瓜葛，那么，就只剩下一种可能，即他受到他人的委托而作传，而委托他的人，又对程启南相当了解，或为其亲属后裔。经查程启南的籍贯武乡县志资料，启南六子程迺绩，曾为马邑县训导，与田喜鼒籍贯为同县。如此一来，重要线索找到了，是程迺绩委托田为其王父作传的。尽管未查到相关史料对这个问题的记载，但这种可能性很大。

田喜鼒所做的程传，资料从哪里来？古代朝廷史官，大都有秉笔直书的史德和传统，田学士既然受程逎绩委托，为其父作传，必然也得到了对方提供的相关资料。这些资料中，应有启南孙程康庄为其王父撰写的祭文《先王父资善大夫加工部尚书服俸管左侍郎事程公行述》，还有重要线索——清顺治二年程启南曾参与续修的《武乡县志》。当然，田还可能查阅了清朝所接收的明朝官廷文档史料，也不排除清廷中尚有被录用的明代翰林院知情的史官。于是，《少司空程启南传》的文章终于出炉。程传诞生的时间应为清康熙十五年（程逎绩在马邑县任训导起始时间）至三十一年间（《武乡县志》成书时间），史料是可靠的，具有清代官方的权威性。

程传的官修问世，确认了明代在天启二年吏部"举卓异"活动中，程启南被熹宗皇帝授予"天下廉吏第一"的历史，尽管该传是私修，但因作者是清廷中人，身份特殊，仍可视为清代官方对程启南生平的一个官方评价，一个盖棺论定，填补了由于明代被推翻和更替所带来的相关文史的空白。因而，该传记被收录至清康熙和乾隆两个《武乡县志》中也就顺理成章了。

笔者曾听到一个传说，说是1946年武乡老区土改时，当地农会曾有组织地挖掘了程启南墓，发现墓中空空如也，只有一个标着"天下廉吏第一"字样的牌匾。因年代久远，今天已无法找到健在的当事人证明其事，但对这种说法，笔者却认为可信度不高。一是程启南从1650年下葬到1946年挖掘，历经296年，这么长时间，即便葬有牌匾，不是被潮气侵蚀霉烂，便是会在出土时风化掉，届时这块牌匾能否存在，能否看清匾上的字迹还很难说。据悉，本家程春虎是目前为止唯一见到过牌匾的人，不过，他见到的时间不是1946年，而是1958年。最近，笔者向这个本家详细询问有关这个牌匾的情况。据春虎本家说，他听老辈人说，1946年程启南墓被掘时，除棺椁中盛满黑木炭外，空空如也，由此否定了出土牌匾的说法。1958年，他才二十四岁，听人传说信义村程晋德（程启南后裔，土改时被打死）的老婆手中有个宝贝——一个玉石雕刻的老寿星，相传老寿星身上穿的衣服会随着春夏秋冬变换颜色。他出于好奇，曾专程赴信义村找到了程家老太太。谁知，程家老太太没有亮出那个传说中的宝贝，倒是给他看了另外一个宝物。她从一个箱子中拿出一个包袱，打开后，拿出一块黄绸缎布，只见上面写有"天下廉吏第一"的字样。程春虎由于当时年轻，刚参加工作不久，阅历有限，"不知道这一行字说得是啥"，连"廉吏"这个字眼都感到陌生，否则他早会把这块看来不起眼，实则价值连城的黄布索要收藏了。当说到这里时，这位88岁的老先生说，可能这块黄布原来是有木框和衬板的，此时已经没有了。当笔者再次询问，黄绸布上那几个字是什么颜色，是红色的还是黑色的？老本家说，是黑字。至此，一切完全搞清了：丝绸是中国的特产，黄色绸缎，又是通常皇帝传统的用料，无论是服装还是御书，无处不见。熹宗皇帝曾经御书赐予程启南"天下廉吏第一"的荣誉称号，不仅有史籍记载，而且有了人证和物证。这个黄缎墨迹牌匾，是货真价实、确实无疑的。而且这个牌匾不是在墓穴中出土的，而是被其后裔收藏、代代遗传下来的，匾芯一直保留至1958年被本家见到为止。据悉，程家老太太后来不知所踪。有人说，她死在信义村了，也有人说，她因出身不好，担着"地主婆"的名声，在信义村备受歧视，迁到外村了。总之，那块皇帝御书的黄绸布也早已查无下落了。

恐怕春虎本家也未曾料到，曾经与他擦肩而过的那个不起眼的黄锻布字，今天看来是多么重要！多么价值连城！他无意中成了见证这个重要文物的人证！

笔者此时也来了灵感，"天下廉吏第一"牌匾虽然没有了，但我们完全可以照原样复制一个。此时，字迹是否为熹宗皇帝御书已不显重要，重要的是该牌匾所包含的博大精神内涵。

不久，笔者通过宗亲关系，找到一个山东本家书法家，为程启南仿写制作了"天下廉吏第一"的牌匾。

附录五 有关程启南史料差错辨析

关于古籍中，系统记载程启南事迹的主要文献，一是程康庄（程启南嫡孙）根据祖父程启南自传所撰写的祭文《先父资善大夫加工部尚书服俸管左侍郎事程公行述》（以下简称程启南大传或程大传），该文刊于《程康庄集》（山西出版传媒集团三晋出版社2017年9月版）；二是清代宫廷修编田喜篝撰写的《少司空程启南传》（以下简称程启南小传或程小传），该文先后被收录进清康熙三十三年《武乡县志·卷三·人物》（该县志收录田文时删节了文章标题）和文中部分内容）和清乾隆五十五年《武乡县志·卷四·艺文》中（该县志在收录田文时，对个别文字略有删节和修饰，可作为标本文献）；此外，清顺治《襄阳府志·宦迹》中，也有程启南在该府任推官时相关事迹的记载，另笔者整理出《古籍经典中关于程启南事迹的零星记载》（以下简称《经典》）中关于程启南事迹的零星记载，均有互补性，也可相互印证。通常，当程启南前三传与《经典》中出现文字上不一致时，以后者为准；此外，清乾隆《武乡县志·人物》、《沁州志·人物》，以及《山西通志》等文献中，虽有关于程启南的记载，但均属程启南事迹（包括大小传记）的删略版，参考价值不大。

一、关于"命历城令吴阿衡招白梃十万"一事。

程启南大传原文为："王父曰：'是三十六万两可用也。'两台心难之而口不忍发，又知王父清执不可回，乃命历城令吴阿衡招白梃十万……"此段记载错误。极易给人误解，以为"命历城令吴阿衡招白梃十万"是两台办的事。为论证这个问题，特引用其它史料说明如下：

康熙三十三年《武乡县志·卷三·人物（作者田喜霭）》中记载，"启南命历城令吴阿衡招白挺以歼之。"乾隆五十五年《武乡县志·卷四·艺文》（作者田喜霭〔上"雨"下"菁"〕）也有相同的文字记载。作者田喜霭是清代宫廷编修，他很有可能是看过明代档案中关于程启南记载的，对史志编修的严谨也是他的职责所为，他的记载是可信的。由此可见，命令历城令吴阿衡招募十万白服义勇，是程启南干的事，而非两台所为。

二、关于程启南迁任山东左布政使的时间

程启南大传记述："天启壬戌，……寻迁右布政，顷之，又迁左布政。"此处对程启南何时迁任左布政使没有具体时间记载，给人印象是当年之事。

据《明实录·明熹宗实录》卷三十二记载："天启三年三月丁巳，升山东布政使程启南为本省左布政使。"这就是右布政使程启南转左布政使

的具体时间。

三、关于程启南升任太常寺卿时间、地点及品位疑团

程大传载：程启南"癸亥（天启三年），升太常寺正卿。"经查其它权威史料，此处程启南升太常寺卿的时间有误。程康庄撰写的祭文，其资料来源于程启南的自传，但个人自传在任职时间上难免会有记忆上的差错。

程启南何时升太常寺卿？网查《明熹宗悊皇帝实录》卷之四十（梁本）记载为："三月癸亥，山东右布政使程启南为南京太常寺少卿。"由于这个梁本是后续的，可能也是缺失了相关资料的，"三月癸亥"的年份未标明。但前翻《明实录·明熹宗实录》卷三十九开篇记载："天启三年十月戊午，朔孟冬时享太庙、○钦天监进天启四年大统历，上御皇极殿受之颁赐文武群臣。"由此初证，上述梁本三月应为天启四年（详见《经典》）。另《国榷》卷八十六《熹宗天启四年》载："天启四年三月癸亥，山东右布政程启南为南京太常寺卿。"此处"天启四年三月癸亥"，与《明实录》时间相同，形成证据链，坐实了程启南到南京太常寺任职的时间，否定了程大传中"天启三年"的说法。但错误之处，一是程启南此时已不是右布政使，而是任职一年的左布政使。二是任职的官品不一致，前者为太常寺少卿（四品），后者则为太常寺卿（三品）。三是任职地点南京存疑。据《明熹宗悊皇帝实录》卷之五十七记载："天启五年乙酉，太常寺卿吴士奇、程启南……各自乞休，俱令致仕。"这里，程启南的职位却是太常寺卿，即京城太常寺卿，而非南京太常寺卿或少卿。这史料为何记载不一致，成为历史谜团。将"癸亥"的日份时间错记成年份时间，也许是程启南大传中相关问题差错的根源。本书在程启南升任太常寺卿的时间上采信两史文献资料的说法（天启四年三月），而在任职地点和职务名称上，

则采信程传的说法，并也记载于《程启南生平简要年谱》中。一般来说，程启南对迁升新职的时间可能记错，但迁升职务的名称和地点大体是不会错的，还应是可信的。

另还有一旁证资料：《大明熹宗皇帝实录》卷之七载："天启四年二月十四日，山东巡按御史陈九畴疏为荐举方面官员：荐程启南……（参见《经典》），该史料证实，至少在明天启四年二月为止，程启南还在山东任职（承宣左布政使），还受到陈御史的举荐，由此否定了程启南大传中关于在天启三年任太常寺卿的说法，也从侧面证实了程启南在天启四年三月任职太常寺卿资料的可信性。

四、关于程启南任工部左侍郎和加大司空（尚书）服俸的时间

大传载："庚午（崇祯三年），故大司空空缺其人。廷议咸奉王父。王父……不欲暴贵炫耀，但受工部左侍郎。"此处，对程启南越过"工部右侍郎"的实习阶段，直接授任"工部左侍郎"，属于破格提拔。"居半岁余，大司空终亦不补，王父身兼任之。……时听陵数岁劳苦不成……"这年，程启南接手了督建数年劳顿未竣工的半截子工程——德陵的重任。还是这年，程启南对那些阻挠工期的木商砖贾说："与若期，五月不至，则若之命悬于金科之下矣。"联系上文"居半岁余"，显然这里的"五月"，是指限期五个月的意思，也即砖木到德陵工地的时间，不是指德陵施工截止的时间。但德陵何时竣工的呢？大传未提及。只是笼统地在后记载"商贾皆徒跣谢，务奉法顺流，陵寝竟告成。于是上以为能，加大司空服俸，领官如故……"这里，虽未写明德陵竣工的确切时间，但给人造成错觉，竣工是当年任职，当年完成的。竣工后，与皇上认为程启南是当朝能吏，加大司空服俸一事密切联系。参考小传记载："庚午（崇祯三年），……（程启南）及为工部左侍郎……德陵更数岁工未就，启南招商责之，期以

五月，砖木不至，法无贷。商素畏清直，奉法顺流，工遂就。上以为能，加大司空服俸，领官如故。"此记载，文字虽与大传有异（疑是大传的简略段），但意思大同小异，因未写明德陵竣工的日期，仍给人造成当年（崇祯三年）竣工的错觉。

网查《崇祯长编》卷之三十一载："崇祯三年二月，升程启南为工部左侍郎。"网查《国榷》卷九十一《思宗崇祯三年》载："崇祯三年二月丙辰，程启南、沈演为工部左侍郎。"两文献证据链佐证，程启南任工部左侍郎的时间为崇祯三年，是较为确切的时间。

网查《崇祯长编》卷之五十六载："崇祯五年二月，皇考陵工告成。……诰命沈演、程启南……等一百二十四员，俱升赏，加荫，有差。"网查《国榷》卷九十二《思宗崇祯五年》载："崇祯五年二月庚午，德陵成。进（晋）周延儒少傅兼太子太傅、礼部尚书，建极殿大学士。……余文武内臣赏赍有差。

以上两文献证据链佐证，德陵竣工时间和皇朝褒奖众官员的时间，为崇祯五年二月，虽未明确记载程启南加大司空（尚书）服俸的内容，但程启南撰写自传时，已是82岁，记忆力衰退，是通常老年人的通病，对升职的具体时间可能记不清了（对早年履职经历可能也未有完整的记录，且事件发生的时间是人最容易忘却或记错的），只得采取回避法，笼统地一笔带过，但褒奖（大司空服俸）待遇他应该是不会记错的。正因如此，笔者撰写《程启南传》就有了充分的依据，并同时将此内容记入《程启南生平简要年谱》。

五、关于程启南第二次辞官归里的时间

大传中载："陵寝竟告成。于是上以为能，加大司空服俸，领官如故，又诏赐黄金十觔（斤），表裹二十端，例荫一子，固让不受，而寺人之徒喁喁复用事矣。属户、工二部以太监张彝宪视事。尚书座引而西，彝宪引而东，诸司既见尚书，彝宪居正堂舍，不得不揖。彝宪出入，仪卫甚都，右侍郎某气折，每出，织趋而送之尽恭。王父曰："古者大司空，金印紫绶，禄比丞相，而彝宪扰之奸人，吾安所能共事也？迩孙曹诸公，相继已去位，吾宁典涩恋职，岂腐鼠可吓耶？"连章求退。……王父杜门不治事，陈乞归里，凡十一疏，其略曰：……疏再入，得旨："工务殷繁，正资（资卿）坐理。览奏，情辞恳切，准暂驰驿归里，病痊即行起用。"

从上述文字看，并未写明程启南第二次辞官归里的具体时间，但写明了他辞官的原因，是由于崇祯皇帝重蹈前任皇帝的覆辙，重用内侍宦官当政（寺人之徒喁喁复用事矣），尤其是宦官张彝宪，总理户、工二部，其权力比尚书还大，启南看不惯这种现象，不愿受他们的掣肘。于是上疏皇帝十一次，最终得以批准辞官归田。这些文字又放在了德陵竣工，程启南受赐工部尚书服俸待遇之后，如果根据上述"四"的说法，程辞官归里的时间大体为崇祯五年二三月间。

小传中也有上述类似的记载，只是更为简略，依然没有点名启南辞官归里的具体时间。

程启南的辞官是因不满崇祯皇帝重用的张彝宪掣肘行为，到底这种行为是在德陵竣工前还是后？这是程启南产生辞官归里念头的关键所在，搞清张彝宪总理户工二部的时间，也成为关键问题。

据《崇祯长编》卷之五十载："崇祯四年九月丁酉，命司礼监大监张彝宪总理户、工二部一切出入钱粮。"《国榷》卷九十一《思宗崇祯四年》载：九月乙未，太监张彝宪总理户工二部钱粮。

上述两个权威史料坐实了崇祯皇帝重用张彝宪的具体时间是崇祯四年九月，也证明了程启南与张彝宪的不满和斗争，早在德陵竣工前就开始了。由于这个时间程启南督建的德陵工程尚未完工，或者说，正是最紧张的阶段，因此，程暂时压下了对张彝宪的不满，也未向崇祯帝递交辞呈，他还要顾全大局，完成皇帝赋予自己的德陵工程。而当崇祯五年二月，德陵工程竣工后，皇帝褒奖程启南加大司空服俸后，他这是才感到自己成功名就，该隐退了。于是，先后向崇祯帝递交辞呈十一次，终获批准。此时间大体为崇祯五年二三月间。

六、关于程启南大传中程首次奏疏中的两个错字

1、程大传（《程康庄集》2017年9月版）中载："乃尚有进玉玺、赋凰仪者"，而核查《山右丛书初编·程康庄·自课堂集》（1986年9月版）的同文（竖排繁体影印本），"鳳"字尽管模糊，但还可勉强看清（见图14）。《山右丛书初编·六·程康庄·自课堂集》（2014年12月重编校），该文为横排繁体，为"鳳"。故确认《程康庄集》中"凰"为编校中的错字，本书稿改为简体"凤"字。

2、程大传（《程康庄集》2017年9月版）中载："臣即受败害，故所不辞。"而〔清〕康熙《山西通志》卷之三十二《艺文·疏·程启南辞官疏》中，即为"臣即受贼害，故所不辞。"从古代语法规律来说，如"败"字无误，那前面的"受"字就属多余，且一旦使用"受"字，后面必要说明受"谁"（特定人称对象）害。可见，后者"贼"是正确的，前者"败"属古代排印中的错字。

以上两处错字，虽对于程启南的事迹说，虽无伤大雅，但毕竟属于文章中的瑕疵。

七、关于对《武乡县志》中"司空揭"重要差错的纠正

问题的由来：关于记载程启南事迹最详实的文献资料，是其孙程康庄在《先王父资善大夫加工部尚书服俸管左侍郎事程公行述》（原载于清《自课堂集》，山西传媒出版集团·山西出版社2016年9月版《程康庄集》等，以下简称《先王父程公行述》）一文，文中提到程辞官归田后，"每邑中灾疲，使使与两台陈乞，如志所载，原粮一石，全征银八钱三分一厘，今如王议，以瘠疲例，止征五钱一分五厘，其章章较著者已。"该段落大意是，武乡县原粮税是每石粮征收税银八钱三分一厘，经程与两台（府、州两衙门）以本地山地瘠疲为例进行诉苦，力争减免，最终以每石粮税减免"五钱一分五厘"办成，此事县志上已有详尽记载。

《先王父程公行述》一文虽未标注作文时间，但考虑到是程康庄为其祖父（王父）撰写的祭文，大体应为程启南去世的那年——清顺治七年，那么，他所提及的（县）志是那年版本呢？据悉，武乡县志最早的版本为明万历三十七年，显然不可能记载程启南崇祯五年归田之后的事情，应予否定。此外，还有顺治二年有程启南曾参与（总裁）续修的《武乡县志》。可惜此县志失传未能遗存下来。现今最早的《武乡县志》为清康熙三十一年本，该版本是根据顺治二年《武乡县志》续修的。经查阅，该县志卷五中，有程启南给抚台的奏疏："二品服俸工部侍郎程启南等揭为……所望上台目击颠连之苦，或代为请命，径咨部中，仔细为上所怜，定为灾等，……每粮一两，全征八钱一分一厘，止减征五钱一分五厘"，这里，前文"原粮一石，全征银八钱三分一厘"，此处则变成了"每粮一两，全征八钱一分一厘"。而在乾隆《武乡县志》中，在全文引用程启南奏疏后，还添加了小标题《请免均粮揭》（又名"司空揭"），但相关文字则变为"每粮

355

一石,全征八钱一分一厘"。

以上这三个请求减免粮税的奏疏,均有不一样的文字,孰对孰错?

笔者认为,应以首次记载此奏疏的县志为准。由于《先王父程公行述》是从顺治《武乡县志》中抄录的,且记载的陈乞两台的奏疏,是程启南在崇祯五年归田后的事情,所以,也只能是作者从顺治二年《武乡县志》中转抄的。尽管该县志失传,未遗存下来,但抄文仍是可信的。而康熙《武乡县志》的编撰者,仅在顺延抄录的这两句话文字中,竟然错了两个字("原"错成"每","三分"变成"一分","石"变成"两"还短缺了"银"字)。

如果说,将"原粮"改为"每粮"无关宏旨,"八钱三分一厘"变为"八钱一分一厘",那个"一"字是属于笔误的话,丢了一个"银"字,虽不够严谨,但大体意思也能让人勉强看懂,均大体符合原意,那么,将"石"变成"两",则是个较严重的差错了。也许乾隆《武乡县志》的编撰者看出了这个字的差错,将康志中的"两",又修改为"石"。然而,其余的错字、丢字,则维持原状了。

明代(或明清)时期,关于粮食的基本计量单位到底是"石"还是"两",这是一个十分关键的问题。银两钱款最基本的计量单位又是什么?为此,笔者从网络上搜载了一篇文章《如何看懂明朝的田赋制度?农民要交多少百分比的税》,文中指出:"明朝官员俸禄……"涉及到粮食的计量单位是"石",涉及到银两计量单位是"两"。

因此,康熙、乾隆《武乡县志》中,相关内容应纠正为"每粮一石,全征八钱三分一厘……止减征五钱一分五厘。"这是程启南为民请命上奏疏后的显著成果。

笔者经缜密考证,将相关史料写入本书稿正文和附录中传主生平简要年谱。

后记

作为程启南的十一世侄孙，我对本家明代祖先之一、清官廉吏程启南的了解，最初是从《武乡程氏家谱》中获悉的。该家谱是明末程启南创立，历经二次复修、续修，第三次续修为当代本家宗亲族人程春虎老先生首倡并编撰，收录了武乡程氏祖先自元末以来自河南迁徙至山西武乡信义村生根、发育、繁衍至今的1.5万余名程氏后裔支系。由于年代久远、资料散落缺失，不少宗亲除极少数外，仅仅是谱上有名而无具体事迹、详细资料的记载，成为家族史册上的匆匆过客。而程启南则不同，不仅在家谱、县志中有翔实事迹的记载，还附有一些碑刻拓片、传主当年曾使用过的衙门官职标牌，有的是本家春虎老先生精心搜集、高价购买而来的，更印证了这位本家先贤的非同寻常之处。

大概是由于其在历史上有显赫的官位和政绩、良好的口碑等，现存的康熙、乾隆、光绪等《武乡县志》上，记载程启南及其家世资料不少，较为详尽。因为，程启南的科举进士、显要官职等，也是本县的荣耀和骄傲，相关县令在编撰、续修县志时为其树碑立传，则成了必然的事情。

我还发现，程启南在县志中，是本县名门望族——程氏家族的一个坐标式的人物，在对其有名望的后裔记载时，常以程启南之子、之孙、×世孙（最远竟然达九世孙）相称谓，而通常只有祖先级别的人才能享有如此称谓。

程启南是山西武乡古代名人之一，也是《武乡程氏家谱》中最重要、最声名显赫的古代名人。他一生勤政爱民，两袖清风，疾恶如仇、热心乡土公益事业，同时也是程氏祖先程思敏（后改为程敏）自元末从河南迁居到武乡信义村以来第一个举人、第一个进士、第一个朝廷命官、以及第一个二品高官（明代工部左侍郎加尚书服俸），程启南在其当政的晚明时期，曾被明熹宗皇帝敕封为"天下廉吏第一"牌匾，明代山东道监察御史杨希且授予"社稷功高"的匾额。

对于程启南的事迹和功业，武乡县的文人墨客，包括本人也曾在一些相关的地方文史杂志上，先后做过不同角度、不同深度的宣传介绍，有力配合了当前我党倡廉反腐的政治大气候。早在几年前，经本人介绍，北岳文艺出版社综合项目开拓中心的孙茜主任就看好了程启南这个历史人物，并认为是一个值得发掘和撰写的人物，也是可以列入三晋"双百"文化工程（三晋百位历史文化名人传记、三晋百部长篇小说）行列的，并希望本人尽快投入发掘和撰写这个人物传记的过程。

然而，本人却一度对程启南这个古代人物的发掘和写作心存忧虑，最主要的是资料的短缺，尤其是他本人的作品短缺。除县志上有寥寥数篇诗文作品外，县志上记载他生前撰写的七部著作、文章，大部分均因当时资金拮据、未能刊印留存下来，尤其是最有可能是记载他生平事迹和心路的重要著作《日新堂稿》一书，尽管在光绪《山西通志》上记载《四库全书》中有，然而本人却在省、市、小店区等图书馆不同版本的《四库》书中，均未找到，深感遗憾。

　　当代写古人的传记文学中，搜集历史文献资料的环节非常重要，也是首要的必不可少的一项工作。通常，如果能搜集到三类素材资料，那写传记就相对容易多了。一是《二十五史》中有传的人物，此传记门槛较高，入编人物通常是中央皇朝中六部尚书（或相当于尚书级别的）以上的高官、或对当时历史有较大影响的人物，或某一行业、某一领域的著名人物等。可惜，在《明史》中，未找到程启南的传记，未入传原因不详。也许是因他的级别还不够，他只是工部左侍郎，虽然享受尚书（大司空）的服俸待遇，但毕竟不是尚书的职位；尽管他曾获"天下廉吏第一"的美誉，但因其未有亮眼的重大功绩或重要事件的烘托，极易被史官所淡忘，最重要的是在明末阉党迫害中、在朝代更迭的时局动荡中，加上史官大都逃难缀文，致使不少重要人物的档案史料被抽掉销毁了、遗失了。笔者还发现，在崇祯时代《圣朝新政》中重新启用被魏忠贤阉党迫害的官员名单中，很多官员都标有姓名、被罢官前的职务及时间，而程启南却只有姓名而空白了其他任何信息资料，可能与其当时被"削籍"（削除官职）有关。二是查找在某朝代编年史中有相关事迹的记载，这方面，经笔者网络搜寻、多方查找，在《明实录》《国榷》《皇明十六朝广汇纪》中，找到一些与程启南相关的零星的资料记载。三是也是很重要的传主本人的自述、自传文章。正如上述所说，记载程启南生平事迹和心路的最重要著作《日新堂稿》未找到，使得本传记的撰写缺少了重要资料。在现存的古籍资料中，清代《武乡县志》《沁州志》《山西通志》中均有对程启南事迹的不同角度、不同篇幅的记载，其中记载最为翔实的，是其孙程康庄为其祖父写的一篇祭文《先王父资善大夫加工部尚书服俸管左侍郎事程公行述》（载于《程康庄集》），与县志中的一些相关篇章文字略有差异，可为互补。

　　令人欣慰的是，程康庄为祖父程启南所撰写的祭文中，有一段文字，因内容晦涩，充满虚幻色彩，先前曾被忽略甚至删节部分文字。最近经笔者缜密考证，确认其为程启南的个人自传兼遗嘱（即文中程启南自我称谓的"吾志"），对研究传主生平事迹及心路情况，具有极大的参考价值。

为了广泛搜集程启南的历史资料，笔者曾于2016年4月，专程赴该传主履职工作过的地方——湖北襄阳市进行采风和搜集历史资料。襄阳市，在明代曾是湖广著名的襄阳府，程启南曾在此任过襄阳府推官。在襄阳市图书馆，我先后查阅了该馆藏的明清四个朝代的府志，可惜均未能查到更详尽的事迹资料，仅在乾隆和光绪两本《襄阳府志》中查到程启南在此任过推官的姓名和任职时间，且任职时间还是错的（关于程启南在襄阳任推官的时间是万历三十年，而两个府志上记载的时间却是万历二十一年）。在该市的岘山，是程康庄为祖父写的祭文中记载的当地人为程启南建庙纪念的地方，且"与羊叔子同祀"。然而，在这里，既没有找到羊叔子祠，也未能找到与程启南相关的祠庙。是自己真的未找到或疏漏了，还是此地两处重要文物建筑被历史湮灭了？带着这个疑问，后来笔者在网络上搜寻到"襄阳十大历史名人"，结果却发现，未有羊祜（羊叔子）这个人物。羊祜是西晋时代的历史名人，在《二十五史·晋书》上是有传的，比程启南名气要大得多。羊祜庙、垂泪碑，在后来查到的清·顺治《襄阳府志》上是有记载的，然而，在现代人认知和整理的襄阳十大历史名人中，居然没有记载。可见，均是被现代化潮流中湮灭了的文化名人，是被遗忘了的。既然羊祜的祠庙都没有了，那么，比其名气和影响要小，与其"同祠"的程启南被"陪绑"湮灭，也就不奇怪了。可喜的是，在2020年7月，本人在山西省图书馆的明清稀缺地方志丛书中，还是找到了一部清顺治年间的《襄阳府志》，其中就有关于程启南在襄阳任推官时的事迹记载，弥补了以往查阅程启南各地史料的空白。

山东济南府，曾是程启南在此府担任数个官职、官历达九年之久的地方。2017年8月，笔者曾赴山东济南市采风并搜集程启南的相关资料。可惜，在济南市图书馆相关的清代府志资料中，除查到程启南任职的简略记载外，未能搜集到更为详尽的事迹资料。

由于查找史料成果不大，又担心写作失败，前几年，一直未能正式启动书稿写作事宜。加上2016年4月，接手了另一件编写任务——母校育英学校校友文集的编撰任务，因此，一连两年多时间，策划已久的程启南传记的写作工作暂时被搁置起来。因为母校校友文集是为迎接2018年9月母校校庆70周年的献礼作品，如再不抓紧编写，以后没有机会了，而程本家的传记暂时推迟，日后还有机会。当校友文集编撰出版、校庆结束后，我又回过头来，重新考虑程启南传记的资料收集和构思书稿提纲工作。其间，再次约见北岳文艺出版社的孙茜主任。这里需要多说几句。几年来，孙主任一直对我的这个本家人物的写作是全力支持的。她先是送给我《于成龙传》一书，据史载，于成龙是清代康熙皇帝口誉的"天下廉吏第一"，而程启南是晚明天启年间熹宗皇帝授予的"天下廉吏第一"，曾有黄绸黑字匾芯存世，其时间上比于成龙早，两人的人生经历有众多相似之处。这次再次接洽，尽管我再次陈述了资料收集窘迫情况和实际困难，但孙主任听说我仍未动手写作程启南的传记，还是对我进行了批评和鼓励，同时，也再次赠送了两本新出版的三晋古代人物的传记书籍供我参考。就是此次赠送的两本传记书中，有一本《孔天胤传》对我启发很大，该书作者张勇耀在后记中，追述了收集传主古籍资料的心得。当初，她也遇到了与我同样的资料收集的困难，一些资料被历史所湮灭，未能存留下来，她除搜集传主当今的存世资料，如《二十五史》人物传记、自传、地方史志资料外，还注重收集了传主同时代结交好友的著作，从其著作、诗文作品中查找传主的线索。这条重要经验拓开了我资料收集的途径，鼓舞了我收集资料的勇气和信心。终于，我重整旗鼓，再次启动了收集资料的程序：从相关古籍资料中，筛选开列了20多位程启南的生平好友——他的同门进士、他的提携恩师、他的工作同僚、以及他的亲友文人的著作名单，一一在图书馆、网络上查找。尽管成果不很显著，但也有少许收获。互联网络，是当代资料的一大宝库,很多古人资料、重要著作得以显示和下载。一些古籍资料中,就有关于程启南事迹的零星记载。据张勇耀老师在微信中说,她在孔天胤传记的写作中,购买相应资料的费用,要远远超过稿费收入;为此,我也效仿她,重要资料不惜工本,先后在网上高价购得了《皇明十六朝广汇纪》《万历辛丑会试录》等古籍复印资料。

其实,人物资料缺乏,对我来说,既是短板,也是机遇。倘若资料充足,人物知名度高,恐怕早被列进三晋百位历史文化名人传记,题材也早被一些名作家认领抢走,也轮不上我去撰写。正因为史料缺乏,读者关注度不够,撰写出来价值才会更高,甚至填补历史之空白,意义更显重大。

2019年5月,我专程去传主的故里——武乡县信义村,通过一个本家的大力协助,多方体验生活,搜集传说和文献资料,也收获多多。

除以上搜集资料外,考证资料,也是必不可少的重要步骤。关于程启南,尽管县志上对其事迹有翔实的记载,若写一篇传记文章,可能足够用了,但要写成一本传记书籍,则又远远不够了。尤其是传统的史志文章中,有关传主的功业记载较多,个人私生活记载较少,就某年某件事情来说,又往往概略记载多,具体情节乃至细节记载少,这就需要对其相关情节、细节过程,通过各种资料相互印证,加以分析和考证。为了搞清传主程启南在各个历史时期所经历过的大事,我根据相关古籍资料,首先编写了《程启南生平大事年谱》,还原了传主一生中所经历的重要历史事件和个人家庭生活,同时对文献上未有明确记载的重要事件、家事情节和细节进行缜密的考证。

记得在十几年前,我曾发掘写作过《高平发现炎帝陵》一书,对历史上没有明确记载的事情,我通过缜密考证,还原了历史的真实面貌,我对这个考证过程,称之为"应急科研"。对传主程启南相关情节和细节的考证过程,其实也是类似的"应急科研",需要通过对其各种相关资料的相互印证,加以分析,得出正确的结论。对于传主一些没有确切年份记载的事情、情节和细节，但此事情、情节和细节，对于记述人物生平又非常重要，那就只有根据当地民间风俗习惯，进行合理想象了。本着这一原则，我对古籍上没有明确记载的程启南的原配夫人娶亲时间、二（少）夫人续弦时间，长子程嘉绩的生卒时间等相关内容，程启南为长子"白发人送黑发人"，盖棺论定，争取皇朝要人墨迹题记等，以及传主在皇朝任职期间，受到相关恩师的提携和关照，也受到客魏阉党集团的种种排挤打击乃至罢黜等事，一一考证或推导出准确或大体时间、大体情节等。

传记作品，也是重要的文学样式。文学的最高境界是人学。恩格斯曾有"要真实地再现典型环境中的典型人物"的著名文学理论观点，本传记中的程启南这个典型，其忠君爱民、坦荡无私，宁折不弯的品格，不是天生的，也不是周边众人皆墨，唯他独清的角色，若那样描写，就势必将人物写偏，也很难反映出人物成长的时代背景和典型特色。尽管晚明时期，内忧外患，当朝几代皇帝骄奢淫逸不作为、乱用宦官乱作为，导致坏人当道，忠良受气、受害，但同样朝中有一些忧国忧民的志士仁人，他们千方百计地力挽狂澜、支撑着岌岌可危的晚明大厦。如万历皇帝期间的首辅大臣叶向高、李廷机、孙居相，天启年间的东林派头面人物邹元标、赵南星，崇祯时代的曹于汴、曹珖等，他们或是程启南的引路举荐恩师，或是对他提供过切实的帮助，展示传主与这些清流人物之间的关系，笔者下了一番考证工夫，通过缜密考证和合理想象，大体还原了当时独特的历史氛围。同样，对于魏忠贤、张彝宪等阉党奸佞之辈，对传主的工作中处处设置障碍，以及进行排挤和打击，书中也通过考证相关资料，给予一定的展示，表现了传主的高风亮节和宁折不弯，不向邪恶势力低头的品格。

死材料活用，是本书创撰的重要收获。对于可能与传主产生交集的同时代历史人物，可参阅史籍上的人物传记，通过合理想象，尽量让这些人物与传主交往中"动"起来，给传主营造表现的舞台，把人物写活。各种人物（恩师、同僚等）在与传主交集的动感中，展示双方的性格特点。这也符合文学创作上不一定是已经发生过的事情，而是有可能发生的事情的原则和表现手法。

深入传主角色，设身处地地展现传主在特定环境下的喜怒哀乐、悲欢离合等，也是笔者塑造传主人物的重要表现手法。笔者有时感到自己已经融入晚明时代的历史场景之中了，感觉到自己在与书中熟悉的古人对话，与他们同喜同悲，与他们共同经历坎坷、斗争的起伏过程，分享成功的快乐，感受悲喜交加的复杂心情。情达悲伤之处，不禁潸然泪下……

程启南，既是明代一个著名的历史人物，也是武乡故里扶危济困、热心公益事业的大善人，更是程氏家族一个治家有方的大家长，堪称武乡地方名贤的"完人"。相关的武乡程氏家谱，与其有亲缘关系的祁县东观程氏家谱、太谷西贾程氏家谱的序中，都不约而同地承认，三地程氏家谱，是从大司空开之（启南字）创始编撰的。中国传统的家谱，通常都是名门望族的专利和标志。作为武乡程氏第一个举人、第一个进士、第一个高官，程启南编撰家谱的初衷，无疑是为了耀祖光宗，为了给后人树立一个依靠自身努力，成就一番为国为民功业的典范，同时，建立并传承的良好的家风家训，也成了程氏子孙世代传承的瑰宝；为了防止程氏后世骄奢忘本、重新返贫，这个家谱以及家训（原始家训已经失传）也确实起到了良好的传承效果。正如程启南后裔程砚祖的母亲和县志上所言：武乡信义程氏自程启南之后，"科贡显达，代不乏人"，成为武乡县赫然崛起的名门望族。

如果说，程启南这个人物，在明清武乡程氏家族史上，以及同时代中国相关地方史上，中央朝廷史上有过重要影响，起过积极作用的话，那么，今天重新深度发掘、考证和整理这位先贤的事迹，弘扬其颇具特色的司空精神，并去粗取精、推陈出新，赋予其家族风格、地方风采、时代风韵，对于当今中国的社会主义现代化建设，党风廉政建设，以及社会民风民俗建设等，仍具有积极的启迪和借鉴意义。这也是笔者创撰本书所力图要达到的目的。

张勇耀老师将人物传纪分为历史传记、文学传记和评传三大类。当我完成作品后，也常常自问自己，我的作品到底算何种类型？应当说，应基本算历史传记，但也汲取了文学传记、评传的某些元素和表现手法，三者兼备。

总之，《程启南传》毕竟在磕磕绊绊中完成了。到底社会效果如何？创撰意图达到与否，就待读者日后去评判了。当写完本书稿最后一个句号时，本人如释重负，感到偿还了一笔年深日久的欠债，对本家宗亲、对社会读者、对时代期望的一桩巨大的政治债务。当然，本人毕竟不是历史学家，本书的不足之处、错讹之处在所难免，也请相关读者、方家给予批评指正。

最后，再次感谢对本书采访提供帮助、提供资料的本家程春虎、程子文先生，感谢对本书稿查阅、翻译古籍资料提供帮助的本家程曦女士、李雪梅女士，以及感谢为本书稿审阅、编辑工作付出辛勤劳动的牛爱科先生、孙茜女士等。

作者

2020年11月作于太原家宅，2023年2月第三次增删修定

《三晋百位历史文化名人传记丛书》已入选传主名单

尧	传说时期
舜	传说时期
禹	传说时期
晋文公	春秋
介子推	春秋
师旷	春秋
卜子夏	春秋
赵武灵王	战国
蔺相如	战国
荀子	战国
韩非子	战国
卫青、霍去病	西汉
班婕妤	西汉
关羽	三国
石勒	十六国
郭璞	两晋
慧远	两晋
法显	两晋

拓跋珪、拓跋焘、拓跋宏	南北
冯太后	两晋
王通	隋
尉迟敬德	唐
薛仁贵	唐
武则天	唐
狄仁杰	唐
王勃	唐
宋之问	唐
王之涣	唐
郭子仪	唐
王昌龄	唐
王维	唐
裴度	唐
白居易	唐
柳宗元	唐
温庭筠	唐
司空图	唐
李克用	唐
狄青	宋
司马光	宋
杨家将	宋
米芾	宋
元好问	金
关汉卿	元
郝经	元

白朴	元
萨都剌	元
罗贯中	明
王文素	明
孔天胤	明
王家屏	明
张慎言	明
傅山	清
于成龙	清
陈廷敬	清
孙嘉淦	清
杨二酉	清
雷履泰	清
栗毓美	清
祁寯藻	清
徐继畬	清
董文焕	清
车毅斋	清
刘笃敬	清
杨深秀	清
渠本翘	清